Erfolgreiches Projektmanagement ohne externe Berater in KMUs

Wilfried Mensing

Erfolgreiches Projektmanagement ohne externe Berater in KMUs

Praxisleitfaden zur Etablierung Interner Projektmanager

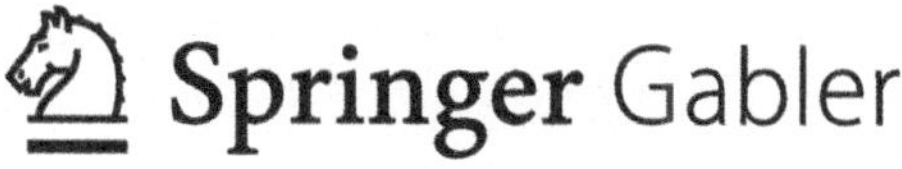

Wilfried Mensing
Bielefeld
Deutschland

ISBN 978-3-658-06662-8 ISBN 978-3-658-06663-5 (eBook)
DOI 10.1007/978-3-658-06663-5

Die Deutsche Nationalbibliothek verzeichnet diese Publikation in der Deutschen Nationalbibliografie; detaillierte bibliografische Daten sind im Internet über http://dnb.d-nb.de abrufbar.

Springer Gabler

Lektorat: Eva-Maria Fürst

Gedruckt auf säurefreiem und chlorfrei gebleichtem Papier

Springer Gabler ist eine Marke von Springer DE. Springer DE ist Teil der Fachverlagsgruppe Springer Science+Business Media
www.springer-gabler.de

Man hilft den Menschen nicht, wenn man für sie tut, was sie selbst tun können.
(Abraham Lincoln)

Meine Familie hat es mich selbst tun lassen!
Ohne sie wäre dieses Buchprojekt nicht möglich gewesen.
Gewidmet Annette, Daniel und Till.
Danke!

Vorwort

Zwei Dinge verleihen der Seele am meisten Kraft:
Vertrauen auf die Wahrheit und Vertrauen auf sich selbst.
(Lucius Annaeus Seneca, römischer Philosoph und Staatsmann)

Sie und Ihre Mitarbeiter bearbeiten täglich eine Vielzahl von Aufgaben in Ihrem Unternehmen. Manche werden routiniert gelöst, andere sind von komplexer Struktur und der Bearbeitungsweg liegt nicht sofort auf der Hand. In Hochzeiten glauben Sie, dass Sie zur Lösung dieser komplexen Aufgaben keine ausreichenden internen Ressourcen haben. Dann liegt der Gedanke nahe, Hilfe von außen in Form eines externen Unternehmensberaters einzubeziehen. Mit diesen Überlegungen sind Sie in guter Gesellschaft. Denn bei komplexen Aufgabenstellungen beauftragen Unternehmen häufig externe Unternehmensberater, obwohl in vielen Fällen große Vorbehalte gegen diese vorhanden sind.

„Tauben klatschen" – eine Parabel aus der Praxis

Es ist November und ein trüber, kalter Regentag. Wir befinden uns im Ruhrgebiet. In einem Konferenzraum der Unternehmenszentrale sitzen Herr P., der technische Direktor eines deutschen Stahlkonzerns, und Herr M., der Managing Partner eines Interim-Management-Unternehmens, zusammen und wollen über ein neues, vom Vorstand initiiertes Projekt sprechen. Der Direktor fragt einleitend den Managing Partner im typischen Ruhrpott-Dialekt: „Kennen Sie Tauben klatschen?" Der Managing Partner ist irritiert und verneint. Der Direktor beantwortet die Frage selbst: „Sie klatschen in die Hände, die Tauben fliegen weg. Sie drehen sich um, und die Tauben sitzen wieder da." Sie runzeln die Stirn und fragen sich, was diese Parabel soll? Der Direktor will für das neue Projekt einen Rat geben. Bis vor Kurzem war in dem Stahlkonzern eine renommierte Unternehmensberatung tätig mit dem Ziel, die Kosten zu senken. Nach Abschluss des Projektes sind alle Beteiligten der Meinung, dass dieses Ziel erreicht wird. Allerdings stellt sich nach kurzer Zeit in der Praxis heraus, dass dem nicht so ist, denn „… die Tauben sitzen wieder da."

Trotz alledem sehen die Verantwortlichen oft keine Alternative zum Einsatz externer Berater. Der Grund dafür ist, dass sie das Potenzial, das Wissen und die Fähigkeiten der eigenen Mitarbeiter unterschätzen. Dabei sind gerade für kleine und mittlere Unternehmen (KMUs) Mitarbeiter der wichtigste Erfolgsfaktor, um am Markt dauerhaft bestehen zu können. Die Studie „Europe's 500 Dynamic Entrepreneurs" der European Foundation for Entrepreneurship Research (EFER) [1], die unter der Schirmherrschaft der EU durchgeführt wurde und insgesamt 75.000 unterschiedlich große europäische Unternehmen befragte, kommt bereits 1996 unter anderem zu dem Ergebnis, dass das Potenzial qualifizierter und motivierter Mitarbeiter immer stärker in den Fokus der Unternehmen gerät. Ein Fazit der Studie ist, dass erfolgreiche Unternehmen ihre Mitarbeiter intensiv in die Entscheidungsprozesse einbeziehen.

Genau hier setzt dieses Buch an!

Dieser Praxisleitfaden stellt Ihnen ein neues Beratungsmodell, die Internen Projektmanager, vor. Mit deren Hilfe können Sie in vielen Fällen komplexe Aufgaben in kleinen und mittleren Unternehmen unternehmensintern lösen, ohne externe Hilfe zu beanspruchen.

▶ Der Einsatz dieser Internen Projektmanager stellt Sie als verantwortlichen Unternehmer oder Führungskraft und Ihre Mitarbeiter in den Mittelpunkt des Geschehens.

Für diesen neuen Ansatz auf dem Gebiet der internen Unternehmensberatung werden Ihnen in diesem Buch alle dafür notwendigen Schritte detailliert gezeigt. Das für ein erfolgreiches Projektmanagement notwendige Handwerkszeug (Methoden, Tools) wird Schritt für Schritt erläutert und anhand vieler Praxisbeispiele verständlich gemacht. Sie werden erkennen, dass die wichtigsten Ziele eines jeden Projektes mit dieser Vorgehensweise in den meisten Fällen erfolgreicher umgesetzt werden können als durch den Einsatz eines externen Beraters.

Da der in der Praxis verwendete Oberbegriff „Unternehmensberatung" zu undifferenziert ist und die Vor- und Nachteile der einzelnen Beratungsmodelle innerhalb dieses Oberbegriffs nicht deutlich werden, wird zum besseren Verständnis der Begriff „Unternehmensberatung" in Kapitel 1 ausführlicher betrachtet.

Das Buch wendet sich darüber hinaus auch an alle Interessierten, die mit dem Gedanken spielen, in die Welt der Unternehmensberatung einzutreten, ganz gleich ob als selbständiger oder angestellter Unternehmensberater oder Interim Manager. In diesem Fall gibt das Buch wertvolle Einblicke in spätere Aufgaben.

An dieser Stelle möchte ich mich bei Herrn Gerhard Steinbach, dem Gründer und Inhaber der LOGIKA GmbH, bedanken, dass er mich über viele Jahre hinweg in die Geheimnisse des erfolgreichen Projektmanagements eingeweiht hat, niemals ungeduldig wurde und mir immer zur Seite stand.

Besonderen Dank möchte ich meiner Lektorin, Frau Eva-Maria Fürst, aussprechen. Sie hat mich während des Buchentstehungsprozesses intensiv begleitet und viele zielführende Anregungen gegeben. Das Buch ist dadurch für den Leser noch interessanter geworden.

Inhaltsverzeichnis

Der Autor

Dipl.-Ing. Wilfried Mensing Jahrgang 1951, hat sehr unterschiedliche Stationen in seinem Berufsleben durchlaufen. In den ersten 18 Jahren seiner Karriere hat er in Industrieunternehmen mehrere operative Funktionen mit Personal- und Ergebnisverantwortung wahrgenommen, zuletzt als Geschäftsführer. Danach wechselte er für acht Jahre in ein international tätiges Interims-Management-Unternehmen, bei dem er zuletzt als Managing Partner Industrieprojekte verantwortete. Seit 2006 ist er als Unternehmensberater und Interim Manager selbständig. Dieser berufliche Werdegang hat es ihm ermöglicht, Unternehmen aus zwei Perspektiven zu erleben.

Wilfried Mensing hat während seiner Berufslaufbahn mehr als 20 Jahre praktische Erfahrungen im Projektmanagement gesammelt. Nach seinem Studium war er mehrere Jahre verantwortlicher Projektleiter für die Einführung von IT-gestützten Logistiksystemen bei einem heutigen DAX-Konzern der Automotivebranche. Nach dem anschließenden Wechsel in die operative Verantwortung in der Produktion desselben Unternehmens war Wilfried Mensing auch in die Einführung mehrerer TQM-Projekte involviert. Danach wechselte er in die Papierindustrie und übernahm dort neben seiner operativen Bereichsleiterfunktion auch die Projektleitung für die Einführung eines PPS-Systems. Als Unternehmensberater und Interim Manager hat er seit 1998 mehr als 50 Projekte in unterschiedlichen Branchen und Unternehmensgrößen erfolgreich absolviert.

Für Unternehmen sind Projekte immer etwas Besonderes und eine Herausforderung. Projekte können nicht mit den Instrumenten des Tagesgeschäftes bearbeitet werden, da es in jedem Fall inhaltlich um die Lösung einer neuen, komplexen Aufgabenstellung geht. Jedes Projekt ist anders! Jedes Projekt ist eine neue interdisziplinäre Herausforderung. Es stellt für das Unternehmen eine große Chance, aber auch ein großer Risiko dar. In dieser Herausforderung liegt der Reiz des Projektmanagements für Wilfried Mensing. Denn kaum eine betriebliche Aufgabe ist derart breit gefächert wie die des Projektmanagers. Daher lautet das Motto von Wilfried Mensing: „Projekterfolg ist kein Zufall, sondern eine Managementaufgabe!“

1 Einleitung

Wer seiner Führungsrolle gerecht werden will,
muss genug Vernunft besitzen,
um die Aufgaben den richtigen Leuten zu übertragen,
und genügend Selbstdisziplin,um ihnen nicht ins Handwerk zu pfuschen.
(Theodore Roosevelt, amerikanischer Präsident)

1.1 Gehen Sie mit den Internen Projektmanagern einen neuen Weg

Für den Praktiker innerhalb eines Unternehmens ist eine klare Differenzierung des Begriffs „Unternehmensberatung" vordergründig nicht von Interesse. Warum auch? Jede beratende Dienstleistung wird unter diesem Oberbegriff bezeichnet. Egal wer sie ausführt. In anderen Lebensbereichen werden auch Oberbegriffe verwendet, wie beispielsweise der Begriff „Auto". Aber bei der Verwendung dieses Begriffs weiß jeder, dass noch differenziert werden muss, um zu erläutern, was gemeint ist: ein Pkw oder ein Lkw, ein Porsche oder ein VW, ein VW Passat 2.0 L oder ein VW Passat 1.8 L? Genauso verhält es sich mit dem Begriff „Unternehmensberatung".

Um den neuen Ansatz dieses Buches und seine Bedeutung in der Praxis besser verstehen zu können, wird in Abbildung 1.1 der Begriff „Unternehmensberatung" in seine bisherigen drei Beratungsmodelle unterteilt und ein neues Beratungsmodell, das der Internen Projektmanager, hinzugefügt. Die vier Beratungsmodelle unterscheiden sich in der Praxis gravierend. Die Definition der Begriffe Berater (Berater, Interne Berater) und Manager (Manager auf Zeit, Interne Projektmanager) ist keine Wortklauberei, sondern von großer Bedeutung für die Praxis. Letztlich müssen Sie als Projektauftraggeber entscheiden, was Sie benötigen: Berater oder Manager, Konzept oder Konzept plus Umsetzungsbegleitung.

W. Mensing, *Erfolgreiches Projektmanagement ohne externe Berater in KMUs*,
DOI 10.1007/978-3-658-06663-5_1

Abb. 1.1 Beratungsmodelle unter dem Obergriff „Unternehmensberatung"

Die Entscheidung führt zu fundamental anderen Ergebnissen. In diesem Buch wird die Unterscheidung zwischen den Begriffen Berater und Manager konsequent angewendet!

▶ **Berater** erstellen meist Konzepte oder Studien, die Umsetzung obliegt dem Kunden.
Manager erstellen Konzepte und wirken auch gemeinsam mit dem Kunden bei der Umsetzung mit.

Namhafte Vertreter der drei bisherigen Beratungsmodelle sind:

- **Berater**: McKinsey, Roland Berger
- **Manager auf Zeit**: LOGIKA, Management Engineers
- **Interne Berater**: Siemens Management Consulting, Volkswagen Consulting

Die in Abbildung 1.1 gezeigten Beratungsmodelle sind abhängig von der Unternehmensgröße. Die Erfahrungen aus der Praxis zeigen, dass es für die Dienstleistungsunternehmen innerhalb des Oberbegriffs „Unternehmensberatung" Haupteinsatzgebiete gibt, die abhängig von der Unternehmensgröße sind. In weiteren Einsatzgebieten finden sporadische Einsätze statt, diese sind aber nicht der Schwerpunkt des jeweiligen Geschäftes. Ein gutes Beispiel ist das Beratungsmodell „Inhouse Consulting". Einige Konzerne haben vor Jahren eine feste Organisationseinheit eingerichtet, die unternehmensintern Projekte durchführt. Dies ist das Haupteinsatzgebiet und bis vor wenigen Jahren auch das einzige Tätigkeitsfeld. Mittlerweile versuchen einige dieser Consultingeinheiten, auch außerhalb ihres Unternehmens Projekte zu akquirieren (beispielsweise Porsche Consulting, die diesen Schritt bereits vor vielen Jahren gegangen ist). Abbildung 1.2 zeigt die Einsatzgebiete der vier Beratungsmodelle in Abhängigkeit von der Unternehmensgröße. Bitte beachten Sie, dass in KMUs schwerpunktmäßig kleine Beratungs- und Interim-Management-Unternehmen („Einmannunternehmen") zum Einsatz kommen.

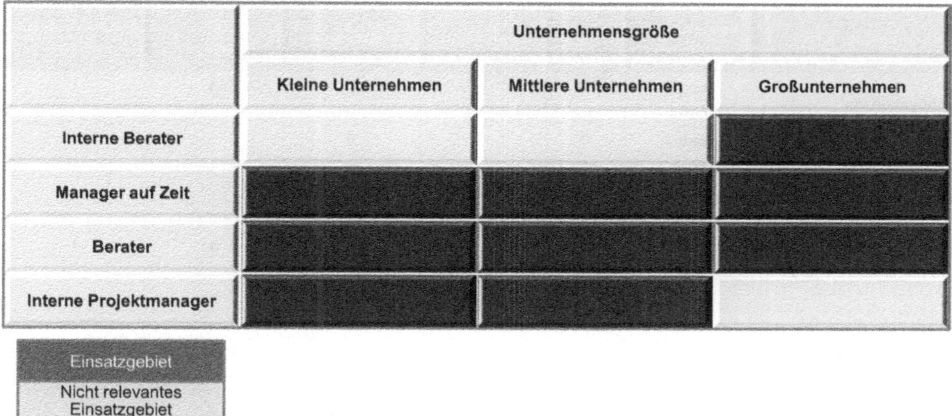

Abb. 1.2 Einsatzgebiete der vier Beratungsmodelle

> Interne Projektmanager sind etwas Neues. Ihr Einsatz ist zeitlich befristet und wird durch eigene Mitarbeiter sichergestellt.

Im Gegensatz zu konventionellen externen Beratern ist der Einsatz der Internen Projektmanager ein eigenständiger, innerbetrieblicher Ansatz zur Lösung komplexer betriebswirtschaftlicher Aufgaben in kleinen und mittleren Unternehmen. Der Nutzen für die Unternehmen ist dabei sehr groß. Denn durch diese Form der Aufgabenbearbeitung werden die wichtigsten Kriterien eines jeden Projektes in vielen Fällen positiv beeinflusst:

- Die **Motivation der eigenen Mitarbeiter** wird deutlich erhöht. Da mit eigenen personellen Ressourcen ein Projekt zu einem komplexen Problem professionell und selbst erfolgreich durchgeführt wird, hat diese Vorgehensweise eine positive Signalwirkung im ganzen Unternehmen („Leuchtturmprojekt").
- Das **Know-how** liegt bei den eigenen Mitarbeitern. Häufig ist zu hören, dass es im Unternehmen nicht das erforderliche Wissen zu einem Thema gibt und von daher ein externer Berater benötigt wird. Dies ist in den allermeisten Fällen ein Irrtum. Externe Berater haben nicht mehr Fachwissen als die eigenen Mitarbeiter, ganz im Gegenteil. Externe Berater haben mehr Wissen, wie andere Branchen ein Thema bearbeitet haben, nicht aber über das Thema als solches. Hier haben die internen Mitarbeiter deutlich mehr Know-how als ein externer Berater. Darüber hinaus können externe Berater ihr vorhandenes Wissen aufgrund ihrer Projektmanagementkenntnisse anfangs besser strukturieren und gezielt für Lösungsvorschläge nutzen. Dieser Vorteil wird aber im Verlauf des Projektes schnell von den internen Mitarbeitern kompensiert.
- Die **inhaltlichen Lösungen** sind unternehmensspezifischer und näher am Alltag des Unternehmens.
- Die **Zeit bis zur Zielerreichung** wird verkürzt, da keine Vorlaufzeit mehr notwendig ist, um externe Berater in die Unternehmensprozesse einzuführen. Dadurch werden die festgelegten Projektziele schneller erreicht. Sollte es aufgrund der zeitlichen Verfügbarkeit der internen Mitarbeiter zu einem Konfliktfall kommen, dann kann durch eine

Bewertungskriterien	Bewertungs-parameter	Punkte	Gewichtung	Berater	Interim Manager	Interne Projekt-manager
	hoch	1			1	1
Motivation der Projektteammitglieder	mittel	0,5	16,7%			
	niedrig	0		0		
	hoch	1		1	1	1
Know-how der Projektteammitglieder	mittel	0,5	16,7%			
	gering	0				
	hoch	1		1	1	1
Inhalte des Projektes	mittel	0,5	16,7%			
	gering	0				
	hoch	0		0		
Kosten des Projektes	mittel	0,5	16,7%		0,5	
	gering	1				1
	lange	0				
Umsetzungsdauer des Projektes	mittel	0,5	16,7%	0,5		
	kurz	1			1	1
	hoch	1				1
Nachhaltigkeit der Projektergebnisse	mittel	0,5	16,7%		0,5	
	niedrig	0		0		

Abb. 1.3 Bewertungsmatrix für die drei Beratungsmodelle des Oberbegriffs „Unternehmensberatung“ (ohne Interne Berater)

zielorientierte Planung der personellen Ressourcen das Projekt dennoch durchgeführt werden (Stichwort „Projekt geht vor Linie“).

- Die **Kosten des Projektes** sind deutlich geringer als durch den Einsatz eines externen Beraters.
- Die **Nachhaltigkeit der Ergebnisse**, zentrales Element einer erfolgreichen Problemlösung, wird sichergestellt, da die Ergebnisse eigenständig erarbeitet wurden, also „in Fleisch und Blut“ übergegangen sind.

Diese Kriterien werden nun für kleine und mittlere Unternehmen, dem Haupteinsatzgebiet der Internen Projektmanager, einer Bewertung unterzogen. Dabei wird mithilfe einer Bewertungsmatrix jedes Kriterium (Gewichtung = 16,7 % je Kriterium) einzeln durch Punktevergabe bewertet. Diese Bewertung ist durch viele persönliche Gespräche des Autors mit Kunden in seiner langjährigen Praxis als Unternehmensberater und Interim Manager entstanden. Da die internen Berater nur für Großunternehmen tätig sind, fallen sie aus der weiteren Betrachtung heraus. Abbildung 1.3 zeigt die Bewertungsmatrix.

Aufgabe für den Leser

Bewerten Sie die Vorteilhaftigkeit der drei Beratungsmodelle mithilfe der Bewertungsmatrix für Ihr Unternehmen.

Das Ergebnis in der Abbildung 1.3 ist recht eindeutig. Die Interpretation der Matrix stellt die wesentlichen Gründe für die Bewertung dar.

- **Berater:** Der klassische Berater hat die niedrigste Bewertung. Dies liegt insbesondere daran, dass er in der Regel nur Konzepte oder Studien anbietet. Sowohl die Motivation des internen Projektteams, die Kosten als auch die Nachhaltigkeit der Ergebnisse sind unterdurchschnittlich ausgeprägt. Häufig treffen junge Berater auf Praktiker des Unternehmens und erläutern diesen, wie innerbetriebliche Aufgaben besser gelöst werden können. Dies führt zur Unzufriedenheit bei den internen Projektmitarbeitern, denn die Lösungsansätze sind doch recht weit von der Praxis entfernt. Sollten die Berater auch mal die Umsetzung mit anbieten, dann haben sie dafür nicht das praxiserfahrene Personal. Daher sind diese Projekte auch in der Praxis in Verruf geraten (denken Sie an die Parabel vom „Tauben klatschen").
- **Manager auf Zeit:** Externe Manager auf Zeit bieten zeitlich befristet ihre Leistungen an. Diese Dienstleister übernehmen entweder operative Funktionen für eine Übergangszeit (beispielsweise besetzen sie Führungsfunktionen bei Vakanzen) oder aber es werden Projekte mit einer Konzept- und Umsetzungsphase durchgeführt. Die Umsetzungsaufgaben können von diesen externen Dienstleistern gut wahrgenommen werden, da die Interim Manager selbst erfahrene Manager mit einer Vergangenheit in operativen Unternehmensfunktionen sind.
- **Interne Projektmanager:** Dieses Beratungsmodell beinhaltet für kleine und mittlere Unternehmen alle Vorteile eines effizienten internen Projektmanagements. Die Vorteile wurden bereits beschrieben.

Zusammenfassend zeigt die Abbildung 1.4 auf der Basis der Bewertungsmatrix den Vergleich der drei Beratungsmodelle für den Projekteinsatz in kleinen und mittleren Unternehmen.

Abb. 1.4 Vergleich der Vorteilhaftigkeit der drei Beratungsmodelle in kleinen und mittleren Unternehmen (KMUs)

Frage an den Leser

Kommen Sie bei Ihrer Bewertung der Beratungsmodelle für Ihr Unternehmen zu einem anderen Ergebnis?

Sie haben sich für die Internen Projektmanager entschieden. Der Prozess vom Anfang bis zum Ende des Einsatzes der Internen Projektmanager wird im Weiteren als Projekt bezeichnet. „Ein Projekt ist ein einmaliges Vorhaben, das aus einem Satz von abgestimmten, gelenkten Tätigkeiten mit Anfangs- und Endtermin besteht und durchgeführt wird, um unter Berücksichtigung von Zwängen bezüglich Zeit, Kosten und Ressourcen ein Ziel zu erreichen.“ [2] In dieser Definition sind alle Eckpunkte enthalten, die Sie bei der Planung Ihres Projektes berücksichtigen müssen.

- Ein einmaliges Vorhaben bedeutet, dass ein Projekt für eine besondere Aufgabe initiiert wird und nicht zum Tagesgeschäft gehört.
- Abgestimmte und gelenkte Tätigkeiten sind durch Transparenz und Projektmanagement (= gelenkt) gekennzeichnet.
- Der Anfangs- und Endtermin gibt den zeitlichen Rahmen vor, der vor Projektstart verabschiedet und kommuniziert sein muss.
- Ein Projekt ist nur von Erfolg gekrönt, wenn es durchgeführt wird, d. h. wenn etwas getan/umgesetzt/verändert wird.
- Die Zwänge (Zeit, Kosten, Ressourcen) sind vor Projektstart zu definieren und zu entscheiden.
- Ohne Ziel ist jeder Schuss ein Treffer. Nur nicht bei einem erfolgreichen Projekt. Die Zielsetzung des Projektes muss vor dem Start klar und verständlich definiert sein.

▶ Wir werden uns in diesem Buch mit den Projekten befassen, deren Ziel die Verbesserung der wirtschaftlichen Basis von kleinen und mittleren Unternehmen (KMUs) ist.

Die entscheidende Frage ist nun, wie ein Projekt erfolgreich mit eigenen Ressourcen geplant und realisiert wird. Ihre Ausgangssituation ist höchstwahrscheinlich eine ganz andere als die eines externen Beraters. Denn es ist für viele Beteiligte vermutlich das erste Mal, dass sie ein derartig zeitlich abgestecktes Projekt durchführen. Mehrere aufeinander aufbauende Erfolgsfaktoren sind der Garant für die erfolgreiche Durchführung – von der Projektinitiative über die Genehmigung des Exposés für das Drehbuch bis zum Vorprojekt und die Erstellung der Entscheidungsunterlage. Dann erfolgt die Projektgenehmigung. Danach wird das Projektteam auf die neue Aufgabe vorbereitet, gemeinsam wird die detaillierte Projektplanung erstellt und das Projekt bearbeitet. Die notwendigen Methoden und Tools werden projektspezifisch eingesetzt. Abschließend wird unter anderem der Nachweis über die Wirtschaftlichkeit des Projektes erstellt und eine Projektreferenz eingeholt. Die Abbildung 1.5 zeigt die Aufgaben und deren zeitliche Abfolge, die für ein Projekt von zentraler Bedeutung sind. Sie entscheiden über Erfolg oder Misserfolg.

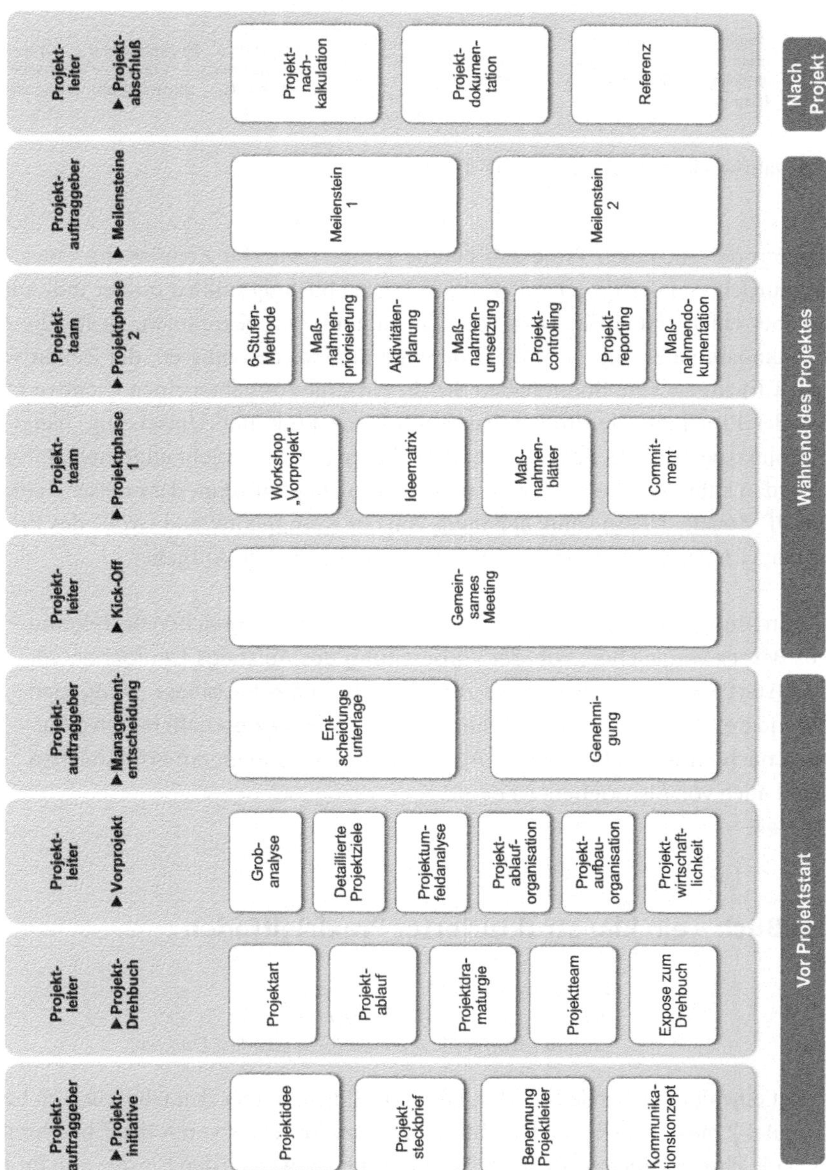

Abb. 1.5 Projektaufgaben in ihrer zeitlichen Reihenfolge

Aufgaben ...vor Projektstart					... während des Projektes		... nach Ende
5 Tage	5 Tage	1 Tag	10 Tage	3 Tage	1 Tag	Projekt-abhängig	3 Tage
Projekt-initiative	Projekt-drehbuch erstellen (Expose)	Expose genehmigen (Meilenstein 0)	Vorprojekt durchführen	Entscheidungs unterlage erstellen und Projekt genehmigen (Meilenstein 1)	Projektteam „einschwören“ (Kick-Off)	Projektphasen 1 und 2 durchführen	Projekt-abschluss (Meilenstein 2)

Abb. 1.6 Zeitaufwand je Projektabschnitt (Erfahrungswerte)

Zeitplanung der einzelnen Projektabschnitte (Abb. 1.5): Die Zeitplanung eines Projektes ist natürlich von der Projektart (Kapitel 2.2.1) abhängig und ist immer individuell. Damit Sie aber einen ersten Eindruck von dem Zeithorizont bekommen, ist für die Aufgaben, die standardmäßig für ein Projekt durchgeführt werden müssen, der Zeitaufwand (Abbildung 1.6) angegeben. Somit haben Sie für einzelne Aufgaben einen Richtwert. Der größte Teil des Projektes, die Projektphasen mit Konzeption und Umsetzung, hängt von so vielen projektspezifischen Faktoren ab, dass dieser Zeitraum nicht allgemeingültig angegeben werden kann. Die Praxis für die meisten Projektarten zeigt, dass dieser Zeitraum drei bis zwölf Monate dauern kann, abhängig von der Komplexität und Größe des Projektes. Abbildung 1.6 zeigt den Zeitaufwand für projektspezifische Aufgaben.

▶ Die Durchführung eines Projektes können Sie mit der erfolgreichen Besteigung eines Berges vergleichen. Von der Vorbereitung des Aufstiegs („Aufgaben vor Projektstart"), vom Gipfelsturm bis zur Rückkehr in das Basislager („Aufgaben während des Projektes") und der Wahrnehmung, was Sie geschafft haben („Aufgaben nach Ende des Projektes"). Alles das finden Sie in einem erfolgreichen Projekt auch vor. Also, gehen wir es an.
Berg Heil!

1.2 Das Buch – ein klar strukturierter Praxisleitfaden

Ein Mann, der recht zu wirken denkt,
muß auf das beste Werkzeug halten.
(Johann Wolfgang von Goethe, deutscher Dichter)

Das Buch hat eine durchgehende Struktur. Dies hilft Ihnen, immer den Überblick zu behalten. Die Kapitel 2 bis 4, welche die Durchführung eines Projektes von A bis Z beschreiben, haben einen gleichbleibenden Aufbau. Die Kapitel 5 und 6, welche den Einsatz von Projekthilfsmitteln beschreiben, haben ebenso einen einheitlichen Aufbau.

WIE SIE MIT DEN KAPITELN 2 BIS 4 AM BESTEN ARBEITEN Eine Vielzahl von Aufgaben wartet nun auf Sie. Doch nur Mut. Durch den gleichmäßigen Aufbau der Kapitel 2

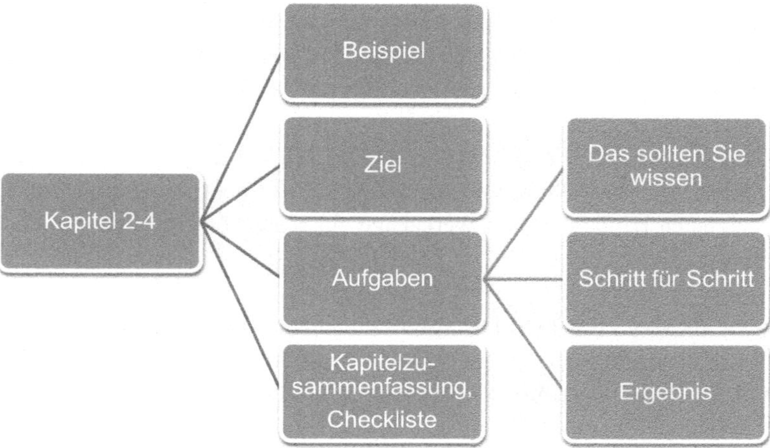

Abb. 1.7 Einheitlicher Aufbau der Kapitel 2–4

bis 4 (Aufgaben vor, während und nach dem Projekt) werden Sie niemals die anstehenden Aufgaben aus den Augen verlieren. Abbildung 1.7 zeigt Ihnen, welche Struktur Sie in den drei Kapiteln vorfinden. Wie in Abbildung 1.7 dargestellt, gibt es vier wesentliche Strukturelemente je Kapitel:

- **Beispiel aus der Beratungspraxis:** Anhand eines Praxisbeispiels wird die Anwendung und Bedeutung des Themas einleitend erläutert.
- **Ziel des Kapitels:** Das Ziel beschreibt den angestrebten Zweck des Kapitels.
- **Aufgaben und Vorgehensweise:** Die Vorgehensweise zeigt alle Einzelaufgaben, die Verantwortlichkeiten der Aufgaben sowie die zeitliche Abfolge der Aufgaben in einer Übersicht an.
- **Kapitelzusammenfassung, Checkliste:** Die wichtigsten Inhalte des Kapitels werden zusammengefasst und in einer Übersicht dargestellt. Weiterhin werden die einsetzbaren Methoden und Tools zur Unterstützung der Aufgaben in diesem Kapitel aufgeführt sowie Fragen zum Kapitelinhalt („Wissen Sie es noch?") gestellt.

Für jede Aufgabe werden folgende Strukturelemente verwendet:

- **Das sollten Sie wissen:** Die folgenden Inhalte der Aufgabe werden kurz und prägnant formuliert.
- **Schritt für Schritt zum Ergebnis:** Die Aufgaben werden schrittweise detailliert beschrieben. Eine Vielzahl von Praxisbeispielen soll Ihnen den Bezug der Inhalte zur Praxis erleichtern.
- **Das Ergebnis:** An einem Praxisbeispiel wird Ihnen das Ergebnis dargestellt. Somit haben Sie eine Arbeitsvorlage, die Ihnen bei Ihrem Projekt helfen kann.

- Diese sehr formale Struktur hilft Ihnen, Kurs zu halten. Wenn Sie Schritt für Schritt diese Vorgehensweise anwenden, dann wissen Sie immer genau, was erledigt ist, wo Sie momentan stehen und was noch zu bearbeiten ist.

WIE SIE MIT DEN KAPITELN 5 UND 6 AM BESTEN ARBEITEN Die Kapitel 5 und 6 zeigen Ihnen, wie Sie mithilfe von Methoden zum Projektziel gelangen und wie Sie sich die geeigneten Hilfsmittel und Werkzeuge zur Unterstützung Ihres Projektes selbst gestalten können.

- **Methoden als Weg zum Ziel:** Die vorgestellten Methoden sind für eine Vielzahl von unterschiedlichen Projektarten wie Effizienzsteigerungsprojekte, Geschäftsaktivierungsprojekte, Innovationsprojekte oder Organisations- und Prozessprojekte zielorientiert ausgerichtet.
- **Tools sind Werkzeuge und Instrumente:** Die Tools dienen Ihnen bei der Projektdurchführung zur Transparenz des Projektfortschrittes und zum Controlling der erreichten Projektziele. Die vorgestellten Tools sind zielorientiert aufgebaut und beschränken sich auf das Wesentliche. Ein weiterer Vorteil ist, dass Sie diese Tools selbst erstellen können, ohne dass Sie Programmierkenntnisse besitzen müssen. Natürlich müssen Sie in dem einen oder anderen Projekt auch spezielle Tools verwenden, beispielsweise ABC-Analyse oder Tools zur Wertanalyse, aber wir werden uns im Weiteren auf die Tools fokussieren, die für eine große Palette an Projekten gleichzeitig hilfreich sind.

Abbildung 1.8 zeigt Ihnen, welche Struktur Sie in den Kapitel 5 und 6 vorfinden. Dargestellt werden die fünf wesentlichen Strukturelemente je Kapitel:

- **Das sollten Sie wissen:** Die folgenden Inhalte der Aufgabe werden kurz und prägnant dargestellt.
- **Ziel der Methode/des Tools:** Das Ziel beschreibt den angestrebten Zweck der Methode/des Tools und gibt eine Übersicht über die Inhalte.
- **Verwendung der Methode/des Tools:** Der Einsatzbereich der Methode/des Tools in der Praxis wird beschrieben.
- **Schritt für Schritt zur Methode/zum Tool:** Die Anwendung der Methoden oder die Erstellung der Tools werden schrittweise detailliert beschrieben. Eine Vielzahl von Praxisbeispielen soll Ihnen den Bezug der Inhalte zur Praxis erleichtern.
- **Das Ergebnis:** An einem Praxisbeispiel wird Ihnen das Ergebnis dargestellt. Somit haben Sie eine Arbeitsvorlage, die Ihnen bei Ihrem Projekt helfen kann.

Für jeden Schritt hin zur Methode oder zum Tool werden folgende Strukturelemente verwendet:

- **Input:** Hier werden die Eingangsgrößen oder Voraussetzungen für den Aufbau der Methode oder des Tools beschrieben.

Abb. 1.8 Einheitlicher Aufbau der Kapitel 5 und 6

- **Aufgabe:** Die einzelnen Aufgaben zum Aufbau einer Methode oder eines Tools werden detailliert beschrieben und teilweise mit Praxisbeispielen erläutert.
- **Output:** Das Ergebnis wird an einem Praxisbeispiel dargestellt.

▶ **Tipp** Dieses Buch gibt einen umfassenden Überblick über sämtliche Aspekte des professionellen Projektmanagements mithilfe der Internen Projektmanager. Sollten Sie oder Ihre Mitarbeiter bereits praktische Projekterfahrungen gesammelt haben, dann können Sie die Ihnen bekannten Themen/Kapitel auch überspringen. Sämtliche Kapitel sind modular aufgebaut. Sie behandeln immer ein in sich geschlossenes Thema. Werden Inhalte vorausgesetzt, so wird in den Kapiteln darauf hingewiesen.

Für alle Leser, die keinerlei Projekterfahrungen haben, wird empfohlen, sich einen Überblick über die vorgestellten Themen zu verschaffen. Entscheiden Sie danach, welche Themen für Ihr geplantes Projekt in Ihrem Unternehmen von Bedeutung sind und welche nicht.

2 Auf geht's! Schuhe schnüren – Aufgaben vor Projektstart

Der Anfang ist die Hälfte vom Ganzen.
(Aristoteles, griechischer Philosoph)

Grundsätzlich wird ein Projekt in drei Abschnitte unterteilt. Der erste Abschnitt „Aufgaben vor Projektstart" schafft die notwendigen Voraussetzungen, ohne die kein erfolgreiches Projekt durchgeführt werden kann. Der zweite Abschnitt „Aufgaben während des Projektes" beinhaltet konzeptionelle Aufgaben und die Umsetzung des Projektkonzeptes. Der dritte Abschnitt „Aufgaben nach Ende des Projektes" zeigt allen Beteiligten auf, ob sich die Investition in das Projekt gelohnt hat. In diesem Kapitel wird der erste Projektabschnitt behandelt. Abbildung 2.1 zeigt die Verantwortlichkeiten und die Einzelaufgaben in diesem Abschnitt.

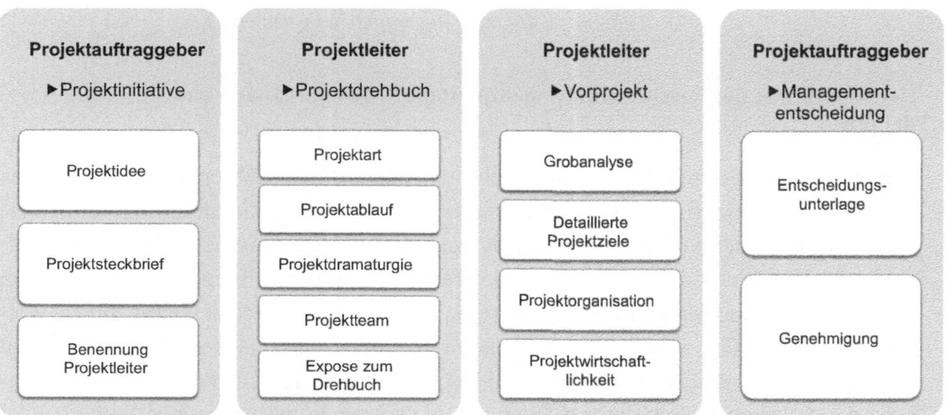

Abb. 2.1 Aufgaben vor Projektstart

W. Mensing, *Erfolgreiches Projektmanagement ohne externe Berater in KMUs*,
DOI 10.1007/978-3-658-06663-5_2

Der erste Projektabschnitt „Aufgaben vor Projektstart“ ist in vier Blöcke unterteilt. Jeder Block besteht aus Einzelaufgaben.

- **Die Projektinitiative ergreifen.** Das Unternehmen hat eine komplexe Aufgabe zu lösen, die mit herkömmlichen Mitteln nicht gelöst werden kann. Dazu soll ein Projekt gestartet werden. Als Erstes ist die Projektidee (grundsätzliches Thema des Projektes) zu formulieren, der Projektsteckbrief (Beschreibung wesentlicher Projektbestandteile) zu erstellen und der Projektleiter zu benennen.
- **Das Projektdrehbuch erstellen.** Der Projektleiter erstellt ein Projektdrehbuch. Dieses beinhaltet die „Story“ des Projektes. Die Kunst besteht darin, dass die Idee für dieses Drehbuch, abgeleitet aus dem Projektsteckbrief, vorerst nicht detailliert beschrieben, sondern auf wenige Seiten in einem Exposé schriftlich zusammengefasst wird. Das Thema ist auf den Punkt zu bringen!
- **Das Vorprojekt durchführen.** Die Situation in dem Untersuchungsbereich (dort findet das Projekt statt) ist zu analysieren, konkrete Projektziele sind zu formulieren, die Projektorganisation festzulegen und abschließend ist eine qualifizierte Schätzung des Projektergebnisses vorzunehmen.
- **Die Entscheidungsunterlage erstellen und das Projekt genehmigen.** In der Entscheidungsunterlage sind alle notwendigen und relevanten Informationen für das Projekt zusammengefasst. Der Projektauftraggeber hat nun die Aufgabe, eine „stop-or-go“-Entscheidung zu fällen.

2.1 Die Projektinitiative – ein Projekt muss her

Alles auf der Welt kommt auf einen gescheiten Einfall und auf einen festen Entschluss an.
(Johann Wolfgang von Goethe, deutscher Dichter)

Der Vorsitzende der Geschäftsführung ergreift die Projektinitiative – eine Episode aus der Praxis

Herr B., der Vorsitzende der Geschäftsführung eines weltweit führenden Unternehmens der Farbenindustrie, rief eines Tages Herrn M., den Managing Partner eines Interim-Management-Unternehmens, an und wollte einen Gesprächstermin vereinbaren. Herr M. war sehr erfreut und so trafen sich beide Herren. Nach einem kurzen Small Talk kam Herr B. zum Grund des Treffens. Ihm lag ein „Stein im Magen“. Sein Unternehmen, welches in hohem Maße von der Verfügbarkeit der Produktionsanlagen abhängig ist, kann nach Auskunft sämtlicher Führungskräfte aus dem Bereich Technik keine weitere Steigerung der Anlagenverfügbarkeit realisieren. Die Steigerung der Anlagenverfügbarkeit ist aber ein Schlüssel für den weiteren Geschäftsausbau. Herr B. wollte dies nicht einfach so hinnehmen. Er ergriff die Initiative und bat Herrn M., in einem Meeting den technischen Führungskräften über seine Erfahrungen aus der Instandhaltung in anderen Branchen zu berichten. „Ich gebe Ihnen die Bühne. Begeistern müssen Sie meine Mitarbeiter“.

Gesagt, getan. Am Ende des Meetings waren alle Führungskräfte bereit, ein Projekt zu starten. Nach sechs Monaten war das Projekt zur vollsten Zufriedenheit aller Beteiligten abgeschlossen. Die Projektinitiative von Herrn B. war somit ein voller Erfolg.

ZIEL DES KAPITELS Dieses Kapitel ist für den Projektauftraggeber verfasst. Sie haben in Ihrem Unternehmen ein Problem festgestellt, das mit herkömmlichen Mitteln nicht zu lösen ist. Sie entscheiden, dass dieses komplexe Problem mit internen Ressourcen bearbeitet werden soll. Im ersten Schritt ist durch Sie eine Problembeschreibung vorzunehmen. Das Ziel dieses Kapitels ist es, den Weg von der ersten Idee über ein mögliches Projekt bis hin zur Benennung des Projektleiters aufzuzeigen und die Zwischenschritte detailliert zu erläutern. Dazu werden Sie folgende Inhalte kennenlernen:

- Projektideen fallen in der Regel „nicht vom Himmel", sondern müssen erarbeitet werden.
- Als Aufgabenstellung für ein späteres Projekt werden alle wichtigen Vorgaben in einem Projektsteckbrief zusammengefasst.
- Für die operative Umsetzung des Projektes ist ein Projektleiter zu benennen, dessen Kompetenzprofil die Projektvorgaben möglichst gut abdecken muss.

AUFGABEN UND VORGEHENSWEISE Die Idee für ein Projekt kann aus unterschiedlichen Quellen kommen. Entweder über die Geschäftsführung selbst, aus dem Management oder von Mitarbeitern. Die Projektidee wird im Rahmen des Projektsteckbriefs konkretisiert. Danach wird die Person benannt, die für dieses Projekt als Projektleiter am geeignetsten ist. Abbildung 2.2 zeigt die Einzelaufgaben sowie deren zeitliche Abfolge und Verantwortlichkeiten auf.

2.1.1 Die Projektidee – Startschuss für das Projekt

DAS SOLLTEN SIE WISSEN

- Routineprobleme im Tagesgeschäft werden nicht mithilfe eines Projektes gelöst.
- Ein neuartiges Problem kann mit einem Projekt gelöst werden und ist mit einer Projektidee zu beschreiben.

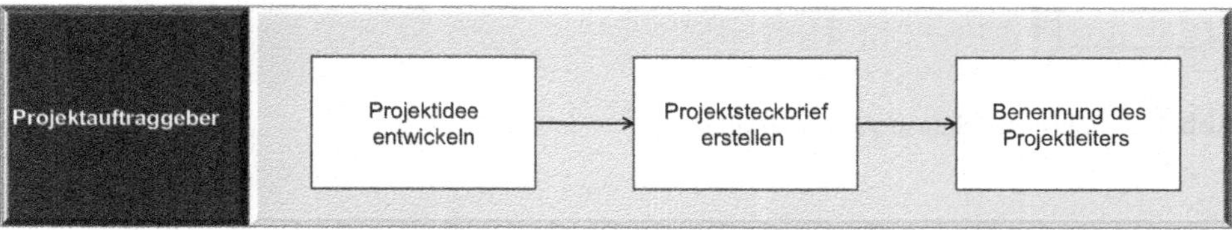

Abb. 2.2 Prozessschritte zur Initiierung des Projektes

- Eine Projektidee wird selten spontan gefunden, in der Regel werden Ideen erarbeitet.
- Ein Kreativitätsteam erarbeitet unter geeigneten Umgebungsbedingungen mehrere Projektideen.
- Kreativitätstechniken helfen, Projektideen zu generieren.
- Mehrere Projektideen werden mithilfe von Bewertungskriterien bewertet. Die beste Projektidee bildet die Basis für den Projektsteckbrief.

SCHRITT FÜR SCHRITT ZUM ERGEBNIS Nicht alle Ideen fallen „aus heiterem Himmel". Zwar hat Isaac Newton angeblich die Idee von der Schwerkraft entwickelt, als er den Apfel vom Baum fallen sah, doch in der Realität sind diese spontanen Ideen oder Eingebungen eher selten. Unter Idee versteht man „einen Gedanken, nach dem man handeln kann, oder ein Leitbild, an dem man sich orientiert" [3]. Dies gilt auch für die Projektidee. Sollte die Idee aber noch nicht den Stand „nach dem man handeln kann" erreicht haben, so ist der kreative Prozess der Ideengenerierung notwendig. Wie die Abbildung 2.3 zeigt, erfolgt die Ideengenerierung in sechs Schritten.

Schritt 1 Finden Sie Ideen. Die Ideenfindung kann, wie oben bereits beschrieben, spontan erfolgen oder aber durch die Anwendung von Methoden unterstützt werden. Vielleicht erinnern Sie sich an eine Situation während eines Veranstaltungsbesuchs, beim Zähneputzen oder beim Plausch mit Kollegen an der Kaffeemaschine, wie Sie plötzlich

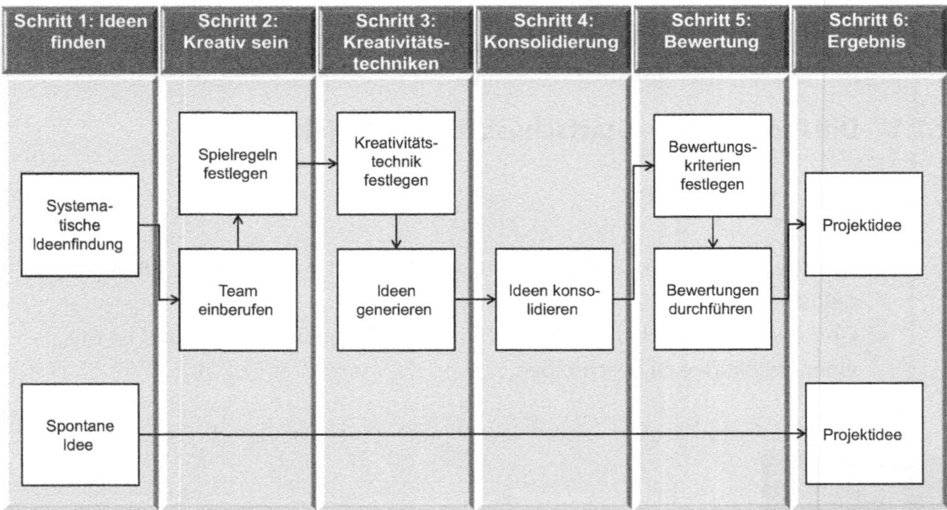

Abb. 2.3 Schritt für Schritt zur Projektidee

eine Idee zu einem Thema hatten, das gar nicht Gegenstand der momentanen Kommunikation war. Diese Art von Ideenfindung nennt man spontane Ideenfindung. Die Methoden zur Anwendung der systematischen Ideengenerierung sind vielfältiger, wie beispielsweise wissenschaftliche oder statistische Verfahren. Für die Art von Projektideen, um die es hier geht, sind die Kreativitätstechniken von besonderem Interesse. Die hier verwendeten Methoden und Werkzeuge sind außerordentlich hilfreich, um eine Vielzahl von Ideen zu einem Thema zu generieren.

Schritt 2 Seien Sie kreativ. Über Kreativität verfügen alle Menschen mehr oder weniger. Darüber hinaus kann Kreativität auch trainiert werden. Wann ist aber Kreativität bei der Problemlösung besonders gefragt? In der Regel wird bei betrieblichen Problemen unterschieden zwischen Routineproblemen (häufig wiederkehrende Probleme, beispielsweise Abweichungen im Tagesgeschäft) und unregelmäßig auftretenden Problemen, für die es keine Routinelösungen und Erfahrungen gibt. Diese zweite Art von Problemen wird mit Kreativitätstechniken bearbeitet. Für diesen Prozess müssen aber die Randbedingungen und Voraussetzungen vorher mit allen Beteiligten des Kreativitätsprozesses festgelegt werden. Abbildung 2.4 zeigt einige „Spielregeln" für den kreativen Prozess, an die sich alle Beteiligten zwingend halten müssen.

Schritt 3 Wenden Sie Kreativitätstechniken an. Kreativitätstechniken dienen der Ideenfindung. In diesem Prozess wird ein Problem präzisiert und möglichst in einem Team bearbeitet. Dabei ist allen Techniken gemeinsam, dass Ideen, auch unkonventionelle Ideen aus anderen Bereichen, zur Lösungsfindung generiert werden. Es gibt eine Vielzahl von Kreativtechniken, die sich in die intuitiven und die diskursiven Methoden unterteilen lassen. Mischformen sind auch möglich. Die intuitive Kreativitätstechnik

ZIEL: Neue, unkonventionelle Ideen erzeugen.
Wir sind ein Team, in dem in einer offenen Atmosphäre über alles diskutiert werden kann.
Alle leisten einen Beitrag für die Ideensammlung. Niemand sitzt auf der „Zuschauertribüne".
Es gibt keine „heiligen Kühe"; auch ungewöhnliche Vorschläge sind willkommen.
Alle Themen werden in Ruhe besprochen. Es gibt keinen Stress oder Zeitdruck.
Kritik - sowohl verbale als auch nonverbale - ist während der kreativen Phase grundsätzlich nicht erlaubt.
Keine "Killerphrasen" verwenden: „Das haben wir noch nie so gemacht!", „Das ist zu teuer!", „Das geht nicht!".
Während der Kreativphase wird keine Strukturierung und keine Bewertung der Ideen vorgenommen.

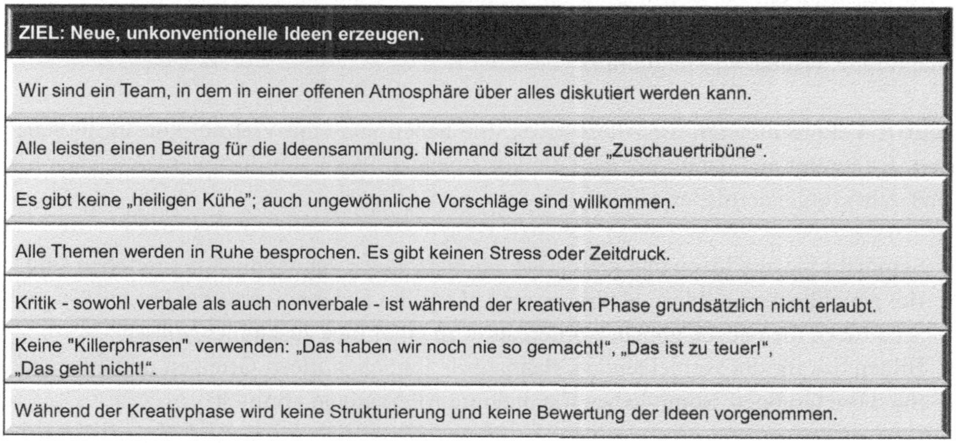

Abb. 2.4 Spielregeln für den Kreativitätsprozess

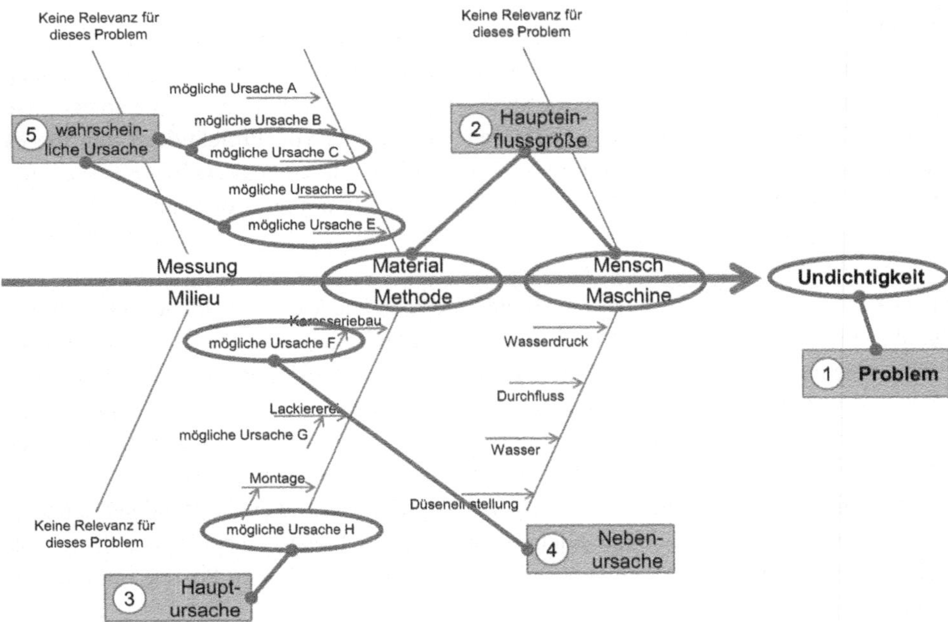

Abb. 2.5 Ursache-Wirkungs-Diagramm (Praxisbeispiel Automotive)

spricht beim Menschen das Unterbewusstsein an. Sie kann in kurzer Zeit sehr viele Ideen erzeugen. Wichtige Techniken sind hier das „Brainstorming" oder die „Methode 635". Die diskursive Kreativitätsmethode versucht über einzelne, aufeinander aufbauende Schritte zu Lösungen zu kommen. Zwar werden nicht so viele Lösungen erzeugt wie bei den intuitiven Techniken, aber die Problemlösung wird in der Regel vollständiger beschrieben. Für die diskursiven Kreativitätsmethoden stehen beispielsweise der „morphologische Kasten" oder das in Abbildung 2.5 dargestellte „Ursache-Wirkungs-Diagramm" (Ishikawa-Diagramm).

Schritt 4 Konsolidieren Sie Alternativen. Sie haben nun eine Vielzahl von Ideen generiert. Es kommt nun darauf an, dass die vorliegenden Ideen geordnet werden. Gehen Sie jetzt dabei folgendermaßen vor:

- Sammeln Sie alle Ideen und klären Sie, ob diese Ideen verständlich beschrieben sind.
- Bei gleichlautenden Ideen bleibt nur eine übrig, die anderen werden gelöscht.
- Sind Ideen thematisch gleich, werden diese zu einer Idee zusammengefasst.
- Bilden Sie für die verbleibenden, thematisch ähnlichen Ideen Gruppen und benennen Sie diese Gruppen. Somit haben Sie mehrere Alternativen ermittelt.

Schritt 5 Bewerten Sie Alternativen. Die vorliegenden Alternativen an Lösungsvorschlägen werden nun bewertet. Ziel ist es, den für das Problem besten Lösungsvorschlag (= beste

Bewertungskriterien	Bewertungs-parameter	Punkte	Gewichtung	Projektidee 1	Projektidee 2
Übereinstimmung mit den Unternehmenszielen	ja	10	10%	1	1
	teilweise	5			
	nein	0			
Übereinstimmung mit der Unternehmensstrategie	ja	10	10%		1
	teilweise	5		0,5	
	nein	0			
Übereinstimmung mit der Sortimentspolitik	ja	10	20%		2
	teilweise	5			
	nein	0		0	
Übereinstimmung mit den organisatorischen Voraussetzungen	ja	10	20%	2	2
	teilweise	5			
	nein	0			
Übereinstimmung mit technischen Voraussetzungen	ja	10	30%		3
	teilweise	5		1,5	
	nein	0			
Veränderungen in den Kostenstrukturen	ja	10	10%		1
	teilweise	5		0,5	
	nein	0			
SUMME			**100 %**	**5,5 Punkte**	**10 Punkte**

Abb. 2.6 Ideenbewertungsmatrix (Praxisbeispiel Maschinenbau)

Projektidee) zu bestimmen. Wenn Sie sich die Bewertungsmatrix erstellen, die genau zu Ihrer Aufgabenstellung passt, dann sind in dem ersten Schritt die Bewertungskriterien, die Bewertungsparameter, die Benotung (Punkte) und die Gewichtung der Bewertungsparameter zu formulieren. Im zweiten Schritt ist jede Projektidee zu bewerten. Abbildung 2.6 zeigt die Bewertungsmatrix (Beispiel für zwei Projektideen).

Erläuterung zu Abbildung 2.6: Sie bewerten beispielsweise für die erste Projektidee das Bewertungskriterium „Übereinstimmung mit den Unternehmenszielen" mit der vollen Punktzahl (= 10 Punkte). Durch die Gewichtung von 10 % steht in der Spalte „Projektidee 1" der Wert „1". Die Elemente der Ideenbewertungsmatrix im Einzelnen:

- **Bewertungskriterien:** Die Kriterien sind für Problemlösungen im Markt- und Kundenbereich andere als beispielsweise für produktionsinterne Aufgabenstellungen. Während für den Markt- und Kundenbereich Kriterien wie erwartetes Markt- und Kundenpotenzial, Voraussetzung für die Vermarktung oder möglicher Nutzen für den Kunden Kriterien sein können, spielen bei produktionsinternen Problemfällen eher Veränderung der Kostenstrukturen, möglicher Deckungsbeitrag oder technische Machbarkeit eine Rolle. Je klarer sich die Bewertungskriterien an dem Problem ausrichten, desto sicherer ist die Lösungsfindung.

- **Bewertungsparameter:** Hier können Sie, wie in Abbildung 2.6 dargestellt, entweder nicht quantifizierte Parameter (ja, teilweise, nein) oder quantifizierte Parameter eintragen. Dies hängt von der Aufgabenstellung ab.
- **Punkte:** Vergeben Sie drei unterschiedlich hohe Punktewerte je Bewertungskriterium. Diese können, wie in Abbildung 2.6 gezeigt, linear verteilt werden (10, 5, 0) oder nicht linear (beispielsweise 10, 7, 0). Mit dieser Festlegung setzen Sie bereits Prioritäten für die spätere Bewertung.
- **Gewichtung:** Von entscheidender Bedeutung ist die Gewichtung der Bewertungskriterien. Hiermit wird der Fokus auf die Kriterien gelegt, die für die Aufgabenstellung von besonderer Bedeutung sind. Weitere Kriterien werden auch berücksichtigt, haben aber ein anderes Gewicht. Abbildung 2.7 zeigt ein Praxisbeispiel aus dem Automotivebereich, bei dem der Fokus auf die schnelle Umsetzung der Projektidee gelegt wurde (Umsetzungsdauer = 50 % Gewichtung). Die Gewichtung wird immer durch den Projektauftraggeber vorgenommen.

DAS ERGEBNIS So könnte die Ideenbewertungsmatrix (mit Schwerpunktgewichtung) aussehen (Abbildung 2.7):

- Die Ideenbewertungsmatrix enthält mehr als eine Projektidee.
- Die Bewertungskriterien sind auf das Projekt zugeschnitten.

Bewertungskriterien	Bewertungs-parameter	Punkte	Gewichtung	Projekt-idee 1	Projekt-idee 2	Projekt-idee 3	Projekt-idee 4	Projekt-idee 5
Umsetzungsdauer	< 6 Mon	10	50%					5
	6 bis 12 Mon	5			2,5	2,5		
	> 12 Mon	0		0			0	
Finanzbedarf	< 100 TE	10	20%		2			
	100 bis 500 TE	5		1		1	1	1
	> 500 TE	0						
Umsetzungsaufwand	< 5 MA	10	10%		1	1		1
	5 bis 10 MA	5		0,5			0,5	
	> 10 MA	0						
Umsetzungskompetenz	vorhanden	10	20%					
	teilweise vorhanden	5				1		1
	nicht vorhanden	0		0	0		0	
ERGEBNIS (Punkte)			**100%**	**1,5**	**5,5**	**5,5**	**1,5**	**8**

Abb. 2.7 Ideenbewertungsmatrix mit Schwerpunktgewichtung (Praxisbeispiel Automotive)

- Nur realistische Bewertungsparameter werden festgelegt.
- Eine Gewichtung nach den Projektanforderungen ist definiert.
- Die Bewertung (Punktvergabe) wird durch den Projektauftraggeber vorgenommen.

Erläuterung zu Abbildung 2.7: Die „Projektidee 5“ wurde für das Bewertungskriterium „Umsetzungsdauer“ mit der vollen Punktzahl von 10 Punkten bewertet. Dies bedeutet, dass aufgrund der „Gewichtung“ von 50 % für dieses Bewertungskriterium 5 Punkte ermittelt wurden. Nach Bewertung aller Projektideen hat die „Projektidee 5“ mit insgesamt 8 Punkten (von maximal 10 Punkten) gewonnen.

2.1.2 Der Projektsteckbrief – alles Wichtige auf einen Blick

DAS SOLLTEN SIE WISSEN

►
- Der Projektinitiator (Auftraggeber) ist für die Erstellung des Projektsteckbriefs allein verantwortlich.
- Der Projektsteckbrief enthält mindestens sechs Elemente.

SCHRITT FÜR SCHRITT ZUM ERGEBNIS Der Projektsteckbrief ist immer vom Projektauftraggeber zu formulieren. Dies stellt sicher, dass sowohl Inhalt wie auch Verantwortung auf diesen zurückzuführen sind. Mit der Bekanntgabe des Projektsteckbriefs ist der Startschuss für das Projekt gefallen.

Schritt 1 Der Projektauftraggeber ist ein Mitglied der Geschäftsführung oder aber in größeren Unternehmen ein ergebnisverantwortlicher Bereichsleiter. Im vorliegenden Beispiel (Abbildung 2.8) ist die Geschäftsführung der Projektauftraggeber.

Schritt 2 Formulieren Sie die Aufgabenstellung und Zielsetzung, die zu der erarbeiteten Projektidee passt. Die Aufgabenstellung und Zielsetzung beschreibt die Situation in dem Geschäftsbereich, in dem das Projekt stattfinden soll. Die Zielsetzung ist bereichsorientiert. Es ist wenig hilfreich, Ziele zu formulieren, die in dem Geschäftsbereich, in dem das Projekt stattfinden soll, gar nicht oder nur geringfügig beeinflusst werden können. Die Zielsetzung muss sich ganz konsequent auf den Projektbereich beziehen, was in der Praxis oft nicht eingehalten wird. Natürlich kann eine unternehmensweite Zielsetzung, beispielsweise für ein Effizienzsteigerungsprojekt, definiert sein, aber dann müssen diese übergeordneten Ziele auf die einzelnen Geschäftsbereiche oder Abteilungen runtergebrochen werden. Nichts ist für die Motivation schlimmer, als für nicht beeinflussbare Ziele in die Verantwortung genommen zu werden. Wie der Abbildung 2.8 zu entnehmen ist, ist die Projektidee, die hinter dieser Aufgabenstellung und Zielsetzung steht, die Erhöhung der Anlagenverfügbarkeit.

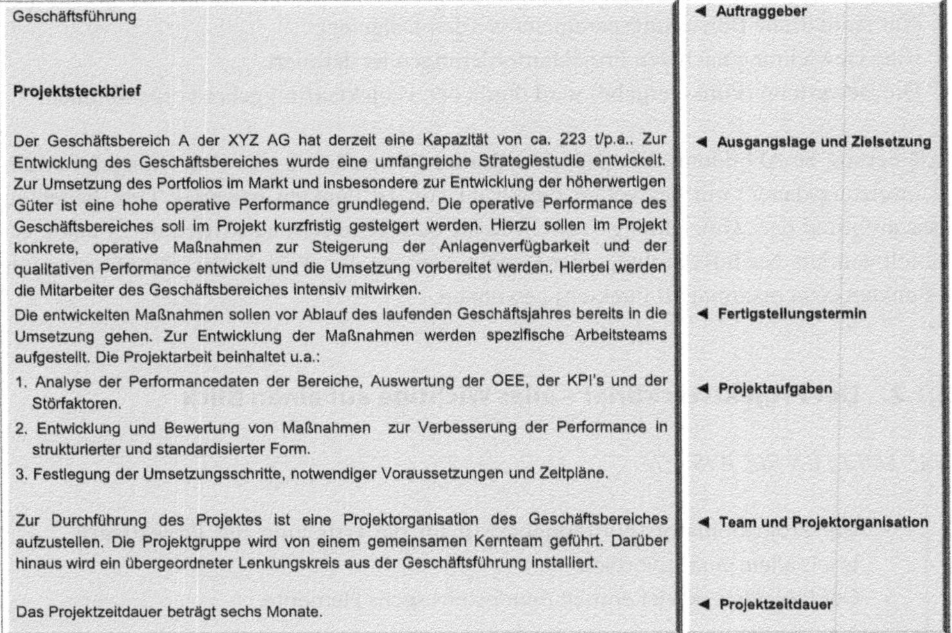

Geschäftsführung	◄ Auftraggeber
Projektsteckbrief	
Der Geschäftsbereich A der XYZ AG hat derzeit eine Kapazität von ca. 223 t/p.a.. Zur Entwicklung des Geschäftsbereiches wurde eine umfangreiche Strategiestudie entwickelt. Zur Umsetzung des Portfolios im Markt und insbesondere zur Entwicklung der höherwertigen Güter ist eine hohe operative Performance grundlegend. Die operative Performance des Geschäftsbereiches soll im Projekt kurzfristig gesteigert werden. Hierzu sollen im Projekt konkrete, operative Maßnahmen zur Steigerung der Anlagenverfügbarkeit und der qualitativen Performance entwickelt und die Umsetzung vorbereitet werden. Hierbei werden die Mitarbeiter des Geschäftsbereiches intensiv mitwirken.	◄ Ausgangslage und Zielsetzung
Die entwickelten Maßnahmen sollen vor Ablauf des laufenden Geschäftsjahres bereits in die Umsetzung gehen. Zur Entwicklung der Maßnahmen werden spezifische Arbeitsteams aufgestellt. Die Projektarbeit beinhaltet u.a.:	◄ Fertigstellungstermin
1. Analyse der Performancedaten der Bereiche, Auswertung der OEE, der KPI's und der Störfaktoren. 2. Entwicklung und Bewertung von Maßnahmen zur Verbesserung der Performance in strukturierter und standardisierter Form. 3. Festlegung der Umsetzungsschritte, notwendiger Voraussetzungen und Zeitpläne.	◄ Projektaufgaben
Zur Durchführung des Projektes ist eine Projektorganisation des Geschäftsbereiches aufzustellen. Die Projektgruppe wird von einem gemeinsamen Kernteam geführt. Darüber hinaus wird ein übergeordneter Lenkungskreis aus der Geschäftsführung installiert.	◄ Team und Projektorganisation
Das Projektzeitdauer beträgt sechs Monate.	◄ Projektzeitdauer

Abb. 2.8 Projektsteckbrief (Praxisbeispiel Grundstoffindustrie)

Schritt 3 Legen Sie die Meilensteintermine fest. Meilensteintermine geben an, wann bestimmte Projektergebnisse vorliegen sollen. In der Regel werden Meilensteine gesetzt nach der Vorlage erster Analyseergebnisse („Vorprojekt"), dem erstellten Projektkonzept und am Ende der Umsetzungsphase der Projektmaßnahmen.

Schritt 4 Formulieren Sie die Projektaufgaben. Die Projektaufgaben zeigen den inhaltlichen Rahmen des Projektes an und wie dieser umgesetzt werden soll. Meist entsteht die Beschreibung der Projektaufgaben aus dem Ideenfindungsprozess. In diesem Prozessschritt kann die Hauptstoßrichtung des Projektes (beispielsweise Kostensenkungsprojekt, Geschäftsaktivierungsprojekt, Innovationsprojekt) festgelegt werden. Die Festlegung muss aber nicht zwingend die Aufgabe des Projektauftraggebers sein, sondern sie kann an den Projektleiter delegiert werden.

Schritt 5 Bestimmen Sie die grundsätzliche Struktur des Projektteams und der Projektorganisation. Das Projektteam und die Projektorganisation bilden den personellen Kern für die Umsetzung des Projektsteckbriefes. Einerseits wird durch das Projektteam der Projekterfolg wesentlich beeinflusst, anderseits ist es aber auch erforderlich, dass das Projekt während der Projektlaufzeit mindestens durch den Projektauftraggeber begleitet wird. Durch die regelmäßigen Sitzungen mit dem Projektauftraggeber kann dieser im Zweifelsfall eingreifen, falls das Projekt sich seiner Ansicht nach in die falsche Richtung entwickelt. Andererseits ist durch die regelmäßigen Projektstatussitzungen der Auftraggeber über alles informiert und trägt, falls keine Einwände seinerseits kommen, letztendlich die Verantwortung für das Projekt. Details, wie beispielsweise die Namen der Projektteammitglieder oder die Anzahl der Projektteams, werden im Projektsteckbrief nicht festgelegt. Diese Aufgabe wird an den Projektleiter delegiert.

Schritt 6 Legen Sie die Projektzeitdauer fest. Die Projektzeitdauer gibt den gesamten Zeitrahmen für das Projekt oder einer bestimmten Projektphase an (für die der Projektsteckbrief gilt). Aus diesem Zeitraum wird später durch den Projektleiter abgeleitet, welche personellen Ressourcen für die Einhaltung der Projektzeitdauer benötigt werden. In der Praxis werden die Projektteammitglieder meistens nicht vollständig für das Projekt abgestellt. Zwar gibt es Projekte, für die der Projektauftraggeber die Maxime „Projekt geht vor Linie" ausgibt, aber diese Projekte sind eher selten. Häufiger wird ein Projektteammitglied zeitweise abgestellt, beispielsweise drei Tage pro Woche für jeweils einen halben Tag. Sie müssen also bei der Festlegung der Projektzeitdauer berücksichtigen, dass der zeitliche Einsatz der Projektteammitglieder von Ihrer Festlegung abhängig ist.

DAS ERGEBNIS So könnte der Projektsteckbrief aussehen (Abbildung 2.8, Beispiel Effizienzsteigerungsprojekt):

- Der Projektsteckbrief enthält mindestens sechs Elemente.
- Der Projektsteckbrief wird vom Projektauftraggeber formuliert.
- Der Projektsteckbrief ist die Basis für das Projekt.

2.1.3 Die Benennung des Projektleiters – die zentrale Person

DAS SOLLTEN SIE WISSEN

- Der Projektleiter ist die zentrale Person in einem Projekt.
- Der Projektleiter muss möglichst umfangreiche persönliche Kompetenzen und Fähigkeiten haben.
- Die Auswahl des Projektleiters findet mithilfe einer Bewertungsmatrix statt.
- Die Kriterien der Bewertungsmatrix sind auf das durchzuführende Projekt (Projektart, Kapitel 2.2.1) abzustimmen.
- Die Gewichtung der Bewertungskriterien ist von zentraler Bedeutung und wird auf Basis der Projektzielsetzung und des Projektumfeldes festgelegt.

SCHRITT FÜR SCHRITT ZUM ERGEBNIS Der Projektleiter ist die zentrale Person in einem Projekt. Er ist verantwortlich für das Erreichen der Zielsetzung des Projektes. Deshalb sind die Anforderungen an seine Person sehr hoch. Dies müssen Sie als Projektauftraggeber bei der Benennung des Projektleiters berücksichtigen.

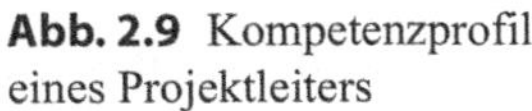

Abb. 2.9 Kompetenzprofil eines Projektleiters

Schritt 1 Legen Sie das Kompetenzprofil für den Projektleiter fest. In dem Findungsprozess müssen die Fähigkeiten eines Projektleiters auch hinsichtlich des Projekttyps berücksichtigt werden. Für ein strategisches Projekt sind teilweise andere Kompetenzen notwendig als bei einem Effizienzsteigerungsprojekt. Genauso hat ein Innovationsprojekt andere Schwerpunkte als ein Marketingprojekt. Die Abbildung 2.9 zeigt die sieben persönlichen Kernkompetenzen, über die jeder Projektleiter verfügen sollte.

- **Sozialkompetenz:** Soziale Kompetenz ist in unserer heutigen Gesellschaft eine Schlüsselkompetenz. Dabei spielt es keine Rolle, ob Sie Mitglied eines Fußballvereins, Teil eines Freundeskreises oder Vorsitzender des Vorstands eines Konzerns sind. Obwohl der Inhalt der Tätigkeit in diesen drei Beispielen völlig unterschiedlich ist, so ist doch die Interaktion innerhalb dieser Gruppen geprägt durch die soziale Kompetenz der beteiligten Personen. Eigenschaften wie Einfühlungsvermögen, Wertschätzung für andere, Teamfähigkeit, Kommunikationsfähigkeit sowie Fairness und Verlässlichkeit spielen eine entscheidende Rolle innerhalb sozialer Gruppen. In den letzten Jahren wird auch immer stärker die Fähigkeit, sich auf andere Kulturen einzustellen, als notwendig erachtet.
- **Methodenkompetenz:** Methodenkompetenz besteht im Wesentlichen aus drei Elementen. Erstens der Fähigkeit, sich Informationen zu beschaffen, sie zu bearbeiten und zu strukturieren. Zweitens aus der Fähigkeit, geeignete Problemlösungstechniken anzuwenden, und drittens, den Problemlösungsprozess zu beherrschen.
- **Führungskompetenz:** Führung muss sein. Führung schafft Orientierung und steht für Glaubwürdigkeit. Führungsfähigkeit zeichnet sich nicht durch die Stellung in der

Unternehmenshierarchie aus, sondern durch persönliche Eigenschaften. Besondere Eigenschaften sind die Fähigkeit, Aufgaben an Mitarbeiter zu delegieren und diese mit Motivation und Überzeugungskraft zu unterstützen; weiterhin das Geben einer Rückmeldung (Feedback) an eine Person, was deren Verhalten und dessen Wirkung auf andere betrifft. Diese Eigenschaft spielt im Unternehmensalltag eine große Rolle. Führung zeichnet sich darüber hinaus durch die Fähigkeit aus, einmal getroffene Entscheidungen durchzusetzen, was in Unternehmen mit seinen unterschiedlichen Interessengruppen nicht immer einfach ist. Hierbei hilft die Fähigkeit, Aufgaben und Entscheidungen gut zu koordinieren und immer integrativ zu wirken.

- **Projektmanagementkompetenz:** Die Vielzahl von Aktivitäten innerhalb des Projektes müssen geplant, strukturiert und koordiniert werden. Die abschließende Dokumentation aller Aktivitäten gehört ebenso zum Projektmanagement. In der Regel ist das Aufgabenvolumen nicht ohne den Einsatz von Projektmanagement-Tools möglich. Doch die Tools, die der Markt anbietet, sind meist komplex und daher nur bedingt brauchbar. Deshalb sind die Tools einzusetzen, die sich auf projektrelevante Anforderungen konzentrieren und einfach zu bedienen sind (Kapitel 6). Neben der Projektsteuerung (Zeit, Kosten, Inhalte) ist die Fähigkeit des Projektleiters gefragt, wie bei Abweichungen vom Aufgabenplan zu reagieren und wie der dann notwendige Prozess der Lösungsfindung zu gestalten ist. Letztlich gehört zu dieser Kompetenz auch die Vorbereitung von Entscheidungen für den Projektauftraggeber.
- **Fachkompetenz:** Es ist für einen Projektleiter nicht zwingend, der beste Fachmann für das betrachtete Thema zu sein. Externe Dienstleister schicken oft Teams, in dem der Projektleiter nicht Experte in dem Fachbereich ist, sondern aus einem anderen Fachbereich oder einer anderen Branche kommt. Somit wird der „Scheuklappenblick" verhindert. Die Teammitglieder sind aber in der Regel Experten auf dem zu untersuchenden Fachgebiet (Untersuchungsbereich). Für den Projektleiter ist es viel wichtiger, eine interdisziplinäre Orientierung zu vertreten und Lernfähigkeit und Lernbereitschaft vorzuweisen. Wenn durch die Persönlichkeit des Projektleiters die Gefahr eines „Scheuklappenblicks" nicht gegeben ist, dann sind natürlich Produkt-, Branchen und/oder Markterfahrungen auch für ihn kein Nachteil.
- **Kommunikationskompetenz:** Ohne Kommunikation geht nichts. Sie findet immer statt. Verbal oder nonverbal. Sie ist die Voraussetzung für soziales Agieren. Die Durchführung eines Projektes ist bestimmt durch die Kommunikation aller Projektteilnehmer. Die Fähigkeit, sich auszudrücken, sich in andere Menschen einzufühlen, gut zuhören zu können sind nur einige Beispiele von Kommunikationskompetenz. Darüber hinaus spielt in diesem Zusammenhang das Erkennen und das Deuten von Signalen anderer Personen (Gestik, Mimik, Körperhaltung) und die entsprechende Reaktion darauf eine wichtige Rolle.
- **Unternehmerische Kompetenz:** Schließlich sollte der Projektleiter über ein Maß an unternehmerischer Kompetenz verfügen. Das Projekt verlangt diese Fähigkeit. Dabei spielen insbesondere das zielorientierte und konsequente Handeln eine Rolle sowie die absolute Orientierung auf die Projektziele. Während der Projektdurchführung (Planung,

Reaktion auf Abweichungen) ist der Gestaltungswille unumgänglich. Entscheidungsvermögen und eine gewisse Risikobereitschaft runden dieses Kompetenzprofil ab.

Schritt 2 Ermitteln Sie die potenziellen Kandidaten. In diesem Schritt werden potenzielle Kandidaten durch das Management benannt. Unterstützt werden kann das Management durch die Personalabteilung. In vielen Fällen liegen der Personalabteilung Personalbewertungsbögen aus Einstellungsgesprächen, Bewertungen aus dem Einsatz für betriebliche Sonderaufgaben oder im Rahmen von Führungskräftenachwuchsschulungen vor. Sind die Kandidaten ermittelt, so können diese bewertet werden oder aber der Projektauftraggeber macht sich noch vorher in einem persönlichen Gespräch einen Eindruck von den Kandidaten. Besteht absolute Vertraulichkeit in dieser frühen Projektphase, so ist von dem persönlichen Gespräch abzuraten.

Schritt 3 Wählen Sie potenzielle Kandidaten für die Projektleitung aus. Die Benennung des Projektleiters ist durch einen nachvollziehbaren und transparenten Bewertungsprozess vorzunehmen. In der Praxis werden bei dieser Aufgabe sehr häufig Fehler gemacht. Entweder bekommt die Person die Verantwortung, die in der Hierarchie am höchsten steht, oder der beste Fachmann wird der Projektleiter. Beides ist in der Regel falsch. Da der Projektleiter eine Vielzahl von Fähigkeiten aufweisen muss, sind die in der Abbildung 2.9 dargestellten Kompetenzen die Grundlage für die Auswahl.

DAS ERGEBNIS So könnte die Bewertungsmatrix für die Auswahl des Projektleiters aussehen (Abbildung 2.10):

- Die Bewertungskriterien entsprechen dem für das Projekt notwendigen Kompetenzprofil.
- Die Gewichtung entspricht den Projektanforderungen.
- Die ausgewählten Kandidaten werden durch Managementvorschläge und/oder Informationen aus den Personalunterlagen ermittelt.
- In Projekten mit einer hohen Vertraulichkeit in dieser Projektphase wird mit den Kandidaten vorher nicht persönlich gesprochen.
- Die Bewertung wird durch den Projektauftraggeber oder einem Managementteam vorgenommen.

Erläuterung zu Abbildung 2.10: Die sieben Bewertungskriterien sind festgelegt. Bei der „Sozialkompetenz" hat jeder Kandidat die maximale Punktzahl bekommen (10 Punkte mit 20 % Gewichtung macht 2 Punkte je Kandidat). Die Summe der Gewichtung der einzelnen Bewertungskriterien muss 100 % betragen. Der Projektauftraggeber hat für die Auswahl des Projektleiters drei Schwerpunkte gesetzt. Mit einer „Gewichtung" von jeweils 20 % wurden die Bewertungskriterien „Sozialkompetenz", „Fachkompetenz" und „Unternehmerische Kompetenz" gegenüber den anderen Kriterien (10 %) hervorgehoben. Letztlich hat der „Kandidat B" das Rennen gemacht.

Bewertungskriterien	Bewertungs-parameter	Punkte	Gewichtung	Kandidat A	Kandidat B
Sozialkompetenz (u.a. Kritikfähigkeit, Toleranz, Menschenkenntnis, Respekt)	ja	10		2	2
	teilweise	5	20%		
	nein	0			
Methodenkompetenz (u.a. Präsentationstechnik, Problemlösungsfähigkeit)	ja	10			1
	teilweise	5	10%	0,5	
	nein	0			
Führungskompetenz (u.a. Vorbild sein, Leistungskontrolle, Entscheidungen treffen)	ja	10			1
	teilweise	5	10%		
	nein	0		0	
Projektmanagementkompetenz (u.a. Projektkultur entwickeln, Projektcontrolling, Projektpläne festlegen)	ja	10		1	1
	teilweise	5	10%		
	nein	0			
Fachkompetenz (Expertenwissen, fachspezifische Kenntnisse, fachspezifische Methoden)	ja	10			2
	teilweise	5	20%	1	
	nein	0			
Kommunikationskompetenz (u.a. Kommunikationsfähigkeit und -bereitschaft)	ja	10			1
	teilweise	5	10%	0,5	
	nein	0			
Unternehmerische Kompetenz (u.a. Ergebnisorientierung, Gestaltungs-willen, zielorientiertes Handeln)	ja	10			2
	teilweise	5	20%	1	
	nein	0			
SUMME			**100 % (10 Punkte)**	**6 Punkte**	**10 Punkte**

Abb. 2.10 Bewertungsmatrix für die Benennung des Projektleiters (Praxisbeispiel Chemie)

2.1.4 Das Kommunikationskonzept – tue Gutes und sprich darüber

DAS SOLLTEN SIE WISSEN

▶
- Informationen weiterzugeben ist meistens richtig.
- Abhängig von der Projektart (Kapitel 2.2.1) werden mehr oder weniger Informationen verteilt.
- Lässt die Projektart eine offensive Informationspolitik zu, sind diese regelmäßig in gleicher Form bereitzustellen.
- Die Informationen werden in Abhängigkeit von dem Projektabschnitt festgelegt.
- Das Kommunikationskonzept wird zwischen dem Projektauftraggeber und dem Projektleiter abgestimmt.

SCHRITT FÜR SCHRITT ZUM ERGEBNIS Ein Projekt ist für alle Beteiligten eine große Herausforderung, für die Nichtbeteiligten vielleicht eine noch viel größere. Denn sie wissen häufig nicht, welche Ziele verfolgt und welche Maßnahmen ergriffen werden. Dies führt zu Gerüchten und an denen ist meistens nichts Gutes. Daher sollten Sie als Projektauftraggeber gemeinsam mit Ihrem Projektleiter über eine offensive Informationsstrategie nachdenken, falls dies die Art des Projektes erlaubt. Grundsätzlich ist festzuhalten, dass der Betriebsrat, wie detailliert auch immer, über das Projekt rechtzeitig informiert werden sollte. Nutzen Sie diesen Schritt als vertrauensbildende Maßnahme.

Schritt 1 Sprechen Sie das Konzept mit dem Projektleiter ab. Nicht bei jedem Projekt ist eine offensive Kommunikation sinnvoll. Aber in den Fällen, wo es bereits vor dem Start des Projektes durch den Projektauftraggeber eine Information an die Mitarbeiter gegeben hat, können weitere Informationen hilfreich sein, um die „Gerüchteküche" klein zu halten. Auf jeden Fall sollten Sie als Projektauftraggeber Ihr Kommunikationskonzept mit dem Projektleiter abstimmen.

Schritt 2 Legen Sie das Kommunikationskonzept fest. Das Konzept hat den Projektfortschritt zu berücksichtigen.

- Vor dem Projektstart werden die grundsätzlichen Ziele des Projektes, der Untersuchungsbereich und die Namen der Projektteammitglieder kommuniziert.
- Während der Projektphase 1 ist eine Information über den Projektfortschritt nicht empfehlenswert, da weder ausgearbeitete Maßnahmen noch die Genehmigung durch Sie als Projektauftraggeber vorliegen.
- Zum Meilenstein 1, nachdem Sie als Projektauftraggeber die Maßnahmen genehmigt haben und die Fortsetzung des Projektes beschlossen ist, sollte eine Information an die Mitarbeiter ausgegeben werden. Wie detailliert die Informationen sind, hängt von der konkreten Situation in Ihrem Unternehmen und der Projektart ab.
- In der Projektphase 2, der Umsetzungsphase, können die Mitarbeiter auf vielfältige Weise informiert werden. Von der Information über den Projektfortschritt am schwarzen Brett bis zur Projektzeitung sind alle Kommunikationsmittel möglich.

Schritt 3 Setzen Sie das Kommunikationskonzept um. Um die Glaubwürdigkeit des Projektes zu unterstreichen, halten Sie einige einfache Regeln ein:

- Die bekanntgegebenen Termine, zu denen Informationen verteilt werden, sollten unbedingt eingehalten werden.
- Die Orte, an denen Informationen ausgehängt werden, sollten immer die gleichen sein. Am besten mit der Überschrift „Projekt XXX: Stand der Bearbeitung" oder „Neues vom Projekt XXX".
- Kündigen Sie immer den nächsten Informationstermin an.

DAS ERGEBNIS So könnte die Projektinformation aussehen (Abbildung 2.11, „Projekt 50plus", Ausschnitt für die Abteilung BGS):

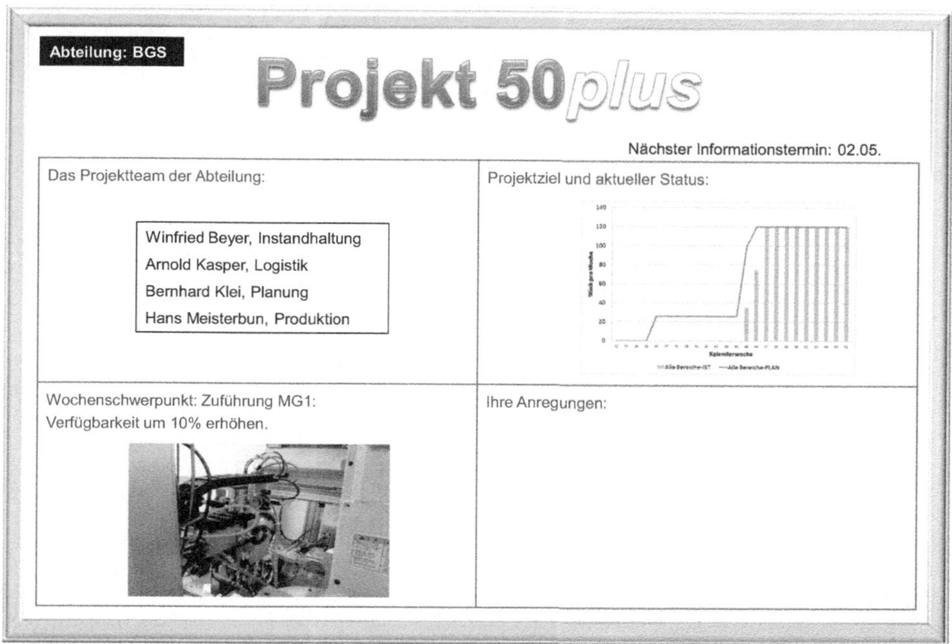

Abb. 2.11 Information über das Projekt (Praxisbeispiel Automotive)

2.1.5 Kapitelzusammenfassung

So, der erste Schritt ist gemacht. Sie, als Projektauftraggeber, haben das zukünftige Projekt im Grundsatz beschrieben. Sie haben eine Projektidee entwickelt und diese in Form eines Projektsteckbriefes, der die Grundlage für das Projekt darstellt, dokumentiert. Als weitere Aufgabe haben Sie den Projektleiter benannt. Dieser wird im Weiteren die zentrale Rolle in dem Projekt übernehmen und das Projekt steuern. Folgende Inhalte haben Sie kennengelernt:

- Projektideen fallen in der Regel „nicht vom Himmel", sondern müssen erarbeitet werden.
- Als Aufgabenstellung für ein späteres Projekt werden alle wichtigen Vorgaben in einem Projektsteckbrief zusammengefasst.
- Für die operative Umsetzung des Projektes ist ein Projektleiter zu benennen, dessen Kompetenzprofil die Projektvorgaben möglichst gut abdecken muss.

Abbildung 2.12 zeigt in der Zusammenfassung die in diesem Kapitel erläuterten Aufgaben, die einsetzbaren Methoden und Tools sowie abschließende Fragen zum Kapitelinhalt.

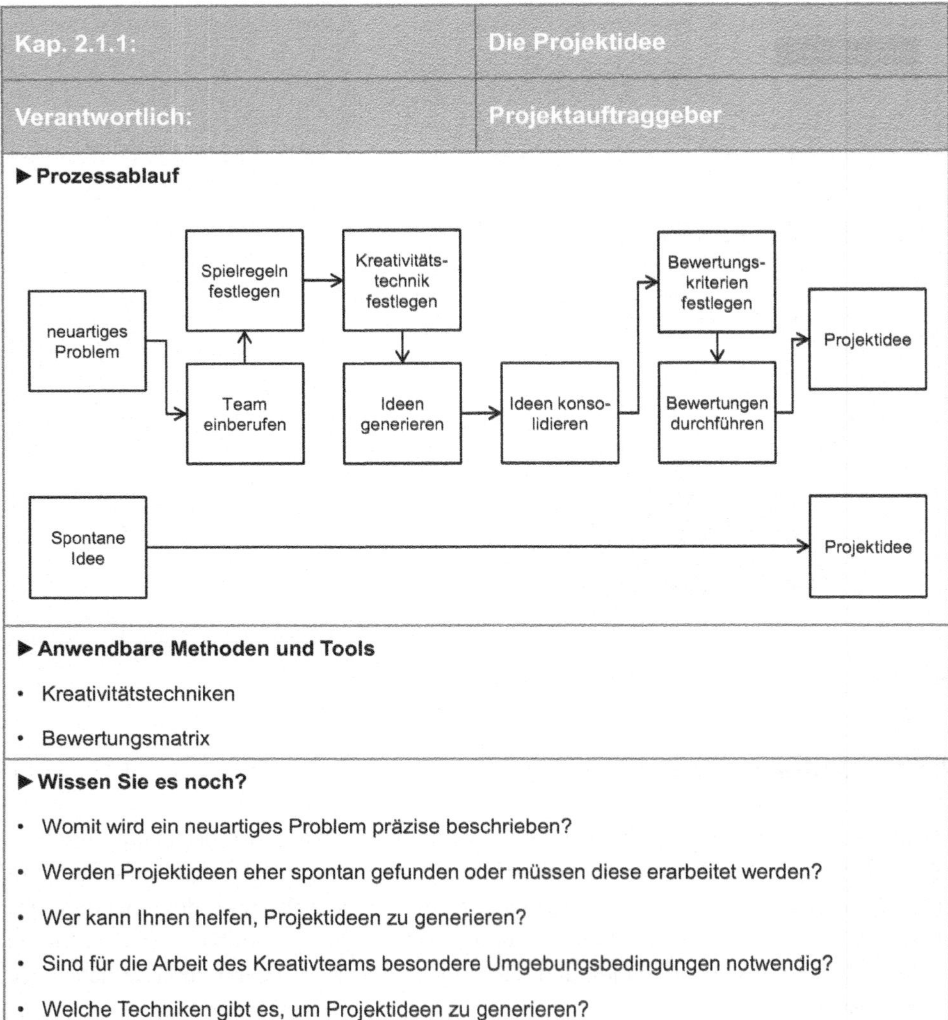

Abb. 2.12 Überblick über die Aufgaben, die Methoden und Tools und die Wissensfragen des Kapitel 2.1

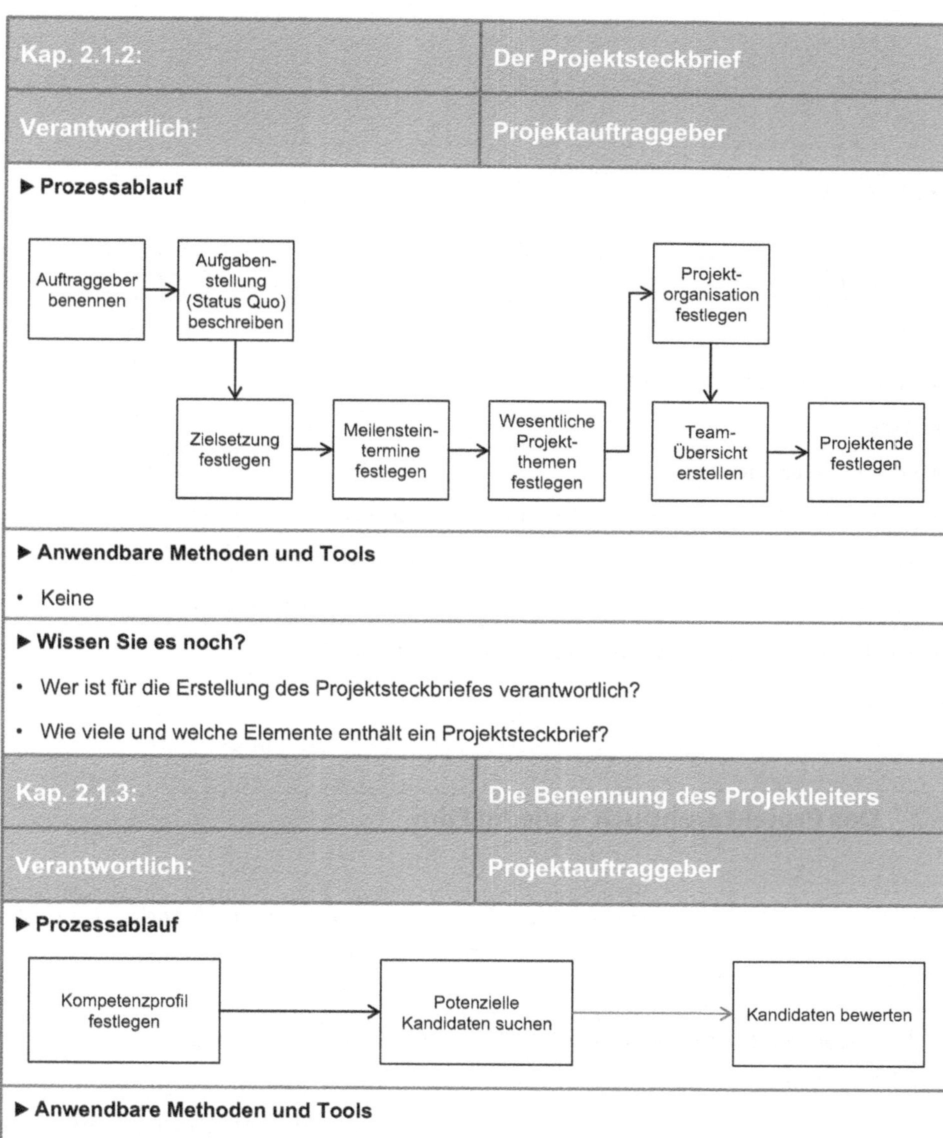

▶ Wissen Sie es noch?

- Wer ist die zentrale Person in einem Projekt?
- Welche Kompetenzen sollte der Projektleiter möglichst abdecken?
- Wie wird der Projektleiter ermittelt, wenn mehr als ein Kandidat zur Auswahl steht?
- Sind die Bewertungskriterien für alle Projekttypen gleich?
- Wovon ist die Gewichtung der Bewertungskriterien abhängig?

Abb. 2.12 (Fortsetzung)

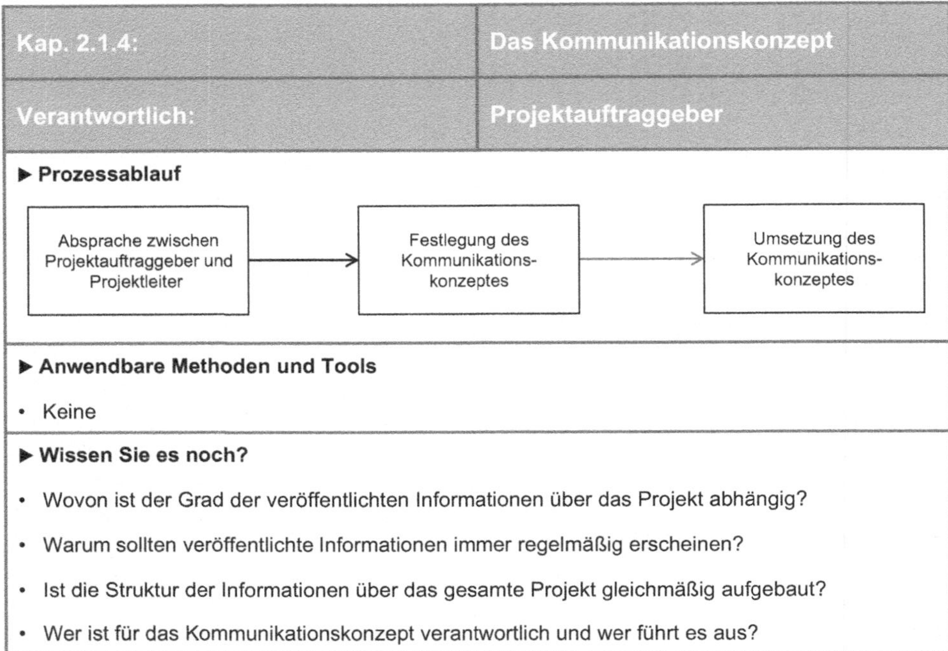

Abb. 2.12 (Fortsetzung)

2.2 Das Projektdrehbuch – wie im Film

Sie müssen Ihren Film in einer Weise gestalten, die sowohl Ihrer Vision gerecht wird als auch die Wünsche des Publikums befriedigt. (Robert McKee, amerikanischer Drehbuchautor)

Abends an der Hotelbar wurde das Projektdrehbuch erfunden – eine Episode aus der Praxis

Herr M., Managing Partner eines Interim-Management-Unternehmens, wurde vom Vorstand eines Unternehmens beauftragt, die Instandhaltungseffizienz in den deutschen Werken des Unternehmens zu steigern. Das Unternehmen stand unter einem enormen Kostendruck. Nach der durchgeführten Grobanalyse war klar, dass die Abwehrhaltung gegen das Projekt im technischen Management des Unternehmens sehr groß ist. Die Erfolgsaussichten, durch einen konventionellen Projektansatz mit den Projektphasen 1 (Analyse) und 2 (Umsetzung) zum Ziel zu kommen, waren schlecht. Die Frage stand im Raum, wie kann das Projektteam gewonnen und eine Eigendynamik im Verlauf des Projektes erzeugt werden? Wie müssen die Projektphasen gestaltet werden, um die Zielsetzung des Projektes zu erreichen?

Im Rahmen eines Brainstormings abends an der Hotelbar wurde der Projektansatz „Konkurrierende Teams“ geboren. Das Projektdrehbuch für diesen Projektansatz sah vor, dass zwei Teams (Team 1 [interne Mitarbeiter]: Effizienzsteigerung durch interne Optimierung, Team 2 [externe Dienstleister]: Effizienzsteigerung durch Outsourcing) gegeneinander in den Wettstreit um die besten Lösungen antreten. Mithilfe dieses Ansatzes wurde das Projekt ein voller Erfolg, da alle Beteiligten sehr intensiv an Optimierungsvorschlägen gearbeitet haben und den Projektansatz letztlich als fair empfanden. Für die meisten Gewerke haben übrigens die Vorschläge des Team 1 (internes Team) den Zuschlag erhalten. Es fand später ein Roll-out des Projektkonzeptes in alle europäischen Werke statt und die anfangs skeptischen deutschen Projektteammitglieder waren die Sponsoren für die neuen ausländischen Projekte. Selbst der Betriebsratsvorsitzende hat sich als persönliche Referenz für die Interim Manager zur Verfügung gestellt, „da der Projektansatz absolut fair war und alle Chancen für die Beteiligten bot“. Die Idee für den Projektansatz „Konkurrierende Teams“ stammt übrigens aus dem Wissen um die Entwicklung der SEGA-Spielekonsole „Dreamcast“ im Jahr 1997. SEGA hat auch zwei konkurrierende Teams (ein externes [IBM] und ein internes [SEGA] Team) ins Rennen geschickt, um die beste Lösung für die Spielekonsole zu erarbeiten. Gewonnen hat den Wettstreit das interne Team um Hideki Sato.

ZIEL DES KAPITELS Dieses Kapitel ist für den Projektleiter verfasst. Sie wurden vom Projektauftraggeber für diese Aufgabe benannt. Jetzt stehen Sie da, haben wahrscheinlich noch kein Projekt dieser Art durchgeführt und haben nichts als den Projektsteckbrief in der Hand. Die Erwartungshaltung an Sie ist groß. Sie wissen, dass am Ende des Projektes etwas Positives stehen muss. Aber gemach. Nichts ist schlimmer, als wenn Sie nach Ihrer Benennung zum Projektleiter mit Aktionismus starten. Dann geht das Projekt garantiert schief. Sie werden sehen, dass es manchmal Sinn macht, von völlig anderen Lebenswelten etwas zu übernehmen. Dazu werden Sie folgende Inhalte kennenlernen:

- Die Art des Projektes gibt die Richtung für das Projektdrehbuch vor.
- Jedes Projekt muss eine Story haben.
- Ein Projekt ist so aufzubauen, dass es einen dramaturgischen Höhepunkt hat.
- Die Projektteammitglieder sind die handelnden Akteure.
- In einer Zusammenfassung des Drehbuchs, dem Exposé, erzählen Sie als Projektleiter Ihre Geschichte von dem Projekt dem Projektauftraggeber.

AUFGABEN UND VORGEHENSWEISE Bevor Sie sofort die ersten Maßnahmen ergreifen, sollten Sie sich zurücklehnen und versuchen, dass vor Ihnen liegende Projekt in einer kurzen Übersicht zu skizzieren. Dabei sind unterschiedliche Betrachtungswinkel einzunehmen, die für das Projekt von entscheidender Bedeutung sein können. Sie fragen, wie das geht? Ganz einfach, wir schauen uns dies bei den Profis ab. Wir wollen in diesem Kapitel die Gestaltung der Kurzbeschreibung Ihres Projektes an einem Ihnen bereits bekannten Erlebnis, einem Film, erarbeiten.

Am Beispiel der verfilmten Komödie „Die Physiker" von Friedrich Dürrenmatt werden Sie erkennen, wie sehr der Aufbau eines Filmdrehbuchs dem eines Projektdrehbuchs gleicht. Im Prinzip finden Sie bei Ihrer Aufgabenstellung die gleiche Situation wie bei einem Theater- oder Kinobesuch vor. Der Film wird mit großem Aufwand angekündigt, das Publikum hat eine hohe Erwartungshaltung, es will durch das Programm geführt werden, will das Gesehene mit eigenen Erfahrungen vergleichen und am Ende mit einer positiven Botschaft nach Hause gehen. Um dies auch in Ihrem Projekt zu erreichen, werden wir uns mit der Grundlage eines Films, dem Drehbuch, eingehender befassen. In diesem werden alle Filmphasen, alle Dialoge und alle Szenen aufs Genaueste beschrieben. Sie glauben, dies ist doch sehr weit hergeholt. Was hat ein Projekt mit einem Drehbuch zu tun? Warum können Sie nicht sofort mit ersten Projektmaßnahmen starten? Warum müssen Sie sich mit etwas wie einem Drehbuch beschäftigen? Es muss doch jetzt das Motto gelten: Time is money! Stellen Sie Ihre Bedenken eine Weile zurück und lassen Sie sich auf den Vorgehensvorschlag ein. Sie werden sehen, es lohnt sich.

Wie bei einem Projekt durchläuft ein Filmdrehbuch von der Idee bis zur Fertigstellung mehrere Prozessphasen (beim Film „Akte") – von der Idee über eine Kurzbeschreibung des Kerns der Idee, von der Beschreibung des grundlegenden Konfliktes in der Geschichte über die Wahl des Genres bis hin zur Story. Abschließend werden noch die Figuren der Geschichte und bestimmte dramaturgische Elemente beschrieben und letztlich ein Exposé erstellt. Das Exposé zum Drehbuch wird dem Auftraggeber (dem Filmproduzenten) zur Entscheidung vorgelegt. Danach kann das Drehbuch in allen Einzelheiten verfasst werden. Robert McKee, einer der bekanntesten Drehbuchautoren, schreibt [4]:

> Bitte, mach es gut. Mach, dass die Story mir eine Erfahrung vermittelt, die ich noch nicht gemacht habe, und Verständnis für eine neue Wahrheit. Lass mich über etwas lachen, von dem ich nie geglaubt habe, es könnte lustig sein. Lass mich von etwas gerührt sein, von dem ich nie gedacht hätte, es könnte mich bewegen. Lass mich die Welt auf neue Weise sehen.

Wenn Sie nun Fachbegriffe aus der Filmwelt durch projektspezifische Begriffe austauschen, dann sind Sie bei dem Drehbuch für Ihr Projekt:

- Das Drehbuch dient der grundsätzlichen Beschreibung des Films (des Projektes).
- Das Drehbuch ermöglicht die inhaltliche und strukturelle Durchdringung der Aufgabenstellung (des Projektkonzeptes).
- Das Drehbuch ist eine Handlungsanweisung (die Projektumsetzung).
- Das Exposé zum Drehbuch ist eine Zusammenfassung des geplanten Films (das Projektexposé).
- Unterschiedliche Akte des Drehbuches strukturieren den Film (die Projektphasen).
- Dramaturgische Elemente bilden das Rückgrat des Films (die Meilensteine, das Commitment).

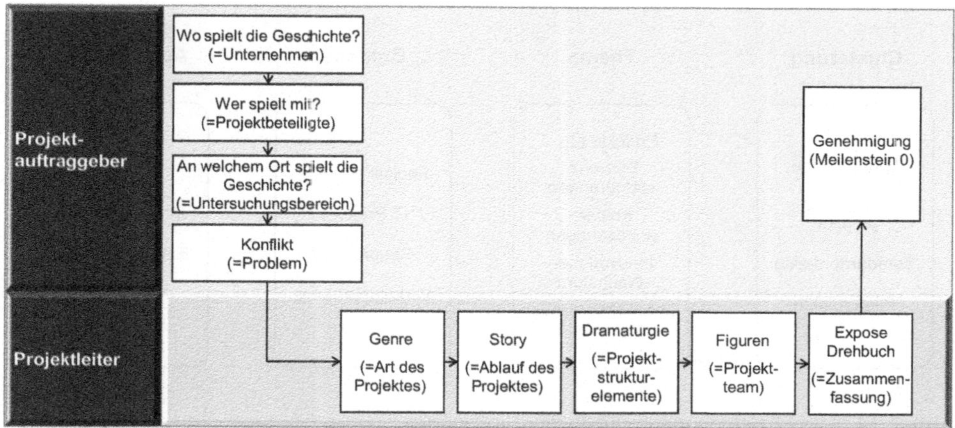

Abb. 2.13 Prozessschritte zur Erstellung des Exposés für ein Projektdrehbuch

Wir werden in diesem Kapitel den Weg bis zum Exposé betrachten (Abbildung 2.13). Die vier ersten Aufgaben wurden bereits durch den Projektauftraggeber im Rahmen des Projektsteckbriefes erarbeitet. Drehbuchschreiber nennen diese Phasen „Kern der Geschichte und zentraler Konflikt“. Das vollständig ausgearbeitete Projektdrehbuch umfasst die Kapitel 2 bis 4 in diesem Buch.

2.2.1 Die Projektart – Fantasie- oder Actionfilm?

DAS SOLLTEN SIE WISSEN

- Die Projektart stellt den Lösungsansatz zur Erreichung der Projektziele dar.
- Die Projektart legt die Struktur des Projektes fest.
- Klassifizierungskriterien zur Einteilung von Projektarten helfen, die für die Aufgabenstellung passende Projektart zu wählen.

SCHRITT FÜR SCHRITT ZUM ERGEBNIS „*Von wessen Standpunkt aus betrachten wir das Verbrechen?*“, fragt Robert McKee [5]. Jedes Genre unterliegt bestimmten Konventionen. Ein Fantasiefilm unterliegt anderen Konventionen als ein Actionfilm. Oder ein Kostensenkungsprojekt unterliegt anderen Konventionen als ein Geschäftsaktivierungsprojekt, auch wenn beide Projektarten am Ende das Betriebsergebnis verbessern. Mit dem Genre oder hier der Projektart legen Sie die grundsätzliche Richtung des Projektes fest. Alle folgenden Aktivitäten richten sich danach aus.

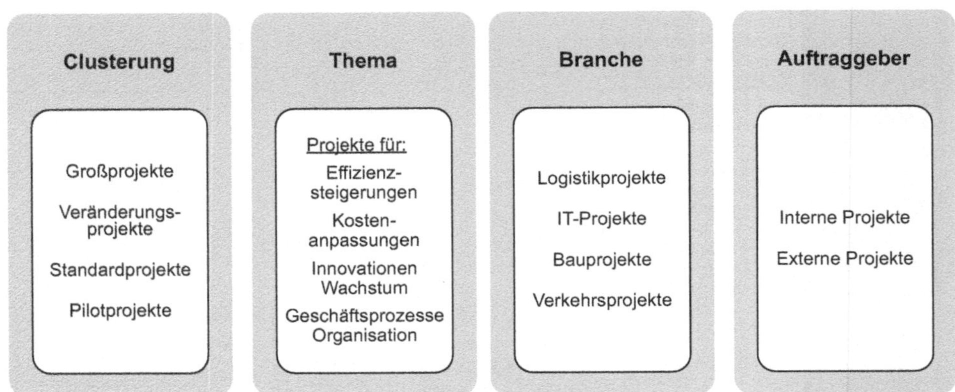

Abb. 2.14 Klassifizierung unterschiedlicher Projektarten

Schritt 1 Legen Sie die Projektart fest. Individuelle Besonderheiten sind für Projektarten charakteristisch. Insbesondere durch die projektspezifischen Vorgehensweisen und die eingesetzten Methoden und Tools unterscheiden sich die Projektarten voneinander. Sollte der Projektsteckbrief nicht die Projektart vorgeben, z. B. mit dem Hinweis auf notwendige Kostensenkungen, so müssen Sie als Projektleiter die Projektart festlegen. Abbildung 2.14 zeigt ausgewählte Projektarten nach unterschiedlichen Klassifizierungskriterien. In diesem Kapitel werden Projekte, die mit dem Klassifizierungsmerkmal „Thema" klassifiziert sind, beispielhaft behandelt. Diese Klassifizierung kommt in der Praxis sehr häufig vor.

Schritt 2 Begründen Sie Ihre Wahl der Projektart. Anhand der Abbildung 2.15 wird deutlich, dass „viele Wege nach Rom führen". Wenn Sie sich als Projektleiter beispielsweise auf die Senkung der Kosten fokussieren wollen, um das Betriebsergebnis zu verbessern, dann sollten Sie in Ihrem Exposé einige Sätze zu der gewählten Projektart schreiben, insbesondere die Gründe für Ihre Entscheidung. Diese zu erfahren sind für den Projektauftraggeber wichtig.

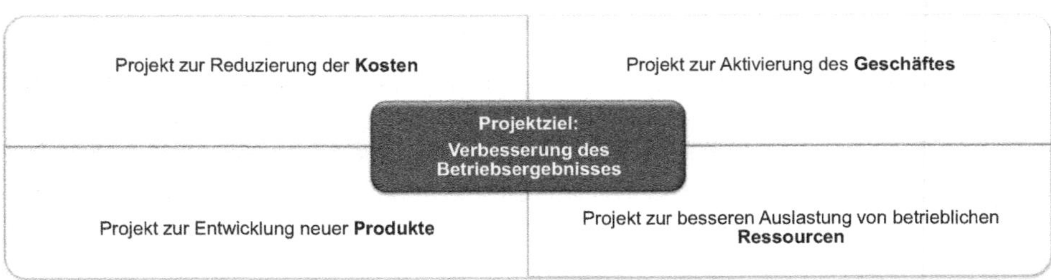

Abb. 2.15 Ausgewählte Projektarten für die gleiche Projektzielsetzung

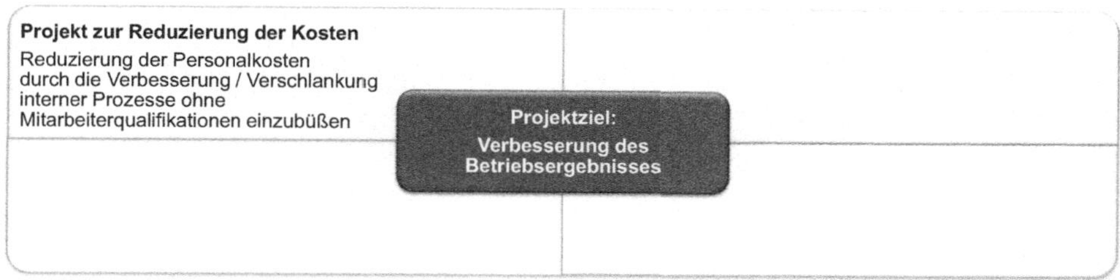

Abb. 2.16 Kurzbeschreibung der ausgewählten Projektart (Praxisbeispiel Chemie)

DAS ERGEBNIS So könnte die ausgewählte Projektart aussehen (Abbildung 2.16):

- Die Stoßrichtung des Projektes (der Projektart) ist klar formuliert.
- Die Projektart muss zum Projektsteckbrief passen.
- Die Kurzbeschreibung zeigt auf, mit welchen Inhalten und auf welcher Grundlage das Projekt umzusetzen ist.

2.2.2 Der Projektablauf – eine fesselnde Story

DAS SOLLTEN SIE WISSEN

▶
- Die Projektstruktur wird durch die Projektmerkmale und die zeitliche Abfolge der Projektabschnitte festgelegt.
- Verschiedene Personen und Personengruppen spielen bei der Umsetzung der Projektstory eine zentrale Rolle.
- Durch die Beschreibung, wer/was (Projektmerkmale) wann (Projektabschnitte) macht, ist das gesamte Projekt strukturell festgelegt.

SCHRITT FÜR SCHRITT ZUM ERGEBNIS Sie haben sich beispielsweise auf ein Kostensenkungsprojekt festgelegt. In den nächsten Schritten werden Sie wichtige Merkmale des Projektes erarbeiten. Dazu greifen wir wieder auf die Merkmale einer Filmstory zurück sowie die zeitliche Gliederung eines Filmes. Sie kennen das aus Ihrem letzten Kinobesuch. Die Filmhandlung sollte nicht geradlinig verlaufen. Ansonsten ist die Handlung vorhersagbar und daher langweilig. Die Hauptfigur braucht Hindernisse, die er/sie überwinden muss. Dies geht nur, wenn Sie alte Pfade verlassen und neue Wege einschlagen. Dies gilt auch für ein Projekt. Wenn Sie alte Pfade gehen, „dann sitzen die Tauben wieder da". Abbildung 2.17 zeigt am Beispiel des Films „Die Physiker" die Struktur einer Filmstory.

Schritt 1 Legen Sie die Projektmerkmale fest. Wenn Sie sich an der Abbildung 2.18 orientieren, so ersetzen Sie die Filmmerkmale durch Projektmerkmale.

FILM		Erster Akt			Zweiter Akt			
		Szene 1-3	Szene 4	Szene 5	Szene 1-2	Szene 3	Szene 4	Szene 5
	Schauspieler	Voß, Newton, Ärztin						
	Themen	Was ist in Ordnung? Wer ist ein Mörder? Was für Leute sind Physiker?						
	Funktion der Szene	Exposition, Untersuchungs-szenen						
	Was soll erreicht werden?	Infragestellung der gewohnten Welt durch die Welt des Irrenhauses						
	Spielart	Komödie						

Abb. 2.17 Struktur einer Filmstory (Auszug, nur Szene 1–3) [6]

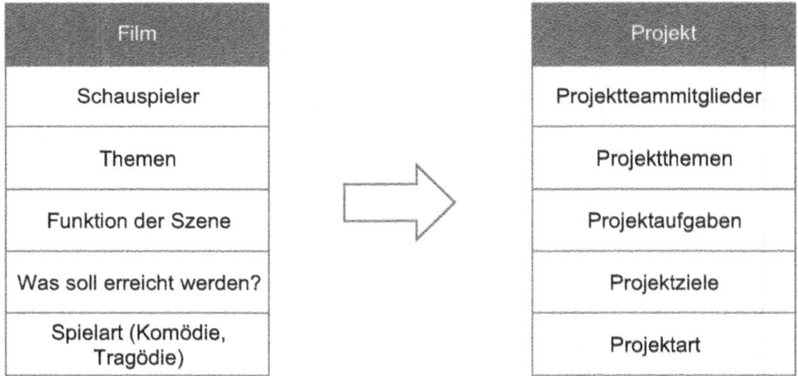

Abb. 2.18 Aus einem Film abgeleitete Projektmerkmale

Schritt 2 Legen Sie die zeitlich aufeinander aufbauenden Projektabschnitte fest. Die in Abbildung 2.19 dargestellten Szenen werden durch Projektabschnitte ersetzt.

DAS ERGEBNIS So könnte die Struktur der Projektstory aussehen (Abbildung 2.20):

- Die Projektmerkmale gelten für alle Projektarten.
- Die Projektabschnitte gelten für die meisten Projektarten.
- Das Projekt ist immer in mehrere Phasen mit unterschiedlichen Inhalten zu strukturieren.
- Die Inhalte der Beschreibung einer Projektstory sind ausschließlich von der Projektart abhängig.

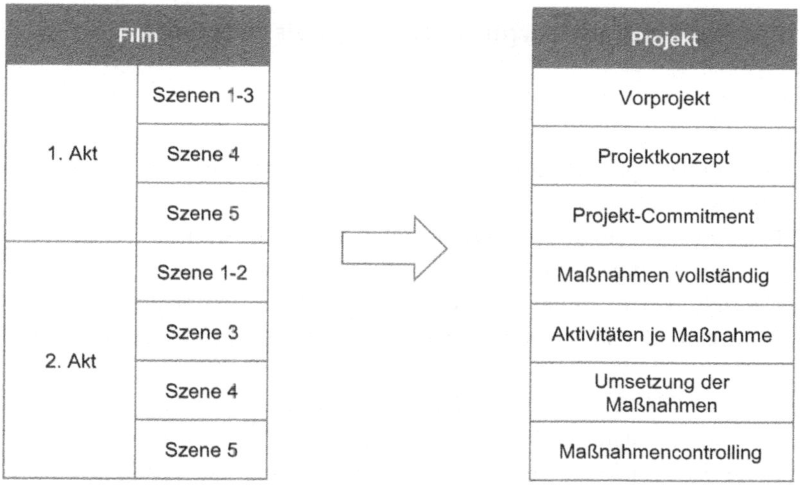

Film	
1. Akt	Szenen 1-3
	Szene 4
	Szene 5
2. Akt	Szene 1-2
	Szene 3
	Szene 4
	Szene 5

⇨

Projekt
Vorprojekt
Projektkonzept
Projekt-Commitment
Maßnahmen vollständig
Aktivitäten je Maßnahme
Umsetzung der Maßnahmen
Maßnahmencontrolling

Abb. 2.19 Aus einem Film abgeleitete Projektabschnitte

PROJEKT	Projektphase 1 (incl. Vorprojekt)			Projektphase 2			
Projektabschnitt / Projektmerkmal	Vorprojekt	Konzept	Commitment	Maßnahmen	Aktivitäten	Umsetzung	Controlling
Personen (=Schauspieler)	Projektleiter	Projektteam	Projektteam	Projektteam	Projektteam	Projektteam	Projektleiter
Themen	Status quo des Untersuchungsbereichs	Beschreibung von Ideen, Maßnahmen / Teilprojekten	Gesamtpaket an Ideen / Maßnahmen	Ideen werden zu konkreten Maßnahmen	Maßnahmen werden detailliert geplant	Maßnahmen werden ergebniswirksam umgesetzt	Regelmäßige Kontrolle des Maßnahmenstatus
Aufgaben (= Funktion der Szene)	Professionelle, klare Entscheidungsbasis für den Projektauftraggeber	Umsetzung von Sofortmaßnahmen	Alle Teammitglieder geben ein persönliches Commitment zum Projektziel ab	Jede Idee wird mit weiteren Informationen ergänzt (Termine, Verantwortlichkeit, Potenzial)	Jede Maßnahme wird unterteilt in Einzelaktivitäten und mit Terminen je Aktivität versehen	Realisierung der Aktivitätenpläne	Kontinuierliches Reporting
Ziel (= Was soll erreicht werden?)	Konzept und persönliche Verantwortung			Detailplanung, Umsetzung und Controlling			
Projektart (=Spielart)	Kostensenkungsprojekt (Konzept)			Kostensenkungsprojekt (Umsetzung)			

Abb. 2.20 Struktur einer Projektstory (Praxisbeispiel Maschinenbau)

2.2.3 Die Projektdramaturgie – Spannung bis zum Ende

DAS SOLLTEN SIE WISSEN

- Die dramaturgischen Elemente eines Projektes sind für den Projekterfolg besonders wichtig.
- Ein Projekt hat steigende und fallende Handlungsphasen.
- Ein Projekt hat einen Höhepunkt.
- Die Eigendynamik eines Projektes ist die Triebfeder für den Projekterfolg.
- Ohne Eigendynamik wird es keine Aufbruchstimmung im Projekt geben.

SCHRITT FÜR SCHRITT ZUM ERGEBNIS Das Rückgrat jeder Geschichte, hier des Projektes, ist die dramaturgische Grundstruktur. Da dieser Aspekt eine herausragende Bedeutung für das Projektdrehbuch hat, werden Sie detailliert den Aufbau und die Herangehensweise an dieses Thema kennenlernen. Ohne geeignete dramaturgische Elemente wird es zu keiner Eigendynamik in dem Projekt kommen. Zu sagen, die Geschäftsführung erwartet, dass die Kosten gesenkt werden oder das Produkt A verbessert wird, reicht nicht aus, um das tatsächlich angestrebte Ziel zu erreichen und in dem Projekt die notwendige Aufbruchstimmung zu erzeugen. Wir bedienen uns deshalb wieder bei den Drehbuchschreibern eines Films oder Theaterstücks. Abbildung 2.21 zeigt den dramaturgischen Aufbau eines Theaterstücks von Shakespeare. Die dramaturgische Grundstruktur besteht aus fünf Phasen. Erstens die Exposition, zweitens die steigende Handlung, drittens der Höhepunkt, viertens die fallende Handlung und fünftens die Lösung.

Wenn Sie sich nun an den dramaturgischen Elementen eines Films orientieren, dann können Sie bereits einen wichtigen Teil der dramaturgischen Grundstruktur Ihres Projektes beschreiben. Zweifelsohne ist das Commitment des Projektteams, mit dem jedes Teammitglied sein persönliches Versprechen für die Erreichung des Projektziels abgibt, der Höhepunkt des Projektes. Wenn Sie das Versprechen bekommen haben, dann haben Sie

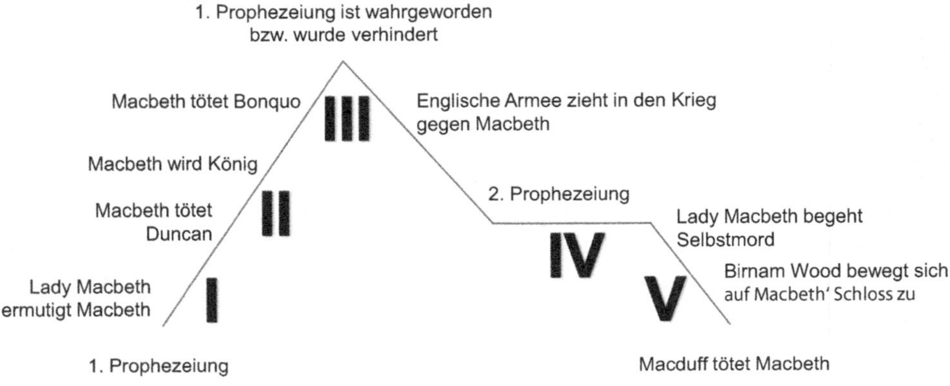

Abb. 2.21 Dramaturgische Elemente eines Theaterstücks [7]

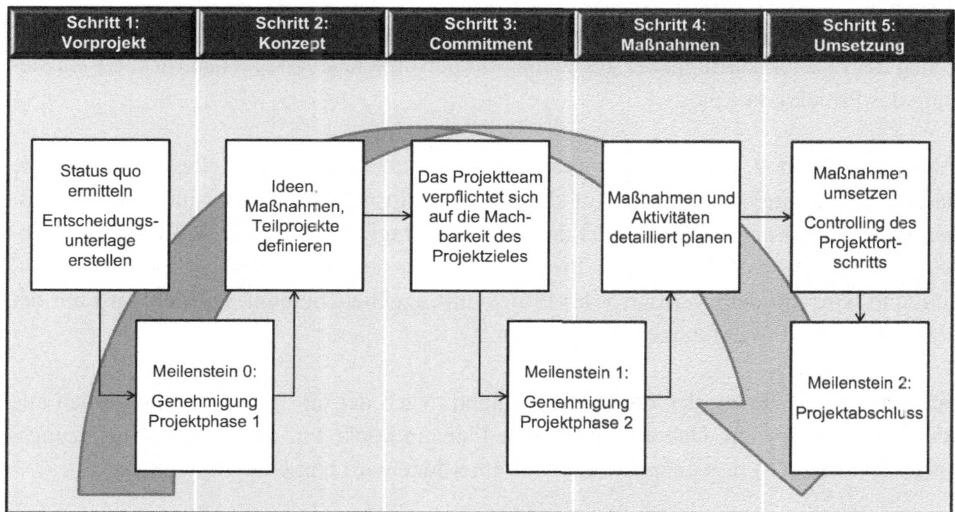

Abb. 2.22 Schritt für Schritt zur Dramaturgie des Projektes

die notwendige Eigendynamik für ein erfolgreiches Projekt erreicht. In der Abbildung 2.22 werden die einzelnen Schritte zum Aufbau der Dramaturgie eines Projektes gezeigt.

Voraussetzung Der Projektsteckbrief durch den Projektauftraggeber liegt vor.

Schritt 1 Planen Sie das Vorprojekt. Das Vorprojekt wird durch Sie als Projektleiter durchgeführt. Es verschafft Ihnen mithilfe diverser Analysen einen Überblick über den Status quo im Untersuchungsbereich. Das Vorprojekt wird abgeschlossen durch die Erstellung der Entscheidungsunterlage für den Projektauftraggeber.

Zwischenschritt 1 Die Genehmigung der Projektphase 1. Der Meilenstein 0 ist die erste dramaturgische Hürde, die genommen werden muss. Auf Basis der Entscheidungsunterlage entscheidet der Projektauftraggeber über ein stop-or-go des Projektes. Im positiven Fall werden die benötigten Projektressourcen freigegeben.

Schritt 2 Das Projektkonzept wird erstellt. Sie als Projektleiter und das Projektteam erstellen gemeinsam auf der Basis des Vorprojektes das detaillierte Projektkonzept. Es werden Ideen oder bereits konkrete Maßnahmen zu der Projektzielsetzung erarbeitet. Mindestens sollten die Ideen mit einer Kurzbeschreibung der Ausgangssituation, der Zielsetzung, der notwendigen Basisdaten und des Potenzials beschrieben werden. Der Detaillierungsgrad der Arbeitsergebnisse ist noch grob, aber die Realisierbarkeit ist bereits geprüft.

Schritt 3 Das Projektteam gibt ein Commitment ab. Dies ist der Höhepunkt des Projektes. Das Commitment ist die zweite dramaturgische Hürde, die genommen werden muss.

Der Projektleiter und das Projektteam geben ein Commitment zum Projektziel ab. Sie geben dem Projektauftraggeber gegenüber ein persönliches Versprechen für die Realisierung des Projektkonzeptes.

Zwischenschritt 2 Die Genehmigung der Projektphase 2. Der Meilenstein 1 ist die nächste dramaturgische Hürde. Auf der Basis der Projektkonzeption und des Commitments des Projektteams entscheidet der Projektauftraggeber über ein stop-or-go des Projektes. Im positiven Fall kann das Projektteam stolz auf die bisher überzeugende Arbeit sein und wird mit dem Vertrauen des Projektauftraggebers belohnt. Danach wird mit der Umsetzung des Projektkonzeptes begonnen.

Schritt 4 Die Planung der Projektmaßnahmen. Nach der Go-Entscheidung werden alle Ideen konkret geplant. Dabei wird für jede Idee ein konkreter, detaillierter Umsetzungszeitplan erstellt (Aktivitätenplanung). Aus einer Idee wird nun eine Maßnahme.

Schritt 5 Die Umsetzung der Projektmaßnahmen. Die Maßnahmen werden entsprechend der Aktivitätenplanung umgesetzt. Das Projekt hat nun eine Eigendynamik erreicht, welche die Realisierung der Projektziele ohne Wenn und Aber in den Mittelpunkt des Handelns stellt.

Begleitender Schritt Das Controlling des Projektfortschrittes. Zur Transparenz des Projektfortschrittes werden die laufenden Realisierungsschritte durch ein Berichtswesen begleitet. Das schafft bei allen Projektbeteiligten das notwendige Vertrauen in das Projektteam.

Letzter Schritt Der Abschluss des Projektes. Am Meilenstein 2 werden alle umgesetzten Maßnahmen abschließend dargestellt. Möglicherweise werden für Maßnahmen, deren Umsetzung eine längere Laufzeit haben, besondere Vereinbarungen getroffen (*wer* berichtet *wann* über den Abschluss der Maßnahmenumsetzung). Das Projekt wird vom Projektauftraggeber offiziell beendet.

DAS ERGEBNIS So könnte die Struktur der Projektdramaturgie aussehen (Abbildung 2.23, Vergleich zwischen dem dramaturgischen Aufbau eines Films und dem eines Projektes):

- Das Vorprojekt stellt die Ausgangssituation im Untersuchungsbereich dar.
- Mit der Erstellung des Projektkonzeptes wird die Anspannung gesteigert.
- Das Commitment des Projektteams zum Projektziel ist der Höhepunkt des Projektes.
- Die Detailplanung der Maßnahmen wird nach dem Commitment routiniert durchgeführt.
- Die Umsetzung der Maßnahmen bringt keine Abweichungen mit sich.

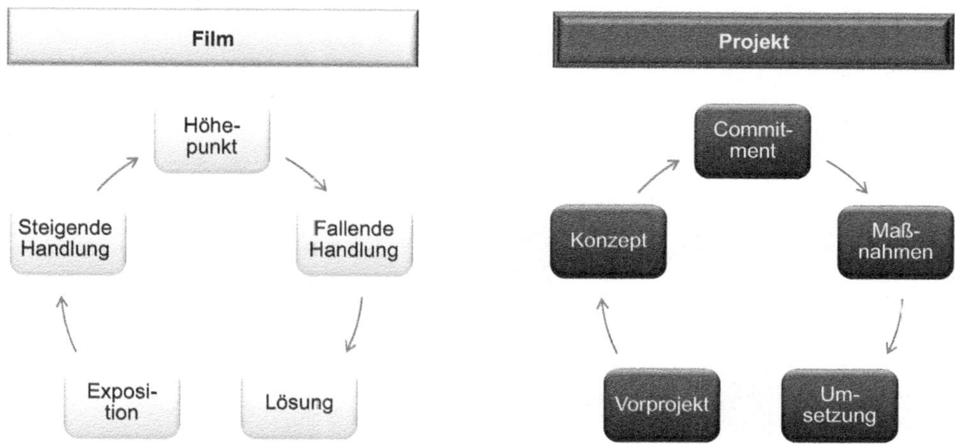

Abb. 2.23 Elemente der Film-/Projektdramaturgie

2.2.4 Das Projektteam – eine eingeschworene Gemeinschaft

DAS SOLLTEN SIE WISSEN

- Die Mitglieder des Projektteams sind entscheidend für den Projekterfolg.
- Projektteammitglieder müssen über projektrelevante Kompetenzen verfügen.
- Die Auswahl der Projektteammitglieder findet mithilfe einer Bewertungsmatrix statt.
- Die Kriterien der Bewertungsmatrix sind auf das durchzuführende Projekt (Projekttyp) abzustimmen.
- Die Gewichtung der Bewertungskriterien ist von zentraler Bedeutung und wird auf Basis der Projektzielsetzung und des Projektumfeldes festgelegt.

SCHRITT FÜR SCHRITT ZUM ERGEBNIS Neben der Filmstory ist die Besetzung eines Films von zentraler Bedeutung. Niemand würde auf die Idee kommen, den Film „Der mit dem Wolf tanzt" mit Helge Schneider als Hauptdarsteller zu besetzen. Helge Schneider hat andere Qualitäten. Genauso verhält es sich mit den Mitgliedern des Projektteams. Die Mitglieder entscheiden über Erfolg oder Misserfolg des Projektes. Mit dem Projektleiter zusammen sind sie die zentralen Personen in einem Projekt. Sie sind verantwortlich für das Erreichen der Zielsetzung des Projektes. Deshalb sollten die Projektteammitglieder einige projektrelevante Fähigkeiten nachweisen können.

Schritt 1 Legen Sie das Anforderungsprofil fest. In diesem Schritt müssen die Fähigkeiten der Projektteammitglieder für den Projekttyp berücksichtigt werden. Für ein strategisches Projekt sind teilweise andere Kompetenzschwerpunkte notwendig als bei einem Effizienzsteigerungsprojekt. Genauso hat ein Innovationsprojekt andere Kompetenz-

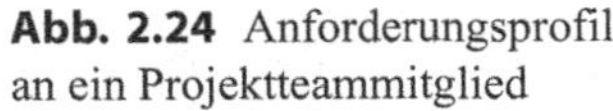

Abb. 2.24 Anforderungsprofil an ein Projektteammitglied

schwerpunkte als ein Marketingprojekt. Die Abbildung 2.24 zeigt die Mindestanforderungen an die Projektteammitglieder.

Die Anforderungen im Einzelnen:

- **Anforderungen an die Fachkompetenz:** Die Projektteammitglieder dürfen nicht alle die gleiche Fachkompetenz haben. Abhängig von der Projektart ist der Mix an Fachwissen in einem Team sehr hilfreich. Dadurch kann das Maximum an notwendiger projektrelevanter Fachkompetenz erreicht werden.
- **Anforderungen an die Arbeitsmethodik:** Das Projektteammitglied sollte möglichst über einen effizienten Arbeitsstil verfügen. Dabei hilft das Wissen über Methoden des Selbstmanagements, um zielorientiert arbeiten zu können.
- **Anforderungen an die Kooperationsbereitschaft:** Einzelkämpfer sind in einem Team nicht wünschenswert. Jeder sollte die Fähigkeit haben, sich mit anderen Meinungen auseinanderzusetzen und aufgeschlossen für andere Ideen zu sein. Kontaktfähigkeit ist hierbei wichtig. Auch nach außen hin, zu anderen Unternehmensbereichen oder externen Partnern, ist ein Mindestmaß an Kommunikationsbereitschaft unerlässlich. In vielen Projekten sind immer wieder Personen anzutreffen, die alles organisieren können, die viele Kontakte innerhalb des Unternehmens haben. Diese Personen sind sehr hilfreich.

- **Anforderungen an die Leistungsbereitschaft:** Es ist zu hinterfragen, ob ein Projektteammitglied wirklich etwas im Rahmen des Projektes erreichen will. Ein gewisses Maß an Ehrgeiz ist notwendig, um Veränderungen einzuleiten.
- **Anforderungen an die Führungsfähigkeit:** Viele Projektteams werden durch zuarbeitende temporäre Arbeitsteams unterstützt, insbesondere wenn Fachthemen bearbeitet werden müssen. Diese Arbeitsteams müssen gesteuert und mögliche Konflikte innerhalb dieses Teams gelöst werden. Hierfür ist ein gewisses Maß an Führungsfähigkeit durch das verantwortliche Projektteammitglied erforderlich.

Schritt 2 Suchen Sie potenzielle Kandidaten. Finden Sie Kandidaten in dem Untersuchungsbereich des Projektes und, wenn das Projekt dies erfordert, aus angrenzenden Bereichen. Kandidaten in dem Untersuchungsbereich zu finden, ist bei manchen Projektarten nicht einfach. Nehmen wir wieder das Beispiel eines Kostensenkungsprojektes. Die Projektteammitglieder müssen für ihren Arbeitsbereich Maßnahmen erarbeiten, die in vielen Fällen große Veränderungen mit sich bringen können. Ob ein potenzielles Projektteammitglied diesen Anforderungen gerecht werden kann, ist kritisch zu hinterfragen.

Schritt 3 Bewerten Sie die Kandidaten. In Abbildung 2.25 wird die Bewertungsmatrix für die Benennung der Projektteammitglieder dargestellt.

DAS ERGEBNIS So könnte die Bewertungsmatrix aussehen (Abbildung 2.25):

- Die Bewertungskriterien entsprechen dem für das Projekt notwendigen Anforderungsprofil.
- Die Gewichtung entspricht den Projektanforderungen.
- Die ausgewählten Kandidaten werden durch Managementvorschläge und/oder Informationen aus den Personalunterlagen ermittelt.
- In Projekten mit einer hohen Vertraulichkeit in dieser Projektphase wird mit den Kandidaten erst kurz vor Projektstart persönlich gesprochen.
- Die Bewertung wird durch den Projektleiter oder einem Managementteam vorgenommen.

Erläuterung zu Abbildung 2.25: Der Projektleiter hat die Gewichtung der Kompetenzen vorgenommen und dabei Schwerpunkte auf die „fachliche Kompetenz“ (30 %) und „Führungskompetenz“ (30 %) gelegt. Die Punktevergabe führt beispielsweise bei dem Bewertungskriterium „Methodenkompetenz“ dazu, dass der „Kandidat A“ nur 5 Punkte bekommen hat, was bei einer Gewichtung von 20 % zu einem Punkt führt, während der „Kandidat B“ hier die volle Punktzahl von 10 Punkten erhalten hat und somit zwei Punkte verbuchen konnte.

Bewertungskriterien	Bewertungs-parameter	Punkte	Gewichtung	Kandidat A	Kandidat B
Fachliche Kompetenz	ja	10	30%	3	3
	teilweise	5			
	nein	0			
Methodenkompetenz	ja	10	20%		2
	teilweise	5		1	
	nein	0			
Kooperationskompetenz	ja	10	10%		1
	teilweise	5			
	nein	0		0	
Leistungsbereitschaft	ja	10	10%	1	1
	teilweise	5			
	nein	0			
Führungskompetenz	ja	10	30%		3
	teilweise	5		1,5	
	nein	0			
SUMME			100 % (10 Punkte)	6,5 Punkte	10 Punkte

Abb. 2.25 Bewertungsmatrix für die Benennung der Projektteammitglieder (Praxisbeispiel Chemie)

2.2.5 Das Exposé – die Geschichte ist rund

DAS SOLLTEN SIE WISSEN

- Das Exposé zum Drehbuch ist die zusammenfassende Beschreibung Ihres Projektes.
- Drei Projektelemente werden mindestens im Exposé beschrieben: die Problemstellung, die Haupthandlung und die Hauptfiguren.
- Das Exposé basiert auf dem Projektsteckbrief.
- Das Exposé dient dem Projektauftraggeber als Entscheidungsunterlage für den Meilenstein 0.

SCHRITT FÜR SCHRITT ZUM ERGEBNIS Der Grundriss Ihrer Geschichte (das Projekt) wird in dem Exposé beschrieben. Diese Unterlage legen Sie dem Projektauftraggeber zur Genehmigung vor. Sie beschreiben nur den großen Bogen des Projektes, was bedeutet, dass Sie die Problemstellung, die Haupthandlung und die Hauptfiguren beschreiben. Nebenhandlungen gehören nicht ins Exposé. Sehen Sie das Exposé auch als ein erstes Verkaufspapier Ihrer Kompetenz an.

Schritt 1 Fassen Sie die Ergebnisse zusammen. Der Projektsteckbrief gehört in das Exposé. Er stellt die Basis des gesamten Projektes dar und ist die Aufgabenstellung für Sie als Projektleiter. Danach werden Ihre Überlegungen zu der Projektart, dem Projektablauf, der Projektstruktur (Dramaturgie) sowie zu den Projektteammitgliedern zusammenfassend dargestellt. Stellen Sie im Exposé nur Ihre Vorstellung der Geschichte des Projektes dar. Das Exposé ist kein Vorprojekt und kann daher auch nicht detaillierte Analyseergebnisse liefern.

Schritt 2 Präsentieren Sie das Exposé professionell. Stellen Sie als Erstes in einem Management Summary den Zweck Ihres Exposés dar. Der Projektauftraggeber soll nachvollziehen, was er erwarten kann und was nicht. Danach werden der Projektsteckbrief und die Grundzüge Ihres Projektdrehbuchs dargestellt. Der Projektauftraggeber kann an dem Projektsteckbrief und Ihrem Projektvorschlag (Exposé) prüfen, ob seine ursprüngliche Intention realisiert werden kann.

DAS ERGEBNIS So könnte die Struktur des Exposés aussehen (Abbildung 2.26):

- Der Projektsteckbrief dient als Ausgangsbasis des Projektes.
- Die Projektart, der Projektablauf, die Projektstruktur und das Projektteam sind Bestandteile des Exposés.
- Mehr als vier Seiten sollte der Umfang des Exposés nicht betragen.

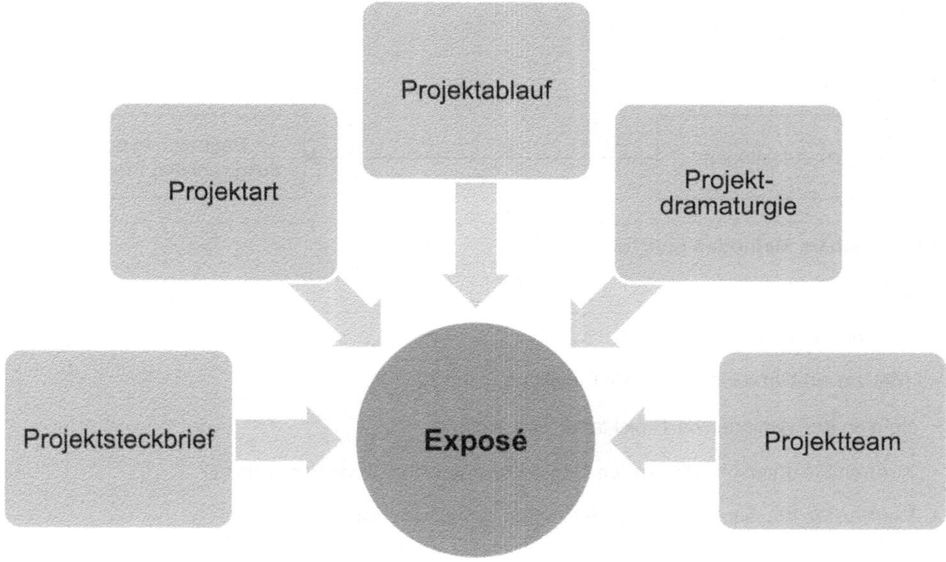

Abb. 2.26 Exposé des Projektes

2.2.6 Kapitelzusammenfassung

So, der nächste Schritt ist gemacht. Sie haben für Ihr Projekt eine Kurzbeschreibung in Form eines Exposés erstellt. Das Exposé ist für Sie als Projektleiter wichtig, weil Sie darin das Projekt grob umreißen und es später als Gerüst für das Projektdrehbuch dient. Weiterhin ist das Exposé für den Projektauftraggeber wichtig, weil er vergleichen kann, ob die Intention seines Projektsteckbriefes in die Tat umgesetzt werden kann. Folgende Inhalte haben Sie kennengelernt:

- Die Art des Projektes gibt die Richtung für das Drehbuch vor.
- Jedes Projekt muss eine Story haben.
- Ein Projekt ist so aufzubauen, dass es einen dramaturgischen Höhepunkt hat.
- Die Projektteammitglieder sind die handelnden Akteure.
- In einer Zusammenfassung des Drehbuchs, dem Exposé, erzählen Sie Ihre Geschichte des Projektes.

Abbildung 2.27 zeigt in der Zusammenfassung die in diesem Kapitel erläuterten Aufgaben, die einsetzbaren Methoden und Tools sowie abschließende Fragen zum Kapitelinhalt.

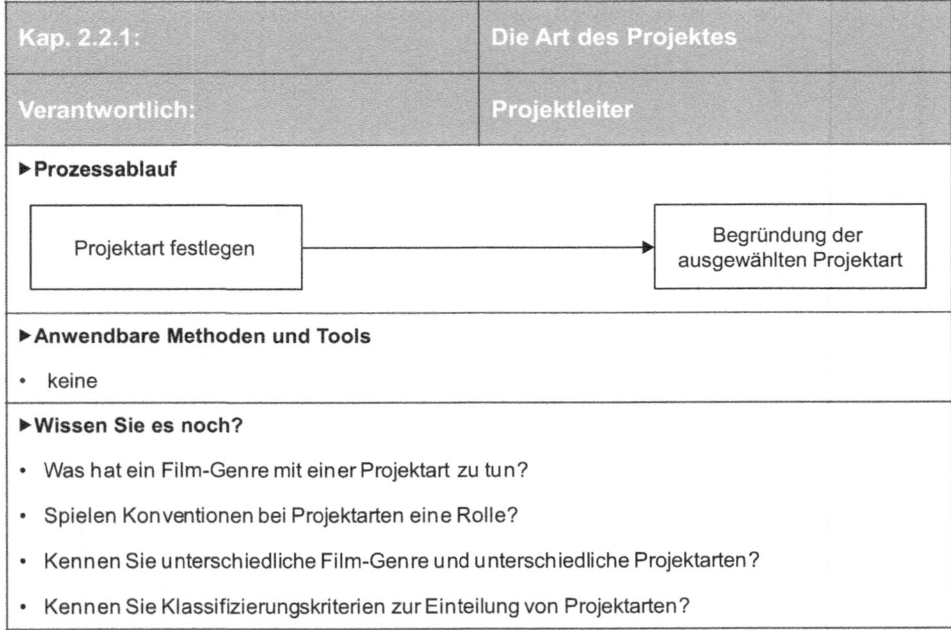

Abb. 2.27 Überblick über die Aufgaben, die Methoden und Tools und die Wissensfragen des Kapitel 2.2

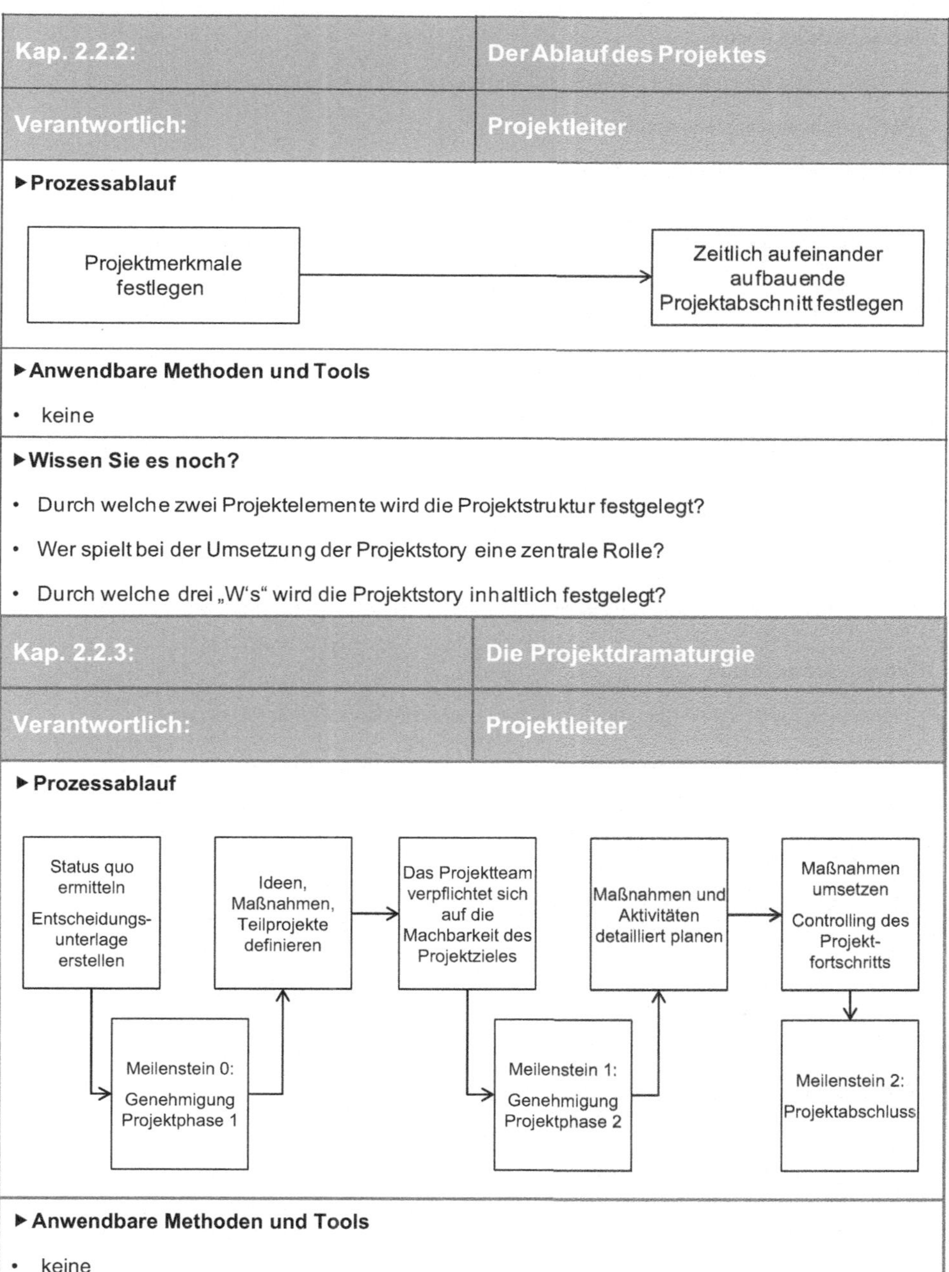

Kap. 2.2.2:	Der Ablauf des Projektes
Verantwortlich:	Projektleiter

▶ **Anwendbare Methoden und Tools**

- keine

▶ **Wissen Sie es noch?**

- Durch welche zwei Projektelemente wird die Projektstruktur festgelegt?
- Wer spielt bei der Umsetzung der Projektstory eine zentrale Rolle?
- Durch welche drei „W's" wird die Projektstory inhaltlich festgelegt?

Kap. 2.2.3:	Die Projektdramaturgie
Verantwortlich:	Projektleiter

▶ **Anwendbare Methoden und Tools**

- keine

Abb. 2.27 (Fortsetzung)

▸ Wissen Sie es noch?

- Hat ein Projekt bis zum Schluss einen ständig steigenden Handlungsaufbau?
- Hat ein Projekt einen Höhepunkt?
- Ab wann setzt eine Eigendynamik bei einem Projekt ein?
- Kann ein Projekt ohne Eigendynamik erfolgreich verlaufen?

Kap. 2.2.4:	Das Projektteam
Verantwortlich:	Projektleiter

▸ Prozessablauf

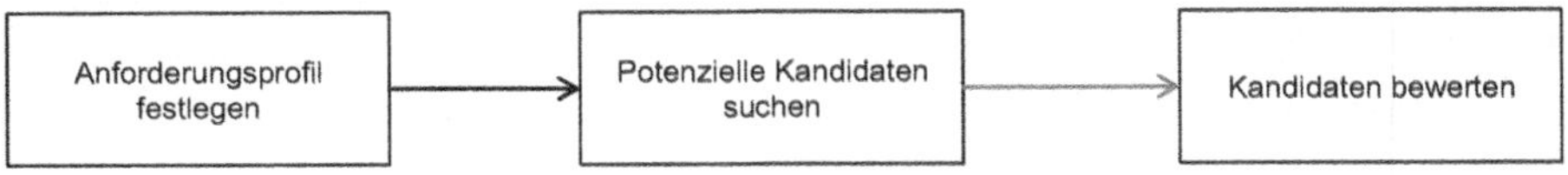

Anforderungsprofil festlegen → Potenzielle Kandidaten suchen → Kandidaten bewerten

▸ Anwendbare Methoden und Tools

- Bewertungsmatrix

▸ Wissen Sie es noch?

- Welche Personen sind neben dem Projektleiter entscheidend für den Projekterfolg?
- Müssen Projektteammitglieder über besondere Kompetenzen verfügen?
- Mit welchem Hilfsmittel findet die Auswahl der Projektteammitglieder statt?
- Woraufsind die Kriterien der Bewertungsmatrix abzustimmen?
- Gibt es eine Möglichkeit in der Bewertungsmatrix, Schwerpunkte in der Bewertung festzulegen?

Kap. 2.2.5:	Das Exposé
Verantwortlich:	Projektleiter

▸ Prozessablauf

Zusammenfassung der Ergebnisse auf 2 - 4 Seiten → Präsentation der Ergebnisse

▸ Anwendbare Methoden und Tools

- keine

Abb. 2.27 (Fortsetzung)

▶ **Wissen Sie es noch?**

- Wofür dient das Exposé?
- Welche drei Projektelemente werden in dem Exposé mindestens beschrieben?
- Wie heißt die Basisunterlage für das Exposé?
- Für welchen Meilenstein dient das Exposé als Entscheidungsunterlage?

Abb. 2.27 (Fortsetzung)

2.3 Das Vorprojekt – jetzt wird es konkret

Der Anfang ist die Hälfte vom Ganzen.
(Aristoteles, griechischer Philosoph)

Ein honorarfreies Vorprojekt? So etwas gibt es? – eine Episode aus der Praxis

Herr M., Managing Partner eines Interim-Management-Unternehmens, bekam die Möglichkeit, vor Herrn R., Vorstand der Produktion eines Marktführers, zu präsentieren und seine Erfahrungen hinsichtlich der Neuorganisation von Unternehmensbereichen darzustellen. Es wurde vorher mit dem Assistenten des Vorstands ein zweistündiges Meeting vereinbart. Herr R. betrat leicht verspätet den Raum und machte zwei klare Ansagen: „Erstens, ich habe nur 30 Minuten Zeit, und zweitens, ich mag keine Berater". Das saß! Nach einer Schrecksekunde hat Herr M. den Teil der Präsentation vorgetragen, der das Thema Vorprojekt beinhaltet. In dem zwanzigminütigen Vortrag wurde Herr R. immer aufgeschlossener. Die anfangs verschränkten Arme lagen entspannt auf der Stuhllehne und sein Gesichtsausdruck hatte nichts mehr zu tun mit „Ich fresse mal schnell einen Berater". Nach abschließender kurzer Diskussion sagte Herr R., „Ich gebe Ihnen die Gelegenheit, dass, was Sie hier mit schönen Folien theoretisch erläutert haben, in der Praxis zu beweisen. Sie machen ein Vorprojekt in der Region Nordost unseres Unternehmens." Gesagt, getan. Zur Präsentation des Vorprojektes reiste Herr R. aus der Zentrale in die Region, was ein absolutes Novum war. Das Ergebnis des zweiwöchigen, honorarfreien Vorprojektes war so praxis- und lösungsorientiert, dass das bezahlte Projekt folgte. Nach sechs Monaten wurde das Projekt zur vollsten Zufriedenheit des Vorstands und des Projektteams abgeschlossen. Es wurde ein „Leuchtturmprojekt" in dem Unternehmen. Mehrere Projekte in anderen Regionen folgten.

ZIEL DES KAPITELS Dieses Kapitel ist für den Projektleiter verfasst. Das Ziel dieses Kapitels ist die Darstellung aller Aufgaben, die das Projekt konkretisieren. In diesem Projektabschnitt werden die Weichen gestellt. Alle späteren Aufgaben bauen auf den Erkenntnissen aus dieser Projektphase auf. Dazu werden Sie folgende Inhalte kennenlernen:

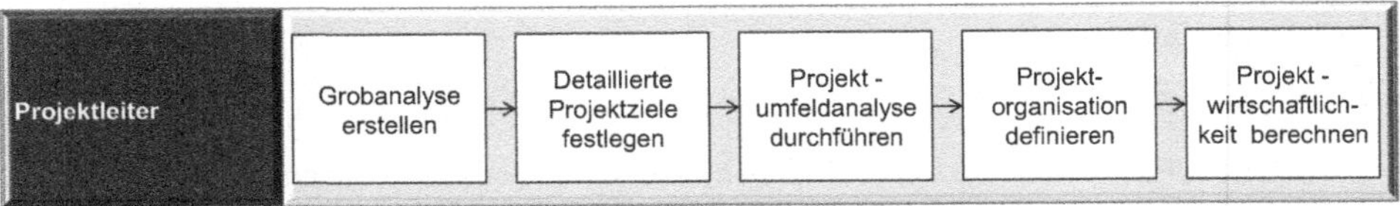

Abb. 2.28 Prozessschritte zur Durchführung eines Vorprojektes

- Mithilfe der Grobanalyse wird der Status quo des Untersuchungsbereichs ermittelt.
- Aus den Ergebnissen der Grobanalyse werden detaillierte Projektziele (Teilziele) definiert.
- Das Projektumfeld wird untersucht. Aus den Ergebnissen werden Schlussfolgerungen für die Projektorganisation gezogen.
- Die Projektablauforganisation ist so zu strukturieren, dass das Projekt eine Eigendynamik entfalten kann.
- Die Projektaufbauorganisation muss alle am Projekt beteiligten Organisationsbereiche einbeziehen.
- Das Projekt ist eine Investition und muss daher wirtschaftlich sein.

AUFGABEN UND VORGEHENSWEISE Sie als Projektleiter ermitteln auf der Basis des Projektsteckbriefes den Status quo in dem Untersuchungsbereich, definieren und konkretisieren die einzelnen Projektziele. Weiterhin wird auf der Basis erster Einschätzungen über Projektumfang, Projektdauer und der benötigten internen Ressourcen sowie des erwarteten Projekterfolgs die Projektwirtschaftlichkeit ermittelt (Abbildung 2.28).

2.3.1 Die Grobanalyse – sich einen Überblick verschaffen

DAS SOLLTEN SIE WISSEN

▶
- Die Festlegung des Untersuchungsbereichs dient zur Klärung des Projektumfangs.
- Untersuchungsbereiche werden organisatorisch und/oder quantifiziert abgegrenzt.
- Faktoren, die den Untersuchungsbereich beeinflussen, sind vollständig zu erfassen und bilden die Basis für die weiteren Projektschritte.
- Alle Dokumente, die den Untersuchungsbereich oder die Einflussgrößen abbilden, sind zu erfassen und auf ihre Aussagekraft hin zu analysieren.
- Strukturierte Interviews mit ausgewählten Personen aus dem Untersuchungsbereich sind absolut notwendig.
- Die Darstellung der ermittelten Potenzialfelder beendet die „interne Analyse".
- Externe Entwicklungen (außerhalb des Unternehmens) auf die Einflussgrößen werden durch die „externe Analyse" aufgezeigt.

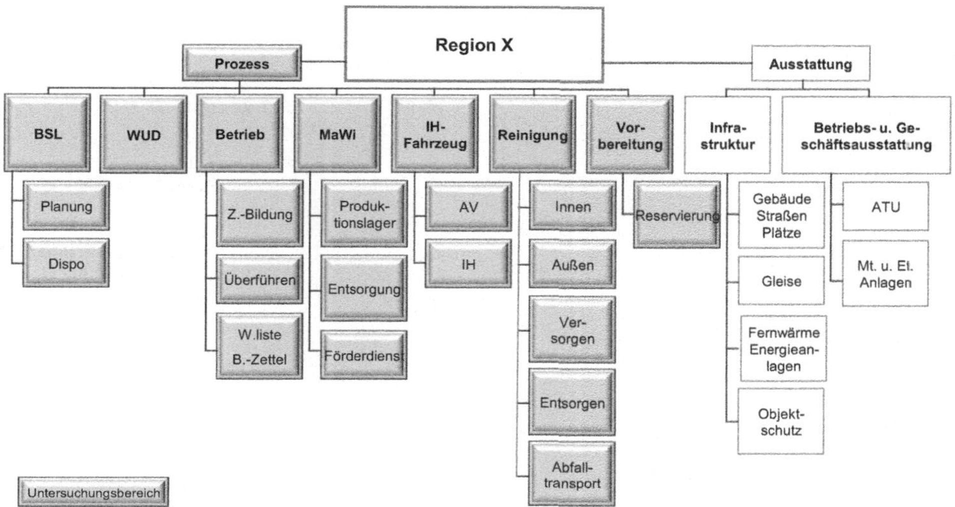

Abb. 2.29 Organisatorische Abgrenzung des Untersuchungsbereichs (Praxisbeispiel Logistik)

SCHRITT FÜR SCHRITT ZUM ERGEBNIS In dieser Projektphase ist es notwendig, dass Sie sich als Projektleiter, allein oder mit einem kleinen Team, einen Überblick über die aktuelle Situation in dem Untersuchungsbereich (Projektarbeitsbereich) verschaffen. Dazu dient die Grobanalyse. Eine detaillierte Analyse ist momentan nicht notwendig, denn sie benötigt zu viel Zeit und wird später im Projektverlauf von dem Projektteam erstellt. Es gilt jetzt, zum einen alle projektrelevanten Themen (Einflussgrößen) zu identifizieren, und zum anderen eine Beurteilung des Status quo zu diesen Themen vorzunehmen. Dabei wird unterschieden zwischen der internen und externen Analyse.

A. ANALYSE DES INTERNEN STATUS QUO

Die interne Analyse gibt Auskunft über den Status quo in dem zu untersuchenden Bereich. Sie wird schrittweise und in einer festgelegten Reihenfolge durchgeführt.

Schritt 1 Grenzen Sie den Untersuchungsbereich ab (Projektarbeitsbereich). Zuerst einmal ist es wichtig, dass Sie den Unternehmensbereich, in dem das Projekt durchgeführt werden soll, genau beschreiben und abgrenzen. Mindestens zwei Merkmale kennzeichnen den Untersuchungsbereich. Erstens die organisatorische Abgrenzung mittels Organigramm und zweitens die quantifizierbare Abgrenzung beispielsweise mittels Kostenbogen oder Personalstruktur. Abbildung 2.29 zeigt die organisatorische Abgrenzung eines Projektes in einem Unternehmen der Logistikbranche.

Erläuterung zu Abbildung 2.29: Mithilfe dieser Darstellung werden die Unternehmensbereiche festgelegt, die in dem Projekt betrachtet werden. In dem Beispiel wird sichtbar, dass nur der Bereich „Prozesse" in den Projektfokus aufgenommen wird, nicht aber der Bereich „Ausstattung". Da es sich in diesem Fall um ein Kostensenkungsprojekt handelt, stehen

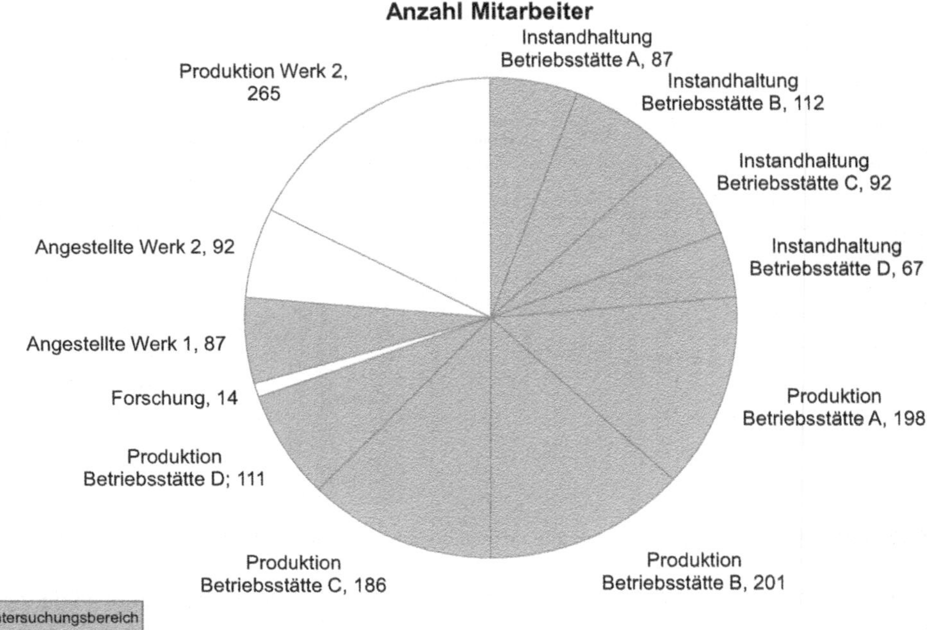

Abb. 2.30 Quantifizierte Abgrenzung des Untersuchungsbereichs (Praxisbeispiel Grundstoffindustrie)

zuerst die operativen Bereiche mit Personal und hohen Kosten im Fokus. Die Darstellung macht auch deutlich, welche Bereiche über das Projekt zu informieren sind.

Die quantifizierbare Abgrenzung besteht darin, dass hier Unternehmenszahlen herangezogen werden, die den zu untersuchenden Bereich repräsentieren. Dies können beispielsweise Kosten aus Kostenbögen oder Anzahl Mitarbeiter aus Personallisten sein. Abbildung 2.30 zeigt ein Beispiel aus einem Produktionsbereich eines Unternehmens der Grundstoffindustrie.

Erläuterung zu Abbildung 2.30: In der Abbildung ist zu den organisatorischen Abgrenzung (nicht am Projekt beteiligt ist das „Werk 2" und die „Forschung") auch die Ausgangsbasis in Form einer Quantifizierung (hier Personal) dargestellt. Damit ist die Ausgangsbasis, von der das Projekt startet, bekannt. In diesem Beispiel handelt es sich um ein Effizienzsteigerungsprojekt. Nehmen Sie immer diese Art der Abgrenzungen vor. Für die Entscheidungsvorlage an den Projektauftraggeber sind die Projektgrenzen (Ausgangsbasis) deutlich zu formulieren. Für Sie als Projektleiter entsteht dadurch die Sicherheit, dass Ihr Projektteam den richtigen Fokus legt und die Ausgangssituation (Organisationseinheiten und Zahlen) festgelegt ist. Die betroffenen Bereiche können sich somit auf das anstehende Projekt einstellen.

Schritt 2 Ermitteln Sie die Einflussfaktoren auf den Untersuchungsbereich. Einflussfaktoren wirken auf den Untersuchungsbereich ein. Für das Projekt sind diese Größen

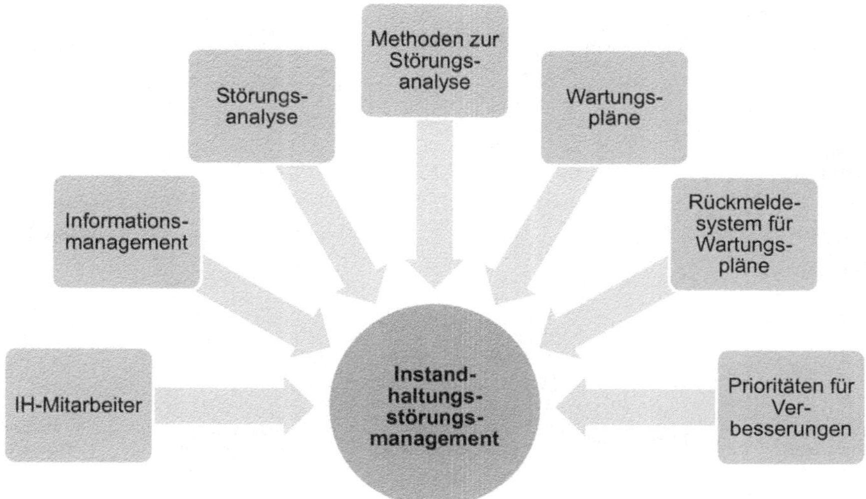

Abb. 2.31 Einflussfaktoren auf das Instandhaltungsstörungsmanagement (Praxisbeispiel Automotive)

unbedingt in ihrem vollen Umfang zu erfassen und zu bewerten. Jeder weiß, dass das Wetter von vielen Faktoren, wie beispielsweise Temperatur, Luftfeuchtigkeit und Luftdruck, abhängig ist, die sich auch noch gegenseitig beeinflussen. Daher sind Wetterprognosen äußerst komplex. Für ein Projekt sind möglichst alle relevanten Einflussfaktoren zu ermitteln. Je genauer diese Analyse ist, desto sicherer wird die spätere Prognose der Erreichbarkeit der Projektziele. Weiterhin bilden die Einflussfaktoren die Basis für das Projektzielsystem. Die Ermittlung von Einflussfaktoren setzt die inhaltliche Durchdringung der Aufgaben des Untersuchungsbereiches voraus. An zwei Beispielen wird dieser wichtige Projektschritt verdeutlicht:

- **Beispiel 1** zeigt aus einem Strategieprojekt in der Instandhaltung die Einflussfaktoren, die in einem Unternehmen der Automotivebranche auf den Prozess des Instandhaltungsstörungsmanagements einwirken (Abbildung 2.31). Zu erkennen ist, dass es eine Vielzahl von sehr unterschiedlichen Einflussgrößen gibt. Neben personalabhängigen Größen (Kompetenz der IH-Mitarbeiter) sind methodische Einflüsse (Störungsanalyse) und Informationssysteme (IH-Informationssystem, Rückmeldesystem für Wartungspläne) wichtige Einflussgrößen auf diesen Prozess.
- **Beispiel 2** zeigt die Einflussgrößen, die auf den Auftragsbearbeitungsprozess eines Unternehmens der Elektrobranche einwirken. Abbildung 2.32 verdeutlicht, dass in diesem Fall der Untersuchungsbereich einen Großteil der Unternehmenseinheiten umfasst. Daher sind die Einflussfaktoren auch sehr vielfältig und müssen notwendigerweise betrachtet werden.

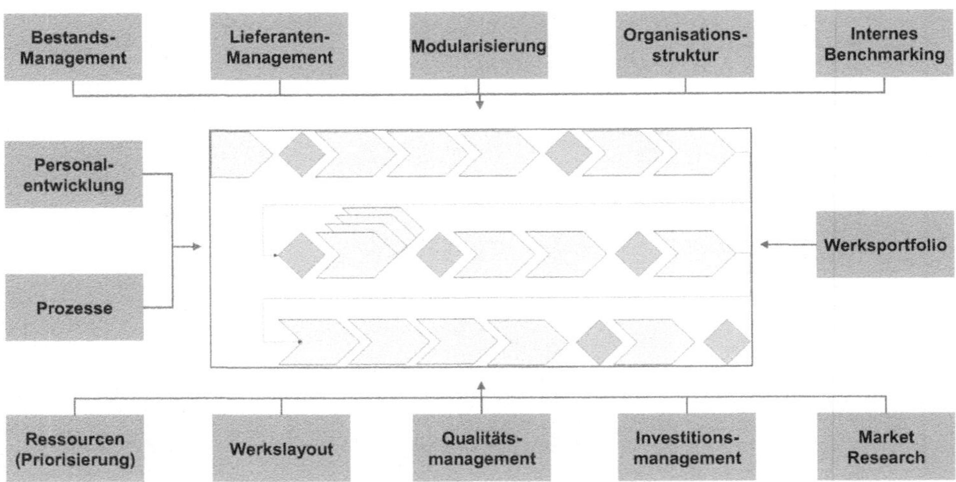

Abb. 2.32 Einflussfaktoren auf den Auftragsbearbeitungsprozess (Praxisbeispiel Elektro)

Schritt 3 Erfassen Sie alle relevanten Dokumente des Untersuchungsbereichs. Nachdem der Untersuchungsbereich und dessen Einflussgrößen festgelegt sind, sollten Sie sich verschiedene interne Unterlagen des betrachteten Bereichs beschaffen und grob analysieren. Grob meint zu diesem Zeitpunkt, dass Sie sich einen Überblick über den Umfang und die Qualität der Dokumente erarbeiten müssen. Im weiteren Projektverlauf wird das Projektteam im Rahmen seiner Arbeit die Dokumente detaillierter analysieren und verwenden. Zuerst legen Sie fest, was Sie benötigen. Abhängig von der Projektart können beispielsweise Personalpläne, Kostenbögen, Organigramme, Prozessbeschreibungen, Verträge mit Dienstleistern oder Beschreibungen von Vertriebs- und Marketingstrategien wichtig sein. Eine weitere wichtige Quelle sind Kennzahlenberichte, die den Untersuchungsbereich beschreiben. Strukturieren Sie die Dokumente und erstellen Sie eine Grobbewertung zur Qualität und Aussagekraft. Dies hilft später, nur noch die projektrelevanten Unterlagen zu verwenden. Abbildung 2.33 zeigt die Analyse eines Vertrags für die Fremdvergabe der Instandhaltung an einen externen Dienstleister im Rahmen eines Instandhaltungsprojektes.

Schritt 4 Führen Sie Interviews mit Betroffenen durch. Sie, als Projektleiter, haben nun alle wesentlichen Informationen zu dem Projektarbeitsbereich (Untersuchungsbereich). Sie haben sich in einer Grobanalyse einen Überblick über den Status quo des Bereiches verschafft. Der nächste Schritt ist von fundamentaler Bedeutung. Mit Ihrem jetzigen Wissen sind Sie nun in der Lage, mit Personen des Untersuchungsbereiches ein zielorientiertes Gespräch zu führen. In diesem Gespräch werden keine unstrukturierten Fragen gestellt, sondern Sie führen ein strukturiertes Interview. Strukturiert bedeutet in diesem Zusammenhang, dass Sie vorbereitete Fragen zu einzelnen Themen stellen und der Interviewpartner diese Fragen in Form einer Punktebewertung (für die Parameter der x- und y-Achse der späteren grafischen Auswertung) beantwortet. Im Kapitel 6.1 wird Ihnen ein Interviewtool detailliert vorgestellt, mit dessen Hilfe Sie die Interviews durchführen und

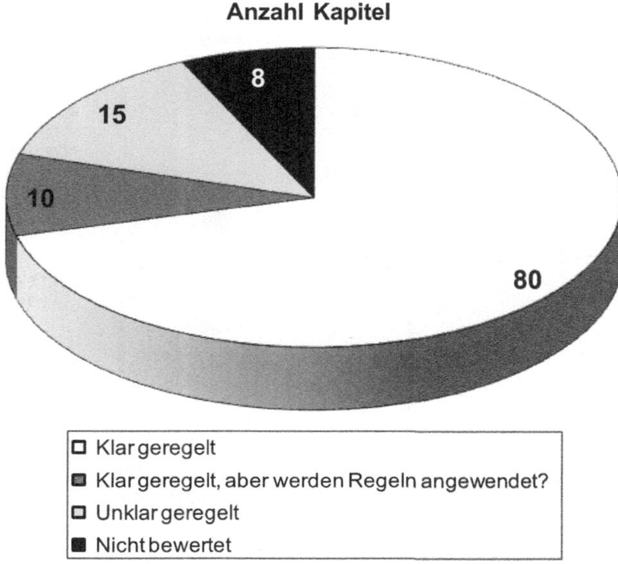

Abb. 2.33 Grobanalyse der erfassten Dokumente (Praxisbeispiel Automotive)

auswerten können. Dort lernen Sie auch, wie das Tool auf den konkreten Fall vorzubereiten ist. In diesem Kapitel wird nur das Ergebnis der Interviews dargestellt, und zwar am Beispiel eines Instandhaltungsprojektes. Das Tool ist ein starkes Hilfsmittel, um wichtige Erkenntnis für die weiteren Projektschritte zu gewinnen. Um das Interview erfolgreich durchzuführen, sind die folgenden Hinweise unbedingt zu beachten:

- Sichern Sie jedem Interviewpartner absolute Diskretion zu. Halten Sie sich daran. Auch der Projektauftraggeber kennt nicht die einzelnen Antworten der befragten Personen. Nur Sie kennen die Antworten.
- Wählen Sie Ihre Interviewpartner so aus, dass sowohl die projektrelevanten Fachbereiche (Abteilungen) wie auch unterschiedliche Hierarchieebenen vertreten sind. Es darf nicht nur das Management interviewt werden, sondern auch Sachbearbeiter oder Spezialisten. Sie wollen ja ein möglichst breites Feedback zu den ausgewählten Einflussgrößen bekommen.
- Führen Sie die Interviews immer nur mit einer Person durch. Wenn der Vorgesetzte daneben sitzt, bekommen Sie wahrscheinlich nicht die wirkliche Meinung Ihres Interviewpartners zu hören.
- Nutzen Sie einen geeigneten Raum, indem Sie mit Ihrem Interviewpartner allein sind. Wenn die Kollegen am Schreibtisch nebenan sitzen, ist es schwer, seine Meinung offen zu sagen.
- Wählen Sie eine geeignete Uhrzeit aus. Nach dem Mittagessen ist nicht der beste Zeitpunkt.
- Sorgen Sie für eine entspannte Atmosphäre. Getränke sind hilfreich.
- Bauen Sie Vertrauen auf!

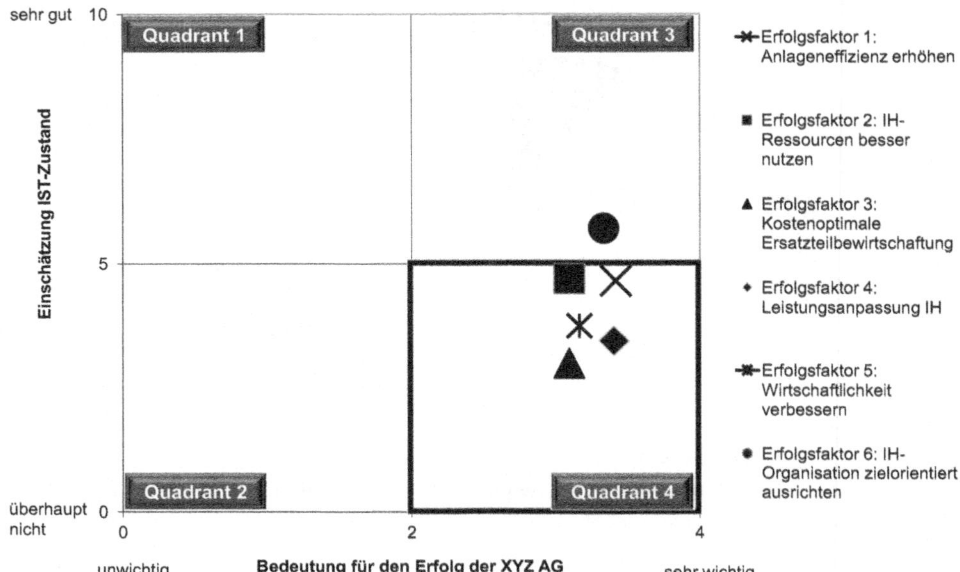

Abb. 2.34 Ergebnis der Interviews (Praxisbeispiel Automotive, Auszug)

Nachdem Sie die oben beschrieben Hinweise befolgt und mehrere Interviews mithilfe des Interviewtools geführt haben, ist das Ergebnis der Befragung von größtem Interesse. Die in Abbildung 2.34 dargestellte Auswertung stellt die Mittelwerte aus den Antworten (Bewertungen) der einzelnen Interviewpartner dar. Die Einzelmeinung ist für den weiteren Projektverlauf nicht von Interesse, sondern die gemeinsame Sicht aller Interviewpartner (Mittelwerte der Antworten).

Erläuterung zu Abbildung 2.34: Die Abbildung führt zu mehreren Erkenntnissen (aus den dargestellten Mittelwerten aller Befragten). Diese Erkenntnisse spielen im Weiteren eine sehr wichtige Rolle für die nächsten Projektschritte.

- Die sechs Einflussgrößen (Erfolgsfaktoren 1–6) sind aus Sicht der Befragten für den Erfolg des Unternehmens (x-Achse) sehr wichtig (Quadrant 4).
- Der Status quo (Einschätzung IST-Zustand, y-Achse) ist eher schlecht (Quadrant 4) als gut (Quadrant 3).

Weitere Rückschlüsse aus der Abbildung:

- Die Lage der Bewertungen in den einzelnen Quadranten gibt einen grundsätzlichen Hinweis auf den Handlungsbedarf.

- Quadrant 1: Liegen hier Bewertungspunkte, dann bedeutet dies: „Für den Erfolg des Unternehmens nicht wichtig, wir sind aber gut."
  Aktion: Hier besteht Handlungsbedarf. Der Aufwand ist zu reduzieren (in Richtung Quadrant 2).
- Quadrant 2: Liegen hier Bewertungspunkte, dann bedeutet dies: „Für den Erfolg des Unternehmens nicht wichtig, wir sind darin auch nicht gut."
  Aktion: Hier besteht kein Handlungsbedarf. Es sind keine Aktivitäten notwendig.
- Quadrant 3: Liegen hier Bewertungspunkte, dann bedeutet dies: „Für den Erfolg des Unternehmens wichtig und wir sind auch sehr gut."
  Aktion: In einem sehr guten Unternehmen befinden sich hier die meisten Bewertungen. Auf dem Niveau bleiben.
- Quadrant 4: Liegen hier Bewertungspunkte, dann bedeutet dies: „Für den Erfolg des Unternehmens wichtig, aber wir sind schlecht."
  Aktion: Hier besteht dringender Handlungsbedarf. Unbedingt Aktivitäten zur Verbesserung der Situation ergreifen.

Schritt 5 Definieren Sie Potenzialfelder. Sie haben jetzt alle wichtigen Informationen zu dem Untersuchungsbereich erfasst. Mithilfe der ermittelten Einflussgrößen, der Ergebnisse der Interviews und der relevanten Dokumente sind Sie nun in der Lage, Potenzialfelder zu formulieren. Die Abbildung 2.35 zeigt eine qualifizierte (ohne Werte) Darstellung der Erkenntnisse aus der Grobanalyse für das Geschäftsfeld A.

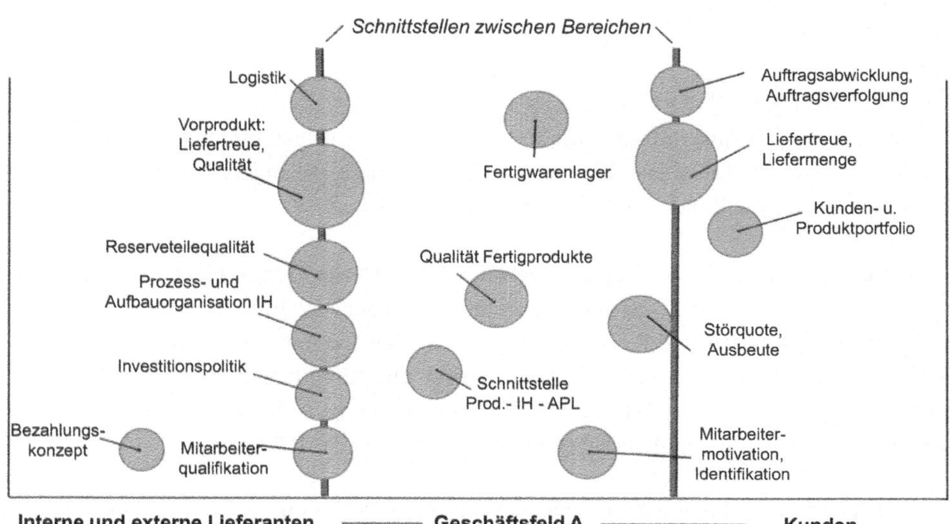

Abb. 2.35 Potenzialfelder des Vorprojektes (Praxisbeispiel Grundstoffindustrie)

Erläuterung zu Abbildung 2.35:

- Potenziale werden in Kreisform qualitativ dargestellt. Je größer der Kreis, desto häufiger wurden die Potenziale in den Interviews genannt (bewertet).
- Die Potenziale werden entweder direkt einem Unternehmensbereich zugeordnet (z. B. „Qualität Fertigprodukte") oder sind an den Schnittstellen zwischen zwei Unternehmensbereichen zu realisieren (z. B. „Liefertreue, Liefermenge")
- Häufig werden in den Interviews auch Potenziale genannt, die sich mit der Projektaufgabenstellung nicht decken. Auch diese Potenzialfelder werden dargestellt. Möglicherweise sind daraus später weitere Optimierungsmaßnahmen zu initiieren (z. B. „Bezahlungskonzept").
- Die Potenzialfelder können teilweise, wenn die Zeit dies erlaubt, mit ersten Grobanalyseergebnissen dokumentiert werden. So können beispielsweise in einem Interview die Befragten zu einem Thema Unterlagen bereitstellen, an denen Sie dann die Relevanz eines Potenzialfeldes begründen. Beispielsweise kann eine Analyse der Lieferterminabweichungen gegenüber einem Kunden ein Beispiel für das Potenzialfeld „Liefertreue, Liefermenge" sein. Mehrere konkrete Analyseergebnisse untermauern die Richtigkeit Ihrer Analyse. Aber denken Sie bitte daran, Sie sind erst im Vorprojekt!
- Die Abbildung zeigt deutlich, wie aus der Grobanalyse eine Übersicht über mögliche Potenzialfelder zusammengestellt werden kann. Offensichtlich existieren für das Geschäftsfeld A die meisten Probleme an den Schnittstellen zu anderen Bereichen. Je zielorientierter Sie den Fragebogen zu den Interviews aufgebaut haben, desto mehr Potenzialfelder werden transparent.

B. ANALYSE EXTERNER ENTWICKLUNGEN

Die Analyse gibt Auskunft über die Entwicklung der Erfolgsfaktoren (Einflussgrößen) außerhalb Ihres Unternehmens. Sie beantwortet die Frage, ob andere Unternehmen auch an ähnlichen Fragestellungen wie in Ihrem Projekt arbeiten.

Schritt 6 Verschaffen Sie sich einen Überblick über externe Trends. Geben Sie nur einen kurzen Überblick über die von Ihnen ermittelten Tendenzen. Eine Internetrecherche ist in diesem Fall hilfreich und meist ausreichend. Stellen Sie nur die Trends dar, die möglicherweise auf Ihr Unternehmen übertragbar sind. Die Abbildung 2.36 zeigt am Beispiel der Einflussgrößen (Erfolgsfaktoren) auf die Instandhaltung, welche Trends außerhalb des Unternehmens verfolgt werden (Beispiel: externe Trends zur IH-Strategie).

DAS ERGEBNIS So könnte die Grobanalyse aussehen (Abbildung 2.37):

- Der Untersuchungsbereich (hier findet das Projekt statt) ist eindeutig abgegrenzt.
- Die Erfolgsfaktoren (wesentliche Einflussgrößen auf das Projektziel für den Untersuchungsbereich) sind definiert.

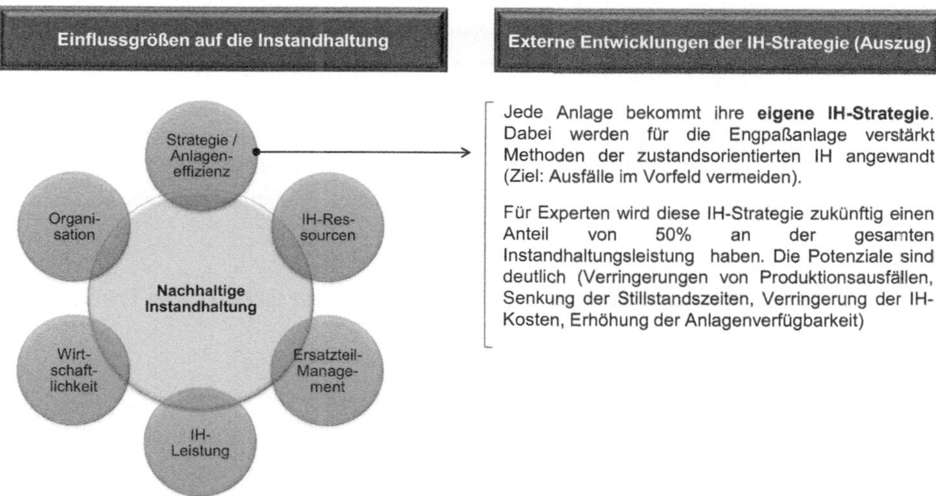

Abb. 2.36 Externe Entwicklung von Einflussgrößen (Praxisbeispiel Automotive)

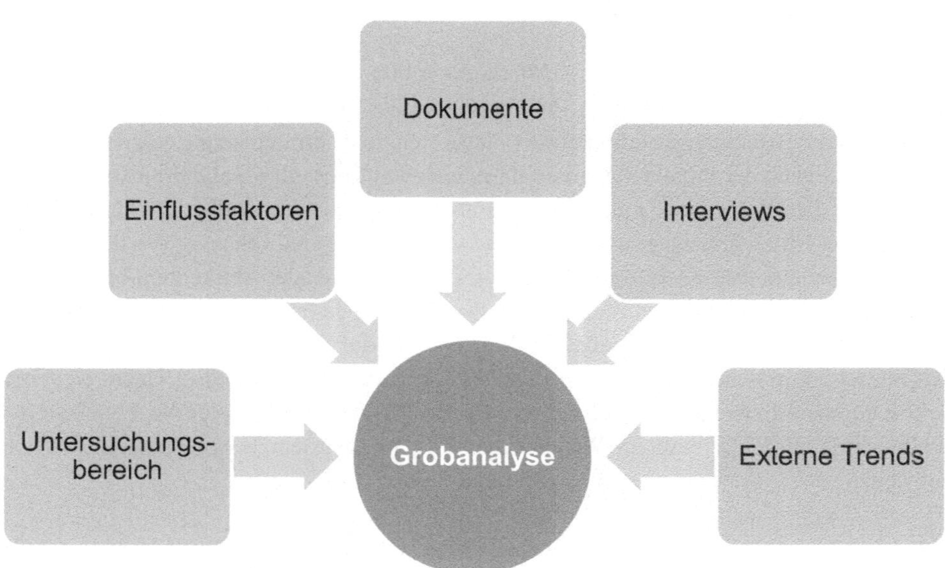

Abb. 2.37 Bestandteile der Grobanalyse

- Alle notwendigen Dokumente (Reports, Kostenbögen, Verträge) sind analysiert.
- Es sind Interviews mit den wesentlichen Personen in dem Untersuchungsbereich geführt worden.
- Die Ergebnisse der Interviews sind in geeigneter Form ausgewertet worden.
- Die Grobanalyse der Entwicklung der Einflussgrößen in externen Unternehmen zeigt die Trends, mit denen sich andere Unternehmen in dem speziellen Fall beschäftigen.

2.3.2 Detaillierte Projektziele – ohne Ziel ist jeder Schuss ein Treffer

DAS SOLLTEN SIE WISSEN

- Für ein Projekt existieren grundsätzliche und aufgabenspezifische Ziele (Teilziele).
- In dem Projektsteckbrief sind projektrelevante übergeordnete Ziele des Projektes dargelegt. Diese Ziele bilden die oberste Ebene des Zielsystems.
- Die Teilziele müssen aus den übergeordneten Zielen abgeleitet werden.
- Die Teilziele werden in ein Zielsystem übernommen. Sie bilden die Grundlage für das Projekt.
- Teilziele werden durch eine Potenzialschätzung quantifiziert.

SCHRITT FÜR SCHRITT ZUM ERGEBNIS Es gibt grundsätzliche Ziele und aufgabenspezifische Ziele (Teilziele) für ein Projekt. Grundsätzliche Ziele sind beispielsweise die Motivation der Beteiligten zu erhöhen oder die Kosten- und Terminplanung einzuhalten oder die Nachhaltigkeit der Projektergebnisse sicherzustellen. Dies gilt für alle Projekte, wie beispielsweise dem Bau eines Flughafens, der Entwicklung eines neuen Designs für ein Auto oder aber der Effizienzsteigerung in der Produktion. Teilziele sind abhängig von der Projektart, wie beispielsweise Klein- oder Großprojekte, Logistik- oder Marketingprojekte, Forschungs- oder IT-Projekte. Ein Zielsystem mit aufgabenspezifischen Zielen ist hierarchisch aufgebaut. Die Zielformulierung aus dem Projektsteckbrief stellt die oberste Ebene dar. Um dieses Ziel zu erreichen, sind die einzelnen Teilziele zu benennen und in einem weiteren Schritt zu quantifizieren. Was bedeutet dies für Ihr Projekt? Am Beispiel des Projektsteckbriefes (Kapitel 2.1.2) wird im Weiteren das Projektzielsystem beispielhaft schrittweise entwickelt.

Schritt 1 Verwenden Sie die Zielsetzung aus dem Projektsteckbrief (Abbildung 2.8). „Die operative Performance des Geschäftsbereiches soll im Projekt kurzfristig gesteigert werden. Hierzu sollen im Projekt konkrete, operative Maßnahmen zur Steigerung der Anlagenverfügbarkeit und der qualitativen Performance entwickelt und die Umsetzung vorbereitet werden." Das Ziel des Unternehmens ist es also, die Anlagenverfügbarkeit zu steigern und die Qualität zu verbessern. Wir betrachten im Weiteren nur die Anlagenverfügbarkeit.

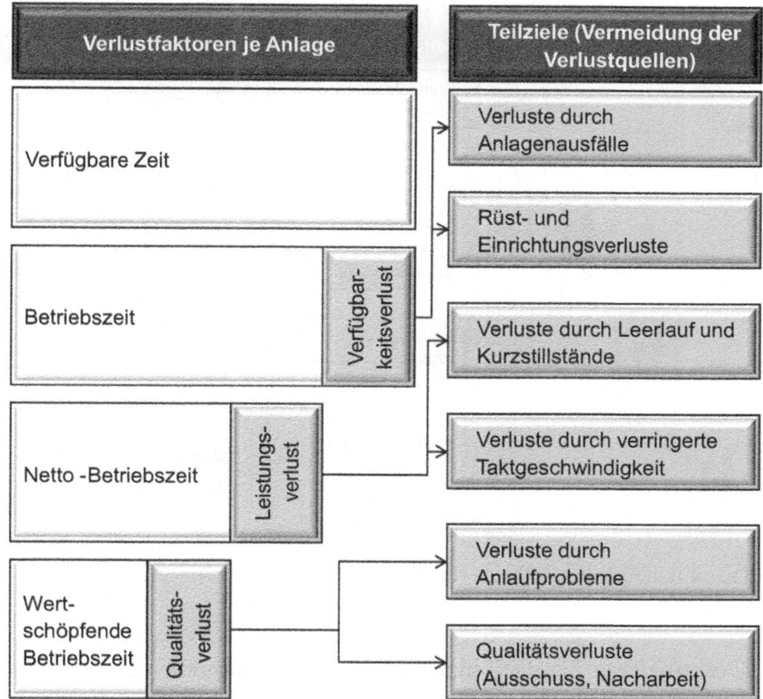

Abb. 2.38 Identifizierte Teilziele auf Basis der Grobanalyse (Praxisbeispiel Automotive)

Schritt 2 Ermitteln Sie die Einflussfaktoren auf die Anlagenverfügbarkeit. Die Verfügbarkeit eines technischen Systems wird durch die Kennzahl „Gesamtanlageneffektivität (OEE)" ausgedrückt. Die drei Verlustfaktoren auf technische Systeme sind die Verfügbarkeits-, die Leistungs- und die Qualitätsverluste.

Schritt 3 Legen Sie die Teilziele fest. Auf Basis der Informationen aus der Grobanalyse werden die Teilziele formuliert, die im Rahmen des Projektauftrags (Projektsteckbrief) von Bedeutung sind. Diese Ziele stellen die inhaltliche Arbeitsgrundlage für das Projekt dar und sind ein wesentliches Ergebnis der Grobanalyse (qualitative Definition). Abbildung 2.38 zeigt die formulierten Teilziele für die Verbesserung der Anlagenverfügbarkeit.

Erläuterung zu Abbildung 2.38: Aus der „verfügbaren Zeit" (max. 7 × 24 Std. pro Woche oder ein unternehmensspezifischer Zeitraum) werden die „Verfügbarkeitsverluste" abgezogen, die beispielsweise durch „Anlagenausfälle" oder „Rüst- und Einrichtungszeiten" entstehen. Es verbleibt die „Betriebszeit". Weitere Verlustquellen führen letztlich zur „wertschöpfenden Betriebszeit". Jede dieser Verlustarten wird durch die Festlegung von Teilzielen bekämpft.

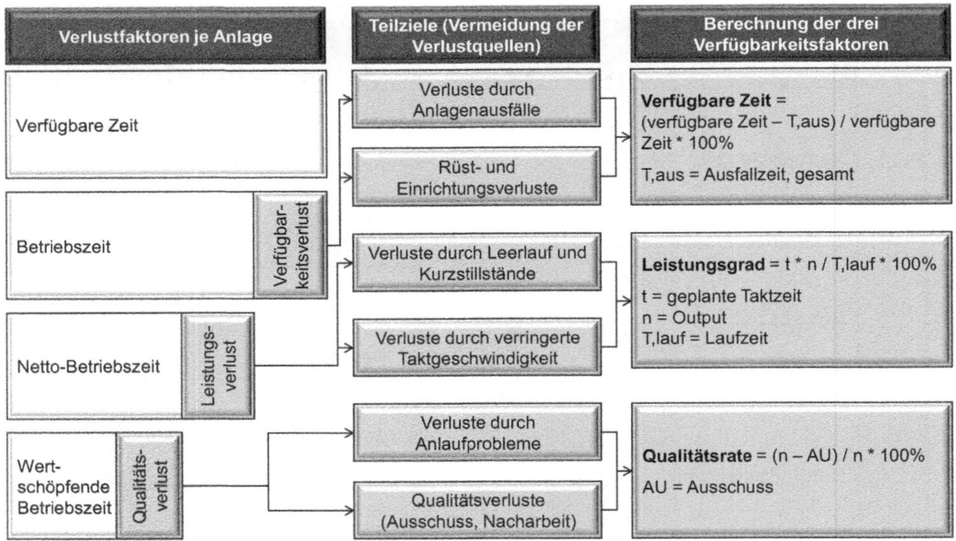

Abb. 2.39 Quantifizierung der Teilziele (Praxisbeispiel Automotive)

Schritt 4 Quantifizieren Sie die Teilziele. Anhand der bekannten Formeln für die drei Verlustfaktoren wird nun für die betrachteten Anlagen in dem Untersuchungsbereich eine qualifizierte Abschätzung vorgenommen. Qualifiziert bedeutet in diesem Zusammenhang, dass nicht alle Details und Werte exakt bekannt sein müssen. Es reicht, wenn der Projektleiter ggf. in Zusammenarbeit mit Fachleuten eine qualifizierte Schätzung der einzelnen Parameter vornimmt. Aus den ermittelten Werten können nunmehr die Teilziele abgeschätzt und für das Projekt definiert werden. In der Praxis zeigt sich, dass die qualifizierte Schätzung erstens sehr schnell zu einer Festlegung der Teilziele führt und zweitens doch recht genau ist, was sich im späteren Projektverlauf nachweisen lässt. Abbildung 2.39 zeigt die Formeln für die Berechnung oder die qualifizierte Abschätzung der Potenziale für die Verlustfaktoren. Die „Gesamtanlageneffektivität (OEE)" ist letztlich das Produkt aus den drei Verlustquellen.

DAS ERGEBNIS So könnten die detaillierten Projektziele aussehen (Abbildung 2.40, Logistikprojekt):

- Der Projektsteckbrief ist die Basis zur Festlegung der Teilziele.
- Die Einflussgrößen auf die Projektzielsetzung sind ermittelt worden.
- Die Teilziele sind aus dem Projektziel abgeleitet worden.
- Die Teilziele sind quantifiziert (qualitative Schätzung!).

Abb. 2.40 Projektzielsystem (Praxisbeispiel Chemie)

2.3.3 Die Projektumfeldanalyse – wer steht wie zum Projekt?

DAS SOLLTEN SIE WISSEN

- Auf Projekte wirken externe Einflüsse und innerbetriebliche Kräfte.
- Die Erfassung der Kräfte aus der Projektumgebung ist von großer Bedeutung für den Projekterfolg.
- Besonderes Augenmerk ist auf die Schnittstellen zu projektrelevanten anderen Unternehmensbereichen zu legen.
- Die Haltung (Einstellung) anderer Personen oder Interessengruppen zu dem Projekt sind für den Erfolg des Projektes entscheidend.
- Der tatsächliche Einfluss auf das Projekt von Personen oder Interessengruppen muss transparent sein.
- Für Personen oder Interessengruppen mit hohem Einfluss, die negativ zu dem Projekt stehen, ist ein Maßnahmenplan zur Gegensteuerung von deren negativer Einstellung zwingend.

SCHRITT FÜR SCHRITT ZUM ERGEBNIS Sie haben nach der Durchführung der Grobanalyse und der Festlegung der detaillierten Projektziele eine genaue Vorstellung, was inhaltlich in dem Projekt geleistet werden muss. Diese Erkenntnisse haben Sie als „harte“ Fakten dokumentiert. Es existieren aber auch noch weitere Einflussgrößen auf Ihr Projekt.

Möglicherweise merken Sie den Einfluss dieser Größen als Bauchgefühl. Sie können aber nicht recht beschreiben, was Ihnen Unwohlsein oder auch Freude bereitet, wenn Sie an den weiteren Verlauf des Projektes denken. Deshalb müssen Sie sich nun mit den „weichen“ Fakten, die auf Ihr Projekt möglicherweise großen Einfluss haben werden, befassen. „Weich“ bedeutet nicht, dass diese Einflüsse „auf die leichte Schulter“ zu nehmen sind. Ganz im Gegenteil! Trotz aller guten inhaltlichen Argumente kann ein Projekt abgelehnt werden oder später erfolglos verlaufen, wenn nicht gerade diese „weichen“ Fakten erkannt und durch geeignete Maßnahmen beeinflusst werden. In der Praxis laufen auch bereits genehmigte Projekte manchmal aus dem Ruder, weil diese Einflussgrößen nicht erkannt oder ignoriert werden. Daher ist es nun an der Zeit, die Projektumfeldanalyse durchzuführen.

Schritt 1 Ermitteln Sie die Einflussgrößen auf Ihr Projekt. Es ist nun wichtig festzustellen, wie die Stimmung in Ihrem Unternehmen bezüglich Ihres Projektes ist. Sie müssen dabei die Fähigkeit haben, „zwischen den Zeilen zu lesen“. Stellen Sie sich dabei folgende Fragen:

- Wer sind die Förderer Ihres Projektes?
- Gibt es Personen oder Interessengruppen, die das Projekt verhindern wollen?
- Wie empfinden andere Personen oder Interessengruppen die Aufgabe, welche mit dem Projekt bearbeitet werden soll?
- Welche Auswirkung hat das Projekt auf andere? Wären diese froh, wenn das Projekt nicht realisiert wird?

Schritt 2 Stellen Sie die Auswirkungen Ihres Projektes auf andere Bereiche fest. Das größte Konfliktpotenzial liegt in den meisten Unternehmen nicht innerhalb der Abteilungen, sondern an den Schnittstellen zwischen den Bereichen. Alle kennen die Auseinandersetzungen um Kompetenzen, Verantwortung und Einfluss. Schnittstellen sind aber in unserer arbeitsteiligen Welt notwendig und unvermeidbar. Bereichsegoismen verhindern manchmal die effiziente Zusammenarbeit und bewirken den Verlust des ganzheitlichen Verständnisses gesamtbetrieblicher Notwendigkeiten. Prüfen Sie in Ihrem Unternehmen aus Projektsicht diese Situation:

- An welchen Schnittstellen können die Projektziele negativ beeinflusst werden?
- Besteht die Möglichkeit, „Spielregeln“ für die Schnittstellen zu anderen Bereichen zu definieren?
- Können definierte Ergebnisse und Vereinbarungen mit Ansprechpartner festgeschrieben werden?

Ihr Ziel muss es sein, ein mögliches Konfliktpotenzial bereits im Vorfeld zu erkennen und nach Lösungen zu suchen. Das Schlimmste, was Ihnen passieren kann, ist, dass andere Unternehmensbereiche „mauern“, dass sich Widerstand regt. Und dies einzig aus dem Grund, dass diese Bereiche nicht gefragt und einbezogen werden, dass die möglicherweise vorherrschenden Ängste nicht ernst genommen werden.

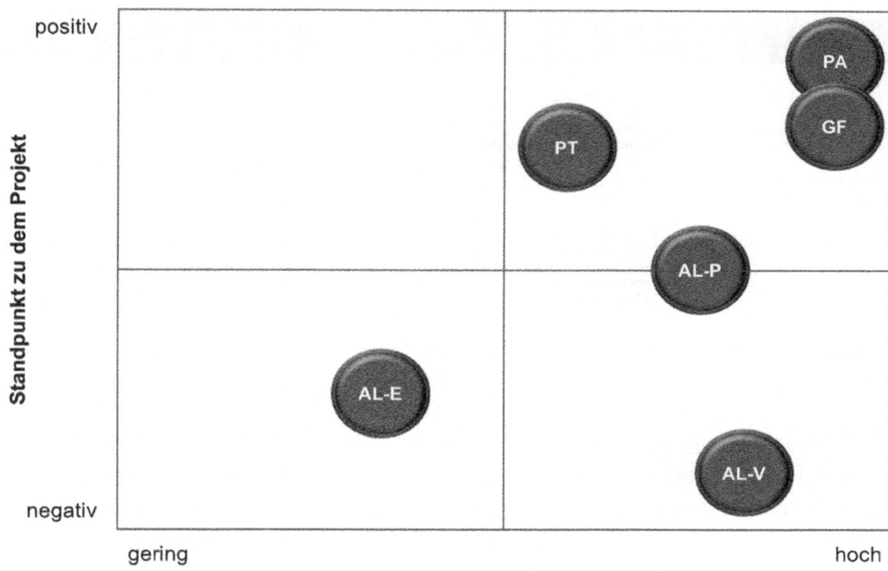

GF = Geschäftsführung, PA = Projekt-Auftraggeber, PT = Projektteam, AL-P = Abteilungsleiter Produktion, AL-E = Abteilungsleiter Einkauf, AL-V = Abteilungsleiter Vertrieb

Abb. 2.41 Kraftfeldmatrix (Praxisbeispiel Chemie)

Schritt 3 Ermitteln Sie den Einfluss der Personen oder Gruppen auf Ihr Projekt (Kraftfeldmatrix). Ordnen Sie nun die Standpunkte der Personen oder Interessengruppen und deren Einflussmöglichkeit in Bezug auf Ihr Projekt zu. Aus dieser Matrix erkennen Sie Ihre Aufgaben (Abbildung 2.41). Wichtig sind alle Kräfte, die einen hohen Einfluss auf Ihr Projekt haben. Diese gilt es zu halten oder zu gewinnen.

Erläuterung zu Abbildung 2.41: Die vier Quadranten erfordern unterschiedliche Vorgehensweisen.

- Halten Sie die positiven Kräfte durch gezielte Betreuung (GF, PA).
- Geben Sie weitere Informationen über das Projekt, um die Haltung zum Projekt weiter zu verbessern (PT).
- Indifferente Kräfte werden durch gezielte Informationspolitik ins Unterstützerlager geholt (AL-P).
- Negative Kräfte können entweder durch gezielte Maßnahmen positiv beeinflusst oder aus dem Projekteinflussbereich herausgedrängt werden (AL-V).
- Kräfte ohne nennenswerten Einfluss auf das Projekt sind zu ignorieren (AL-E).

Schritt 4 Legen Sie Maßnahmen zur Schwächung von negativen Kräften fest. Sie können nun aus den bisher gemachten Erfahrungen (beispielsweise aus den Interviews) für die Personen oder Interessengruppen, die Ihrem Projekt gegenüber negativ eingestellt sind

Bereich	Aufgabe	Ansprechpartner	Datum
Abteilungsleiter Vertrieb AL-V	Darstellung der Projektzielsetzung	Abteilungsleiter Meyer	13.01.
	Durchführung von Interviews (falls noch nicht geschehen), um die personen-oder bereichsspezifischen Interessen zu ermitteln	Gruppenleiter Müller Sachbearbeiter Benfried Verkäufer Melter	15.01. bis 16.01.
	Verbesserung des Informationsflusses	Abteilungsleiter Meyer	Ab sofort, laufend
	Einbeziehen in das Projektteam	Herr Melter wird Mitglied im Projektteam	Ab Start der Projektphase 1

Abb. 2.42 Maßnahmenkatalog aus der Projektumfeldanalyse

(hier die Abteilung Vertrieb „AL-V"), einen Maßnahmenkatalog erarbeiten. Setzen Sie die von Ihnen erarbeiteten projektspezifischen Maßnahmen zur Schwächung des Widerstands konsequent um. Seien Sie sich nicht zu schade, sich mit anderen kritischen Meinungen auseinanderzusetzen. Wenn es Ihnen gelingt, Vertrauen aufzubauen, haben Sie einen Unterstützer mehr und einen Blockierer weniger.

DAS ERGEBNIS So könnte der Maßnahmenkatalog aus der Projektumfeldanalyse aussehen (Abbildung 2.42):

- Die Bereiche, die dem Projekt gegenüber negativ eingestellt sind, wurden identifiziert.
- Der Einfluss von Personen oder Gruppen auf das Projekt wurde bewertet.
- Für die negativ eingestellten Bereiche mit großem Einfluss auf das Projekt sind Maßnahmen zur Schwächung der negativen Haltung definiert.

2.3.4 Die Projektablauforganisation – ohne Eigendynamik geht nichts

DAS SOLLTEN SIE WISSEN

- Die Projektablauforganisation wird aus der Projektart abgeleitet.
- Projekte in der Industrie werden in mindestens drei Projektphasen unterteilt.
- Die einzelnen Projektphasen sind individuell und projektumgebungsabhängig zu gestalten.
- Projektphasen müssen die Eigendynamik eines Projektes fördern.
- Zwischen den Projektphasen dienen Meilensteine der Erfolgskontrolle.
- Der Projektzeitplan muss übersichtlich sein und aus mindestens fünf Elementen bestehen.
- Der Projektzeitplan beinhaltet alle wichtigen Aufgaben und Meilensteine.
- Der Projektzeitplan ordnet Aufgaben verschiedenen Teams zu.

SCHRITT FÜR SCHRITT ZUM ERGEBNIS Die Projektablauforganisation ist für das Projekt erfolgsrelevant. In dem Exposé zum Projektdrehbuch wurden bereits die Projektart und der grundsätzliche Ablauf des Projektes festgelegt. Jetzt geht es darum, dass die Erkenntnisse aus der Grobanalyse, der Festlegung der detaillierten Teilziele und der Projektumfeldanalyse ihren Niederschlag in der Feinstruktur der Projektphasen finden. Für den Projektleiter geht es bei dieser Festlegung um nicht weniger als den Projekterfolg. Es besteht nunmehr die Notwendigkeit, dass durch die gewählte Projektablauforganisation die Eigendynamik des Projektverlaufs unterstützt wird. Eigendynamik bedeutet in diesem Zusammenhang, dass ein Anfangsimpuls gesetzt wird und sich danach, weitestgehend unabhängig von äußeren Einflüssen, das Projekt selbständig weiterentwickelt.

Schritt 1 Legen Sie die grundsätzliche Projektablauforganisation fest. Projekte in der Industrie werden in der Regel in mindestens drei Projektphasen unterteilt. Dies hat den Vorteil, dass dadurch sowohl die inhaltlichen Aufgaben klarer sind, als auch die Verwendung von Meilensteinen gewährleistet wird. Die meisten Projekte werden in eine Analysephase, oft auch Vorprojekt genannt, eine Konzeptionsphase und eine Umsetzungsphase unterteilt. Zwischen den Phasen werden Meilensteine, oft auch „stop-or-go"-Punkte genannt, gesetzt. Abbildung 2.43 zeigt die grundsätzlichen Projektphasen.

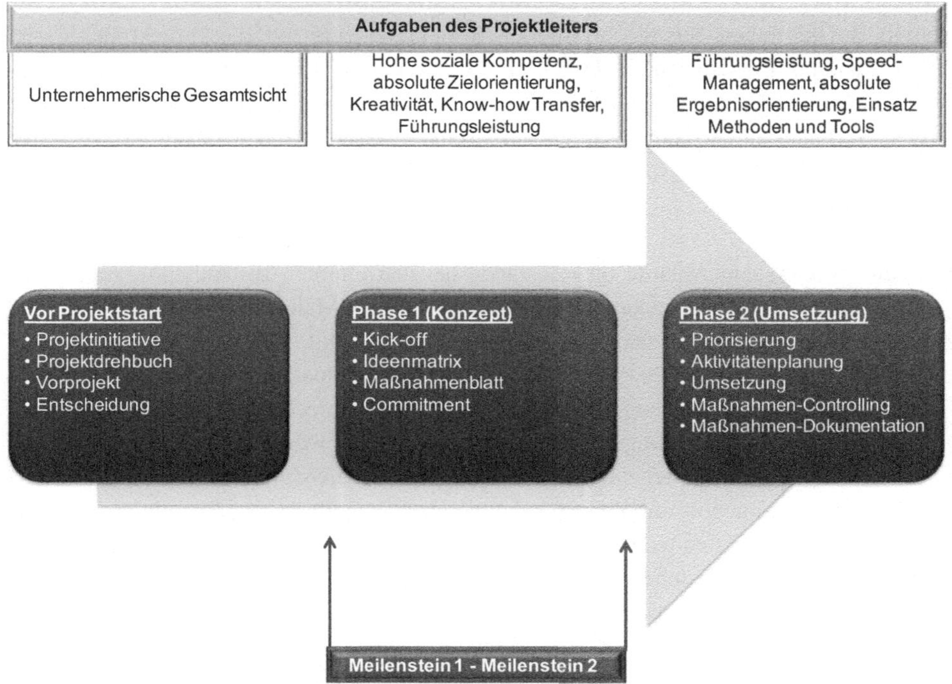

Abb. 2.43 Phasen des Projektes (Praxisbeispiel Chemie)

Schritt 2 Ermitteln Sie die Projektelemente, die großen Einfluss auf die Eigendynamik Ihres Projektes haben. Frei nach dem Motto „Wie knacke ich die Nuss?“ machen Sie sich Gedanken, welche Projektelemente Ihnen zur Seite stehen, um Ihre „Nuss“ (Projektteam, einzelne Projektteammitglieder, Personen im projektrelevanten Management) zu knacken. Dazu ein Praxisbeispiel, das diesen oft schwer fassbaren Sachverhalt verdeutlicht (siehe Kapitel 2.2, „Episode aus der Praxis“). Folgende Elemente haben zu der Eigendynamik des beschriebenen Projektes und somit zum Projekterfolg geführt:

- Die Eigendynamik des in der Episode beschriebenen Projektes wird durch eine Konkurrenzsituation zwischen zwei Teams erzeugt.
- Zwei Teams (Team 1: interne Optimierung, Team 2: externe Dienstleister) kämpfen um die beste Lösung.
- Der Projektansatz muss fair sein. Jedes Team erhält die gleiche Chance.
- Für beide Teams gilt die gleiche Ausgangssituation.
- Für beide Teams gilt der gleiche Zeitplan.
- Für beide Teams gelten die gleichen Entscheidungskriterien.
- Beide Teams werden personell betreut. Das Team 1 durch externe Manager, das Team 2 durch geeignete interne Mitarbeiter.
- Die Entscheidungsmaxime ist durch den Vorstand vorgegeben: „Der Bessere gewinnt. Es gibt keinen Last Call“.

Schritt 3 Übertragen Sie die ermittelten Projektelemente auf die Projektphasen (im oben genannten Praxisbeispiel). Durch die Gestaltung der Projektphase 1 mit zwei parallel arbeitenden Teams mit gleichen Aufgabenstellungen wird eine Konkurrenzsituation aufgebaut. Nach einem gemeinsamen Vorbereitungsabschnitt, in dem alle notwendigen Grundlagen gemeinsam besprochen und Daten ermittelt und aufbereitet werden, arbeiten zwei Teams parallel:

- **Team 1** untersucht Abläufe und Zustände bei den internen Instandhaltungsaufgaben auf Verbesserungsmöglichkeiten. Die dabei ermittelten Maßnahmen werden fixiert und die erreichbaren Kostensenkungen festgeschrieben. Somit ergibt sich pro untersuchtes Gewerk, aufbauend auf die Ist-Kosten, ein Soll-Kostenblock. Dieser Kostenblock muss im Marktvergleich bestehen können, da sonst die entsprechenden Aufgaben an einen gleichwertigen, aber günstigeren Dienstleister vergeben werden können.
- **Team 2** arbeitet mit bestehenden und neuen externen Dienstleistern zusammen und ermittelt durch Angebotseinholung für die gleichen, von Team 1 untersuchten Gewerke, die günstigsten Kosten bei mindestens gleicher Leistung durch Fremdvergabe. Zusätzlich untersucht es bestehende externe Instandhaltungsaufgaben und die Beschaffung des Instandhaltungsmaterials auf Optimierungsmöglichkeiten.

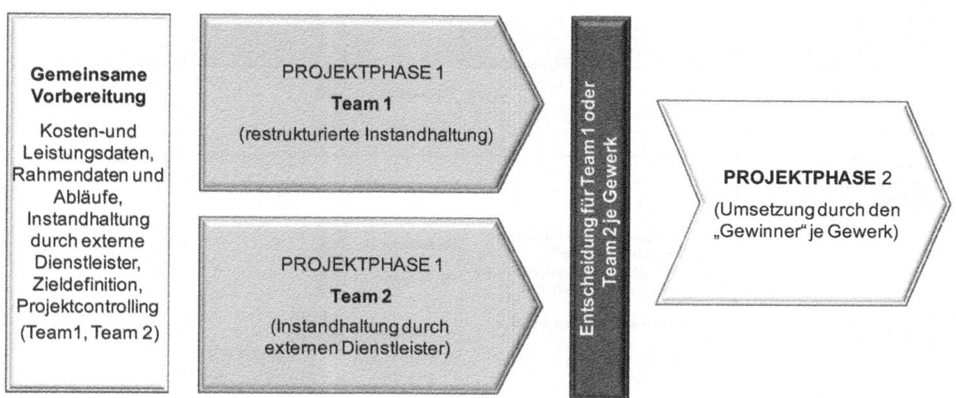

Abb. 2.44 Projektablauforganisation mit konkurrierenden Teams (Praxisbeispiel Chemie)

In dieser Konkurrenzsituation die kostengünstigste Lösung bei gleichbleibender Qualität zu finden und dabei im Wettbewerb mit Externen um den Bestand des eigenen Bereiches zu kämpfen, darin liegt die wesentliche Triebfeder für die Arbeit in diesem Projekt (Eigendynamik). Durch die intensive Beschäftigung mit den Themen in den beiden Teams und dem übergeordneten Kernteam bilden sich neben den ganz konkreten Maßnahmen aus dem Kostenvergleich auch übergreifende und längerfristig wirkende Verbesserungsmöglichkeiten heraus. Auch diese Maßnahmen müssen mit einem Kostensenkungsziel belegt werden. Es entsteht somit bis zum Projektabschluss ein Kosten- und Ablaufoptimum der Instandhaltung mit einer möglicherweise veränderten Aufteilung der Instandhaltungsleistung. Abhängig von der Entscheidung des Managements werden die Aufgabenpakete (Gewerke) neu vergeben. Abbildung 2.44 zeigt den Projektansatz.

Schritt 4 Erstellen Sie einen Projektzeitplan. Der Projektzeitplan zeigt allen Beteiligten, *wer was* tun soll. Er stellt das Projekt auf einen Blick dar. Daher sind besondere Anforderungen an die Übersichtlichkeit zu beachten. In der Regel reicht für die Darstellung ein Gantt-Diagramm. Dieses ist einfach zu erstellen und gibt einen guten Überblick über den Status quo des Projektes. Die grundsätzliche Struktur eines Projektzeitplans stellt die Abbildung 2.45 dar (Auszug).

Der Projektzeitplan enthält folgende Elemente:

- **Nummerierung:** Für jede Aufgabe ist eine laufende Nummer zu vergeben. Gehören einzelne Aktivitäten zu einer Aufgabe und sollen diese auch dargestellt werden, dann wird für jede Aktivität eine Unternummer vergeben. Die spätere Projektdokumentation (Kapitel 4.2) wird anhand dieser Nummerierung aufgebaut.
- **Themen und Aufgaben:** Bei der Auflistung der Themen und deren einzelnen Aktivitäten ist besonderes Augenmerk auf den Detaillierungsgrad zu legen. Haben Sie zu

Nr.	Thema Phase 2	Aufgabe	Verantwortlichkeit	Jan	Feb	Mär	Apr	Mai	Jun	Jul	Aug	Sep	Okt	Nov	Dez
	Grobplanung der Phase 2		Projektleiter	■											
	Kick-Off-Meeting Bereich A		Projektleiter	■											
1	**Realisierung Einzelmaßnahmen im Bereich A**														
1.1	Einführung Projektplanung und -controlling	Vorgehensweise für die Maßnahmen-Detailplanung wirdvermittelt	Projektleiter	■											
		Übertragung des Projektplanungs-Know-How auf alle Projektmitglieder	Projektleiter	■											
1.2	Pilot-Maßnahmen	3 Pilot-Maßnahmen werden detailliert geplant	AL Produktion A	■	■										
		Maßnahmen-Realisierung	AL Produktion A		■	■	■	■							
		Maßnahmen-Controlling	Projektleiter		■	■	■	■							
1.3	Übrige Maßnahmen	Maßnahmen-Detailplanung für weitere definierte Maßnahmen	AL Produktion B					■							
		Maßnahmen-Realisierung	AL Produktion B						■	■	■	■	■		
		Maßnahmen-Controlling	AL Produktion B						■	■	■	■	■		
2	**Aufbauorganisation Bereich A**														
2.1	Aufgabenstruktur	Analyse und Bewertung der einzelnen Aufgaben	BL Produktion	■	■										
2.2	Abgleich der Prozessanalyse (aus Phase 1)	Vereinfachung der Ablauforganisation	BL Produktion	■	■										

Abb. 2.45 Projektzeitplan der Projektphase 2 (Praxisbeispiel Chemie, Auszug)

wenige Themen dargestellt, ist die Kontrollfunktion des Projektzeitplans eingeschränkt. Sie können dann erst gegen Ende einer Aufgabe erkennen, wenn diese sich verzögert. Ist der Detaillierungsgrad zu hoch, dann erkennen Sie „den Wald vor lauter Bäumen nicht". Um einen geeigneten Detaillierungsgrad zu wählen, empfiehlt es sich, dass Sie einen Projektzeitplan für einzelne Projektphasen anlegen (siehe Abbildung 2.45, Zeitplan für die Projektphase 2).

- **Verantwortlichkeiten:** Jede Aufgabe wird mit einem Namen versehen. Diese Person ist verantwortlich für die Aufgabe. Somit ist sichergestellt, dass immer ein Ansprechpartner bekannt ist.
- **Zeitdauer:** Die Aufgaben werden mit ihrer Zeitdauer dargestellt. Ob die Darstellung in Wochen oder Monaten verwendet wird, ist von der Laufzeit eines Projektes abhängig. Die Darstellung in Tagen ist eher die Ausnahme, da der Projektzeitplan dann zu unübersichtlich wird.

DAS ERGEBNIS So könnte die Projektablauforganisation aussehen (Abbildung 2.46):

- Ihr Projekt ist in Phasen unterteilt.
- Die wesentlichen Inhalte der Projektphasen sind definiert.

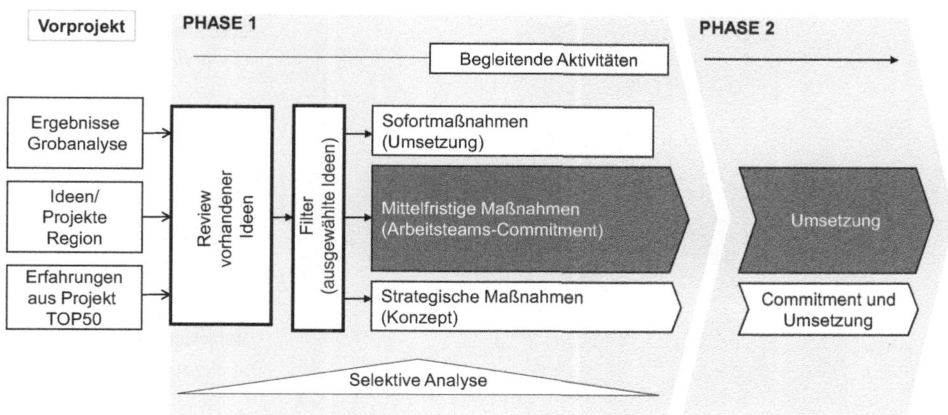

Abb. 2.46 Projektablauforganisation (Praxisbeispiel Verkehr)

2.3.5 Die Projektaufbauorganisation – alle sind dabei

DAS SOLLTEN SIE WISSEN

- Die Projektaufbauorganisation muss dem Projekt angemessen sein.
- Die Organe der Projektaufbauorganisation müssen alle beteiligten Unternehmensbereiche abbilden.

SCHRITT FÜR SCHRITT ZUM ERGEBNIS Die Projektaufbauorganisation ist von großer Bedeutung. Da Projekte nicht durch die bewährten Organisationsstrukturen des routinierten Tagesgeschäftes begleitet werden, ist die projektrelevante Organisationsform wichtig für die Minimierung der Projektrisiken.

Schritt 1 Legen Sie die Projektorgane fest. Abhängig von der Größe eines Projektes werden die Projektorgane definiert. Der personelle Umfang der Organe sollte so klein wie möglich und so groß wie nötig sein. Bei kleineren Projekten sind mindestens folgende Organe einzurichten:

- Entscheidungsgremium
- Projektleitung
- Arbeitsteam

Bei größeren und komplexeren Projekten können die Projektorgane weit über die Mindestanforderung hinausgehen. Abbildung 2.47 zeigt die Projektaufbauorganisation für ein großes Projekt mit insgesamt 84 aktiven Projektbeteiligten.

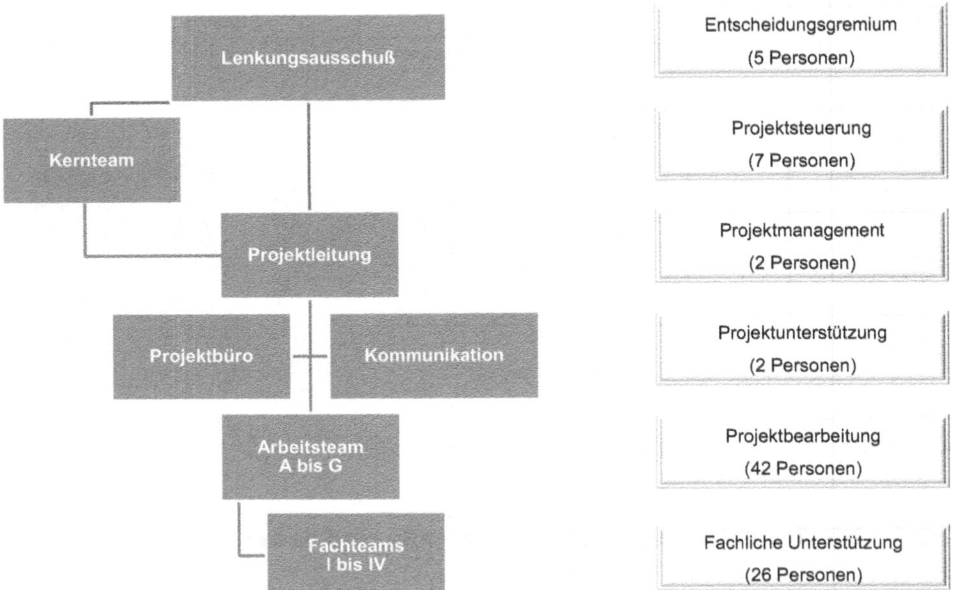

Abb. 2.47 Projektorgane (Praxisbeispiel Verkehr)

Die Projektorgane im Einzelnen:

- **Lenkungsausschuss:** Der Lenkungsausschuss ist das Entscheidungsgremium. Er begleitet das Projekt während der gesamten Laufzeit. Er besteht mindestens aus dem Projektauftraggeber. Meist ist der Lenkungsausschuss mit Vertretern der Geschäftsführung und des oberen Managements besetzt. Dieses Gremium stellt sicher, dass das Projekt wie geplant durchgeführt wird und die Projektergebnisse in dem Untersuchungsbereich akzeptiert werden. Der Lenkungsausschuss tagt mindestens zweimal während der Projektlaufzeit. Am Anfang zur Auftaktveranstaltung des Projektes (Kick-off) und zum Abschluss des Projektes, wenn abschließend über die Projektergebnisse entschieden wird. Besser ist es, wenn der Lenkungsausschuss häufiger tagt, um Störgrößen während der Projektlaufzeit rechtzeitig zu erkennen.
- **Kernteam:** Das Kernteam ist bei Projekten zu empfehlen, die mehrere Unternehmensbereiche umfassen. Dann sind Führungskräfte aus den betroffenen Bereichen im Kernteam vertreten. Der bereichsübergreifende Dialog bei der Bewertung und Beratung von Projektergebnissen ist für die spätere Realisierung besonders wichtig. Die Kernteammitglieder lernen während des Projektes die Ansichten und auch die Zwänge anderer Bereiche besser kennen und können gemeinsam Projektergebnisse unterstützen, die die beste Lösung für das Unternehmen und nicht nur für einen Bereich darstellen. Bereichsegoismen werden somit minimiert.
- **Projektleitung:** Die Projektleitung ist für die Realisierung der Projektziele verantwortlich. Dazu benötigt sie die umfassende Unterstützung des Lenkungsausschusses und

des Kernteams. Alle Planungs-, Koordinations-, Kontroll- und Dokumentationsaufgaben liegen in der Hand der Projektleitung. Die Projektleitung informiert regelmäßig alle beteiligten Projektorgane über den Status quo des Projektes. Sie ist das zentrale Bindeglied im Projekt. Daher sind die Anforderungen an die Projektleitung besonders hoch (Kapitel 2.1.3).
- **Projektteam (Arbeitsteams):** Die Arbeitsteams sind die Keimzelle des Projektes. Sie bearbeiten die geplanten Projektaufgaben und sorgen mit dafür, dass die Projektziele erreicht werden. Dies setzt voraus, dass die Teammitglieder über das notwendige Wissen für die projektrelevanten Aufgaben verfügen, bereit sind, in einem Team zu arbeiten und ein hohes Engagement für das Projekt zeigen.
- **Fachteams:** Fachteams werden zur fachlichen Unterstützung der Arbeitsteams eingerichtet. Sie arbeiten oft nur temporär. Ihre Aufgabe ist beendet, wenn sie die benötigten Fachinformationen für das Arbeitsteam bereitgestellt haben.

Mitglieder eines Projektes dürfen nicht auf verschiedenen Ebenen des Projektes gleichzeitig Funktionen übernehmen. Einzige Ausnahme ist der Projektleiter. Bitte berücksichtigen Sie bei der Aufstellung der Projektorgane, dass alle betroffenen Bereiche durch Mitarbeiter vertreten sind. Somit stellen Sie sicher, dass der Informationsfluss zu allen beteiligten Unternehmensbereichen gewährleistet ist und keine Überraschungen vor wichtigen Entscheidungen entstehen.

Schritt 2 Erstellen Sie eine Übersicht über die Projektmittel. Projektmittel sind neben den personellen Ressourcen alle Mittel, die zur Durchführung des Projektes benötigt werden. Dazu gehören Räume, Raumausstattung wie Flipchart, Beamer, Telefon, Drucker und Internetzugang, Budget für die Projektteamversorgung, Unterbringung und Fahrten, Parkplätze und Werksausweise. Sie glauben, die Projektmittel sind kein Problem. In den meisten Projekten wird anfangs länger über die Bereitstellung dieser Mittel gesprochen als über die Projektziele.

DAS ERGEBNIS So könnte die Projektaufbauorganisation aussehen (Abbildung 2.48):

- Die Projektorgane umfassen alle beteiligten Bereiche.
- Die Projektorgane entsprechen dem Projektauftrag (so klein wie möglich, so groß wie nötig).

2.3.6 Die Projektwirtschaftlichkeit – was am Ende zählt

DAS SOLLTEN SIE WISSEN

►
- Ein Projekt ist eine Investition.
- Ein Projekt ist unter wirtschaftlichen Gesichtspunkten zu bewerten.

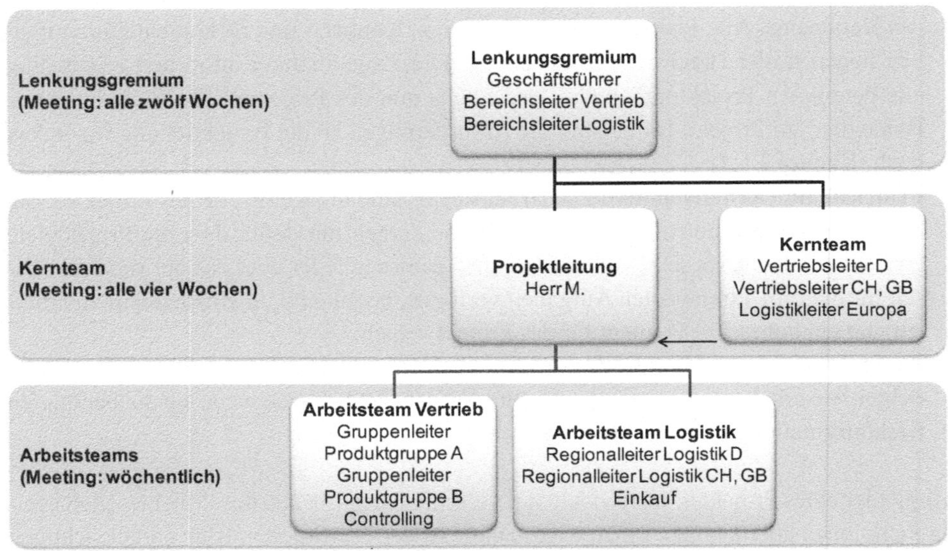

Abb. 2.48 Projektaufbauorganisation (Praxisbeispiel Chemie)

- Zur Vorabklärung der Wirtschaftlichkeit eines Projektes wird der Return on Investment (ROI) verwendet.
- Die Höhe des ROI ist unternehmensspezifisch.

SCHRITT FÜR SCHRITT ZUM PROJEKTERGEBNIS Ein Projekt ist eine Investition in die Zukunft. Ob durch neue Innovationen, durch eine geänderte Marketingstrategie oder durch Vorteile aufgrund geringerer Kosten. In allen Fällen müssen die aus einem Projekt resultierenden Wettbewerbsvorteile eine positive wirtschaftliche Basis haben. Andernfalls ist von einem Projekt abzuraten. Dies gilt für jede Art von Projekten, die in diesem Buch betrachtet werden. Es ist nun die Aufgabe des Projektleiters, die Wirtschaftlichkeit des geplanten Projektes nachzuweisen, da diese die Basis für die Genehmigung des Projektes ist. Die Wirtschaftlichkeit eines Projektes wird mithilfe des Return on Investment (ROI) berechnet. Zur Vereinfachung der Berechnung in diesem Projektstadium wird der primäre ROI berechnet, der häufig zur Vorabklärung einer Investition verwendet wird. Wird ein firmenspezifischer ROI-Wert bei dieser Erstprüfung nicht überschritten, so ist die Investition bereits in diesem Stadium abgelehnt. Der primäre ROI errechnet sich mit folgender Formel:

ROI = Ergebnisverbesserung durch die Investition (das Projekt)
pro Jahr / Investitionskosten (Projektkosten)

Schritt 1 Schätzen Sie die Ergebnisverbesserung pro Jahr durch die Investition ab. Da sich das Projekt bisher noch im Genehmigungsstadium befindet, können die Ergebnisverbesserungen nur qualitativ geschätzt werden. Dazu dienen die Informationen aus den bisher beschriebenen Kapiteln „Grobanalyse“ und „Detaillierte Projektziele“. Jedes Projektziel ist auf der Basis der Erkenntnisse der Grobanalyse zu quantifizieren. In der Praxis zeigt sich, dass die Expertenschätzung auf Basis der in der Grobanalyse vorliegenden Informationen relativ genau ist, oft eher zu pessimistisch. Ergebnisverbesserungen werden nicht nur bei Kostensenkungsprojekten realisiert. Auch andere Projektarten (Abbildung 2.15) können zu Ergebnisverbesserungen führen und somit für die Berechnung des ROI herangezogen werden.

Schritt 2 Schätzen Sie die Projektinvestitionskosten ab. Die Investitionskosten für das Projekt bestimmen sich aus den Personalkosten und den sonstigen Kosten. Die Personalkosten werden ermittelt, indem der individuelle Zeitaufwand je Projektteammitglied (Teamsitzungen, Vorbereitungsarbeiten, Analysen) mit dem individuellen Stundensatz multipliziert wird. Sonstige Kosten sind unter anderem Reisekosten, Veranstaltungskosten, Investitionskosten, Materialkosten, Druckkosten, Marketingkosten, IT-Kosten.

DAS ERGEBNIS So könnte die Projektwirtschaftlichkeit aussehen (Abbildung 2.49, Beispiel Kostensenkungsprojekt):

- Sie haben die jährliche Ergebnisverbesserung aus dem Kostensenkungsprojekt abgeschätzt.
- Sie haben die notwendigen Investitionskosten für die Durchführung des Projektes abgeschätzt.

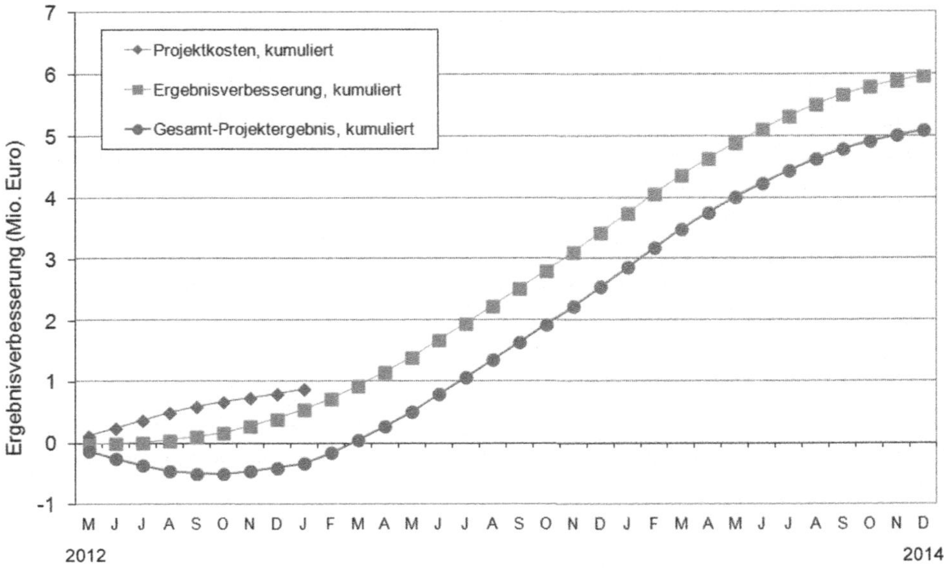

Abb. 2.49 Projektwirtschaftlichkeit für ein Kostensenkungsprojekt (Praxisbeispiel Elektro)

Erläuterung zu Abbildung 2.49: Am Beispiel eines Kostensenkungsprojektes wird die Entwicklung von Projektaufwand (Kosten) und Projektergebnis (Kostensenkung) in einer kumulierten Darstellung gezeigt.

- Die Projektkosten (Personal-, Raum-, Materialkosten) fallen im Zeitraum von Mai 2012 bis Januar 2013 an.
- Die Ergebnisverbesserung durch Kosteneinsparungen beginnt erst im Juli 2012 und endet im Dezember 2014 (dann ist die letzte Maßnahme ergebniswirksam umgesetzt).
- Die Differenz zwischen Projektkosten und Ergebnisverbesserung ist das Gesamtprojektergebnis. Der Break-Even-Point des Projektes ist im März 2013 erreicht, d. h., dass zu diesem Zeitpunkt die Projektkosten durch die aufgelaufene Ergebnisverbesserung kompensiert werden. Der primäre ROI beträgt 6,7 pro Jahr, d. h. das 6,7-fache der Investitionskosten wird pro Jahr durch die Ergebnisverbesserung realisiert. Das Projekt ist somit außerordentlich wirtschaftlich.

2.3.7 Kapitelzusammenfassung

So, auch dieser Schritt ist gemacht. Sie als Projektleiter haben das Vorprojekt durchgeführt. Sie haben viele Erkenntnisse aus dem Untersuchungsbereich gewonnen, haben die grundsätzlichen Projektziele detailliert, einen Vorschlag für die Projektorganisation erstellt und die Projektwirtschaftlichkeit qualifiziert abgeschätzt. Folgende Inhalte haben Sie kennengelernt:

- Mithilfe der Grobanalyse wird der Status quo des Untersuchungsbereichs ermittelt.
- Alle Analyseschwerpunkte ergeben sich aus den Projektzielen.
- Aus den Ergebnissen der Grobanalyse werden detaillierte Projektziele (Teilziele) definiert.
- Das Projektumfeld wird untersucht. Aus den Ergebnissen werden Schlussfolgerungen für die Projektorganisation gezogen.
- Die Projektablauforganisation ist so zu strukturieren, dass das Projekt eine Eigendynamik entfalten kann.
- Die Projektaufbauorganisation muss alle am Projekt beteiligten Organisationsbereiche einbeziehen.
- Das Projekt ist eine Investition und muss daher wirtschaftlich sein.

Abbildung 2.50 zeigt in der Zusammenfassung die in diesem Kapitel erläuterten Aufgaben, die einsetzbaren Methoden und Tools sowie abschließende Fragen zum Kapitelinhalt.

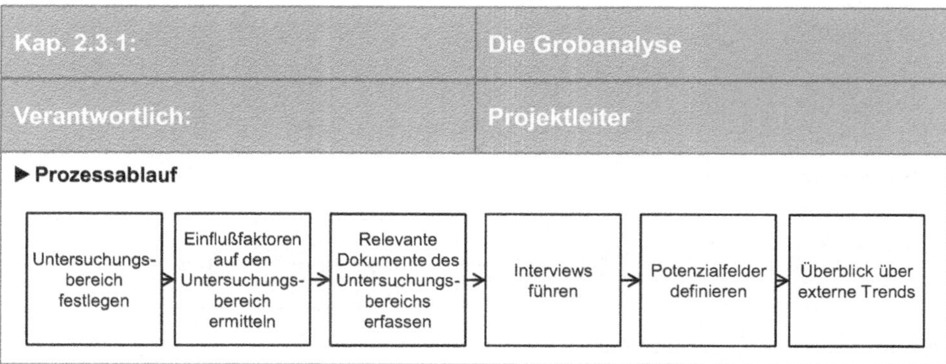

▶ Anwendbare Methoden und Tools

TOOL

- Interviewtool
- Bewertungsmatrix

METHODE

- Tätigkeitsmanagement
- Innovationsmanagement
- Geschäftsaktivierungsmanagement
- Prozessmanagement
- Organisationsmanagement
- Kostenmanagement

▶ Wissen Sie es noch?

- Wodurch wird die Klärung des Projektumfangs erreicht?
- Wie kann ein Untersuchungsbereich (hier findet das Projekt statt) abgegrenzt werden?
- Wie werden die Größen bezeichnet, die die Basis für die nächsten Projektschritte bilden?
- Welche Dokumente können beispielhaft Auskunft über den Status quo eines Untersuchungsbereichs geben?
- Warum sind Interviews mit Personen aus dem Untersuchungsbereich wichtig?
- Welche Hinweise sind bei den Interviews zu beachten?
- Worüber geben externe Trends Auskunft?

Abb. 2.50 Überblick über die Aufgaben, die Methoden und Tools und die Wissensfragen des Kapitel 2.3

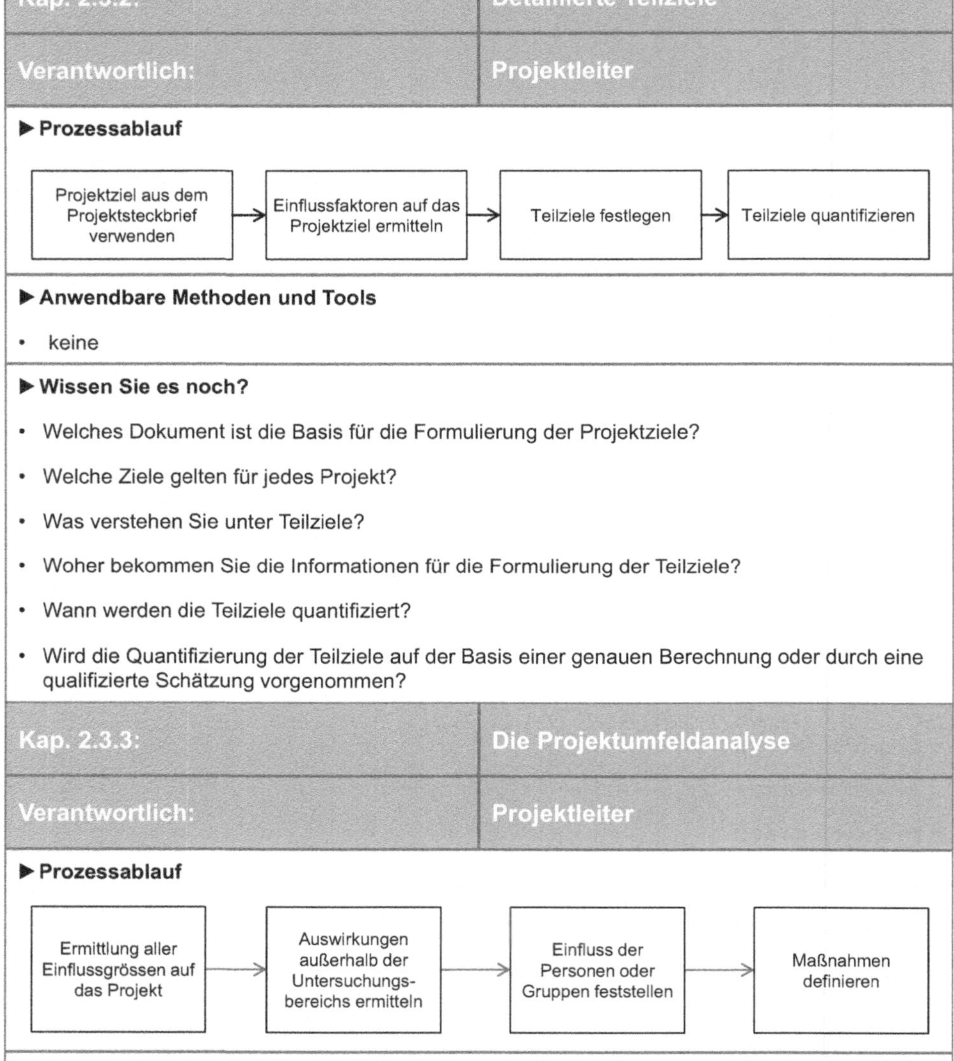

Kap. 2.3.2:	Detaillierte Teilziele
Verantwortlich:	Projektleiter

▶ **Prozessablauf**

▶ **Anwendbare Methoden und Tools**

- keine

▶ **Wissen Sie es noch?**

- Welches Dokument ist die Basis für die Formulierung der Projektziele?
- Welche Ziele gelten für jedes Projekt?
- Was verstehen Sie unter Teilziele?
- Woher bekommen Sie die Informationen für die Formulierung der Teilziele?
- Wann werden die Teilziele quantifiziert?
- Wird die Quantifizierung der Teilziele auf der Basis einer genauen Berechnung oder durch eine qualifizierte Schätzung vorgenommen?

Kap. 2.3.3:	Die Projektumfeldanalyse
Verantwortlich:	Projektleiter

▶ **Prozessablauf**

▶ **Anwendbare Methoden und Tools**

- Interviewtool
- Bewertungsmatrix

Abb. 2.50 (Fortsetzung)

▶ Wissen Sie es noch?

- Ist ein Projekt frei von äußeren Einflüssen?
- Wie werden die Kräfte auf das Projekt erfasst?
- Können die Schnittstellen außerhalb des Projektrahmens (Untersuchungsbereich) vernachlässig werden?
- Wie wird die Haltung von Personen oder Gruppen zu dem Projekt dargestellt?
- Spielt es eine Rolle für den Projekterfolg, ob Personen oder Gruppen großen oder kleinen Einfluss auf das Projekt haben?
- Sind für die Personen oder Gruppen, die eine negative Einstellung und auch einen großen Einfluss auf das Projekt haben, besondere Maßnahmen zu treffen?

Kap. 2.3.4:	Die Projektablauforganisation
Verantwortlich:	Projektleiter

▶ Prozessablauf

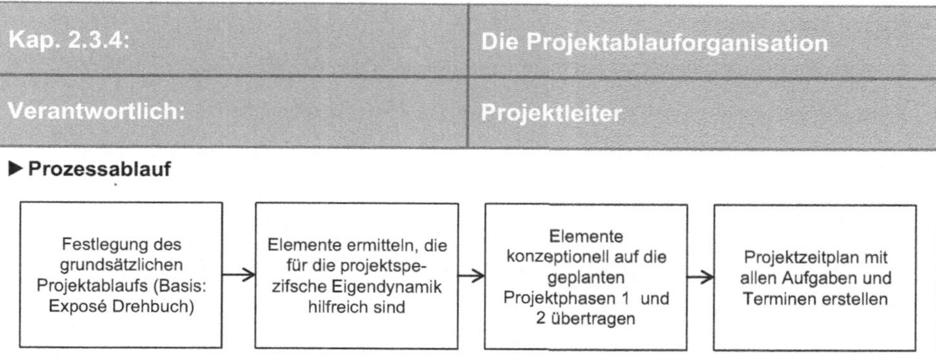

▶ Anwendbare Methoden und Tools

- Gantt-Diagramm

▶ Wissen Sie es noch?

- Woraus wird die Projektablauforganisation abgeleitet?
- Wie viele Projektphasen sollte ein Projekt in der Industrie mindestens enthalten?
- Sind die Projektphasen von der Projektumgebung abhängig?
- Wozu dient die Eigendynamik eines Projektes?
- Wozu dienen Meilensteine?
- Welche Elemente beinhaltet der Projektzeitplan?

Abb. 2.50 (Fortsetzung)

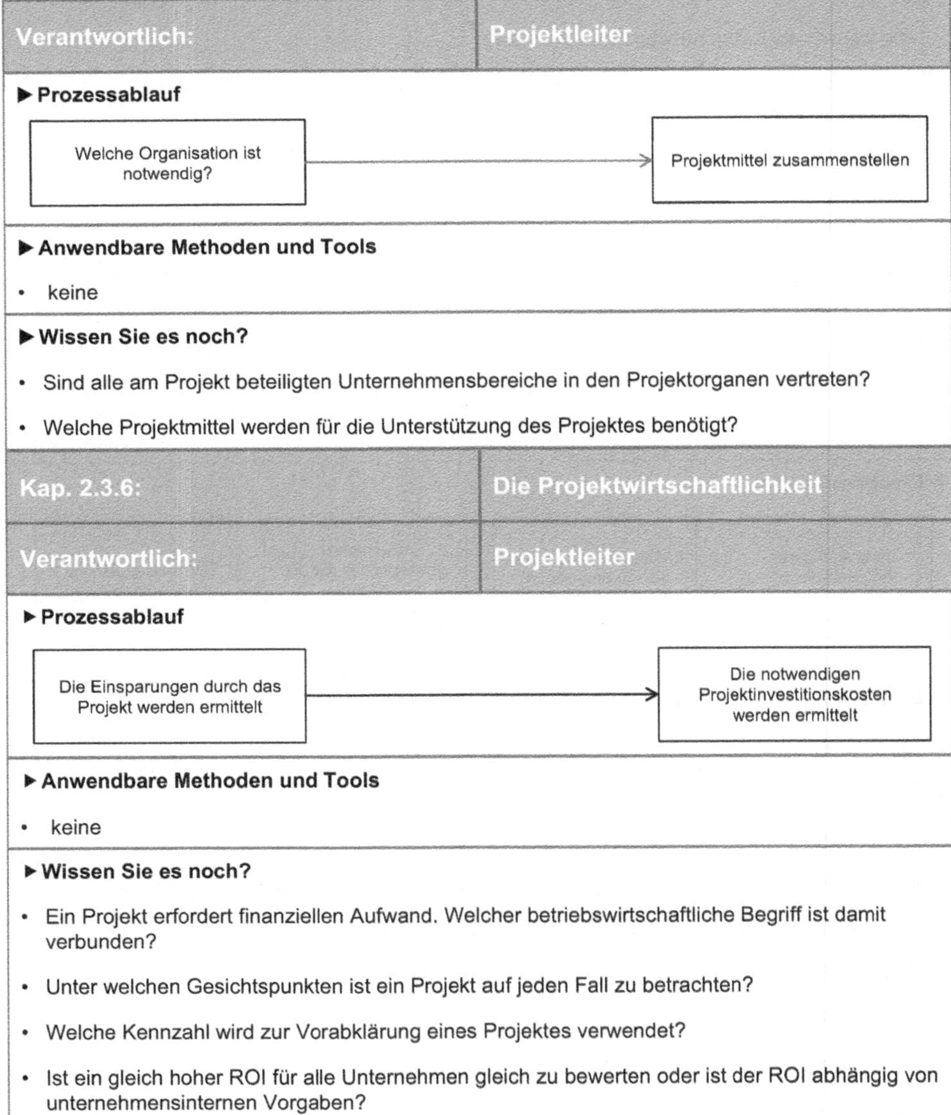

Kap. 2.3.5:	Die Projektaufbauorganisation
Verantwortlich:	Projektleiter

▶ **Prozessablauf**

Welche Organisation ist notwendig? → Projektmittel zusammenstellen

▶ **Anwendbare Methoden und Tools**

- keine

▶ **Wissen Sie es noch?**

- Sind alle am Projekt beteiligten Unternehmensbereiche in den Projektorganen vertreten?
- Welche Projektmittel werden für die Unterstützung des Projektes benötigt?

Kap. 2.3.6:	Die Projektwirtschaftlichkeit
Verantwortlich:	Projektleiter

▶ **Prozessablauf**

Die Einsparungen durch das Projekt werden ermittelt → Die notwendigen Projektinvestitionskosten werden ermittelt

▶ **Anwendbare Methoden und Tools**

- keine

▶ **Wissen Sie es noch?**

- Ein Projekt erfordert finanziellen Aufwand. Welcher betriebswirtschaftliche Begriff ist damit verbunden?
- Unter welchen Gesichtspunkten ist ein Projekt auf jeden Fall zu betrachten?
- Welche Kennzahl wird zur Vorabklärung eines Projektes verwendet?
- Ist ein gleich hoher ROI für alle Unternehmen gleich zu bewerten oder ist der ROI abhängig von unternehmensinternen Vorgaben?

Abb. 2.50 (Fortsetzung)

2.4 Die Managemententscheidung – stop-or-go, das ist die Frage

Nur, wer sich entscheidet, existiert.
(Martin Luther, deutscher Theologe)

Entscheider wollen eine klare Entscheidungsbasis – eine Episode aus der Praxis

Herr M., Managing Partner eines Interim-Management-Unternehmens, präsentierte die Ergebnisse eines zweiwöchigen Vorprojektes vor der Geschäftsführung eines Chemieunternehmens. Die vorgestellte Entscheidungsunterlage beinhaltete alle wichtigen Aspekte der Projektzielsetzung und zeigte darüber hinaus bereits Potenziale und Lösungsansätze auf. Die Geschäftsführung war außerordentlich zufrieden mit der umfassenden Darstellung sämtlicher projektrelevanter Kriterien und Fragestellungen und erteilte den Auftrag für das Projekt. Als Zeichen des gewonnenen Vertrauens zwischen beiden Partnern besiegelte der Vorsitzende der Geschäftsführung mit Herrn M. per Handschlag den Vertrag mit den Worten: „Diese umfassende und praxisorientierte Entscheidungsunterlage hat uns überzeugt.“ Das Projekt wurde nach sieben Monaten fristgerecht und erfolgreich abgeschlossen und mit einer Projektreferenz belohnt.

ZIEL DES KAPITELS Dieses Kapitel ist für den Projektauftraggeber und den Projektleiter verfasst. Das Ziel dieses Kapitels ist die Zusammenfassung aller Aufgaben im Rahmen der Entscheidungsunterlage und die Genehmigung oder Ablehnung dieser Unterlage und damit möglicherweise des Projektes. Dazu werden Sie folgende Inhalte kennenlernen:

- Alle Ergebnisse und Erkenntnisse aus dem Vorprojekt werden in einer Entscheidungsunterlage für den Projektauftraggeber zusammengefasst.
- Der Projektauftraggeber entscheidet über stop-or-go des Projektes.

AUFGABEN UND VORGEHENSWEISE Der Projektleiter legt dem Projektauftraggeber eine Entscheidungsunterlage mit allen notwendigen Informationen zum Projekt zur Genehmigung vor. Abbildung 2.51 zeigt die Einzelaufgaben sowie deren zeitliche Abfolge und Verantwortlichkeiten auf.

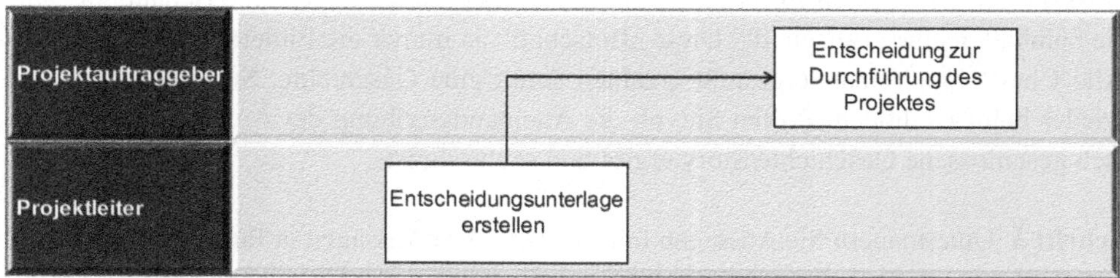

Abb. 2.51 Prozessschritte zur Genehmigung des Projektes

2.4.1 Die Entscheidungsunterlage – alles auf einen Blick

DAS SOLLTEN SIE WISSEN

- Die Entscheidungsunterlage beinhaltet alle notwendigen und projektrelevanten Informationen.
- Die Entscheidungsunterlage sollte aus mindestens acht Kapiteln bestehen.
- Prüfen Sie kritisch, ob die Beantwortung alle Anforderungen aus dem Projektsteckbrief in der Unterlage enthalten sind.
- Die Entscheidungsunterlage basiert auf dem Exposé zum Projektdrehbuch.
- Die Entscheidungsunterlage wird nach dem Prinzip aufgebaut „so wenig wie möglich, soviel wie nötig".
- Mit der Entscheidungsunterlage „verkaufen" Sie als Projektleiter Ihre persönliche Leistung.
- Die äußere Form der Unterlage entspricht dem Motto „Das Auge isst mit", also muss die Unterlage „aus einem Guss" sein.
- Mit der Präsentation werden alle Aufgaben vor Projektstart abgeschlossen.

SCHRITT FÜR SCHRITT ZUM ERGEBNIS So, Sie als Projektleiter haben nun alle wesentlichen Informationen zusammengetragen. Sie sind nun in der Lage, eine Entscheidungsunterlage für den Projektauftraggeber zu erstellen. Auf der Basis dieser Unterlage wird das Projekt von dem Auftraggeber zum Meilenstein 1 genehmigt oder abgelehnt.

Schritt 1 Legen Sie eine projektspezifische Gliederung fest. Die Gliederung sollte neben einer Zusammenfassung (Management Summary) aus drei Blöcken bestehen:

- Aufgabenstellung
- Projektspezifische Inhalte
- Empfehlung zum weiteren Vorgehen

Schritt 2 Formulieren Sie für jedes Chart der Entscheidungsunterlage einen Aussagesatz in der Kopfzeile. Bevor Sie mit der Detailarbeit beginnen (Grafiken erstellen, Charts beschreiben), schreiben Sie handschriftlich auf einem leeren Blatt Papier jeweils einen Aussagesatz als Überschrift für jede Folie auf. Aussagesätze stellen eine Behauptung auf, sie beinhalten eine „Botschaft". Diese „Botschaft" ist immer die Einleitung für das Chart. Alle Charts hintereinandergestellt erzählen somit eine Geschichte. Sie sehen, wir sind wieder beim Drehbuch. Prüfen Sie, ob die Aneinanderreihung der Aussagesätze eine in sich geschlossene Geschichte/Story ergibt und schlüssig ist.

Schritt 3 Untermauern Sie Aussagen mit Inhalten. Alle Aussagen in Ihrer Entscheidungsunterlage müssen Sie begründen. Zeigen Sie nur solche Inhalte (Tabellen, Grafiken, Texte), die mit dem Aussagesatz in einem direkten Zusammenhang stehen. Abschweifungen sind nicht zulässig, sie verwirren den späteren Betrachter und Entscheider. Im Rahmen Ihres

Vorschlags zur Projektablauforganisation reicht es aus, wenn Sie die betrieblichen Funktionen der Projektteammitglieder angeben, nicht aber die Namen (es sei denn, Sie bestehen auf konkreten Personen, die Sie kennen und schätzen). Oft kennen Sie gar nicht alle Mitarbeiter persönlich. Daher reicht es, wenn Sie beispielsweise vorschlagen, dass Sie einen Mitarbeiter aus dem Controlling oder einen Meister aus der Produktion benötigen. Die konkreten Namen und die Verfügbarkeit der zukünftigen Projektteammitglieder werden in der Präsentation Ihrer Entscheidungsunterlage gemeinsam mit dem Projektauftraggeber festgelegt.

Schritt 4 Präsentieren Sie die Entscheidungsunterlage souverän. Alles hängt jetzt davon ab, wie gut Sie Ihre Unterlage „verkaufen". Sie haben zu dem Projektthema die meisten Informationen, Sie wissen also Bescheid. Das macht Sie sicher. Denken Sie aber auch daran, dass neben dem Projektauftraggeber auch Personen bei der Präsentation sitzen können, die möglicherweise direkt betroffen sind von Ihren Vorschlägen und Sie deshalb inhaltlich oder persönlich angreifen könnten. Solch eine Situation müssen Sie mit großer Souveränität meistern. Der Projektauftraggeber ist ja an einer Lösung „seines" Problems interessiert. Daher wird er bei ungerechtfertigten Attacken auch eingreifen. Bereiten Sie sich, wenn Sie den Teilnehmerkreis für die Präsentation kennen, auf mögliche Gegenargumente vor.

DAS ERGEBNIS So könnte die Entscheidungsunterlage aussehen (Abbildung 2.52):

- Die Entscheidungsunterlage umfasst mindestens acht Kapitel.
- Das Management Summary stellt auf einer Seite die wichtigsten Ergebnisse dar.

Abb. 2.52 Aufbau der Entscheidungsunterlage

- Der Projektsteckbrief steht am Anfang der inhaltlichen Darstellung. Der Projektauftraggeber wird mit seiner Aufgabenstellung konfrontiert.
- Die Analyse der Ausgangssituation, die detaillierten Projektziele, die Projektorganisation und die Darstellung der Projektwirtschaftlichkeit stellen den inhaltlichen Teil der Entscheidungsunterlage dar.
- Geben Sie kurz und knapp Ihre Empfehlung zur Genehmigung des Projektes ab.
- Schließen Sie auf jeden Fall die Präsentation mit der Aufzählung der nächsten Schritte ab und lassen Sie sich die notwendigen Projektmittel genehmigen.
- Fertigen Sie ein Ergebnisprotokoll des Präsentationsmeetings an und verteilen Sie dieses.

2.4.2 Genehmigung der Projektressourcen – jetzt fällt die Entscheidung

DAS SOLLTEN SIE WISSEN

▶
- Ein Projekt ist zu genehmigen, wenn die Entscheidungsunterlage überzeugend ist.
- Anhand einer Checkliste wird die Entscheidungsunterlage durch den Projektauftraggeber bewertet.
- Entscheidungen für oder gegen ein Projekt können weitreichende Konsequenzen haben.

SCHRITT FÜR SCHRITT ZUM ERGEBNIS Für Sie als Projektauftraggeber kommt es nun zum Schwur. Sie entscheiden darüber, ob die vorliegende Entscheidungsunterlage überzeugend ist und die in dem Projektsteckbrief beschriebene Aufgabenstellung mithilfe des Projektvorschlags lösbar erscheint.

Schritt 1 Beziehen Sie den Projektsteckbrief ein. Die Elemente des Projektsteckbriefes werden als Beurteilungsbasis herangezogen.

Schritt 2 Erstellen Sie eine Checkliste. Es gibt zwei Möglichkeiten zur Entscheidung über das Projekt. Entweder Sie als Projektauftraggeber entscheiden auf Basis Ihrer Erfahrung „aus dem Bauch heraus", sprich aus Ihrer Erfahrung, oder aber Sie entscheiden anhand von Kriterien, die Sie vorher für die Aufgabenstellung selbst formuliert haben. Die zweite Möglichkeit ist in den meisten Fällen die Bessere, da Sie nachvollziehbare und wichtige Kriterien formuliert haben und die Entscheidungsunterlage daran messen.

Schritt 3 Lassen Sie sich die Ergebnisse präsentieren. Die Präsentation der Ergebnisse durch den Projektleiter ist ein weiterer Mosaikstein der Entscheidungsfindung. Für den Projektleiter geht es um alles oder nichts. Neben den inhaltlichen Antworten auf die

Aufgabenstellung ist seine Überzeugungskraft jetzt gefragt. Der Projektleiter zeigt, dass er für die Aufgabe „brennt". Für Sie als Projektauftraggeber geht es darum, ob Sie die Darstellung überzeugt oder ob Sie Zweifel haben, dieses Projekt mit all seinen Konsequenzen zu starten. Wie ist Ihr Eindruck? Werden die Ergebnisse souverän dargestellt? Können Nachfragen mit Überzeugung beantwortet werden? Hat die Präsentationsunterlage das Potenzial, um Aufbruchstimmung zu erzeugen?

Schritt 4 Entscheiden Sie über das Projekt. Anhand klarer Beurteilungskriterien und Ihrem Eindruck aus der Präsentation müssen Sie eine Entscheidung fällen. Abbildung 2.53 zeigt die Entscheidungsfindung anhand einer ausgefüllten Checkliste.

Abb. 2.53 Checkliste zur Genehmigung des Projektes

DAS ERGEBNIS So könnte die Entscheidungscheckliste aussehen (Abbildung 2.53):

- Alle aus dem Projektsteckbrief vorgegebenen Aufgaben wurden erfüllt.
- Das Projektbudget ist vorhanden.
- Innerhalb der Organisation wird das Projekt akzeptiert.
- Mit der präsentierten Entscheidungsunterlage wird eine Aufbruchstimmung erzeugt.

2.4.3 Kapitelzusammenfassung

So, ein weiterer Schritt ist gemacht. Sie als Projektleiter haben die Managemententscheidung herbeigeführt. Die von Ihnen erstellte Entscheidungsunterlage hat Ihren Projektauftraggeber überzeugt. Er hat das Projekt genehmigt. Sie können alle gemeinsam stolz sein! Folgende Inhalte haben Sie kennengelernt:

- Alle Ergebnisse und Erkenntnisse aus dem Vorprojekt werden in einer Entscheidungsunterlage für den Projektauftraggeber zusammengefasst.
- Der Projektauftraggeber entscheidet über das Stop-or-Go des Projektes.

Abbildung 2.54 zeigt in der Zusammenfassung die in diesem Kapitel erläuterten Aufgaben, die einsetzbaren Methoden und Tools sowie abschließende Fragen zum Kapitelinhalt.

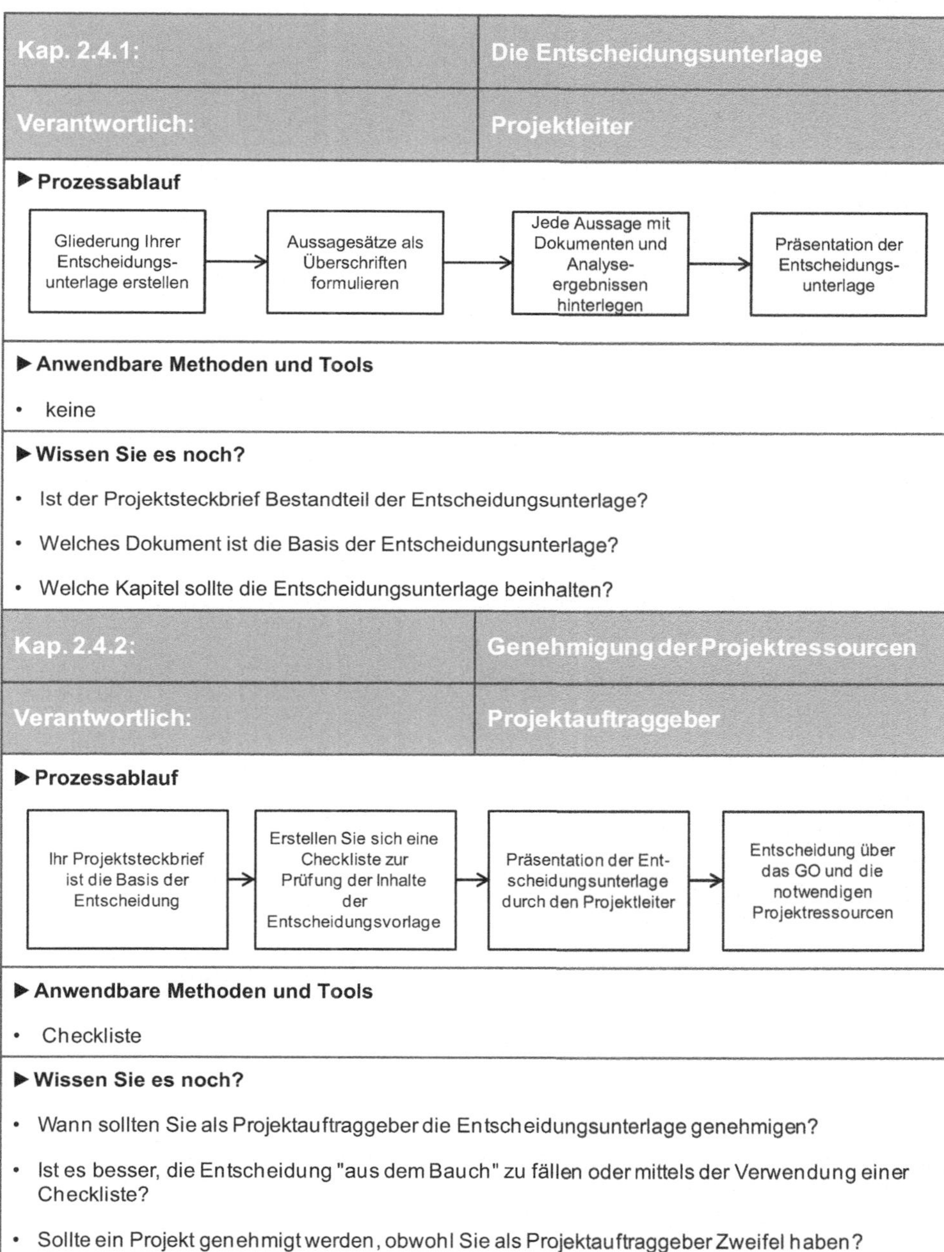

Abb. 2.54 Überblick über die Aufgaben, die Methoden und Tools und die Wissensfragen des Kapitel 2.4

Zum Gipfel und zurück – Aufgaben während des Projektes

3

Es gibt zwei Dinge, auf denen das Wohlgelingen
in fast allen Verhältnissen beruht.
Das eine ist, dass Zweck und Ziel
der Tätigkeit richtig bestimmt sind,
das andere aber besteht darin,
die zu diesem Endziel führenden Handlungen zu finden.
(Aristoteles, griechischer Philosoph)

Im Kapitel 2.2.1 haben Sie gelesen, dass die Projektarten sehr unterschiedlich sein können. Es ist nachvollziehbar, dass es nicht den einzig gültigen Projektansatz für jede Art von Projekten gibt. Für Projekte mit dem Ziel, die wirtschaftliche Basis des Unternehmens zu verbessern, gelten einige grundsätzliche Annahmen und Vorgehensweisen. Andere Projektarten, wie beispielsweise Großprojekte (Bau eines Flughafens) oder fachbereichsbezogene Projekte (IT-Projekte) erfordern andere Projektansätze, die hier nicht weiter dargestellt werden. Die Abbildung 3.1 zeigt die Verantwortlichkeiten und die Aufgaben in dieser Projektphase. Der zweite Projektabschnitt „Aufgaben während des Projektes" ist in vier durchzuführende Aufgabenblöcke unterteilt. Jeder Block besteht aus Einzelaufgaben:

- **Kick-off:** Mit dem Kick-off-Meeting wird das Projekt offiziell gestartet. Alle zukünftig einbezogenen Personen werden miteinander bekannt gemacht. Es ist eine sehr wichtige Veranstaltung, die zum Ziel hat, eine Aufbruchstimmung zu erzeugen und die Begeisterung für das Projekt zu wecken. Da zum ersten Mal alle Projektbeteiligten an einem Tisch sitzen, ist es für Sie als Projektleiter eine große Chance, hier für das Projekt zu werben.
- **Projektphase 1:** Diese Projektphase dient dazu, ein Konzept zu entwickeln, mit dem sich die Projektziele erreichen lassen. Am Ende dieser Phase steht das persönliche Commitment jedes Projektteammitglieds zum Projektkonzept. Das Commitment ist

W. Mensing, *Erfolgreiches Projektmanagement ohne externe Berater in KMUs*,
DOI 10.1007/978-3-658-06663-5_3

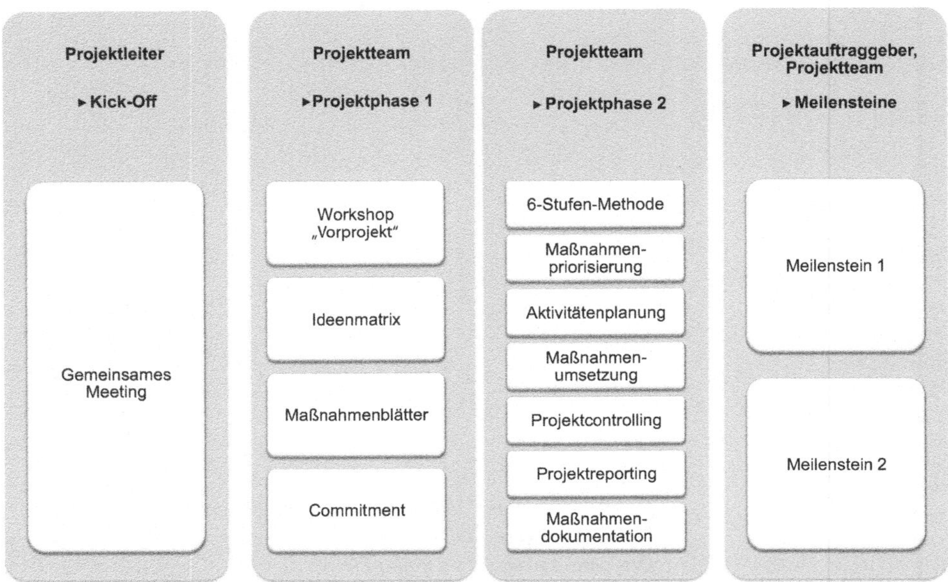

Abb. 3.1 Aufgaben während des Projektes

der Höhepunkt des Projektes. Wenn alle Projektteammitglieder sich verpflichten, ohne Wenn und Aber die Projektziele erreichen zu wollen, dann steht der Eigendynamik des Projektes nichts mehr im Wege. Diese Projektphase darf nicht zu lange dauern. Das mögliche Potenzial soll so schnell wie möglich erarbeitet werden, um dadurch kurzfristig Klarheit über die Erfolgschancen des Projektes zu erhalten. Durch die relativ kurze Dauer dieser Projektphase (ca. 4–8 Wochen) ist das Potenzial zwar noch nicht detailliert berechnet worden, die Praxis zeigt aber, dass die qualifizierte Schätzung der Teammitglieder genau genug für das spätere Commitment ist.

- **Projektphase 2:** Die Phase 2 realisiert das Projektkonzept. Die vorliegenden Ideen oder Maßnahmen werden detailliert beschrieben und geplant. Die Umsetzung der Maßnahmen wird mithilfe eines geeigneten Controllingtools überwacht. Am Ende dieser Phase steht die Durchsetzung der geplanten Projektziele im Unternehmen. Diese Phase ist sehr von der Art des Projektes abhängig. Für die meisten Projekte dauert die Phase zwischen drei und sechs Monaten. Dann sind die meisten Maßnahmen umgesetzt.
- **Meilensteine:** Meilensteine schaffen Vertrauen. Der Projektauftraggeber wird zu festgelegten Zeitpunkten über den Stand des Projektes informiert. Wenn sich das Projekt aus Sicht des Projektauftraggebers positiv entwickelt, dann wird er darin bestärkt, die richtige Entscheidung mit seiner Projektinitiative getroffen zu haben. Es besteht zu diesen Zeitpunkten aber auch die Möglichkeit, korrigierend einzugreifen, falls sich das Projekt aus Sicht des Auftraggebers in eine falsche Richtung entwickelt.

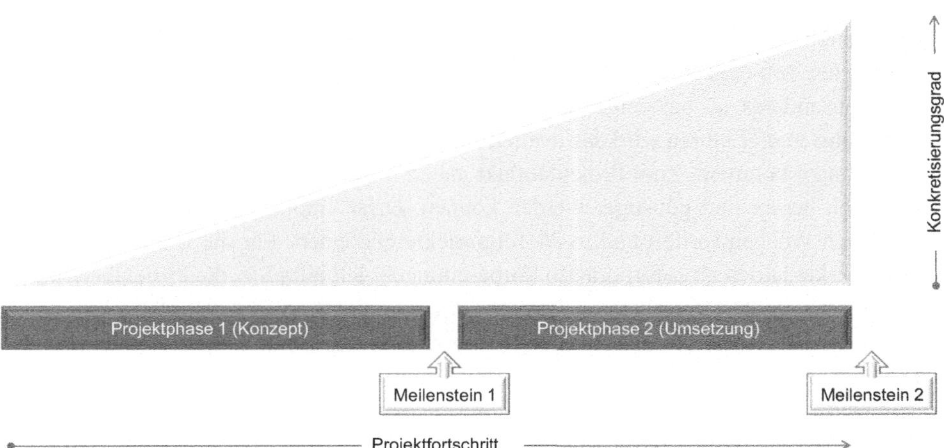

Abb. 3.2 Konkretisierungsgrad der Maßnahmen im Verlauf des Projektes (Prinzipdarstellung)

Alle Aufgaben während des Projektes sind darauf ausgerichtet, möglichst schnell Maßnahmen zu definieren, mit denen sich die Projektziele erreichen lassen. Die Vorgehensweise hierzu lautet: Einen Elefanten isst man scheibchenweise. Fangen Sie mit Ideen an, die im Projektverlauf weiterentwickelt und konkretisiert werden, bis sie zum Schluss als vollständig dokumentierte und erfolgreiche Maßnahmen vorliegen (Abbildung 3.2). Erst diese fortlaufende Konkretisierung hilft allen Beteiligten, den Spannungsbogen aufzubauen, ohne den Bogen zu überspannen und frustriert das Projekt abzubrechen. Während des Projektfortschrittes werden so viele Erfahrungen gesammelt und liegen so viele tiefgreifende Erkenntnisse vor, wie Sie es zum Projektstart nicht für möglich gehalten hätten.

3.1 Das Kick-off-Meeting – es geht los

Wenn du ein Schiff bauen willst,
so trommle nicht Männer zusammen,
um Holz zu beschaffen, Werkzeuge vorzubereiten,
Aufgaben zu vergeben und die Arbeit einzuteilen,
sondern lehre die Männer die Sehnsucht nach dem weiten, endlosen Meer!
(Antoine de Saint-Exupéry, französischer Schriftsteller)

Vorbildlich eingeladen – ein Beispiel aus der Praxis

„Liebe Mitarbeiterinnen, liebe Mitarbeiter, in der ersten Maiwoche beginnt eine neue Etappe im ‚Projekt 10', dem Sanierungsprozess unseres Unternehmens: Rund 20 angestrebte Teilprojekte nehmen nun Gestalt an und werden für die Umsetzung in der Praxis ab September vorbereitet. (...) Daraus abgeleitet ist es für unser Unternehmen existenziell notwendig, dauerhaft die beste Qualität und den günstigsten Preis am Markt anzubieten. Mit dem ‚Projekt 10‘ sollen diese Ziele erreicht werden. ‚Projekt 10‘ bedeutet nichts anderes, als bei steigender Qualität Kosten von rund 10 Mio. € einzusparen. In den nächsten drei Jahren wird das in allen Bereichen unseres Unternehmens schrittweise zum Tragen kommen. Zum Projektauftakt gaben Mitarbeiter rund 55 Anregungen, wie wir noch besser und günstiger werden können. Diese Impulse haben wir in den vergangenen Wochen sortiert und in 20 Teilprojekte gegliedert. Für die Umsetzung dieser Teilprojekte laufen ab sofort präzise Vorbereitungen. Ich bitte Sie, die Projektbeteiligten zu unterstützen. Die Projektziele für mehr Effizienz sind für das nächste Jahr abgesteckt. Wir werden sie kurz-, mittel- und langfristig umsetzen. Fachkundige Kollegen aus den einzelnen Bereichen unseres Unternehmens bringen das inhaltliche Know-how ein und sind an der Vorbereitung und Umsetzung der Lösungen intensiv beteiligt. Zusätzlich zu allen bisherigen Schritten sind auch weiterhin alle Ihre Ideen gefragt, die uns als Unternehmen voranbringen. Sie können Ihre Anregungen Ihrem direkten Vorgesetzten oder mir persönlich übermitteln. Damit leben wir unser Ziel: Gemeinsam an die Spitze!

Herzlichst
Manfred Müller
Vorsitzender der Geschäftsführung“

ZIEL DES KAPITELS Dieses Kapitel ist für den Projektleiter verfasst. Sie haben bisher alles richtig gemacht! Ihre Entscheidungsunterlage wurde vom Projektauftraggeber genehmigt und die notwendigen monetären Mittel sind für das Projekt freigegeben. Sie haben nach der Entscheidung des Projektauftraggebers, das Projekt fortzuführen, jedes einzelne Projektteammitglied in einem persönlichen Gespräch über die Grundzüge des Projektes informiert. Nun sitzen die zukünftigen Projektteammitglieder in dem Kick-off-Meeting gemeinsam mit dem Projektauftraggeber und möglicherweise anderen Mitgliedern des Managements vor Ihnen und warten auf die Dinge, die da kommen mögen. Das Ziel dieses Kapitels ist es, Ihnen die besondere Bedeutung des Kick-offs darzustellen und Ihnen eine geeignete Vorgehensweise zur Vorbereitung und Durchführung des Meetings zu erläutern. Dazu werden Sie folgende Inhalte kennenlernen:

- Das Kick-off bietet Ihnen eine große Chance, für Ihr Projekt zu werben.
- Die Atmosphäre muss passen.
- Alle am Projekt beteiligten Personen sind einzubeziehen.
- Der Projektauftraggeber erläutert die Motive für das Projekt. Sein Beitrag ist von großer Bedeutung für die Motivation des Projektteams.
- Machen Sie während Ihres Vortrags deutlich, dass die Umsetzung des vorliegenden Projektkonzeptes die Unterstützung aller anwesenden Personen erfordert.

EINZELAUFGABEN UND VORGEHENSWEISE Das Kick-off ist die Auftaktveranstaltung für das Projekt. Im Gegensatz zu den bisher erledigten Aufgaben, die möglicherweise drei bis vier Wochen gedauert haben, ist das Kick-off zwar nur eine zweistündige

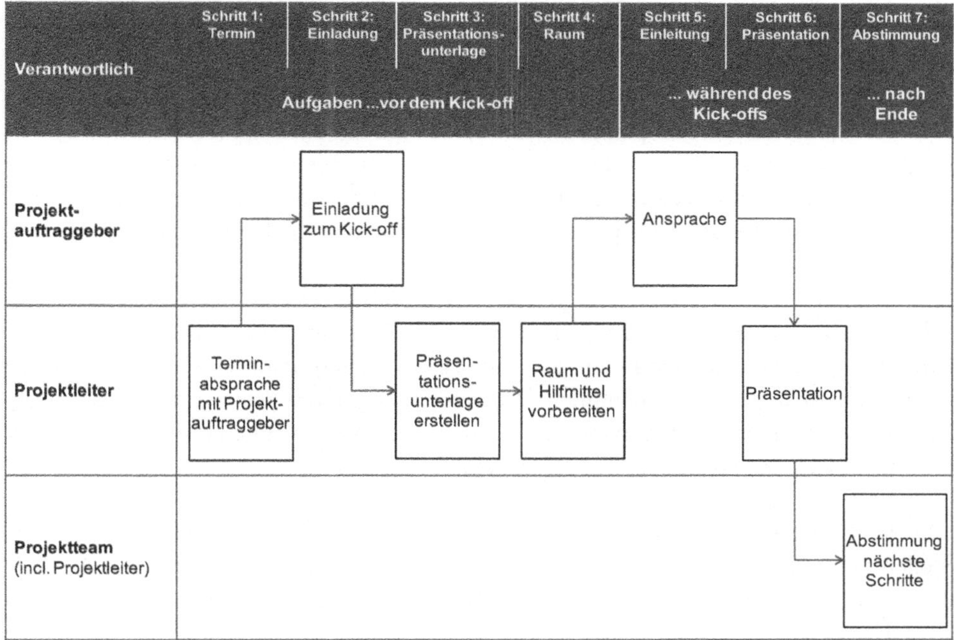

Abb. 3.3 Schritt für Schritt zum Kick-off

Veranstaltung, die es aber in sich hat. Hier sitzen zum ersten Mal alle Protagonisten zusammen. Alle hören Ihnen zu. Möglicherweise ist der Eine oder Andere noch skeptisch und am Anfang reserviert. Sehen Sie dieses Meeting als Chance, alle mit „ins Boot" zu holen und alle Handelnden auf das Projekt „einzuschwören". Die Abbildung 3.3 zeigt die schrittweise Vorbereitung und Durchführung dieser Veranstaltung. Folgende Schritte sind für die Vorbereitung und Durchführung von Bedeutung:

Schritt 1 Sprechen Sie den Kick-off-Termin mit dem Projektauftraggeber ab. Es ist absolut notwendig, sich mit dem Projektauftraggeber wegen des Termins abzustimmen. Seine Anwesenheit ist zwingend erforderlich. Das gesamte Projekt bekommt durch seine Anwesenheit und seinen Beitrag erst den besonderen Stellenwert für die anderen Anwesenden. Die Veranstaltung sollte zu einer Uhrzeit stattfinden, bei der alle Beteiligten aufnahmefähig sind.

Schritt 2 Die Einladung zum Kick-off erfolgt durch den Projektauftraggeber. Der Projektauftraggeber ist der Initiator des Projektes und daher auch der Einladende. Seine Einladung macht für alle Beteiligten die Bedeutung des Projektes sichtbar.

Schritt 3 Erstellen Sie eine Kick-off-Unterlage. Sie können die Entscheidungsunterlage für den Projektauftraggeber als Basisdokument verwenden. Sollte diese Unterlage aber vertrauliche oder persönliche Informationen erhalten, dann entfernen Sie diese. Weiterhin können Sie die Unterlage mit zusätzlichen Beispielen und Ergebnissen aus Ihrem Vorprojekt ergänzen, falls dies dem besseren Verständnis dient.

Schritt 4 Schaffen Sie eine passende Atmosphäre für das Kick-off (Raum, Hilfsmittel). Die Umgebung muss dem Projekt angemessen sein. Der Raum, die Ausstattung und die technischen Hilfsmittel zeigen den Beteiligten die Professionalität Ihrer Herangehensweise. Damit schaffen Sie eine positive Grundstimmung für die kommenden inhaltlichen Beiträge.

Schritt 5 Die Ansprache des Projektauftraggebers. Die Botschaft zu dem Projekt muss eindeutig und klar sein. Den Beteiligten müssen die Hintergründe für die Entscheidung, das Projekt zu starten, offen kommuniziert werden. Es gilt das Motto „Ehrlich währt am längsten". Denn nichts ist schlimmer, als wenn die Beteiligten während der Ansprache das Gefühl entwickeln, dass nicht alles gesagt wird.

Schritt 6 Nutzen Sie die Präsentation als einmalige Chance. Präsentieren Sie souverän. Stellen Sie immer wieder heraus, welche Ziele erreicht werden sollen und dass dies nur durch die gemeinsame Arbeit möglich ist. Betonen Sie die gemeinsame Verantwortung aller Beteiligten.

Schritt 7 Stimmen Sie sich zur weiteren Vorgehensweise mit dem Projektteam ab. Nach Beendigung des Kick-offs besprechen Sie sich mit dem Projektteam. Stimmen Sie die nächsten notwendigen organisatorischen Aufgaben für einen erfolgreichen Projektstart ab. Dazu stellen Sie eine Übersicht über die notwendigen organisatorischen Aufgaben vor (Abbildung 3.4).

Thema	Was organisieren?
Ausgangssituation	• Anzahl Kollegen, Dauer des Projektes, Standorte, Start
Anreise (Buchungen)	• Bahntickets, Flüge, Auto
Hotel	• Buchung, Konditionen
Büro-Ausstattung „vor Ort"	• 1 großer Tagungsraum, Schreibtische, Stühle,Telefon, Telefax, Fotokopierer und Papier, Shredder • Pantry • Allgemeiner Büromittelbedarf
Technische Ausstattung „vor Ort"	• Drucker, Beamer • Internetanschluss, Stand-PC mit eigenem Projekt-E-Mail-Account • Rechner Synchronisierung, Datensicherung • Workshop-Unterlagen (Moderatorenkoffer, FlipChart)
Interne Organisation	• Tätigkeitsberichte der Projektteammitglieder • Teammeeting / Jour-fixe • „Vor Ort" – Einsatz (Terminplanung) • Urlaub • Support für das Team

Abb. 3.4 Organisatorisches in der Projektphase 1

3.2 Die Projektphase 1 – es kommt zum Schwur

Wer das Ziel kennt, kann entscheiden;
wer entscheidet, findet Ruhe;
wer Ruhe findet, ist sicher;
wer sicher ist, kann überlegen;
wer überlegt, kann verbessern.
(Konfuzius, chinesischer Philosoph)

Der Rütlischwur in Berlin – eine Episode aus der Praxis

Herr R., Vorstand eines deutschen Verkehrsunternehmens, hat den Auftrag zur Effizienzsteigerung in einem Unternehmensbereich an Herrn M., Managing Partner eines Interim-Management-Unternehmens, vergeben. Herr R. arbeitete zum ersten Mal mit dem Interim-Management-Unternehmen zusammen. Er war skeptisch, ob die Optimierungspotenziale und Veränderungsmaßnahmen, die in der vor sechs Wochen stattgefundenen Vorprojektpräsentation genannt wurden, tatsächlich möglich sind. Aber am stärksten war Herr R. daran interessiert, ob das Projektteam ein Commitment für das Projektziel abgibt. Diese Art der Verbindlichkeit kannte Herr R. bisher nicht.

Zur Präsentation war das gesamte Projektteam anwesend. Das Überraschende für Herrn R. war, dass das Team nicht nur aus dem Management bestand, sondern vom Sachbearbeiter im Einkauf bis zum Bereichsleiter Produktion, vom Meister in der Instandhaltung bis zum Abteilungsleiter Vertrieb. Für die Projektteammitglieder war es ein erstmaliges Ereignis, dass sie mit einem Vorstand ein gemeinsames Meeting hatten. Die Präsentation der Projektphase 1 beinhaltete das Projektkonzept, die einzelnen Maßnahmen und das Commitment des Projektteams zum Projektziel. Dieses Commitment war der Prüfstein für Herrn R. Er fragte jedes einzelne Projektteammitglied, ob er/sie persönlich ein Versprechen für die Erreichung des Projektziels abgeben will. Jeder Einzelne bejahte dies unmissverständlich, manche hoben sogar die drei Finger zum Schwur. Herr R. war begeistert. Und das Ende der Geschichte? Das Projekt in dem Unternehmensbereich wurde als Pilotprojekt ein voller Erfolg. Danach folgten mit gleicher Aufgabenstellung Projekte in sechs weiteren Unternehmensbereichen.

ZIEL DES KAPITELS Dieses Kapitel ist für den Projektleiter und das Projektteam verfasst. Das Ziel dieses Kapitels ist es, alle Aufgaben der Projektphase 1 darzustellen. Insbesondere die Erarbeitung von Projektideen, die Konkretisierung dieser Ideen und, als Höhepunkt des Projektes, das Commitment des Projektteams zum Projektziel sind Bestandteile dieser Phase. Die Projektphase 1 entwickelt sich zum dramaturgischen Höhepunkt des Projektes (Kapitel 2.2.3). Sie werden folgende Inhalte kennenlernen:

- Die Erkenntnisse aus dem Vorprojekt bilden die Basis dieser Projektphase.
- Die inhaltliche und konzeptionelle Arbeit erfolgt schrittweise.
- Als Hilfsmittel für das schrittweise Vorgehen dient die Ideenmatrix.

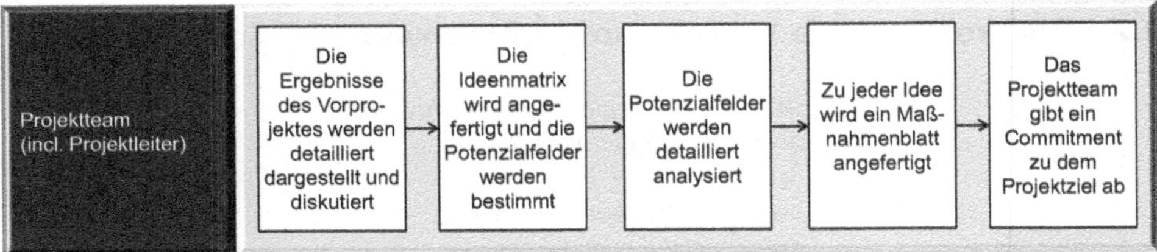

Abb. 3.5 Prozessschritte in der Projektphase 1

- Die Erarbeitung von Potenzialfeldern zeigt auf, wo Potenziale innerhalb des Untersuchungsbereiches vermutet werden.
- Ideen können mithilfe von Kreativitätstechniken erarbeitet werden.
- Aus Ideen werden im weiteren Schritt Maßnahmen.
- Für jede Maßnahme werden die Ausgangssituation, die Zielsetzung, die notwendigen Dokumente und das Potenzial erarbeitet.
- Zum Schluss der Projektphase gibt das Projektteam ein Commitment, ein persönliches Versprechen zum Projektziel ab.

AUFGABEN UND VORGEHENSWEISE Es geht nun darum, inhaltliche Lösungsansätze für die projektspezifische Aufgabenstellung zu finden. Doch hüten Sie sich davor, in diesem Stadium der Projektphase 1 sich sofort auf die ersten Maßnahmen zu stürzen und detaillierte Lösungsvorschläge zu erarbeiten. Dann sind Sie rettungslos verloren, da diese Detailarbeit den Blick auf das Ganze versperrt. Darüber hinaus überfordern Sie möglicherweise auch das Team, denn wahrscheinlich kann niemand sofort komplette Lösungsvorschläge aus der Tasche ziehen. Am besten, Sie fangen klein an, getreu nach dem schon erwähnten Motto „Einen Elefanten isst man scheibchenweise". Die einzelnen Scheiben sind die Ideenmatrix, das Maßnahmenblatt und das Team-Commitment. Wenn Sie diese Reihenfolge und die notwendige Systematik beachten, dann werden Sie sich nicht verschlucken. Abbildung 3.5 zeigt die wesentlichen Aufgaben in der Projektphase 1.

Einen typischen Zeitplan für die Projektphase 1 und die anstehenden Aufgaben ist in Abbildung 3.6 dargestellt. Dieser Zeitplan gilt für unterschiedliche Projektarten. Allerdings ist der Zeitplan von dem möglichen Zeitaufwand und der Anzahl der zur Verfügung stehenden Projektteammitglieder abhängig.

3.2.1 Der Workshop „Vorprojekt" – Erkenntnisse weitergeben

DAS SOLLTEN SIE WISSEN

- Der Workshop ist die Gelegenheit, dem Projektteam alle vorliegenden Informationen zu dem Projektvorschlag des Projektleiters, die nicht im Kick-off dargestellt werden konnten, zu vermitteln.

Nr.	Aufgabe	Kalenderwochen 2014												
		17	18	19	20	21	22	23	24	25	26	27	28	29
	Lenkungsgremium-Meeting	X												X
	Kernteam-Meeting	X				X				X				X
	Projektteam-Meeting	X	X	X	X	X	X	X	X	X	X	X	X	X
Nr.	Aufgabe													
0	**Kick-off**	■												
1	**Workshop**	■												
2	**Ideenliste**													
2.1	Ideenliste erstellen		■											
2.2	Ideen generieren		■	■										
2.3	Ideen auswählen				■									
2.4	Ideen priorisieren (nach Projektziel)				■									
3	**Maßnahmenblatt**													
3.1	Maßnahmenblatt erstellen					■								
3.2	Ausgangssituation erarbeiten					■	■							
3.3	Zielsetzung erarbeiten							■	■					
3.4	Dokumentation erarbeiten									■				
3.5	Potenzial erarbeiten										■	■		
3.6	Verantwortlichkeit und Termin festlegen												■	
3.7	Maßnahmen priorisieren (nach Projektziel)												■	
4	**Commitment**													■

Abb. 3.6 Zeitplan für die Projektphase 1 (Praxisbeispiel Logistik)

- Die Ergebnisse und Erkenntnisse aus dem Vorprojekt sind detailliert innerhalb des Projektteams zu diskutieren. Kritische Anmerkungen dürfen nicht ignoriert werden.
- Das Projektteam muss abschließend einen Konsens herstellen über die Analyseergebnisse und die Teilziele des Projektes und diese als gemeinsame Arbeitsbasis verabschieden.

SCHRITT FÜR SCHRITT ZUM ERGEBNIS Sie als Projektleiter haben während des Vorprojektes Analysen vorgenommen und Erkenntnisse gesammelt. Sie haben nun die Aufgabe, dem Projektteam die Details Ihres Projektvorschlags aus dem Kick-off zu vermitteln. Dazu tragen Sie alle Informationen zusammen, die Sie im Vorprojekt gesammelt haben. In der Regel ist der ermittelte Informationsumfang viel größer als im Kick-off dargestellt. Bereiten Sie Ihre Informationsunterlage sorgfältig vor und vermitteln Sie dem Projektteam, warum die von Ihnen vorgeschlagenen Teilziele für die Erreichung der Projektziele von Bedeutung sind und auch erreicht werden können. Wenn Ihnen dies gelungen ist, dann wird das Projektteam überzeugt sein und sich Ihre Vorschläge zu eigen machen und als gemeinsame Arbeitsbasis verabschieden. Nehmen Sie sich einen Tag Zeit für diese Aufgabe.

Schritt 1 Fassen Sie die Analyseergebnisse aus dem Vorprojekt zusammen. Tragen Sie alle Ausarbeitungen, Analysen und Detailkonzepte zusammen. Diese Aufgabe ist abhängig von der Projektart. Ein Strategieprojekt führt zu anderen Erkenntnissen während der Grobanalyse als ein Innovationsprojekt. Aber es gibt auch einige übergeordnete Themenkomplexe, die in fast jedem Projekt zusammengestellt werden müssen:

- **Laufende Projekte:** Stellen Sie bereits laufende Projekte in dem Untersuchungsbereich zusammen, die möglicherweise Ihr Projekt tangieren.
- **Interviews:** Fassen Sie alle Erkenntnisse aus den Interviews zusammen (ohne Nennung der Antworten von Einzelpersonen!).
- **Kosten:** Fassen Sie alle Kosteninformationen zusammen.
- **Prozesse:** Stellen Sie die Ergebnisse der Prozessanalyse zusammen. In jedem Projekt haben Aufgabenreihenfolgen (Prozesse) und deren Schnittstellen eine wichtige Bedeutung.

Schritt 2 Stellen Sie dem Projektteam Ihre detaillierten Erkenntnisse aus der Grobanalyse vor. Hilfreich ist es, wenn Sie Ihre Erfahrungen und Bewertungen an einem zentralen Chart erläutern. Hier bietet sich beispielsweise die Darstellung der Potenzialfelder (Abbildung 2.35) an. Wenn Sie die Analyseergebnisse aller Potenzialfelder einzeln erläutern, dann kann das Projektteam Ihren Schlussfolgerungen besser folgen.

Schritt 3 Stellen Sie die Teilziele des Projektes vor. Anhand der Erreichung der Teilziele zum Abschluss des Projektes muss sich das Projektteam messen lassen. Für den Projektleiter ist es daher besonders wichtig, die Inhalte der Teilziele und deren qualitative Abschätzung (Kapitel 2.3.2) sorgfältig zu erläutern. Da das Projektteam auch aus Experten besteht, können mögliche Fehler oder Ungenauigkeiten korrigiert werden.

Schritt 4 Verabschiedung der gemeinsamen Arbeitsbasis. Alle Projektteammitglieder müssen offen kommunizieren. Lassen Sie als Projektleiter die Diskussion zu. Es ist ja die zentrale Aufgabe dieses Workshops, dass am Ende alle Beteiligten die verabschiedeten Ergebnisse als ihre Ergebnisse verstehen und mittragen. Nur so kann das Projekt erfolgreich verlaufen. Widersprüche müssen jetzt geklärt werden.

DAS ERGEBNIS So könnte die gemeinsame Arbeitsbasis aussehen (Abbildung 3.7, nur für das Teilziel „Änderungsmanagement optimieren").

- Zu jedem Teilziel gibt es eine Vereinbarung innerhalb des Projektteams.
- Jede Aufgabe wird durch ein Team bearbeitet.
- Jedes Team hat einen Verantwortlichen („Paten").
- Die einbezogenen Unternehmensbereiche werden benannt.

Teilziel	Aufgabe	Arbeitsteam	Bereich
Änderungsmanagement optimieren	Ursachen der Änderungsmengen: • Ziel: Verbesserung der Angebotsprüfung • Inhalt: Spezifikationen optimieren	Team 1 Pate: Braun	Vertrieb / Konstruktion
	Prozessanalyse und Erarbeitung SOLL-Konzept: • Ziel: Änderungen werden Tagesgeschäft • Inhalt: Optimierung der Prozesse	Team 2 Pate: Müller	Vertrieb / Konstruktion / AV
		Team 3 Pate: Bernhard	Fertigung / Materialwirtschaft / Montage
		Team 4 Pate: Franke	Außenmontage

Abb. 3.7 Ergebnis des Workshops (Praxisbeispiel Maschinenbau, Auszug)

3.2.2 Die Ideenmatrix – die Vielzahl macht's

DAS SOLLTEN SIE WISSEN

▶
- Ideen sind keine Lösungskonzepte.
- Ideen können schnell erarbeitet werden, Lösungskonzepte nicht.
- Die Ideenliste ist der Einstieg in die konzeptionelle Projektphase 1.
- Die Ideenliste hilft, eine Vielzahl von Ideen gezielt Potenzialfeldern zuzuordnen.
- Die Bewertung und Priorisierung von Ideen führt zu solchen Ideen, die schnell die Erreichung des Projektziels unterstützen. Diese Vorgehensweise erhöht die Motivation des Projektteams. „Es bewegt sich was".

SCHRITT FÜR SCHRITT ZUM ERGEBNIS Die Ideenmatrix ist ein wirksames Hilfsmittel, um schnell zu einer Vielzahl von Ideen zu kommen. Es ist die erste Scheibe, „um einen Elefanten zu essen". In der Ideenmatrix werden nur Ideen, keine ausgearbeiteten Maßnahmen aufgelistet. Das Ziel ist es, eine Aufbruchstimmung im Projektteam zu erzeugen. Mithilfe von Kreativitätstechniken (siehe Kapitel 2.1.1) werden von den Teilnehmern die Ideen erarbeitet.

Schritt 1 Erstellen Sie eine Ideenliste. Alle Teilziele, die Sie bereits im Kapitel 2.3.2 definiert haben, werden in die erste Spalte der Matrix eingegeben (Abbildung 3.8). Sollten die Teilziele Ihres Projektes aus einem unternehmensweiten Zielsystem abgeleitet worden sein, dann geben Sie auch die übergeordneten Ziele ein (Abbildung 3.9). Die einzelnen Unternehmensbereiche, die Teil des festgelegten Untersuchungsbereichs des Projektes sind, werden in die erste Zeile übertragen (Abbildung 3.8). Denken Sie auch daran, dass Bereiche, die an den Schnittstellen des Untersuchungsbereichs Einfluss auf das Projekt haben, mit erfasst werden. Wenn Sie beispielsweise den Einkauf innerhalb des Unternehmens optimieren sollen, dann sind die Lieferanten natürlich auch mit zu betrachten. Sie haben nun an den Schnittstellen der Spalten und Zeilen leere Potenzialfelder. Diese gilt es mit Inhalten (Ideen) zu füllen.

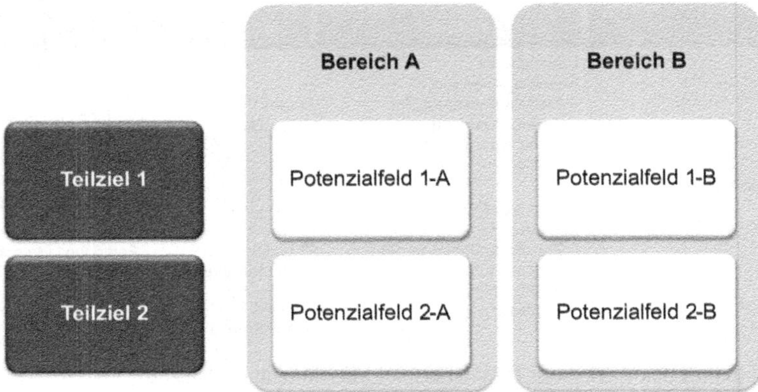

Abb. 3.8 Struktur der Ideenmatrix (Prinzipdarstellung)

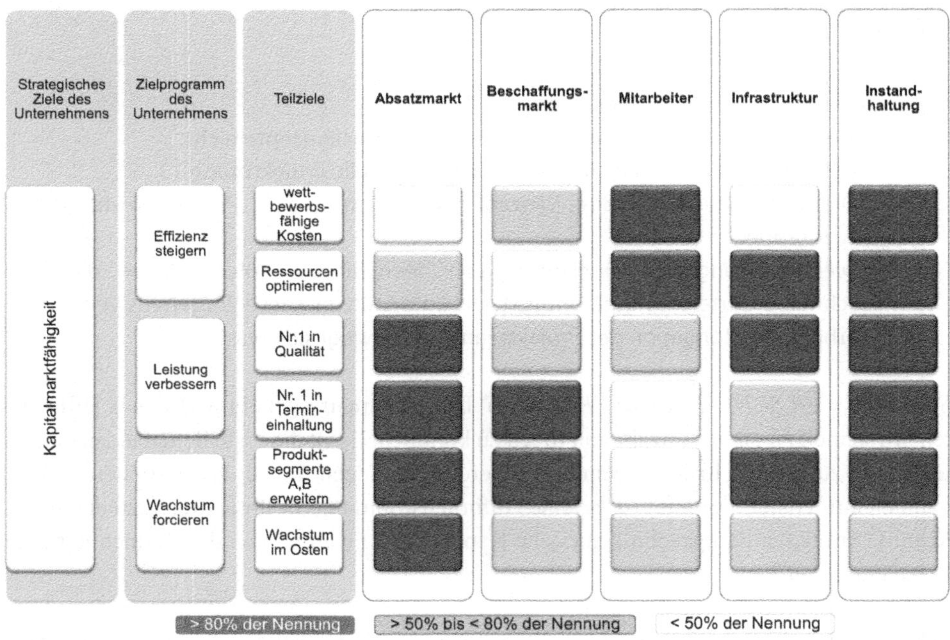

Abb. 3.9 Ideenmatrix mit Kennzeichnung von Potenzialfeldern (Praxisbeispiel Automotive, Auszug)

Schritt 2 Ermitteln Sie Potenzialfelder. Erstellen Sie ein Formblatt der Ideenmatrix und der leeren Potenzialfelder und händigen Sie es jedem Projektteammitglied aus. Diese sollen „aus dem Bauch heraus" ein Kennzeichen in die Felder setzen, in denen sie Potenzial, also Möglichkeiten zur Verbesserung, vermuten. In Ihrer Mastermatrix wird anschließend die Summe der Kennzeichen aller Projektteammitglieder eingetragen. Somit erhalten Sie eine Gewichtung der eingeschätzten Potenzialfelder. Diese können Sie noch farbig markieren (>80 % der Nennungen = schwarz, 50 bis 80 % = grau, <50 % = weiß). Abbildung 3.9 zeigt eine Ideenmatrix mit der Kennzeichnung der Potenzialfelder.

Erläuterung zu Abbildung 3.9: Für das Teilziel „Wettbewerbsfähige Kosten" sehen mehr als 80 % der Projektteammitglieder in den Bereichen „Mitarbeiter" und „Instandhaltung" Potenzial. Für das Teilziel „Ressourcen optimieren" sehen mehr als 50 %, aber weniger als 80 % der Projektteammitglieder in dem Bereich „Absatzmarkt" Potenzial. Für das Teilziel „Nr. 1 in Termineinhaltung" sehen weniger als 50 % der Projektteammitglieder in dem Bereich „Mitarbeiter" Potenzial. Mit dieser Art der Darstellung bekommen alle Teammitglieder schnell einen ersten Überblick über mögliche zukünftige Handlungsfelder.

Schritt 3 Generieren Sie Ideen. Im nächsten Schritt werden für die einzelnen Potenzialfelder Ideen gesucht. Sie können die im Kapitel 2.1.1 genannten Kreativitätstechniken einsetzen. Beginnen Sie mit den Potenzialfeldern, die am häufigsten genannt wurden (Abbildung 3.9). Hier ist die Chance am größten, dass sofort Ideen genannt werden können. In diesem Fall wird der Prozess der Ideensuche positiv unterstützt, da die Projektteammitglieder Erfolgserlebnisse haben. Abbildung 3.10 zeigt für das Potenzialfeld „wettbewerbsfähige Kosten/Instandhaltung" eine Sammlung von Ideen.

Schritt 4 Bewerten Sie die Ideen. Das Projektteam hat nun möglicherweise eine Vielzahl von Ideen generiert. Damit „der Wald vor lauter Bäumen" gesehen werden kann, ist es notwendig, die Idee auszusuchen, deren Umsetzung realistisch ist. Die Auswahl erfolgt mithilfe des Bewertungstools (Kapitel 6.2). Jede Idee ist in der Ideenmatrix einem Teilziel und dem übergeordneten Projektziel zugeordnet. Jede Idee wird nun mithilfe von zwei Parametern bewertet. Zum Einen wird die Bedeutung der Idee für die Erfüllung der Projektziele bewertet („Bedeutung") und zum anderen die Realisierungswahrscheinlichkeit der Idee („Realisierungschance"). Aus beiden Parametern wird die „Handlungsoption"

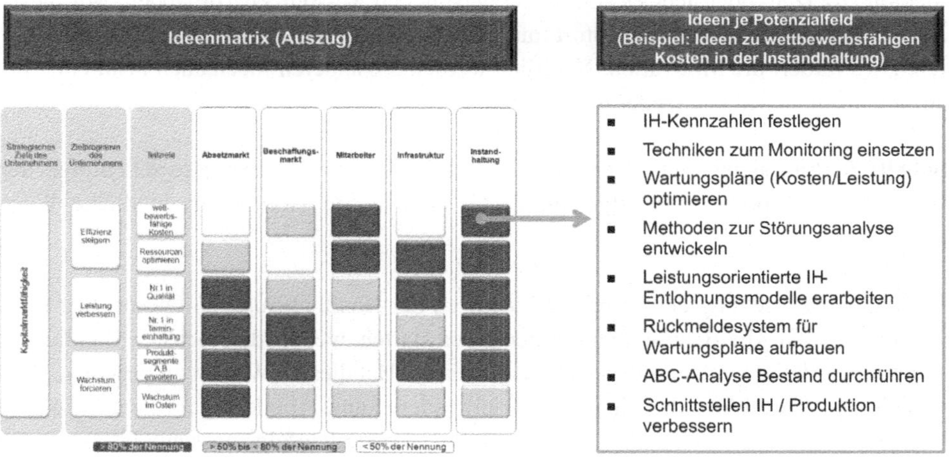

Abb. 3.10 Ideen je Potenzialfeld (Praxisbeispiel Automotive, Auszug)

TOOL **BEWERTUNG** Handlungsoption

Nr.	Teilziel	Idee	Realisierungs-chance [0 - 10]	Bedeutung [0-4]	Handlungs-option
13	IH-Störungs-management verbessern	Rückmeldesystem für Wartungs- und Inspektionspläne überarbeiten	10	4	**40**
14	IH-Störungs-management verbessern	Prioritätenliste für zukünftige Modernisierungs-maßnahmen er-stellen	5	4	**20**
15	IH-Prozesse straffen	Prozesse der Instandhaltung dokumentieren	10	2	**20**
16	IH-Prozesse straffen	Schnittstellen zu anderen Unternehmens-bereichen klar definieren	3	2	**6**

Realisierungs-chance (Punkte)	**Bedeutung**
0	Überhaupt nicht
1-2	Mangelhaft
3-4	Ausreichend
5-6	Befriedigend
7-8	Gut
9-10	Sehr gut

Bedeutung (Punkte)	**Bedeutung**
0	unwichtig
1	weniger wichtig
2	relativ wichtig
3	wichtig
4	sehr wichtig

Abb. 3.11 Bewertung von Ideen mithilfe des Bewertungstools (Praxisbeispiel Automotive, Auszug)

je Idee ermittelt (Realisierungschance * Bedeutung = Handlungsoption). Abbildung 3.11 zeigt die Handlungsoption für ausgewählte Ideen eines Instandhaltungsprojektes.

Erläuterung zu Abbildung 3.11: Das Projektteam hat die Realisierungschance der „Idee 13" mit der maximalen Punktzahl von 10 Punkten bewertet und gleichzeitig die Idee als sehr wichtig für die Erfüllung der Projektziele eingeschätzt (4 Punkte). Das bedeutet, dass in diesem Fall die Handlungsoption sehr hoch ist (40 Punkte von maximal 40 Punkten). Für die „Idee 16" ist die Realisierungschance gering (3 Punkte) und somit auch die Handlungsoption gering (6 Punkte). Möglicherweise besteht im Unternehmen wenig Wissen, diese Idee umzusetzen, oder aber es sind keine personellen Ressourcen vorhanden. Mit dieser Art der Bewertung können Sie sofort mit Ideen beginnen, die schnell zu Ergebnissen führen. Dies fördert die Motivation. Natürlich werden die anderen Ideen auch bearbeitet, bis auf die Ideen, denen keine oder nur eine minimale Realisierungschance eingeräumt wird.

Schritt 5 Priorisieren Sie Ideen. Abschließend wird die Bearbeitungsreihenfolge der Ideen durch Priorisierung festgelegt. Dabei können Sie zwei unterschiedliche Wege einschlagen:

- **Weg 1:** Bearbeitung der einzelnen Idee nach der Handlungsoption. Dieser Weg führt dazu, dass Sie die Bearbeitung mit den Ideen starten, welche die höchsten Handlungsoptionen (hohe Realisierungschance) aufweisen. Bei diesem Weg ist zu beachten, dass sich von Idee zu Idee das Thema (Teilziel) ändern kann. Abbildung 3.12 zeigt ein Projekt (insgesamt 77 Ideen), bei dem die Bearbeitungsreihenfolge ausschließlich von der Handlungsoption abhängig ist.

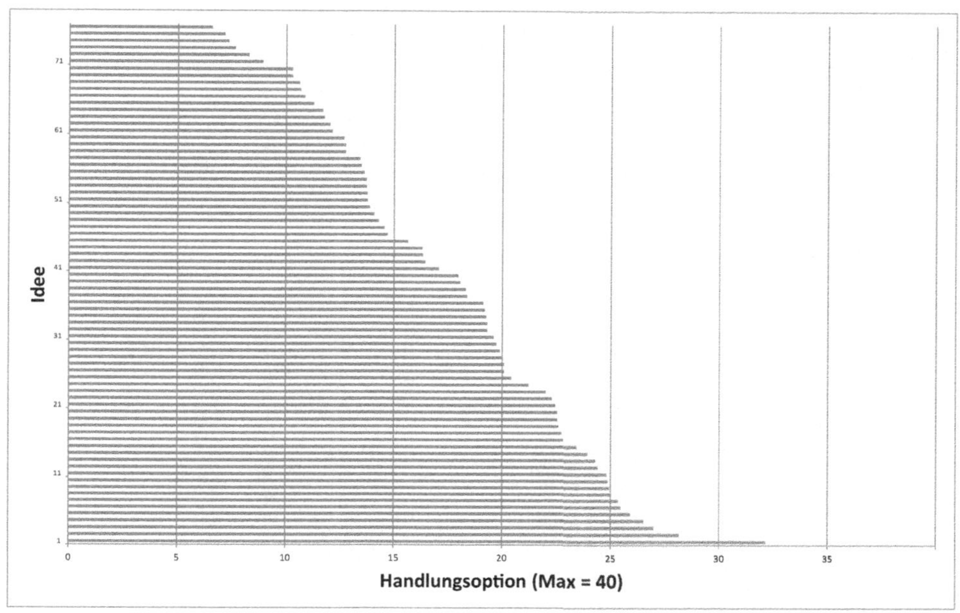

Abb. 3.12 Idee sortiert nach Handlungsoptionen (Praxisbeispiel Automotive)

- **Weg 2:** Bearbeitung der einzelnen Idee nach Teilzielen. Dieser Weg dient dazu, dass die Bearbeitungsreihenfolge der Ideen nach Themen (Teilziele) erfolgt. Dazu werden alle Ideen des gleichen Themas (Teilziels) zusammengefasst, die Werte der Handlungsoptionen addiert und der Mittelwert gebildet. Das Teilziel mit dem höchsten Mittelwert der Handlungsoption wird dann zuerst bearbeitet. Dieser Weg kann Sinn machen, wenn im Projektteam Spezialisten sind, die alle Ideen eines Themas (Teilziels) zusammenhängend bearbeiten können. Somit sind alle thematisch gleichen Ideen in einer Hand. Abbildung 3.13 zeigt ein Beispiel, wo Ideen nach den Teilzielen klassifiziert wurden und für diese dann die Bearbeitungsreihenfolge festgelegt wurde.

DAS ERGEBNIS So könnten die Ideenmatrizen für verschiedene Projektarten auszugsweise aussehen (Abbildung 3.14 für kombinierte Projektarten, Abbildungen 3.15 bis 3.22 für einzelne Projektarten):

- Die Ideenmatrix besteht aus den Teilzielen des Projektes (1. Spalte) und den einzelnen Bereichen des Projektuntersuchungsbereichs (1. Zeile).
- Jede Idee wird einem Potenzialfeld (Schnittstelle zwischen Teilziel und Bereich) zugeordnet.
- Ideen werden mithilfe der Handlungsoption bewertet.
- Ideen werden priorisiert, um die Bearbeitungsreihenfolge festzulegen.
- Die Bearbeitungsreihenfolge kann sich auf die einzelne Idee oder thematisch gleiche Ideen (gleiche Teilziele) beziehen (Abbildungen 3.16, 3.17, 3.18, 3.19, 3.20, 3.21 und 3.22.

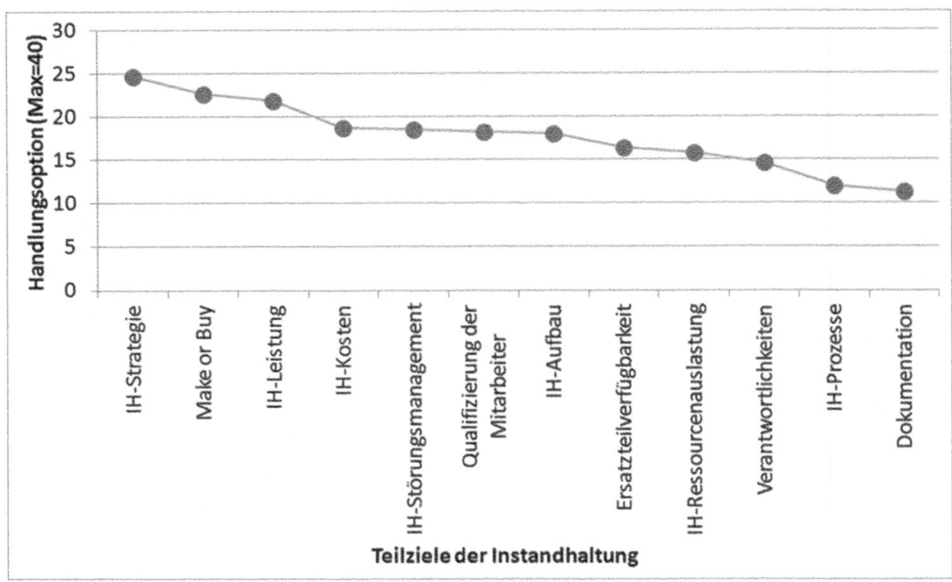

Abb. 3.13 Ideen sortiert nach Teilzielen (gleiches Thema, Praxisbeispiel Chemie)

Teilziele	Geschäftsfeld A	Geschäftsfeld B
Effizienzsteigerung: • **Kostensenkung** • **Prozessoptimierung**	• Standortoptimierung • Optimierung der Gesamtlogistikketten • Optimierung Durchlauf- / Lieferzeiten, Bestände, Termintreue, Rüstzeit • Abbau der Komplexitäten und Optimierung der Geschäftsprozesse	
Geschäftsaktivierung: • **Kerngeschäft optimieren**		• Märkte, Branchen und Kunden durch Alleinstellungsmerkmale überzeugen • Portfolio optimieren • Stärkung der Vertriebsleistung • Ausbau der Verarbeitungsgeschäfte
Geschäftsaktivierung: • **New Business aufbauen**		• Ausbau des Lösungsgeschäftes, „On Side Automotive" • Zwei-Markenstrategie (Systemlieferant, 2A-Lieferant) • Weiße Ware • Andere Materialien
Strategie: • **Geschäftsmodell anpassen**		• Eigenes Branding • Globalisierung • Joint Venture / Kooperationen / Zukauf • Kapitalstrukturierung (ggf. Börsengang)

Abb. 3.14 Ideenmatrix für kombinierte Projektarten (Strategie, Geschäftsaktivierung, Effizienzsteigerung – Praxisbeispiel Handel, Auszug)

Teilziele	Untersuchungsbereich	
	Vision	Strategie
Kundenbeziehung stärken	Die Wünsche unserer Kunden sind die Maßstäbe unseres Handelns. Deshalb bemühen wir uns mit all der uns zur Verfügung stehenden Kraft um die Zufriedenheit unserer Kunden.	• Jede Mitarbeiterin und jeder Mitarbeiter geht gern und bereitwillig auf die Wünsche unserer Kunden ein. • Wir sind ein marketingorientiertes Unternehmen, dass die Wünsche der Kunden zur Grundlage der unternehmerischen Aktivitäten macht.
Mitarbeiter motivieren	Die Mitarbeiter sind die Hauptquelle unseres langfristigen Erfolges in den Märkten. Wir wollen Vertrauen schaffen, um hochmotivierte und leistungsorientierte Mitarbeiter zu haben. Grundlage dafür ist ein zeitgemäßer, moderner Führungsstil.	Mitarbeiter sind motiviert, wenn sie • zu sinnvollen Zielen beitragen • ein gutes Arbeitsklima erleben. Voraussetzung dafür ist die Anerkennung von persönlichem Einsatz und Leistung. • Chancen für persönliche Entwicklung und Aufstieg bekommen • einen Vertrauensvorschuss erhalten, als Experten auf ihrem Arbeitsgebiet anerkannt und in ihrer Individualität respektiert werden • erfahren, dass Konflikte in unserem Haus unter positiven Aspekten gelöst werden
Qualität verbessern	Qualität bedeutet für uns, den Wünschen und Forderungen unserer Kunden gerecht zu werden. Um Produkte von erstklassiger Qualität zu garantieren, ist „ganzheitliche Qualität", d.h. die Harmonisierung von Leistung und Service, notwendig.	• Zwischen den Anforderungen unserer Kunden und unseren Leistungen treten keine Abweichungen auf. Unsere Kunden vertrauen auf die Qualität unserer Produkte und Dienstleistungen • Unsere technischen Anlagen, die Arbeitsprozesse und die Herstellungssysteme sowie die Werkzeuge repräsentieren einen führenden Standard • Jeder Mitarbeiter unseres Unternehmens trägt die Verantwortung für Qualität im Interesse unserer internen und externen Kunden

Abb. 3.15 Ideenmatrix Strategie (Praxisbeispiel Automotive, Auszug)

Teilziele	Untersuchungsbereich							
	Neuentwicklung	Entwicklungs-steuerung	Entwicklung	Weiter-entwicklung	Auftrags-konstruktion	CAD	Patentwesen	Berechnung
Produkt-erneuerungsrate steigern	• Vergabe von externen FuE-Aufträgen prüfen • Konzeptionsprozess von Innovationen verbessern • Zukauf von externem Wissen prüfen • Sachinvestitionen für Innovationen verstärken • Weiterbildung für Innovationsstrategien ausbauen • Einführung von Wissens-managementsystemen konzipieren • Änderungen in der Arbeitsorganisation vornehmen • Neugestaltung der externen Beziehungen zu anderen Entwicklungsbüros							

Abb. 3.16 Ideenmatrix Entwicklung (Praxisbeispiel Maschinenbau, Auszug, nur „Neuentwicklung")

Teilziele	Untersuchungsbereich	
	Vertriebsinnendienst	Vertriebsaußendienst
Erhöhung der Vertriebsleistung	• Beschleunigung der Angebots-/ Auftragsabwicklung • Optimieren Produkt-Mix und Leistungsangebot • Sicherung Lieferservice und Lieferqualität • Umsetzung organisatorischer Verbesserungen	
Zusätzliches Geschäftsvolumen		• Marktsegmentierung und Bildung von Kunden- und Produkt-Cluster • Aktivierung des Service- und Modernisierungsgeschäfts (Installed Base) • Konzentration auf erfolgversprechende A-, B-, C-Kunden • Analyse Lost-orders und Umsetzung in Stärken

Abb. 3.17 Ideenmatrix Vertrieb (Praxisbeispiel Elektro, Auszug)

Teilziele	Untersuchungsbereich		
		Lieferanten	
	Beschaffung	Lieferanten-findung	Lieferantenentwicklung
Lieferanten qualifizierung			• Kriterien der Qualifizierungbeschreiben • Prozess Probeaufträge festlegen

Lieferantenbewertung			• Bewertungskriterien definieren:
			  • Termin
			  • Menge
			  • Qualität
			• Lieferantenklassifizierung erarbeiten
			• Kommunikationsprozess der Bewertungsergebnisse festlegen
			• Verknüpfung von Bewertung und Lieferantenbetreuung sicherstellen

Lieferantenbetreuung			• Lieferantenentwicklungsmaßnahmen definieren • Lieferantenaudits strukturieren • Prozess „Sanktionen" festlegen

Abb. 3.18 Ideenmatrix Einkauf (Praxisbeispiel Anlagenbau, Auszug, nur „Lieferantenentwicklung")

Teilziele	Untersuchungsbereich		
	Lieferant	Produktion	Kunde
Verbesserung der Liefertreue und Qualität	• Vormaterial kommt zu spät • Vormaterialbestand in falscher Qualität • Qualitätsmängel werden unzureichend reklamiert		• Die Liefertreue beträgt nur 50-75% • Bestätigte Termine werden erfasst, nicht die Kundenwunschtermine • Viele unterschiedliche Teillieferungen • „Derzeit ist alles eilig, weil wir immer zu spät liefern" • Keine Kundenservice-Kennzahlen vorhanden
Optimierung der Aufbau- und Ablauforganisation in der Instandhaltung	• Insourcingpotenziale voll nutzen • Instandhaltungsaufgaben in die Produktion integrieren • Vorbeugende Instandhaltung • Anlagenverfügbarkeit erhöhen • zeitnahe Kostentransparenz		
Mitarbeitermotivation erhöhen		• Engagement über den Arbeitsplatz hinaus steigern • Die Identifikation mit dem Unternehmen birgt Verbesserungspotenzial • Aufstiegschancen an Hierarchie geknüpft (Angst vor Titelverlust) • Karrierechancen für junge Ingenieure	

Abb. 3.19 Ideenmatrix Produktion mit Schnittstellen zu anderen Bereichen (Praxisbeispiel Grundstoff, Auszug)

Teilziele	Untersuchungsbereich	
	Elektrotechnik	Maschinentechnik
Anlageneffizienz erhöhen	• IH-Strategie für Anlagen 1-8 neu definieren • IH-Störungsmanagement verbessern • IH-Prozesse optimieren	• IH-Störungsmanagement verbessern
IH-Ressourcen optimal einsetzen	• IH-Ressourcenmanagement (Mitarbeiter, Betriebsmittel) konsolidieren	• Ausbildung der IH-Mitarbeiter verbessern
Ersatzteilmanagement verbessern		• Verfügbarkeit erhöhen
IH-Leistung anpassen	• IH-Leistung an den tatsächlichen Bedarf anpassen	
IH-Wirtschaftlichkeit erhöhen	• Make-or-Buy-Optionen prüfen	• IH-Kosten senken
IH-Organisation verbessern	• IH-Aufbauorganisation neu strukturieren • Verantwortlichkeiten neu vergeben	• IH-Dokumentation einführen

Abb. 3.20 Ideenmatrix Instandhaltung (Praxisbeispiel Automotive, Auszug)

Teilziele	Untersuchungsbereich				
	Beschaffung	Materialfluß und Transport	Lager und Kommissionierung	Produktions-planung und -steuerung	Distribution
Struktur verbessern			• Anzahl der bevorrateten Artikel reduzieren • Anzahl unterschiedlicher Verpackungseinheiten reduzieren • durchschnittliche Menge gelagerter Teile optimieren • Anzahl der Aus- und Einlagerungen senken • Flächenanteil der Läger reduzieren • Anzahl Kommissionierpositionen pro Auftrag optimieren		
Produktivität erhöhen			• Flächennutzungsgrad verbessern • Kapazitätsauslastung der Lagermittel verbessern • Anzahl der Lagerbewegungen je Mitarbeiter erhöhen • Kommissionierzeit je Auftrag senken		
Wirtschaft-lichkeit verbessern			• durchschnittliche Lagerplatzkosten senken • Kosten pro Lagerbewegung reduzieren • Lagerkostensatz senken • Lagerhaltungskostensatz senken • Kommissionierkosten pro Auftrag reduzieren		
Qualität verbessern			• Fehlerquote senken • Ausfallgrad reduzieren • Termintreue verbessern • durchschnittliche Verweildauer in Kommissionierzone senken • Lagerverlust je Periode senken		

Abb. 3.21 Ideenmatrix Logistik (Praxisbeispiel Automotive, Auszug, nur „Lager und Kommissionierung")

Teilziele	Untersuchungsbereich					
	Beschaffung	Vertrieb	Entwicklung	Produktion	Logistik	Verwaltung
Hauptprozesse beschleunigen	• Die Zuordnung von Warengruppen am Standort ist sicherzustellen • Tel. + Fax-Nummer vom Lieferanten im System hinterlegen • Lieferanten für Einkaufsorganisation 0001 anlegen • Selbst erklärende Bestelltexte im Kurztext • Banf entsprechend der Angebots-Positionen anlegen • Sachkonto-Zuordnung 100% richtig erstellen • Preisangaben in der Banf klar definieren (angefragt oder geschätzt) • Zuordnung Einkäufergruppe festlegen • Zuordnung Bestellart (Material oder Dienstleistung) verbessern • Auftragsbestätigungen vollständig aus Banf- bzw. Bestellposition ableiten • Nachbearbeitung von Banf'en/Bestellungen wegen Preisabweichungen reduzieren • Im SAP-CS-Modul die Möglichkeit schaffen, eine Banf mit mehreren Positionen zu eröffnen • Mehrere CS-Banf'en an den gleichen Lieferanten in das System einstellen					

Abb. 3.22 Ideenmatrix Prozesse (Praxisbeispiel Chemie, Auszug, nur „Beschaffung")

3.2.3 Die Maßnahmenblätter – langsam wird das Projekt rund

DAS SOLLTEN SIE WISSEN

- Das Maßnahmenblatt ist das zentrale Dokument im Projekt.
- Das Maßnahmenblatt hat eine festgelegte Struktur.
- Alle notwendigen Informationen für eine Projektmaßnahme befinden sich im Maßnahmenblatt.
- Das Maßnahmenblatt ist die Basisunterlage für das Projekt-Controlling-Tool.

SCHRITT FÜR SCHRITT ZUM ERGEBNIS Sie haben nun eine Ideenmatrix mit den ausgefüllten Potenzialfeldern, welche die priorisierten Ideen beinhalten. In dem nächsten Schritt werden nun die einzelnen Ideen weiter bearbeitet. Dazu ist es notwendig, dass zu jeder Idee, die bisher ja nur als Überschrift (Aussagesatz) existiert, eine strukturierte Beschreibung erstellt wird und zwar in Form eines Maßnahmenblattes. Allerdings gilt auch hier: „Einen Elefanten isst man scheibchenweise." Dies bedeutet, dass das zu erstellende Maßnahmenblatt zwar konkreter ist als eine Ideenmatrix, aber noch kein vollständig ausgearbeitetes und detailliertes Lösungskonzept darstellt. Der Grund für eine kurze Bearbeitungsdauer ist, dass der Meilenstein 1 möglichst schnell erreicht werden soll. Dem Projektauftraggeber soll in einem überschaubaren Zeitraum ein Konzept unterbreitet werden, das die Darstellungen des Projektleiters in der Entscheidungsunterlage als weiterhin richtig beschreibt und durch das Commitment des Projektteams untermauert wird. Weitere Informationen zum Maßnahmenblatt werden im Kapitel 6.3 geliefert. Folgender Aufbau hat sich bewährt:

Schritt 1 Beschreiben Sie die aktuelle Situation. Beschreiben Sie kurz und knapp, wie momentan der Status quo im Hinblick auf die vorliegende Idee ist. Je prägnanter Sie die Situation beschreiben, desto besser versteht ein Außenstehender, was das Problem ist.

Schritt 2 Beschreiben Sie die Zielsetzung der Maßnahme. Auf Basis der Ausgangssituation wird das Ziel dieser Maßnahme formuliert. Hierbei ist es wichtig, nicht nur allgemein das Ziel zu beschreiben, beispielsweise „Frachtkosten", sondern die Zielsetzung detaillierter zu formulieren: „Reduzierung der Frachtkosten durch Neuausschreibung".

Schritt 3 Stellen Sie alle Dokumente oder wichtige Fakten dar. Damit Ihre Zielsetzung nachvollzogen werden kann, sind die Fakten, die Ihrer Einschätzung zugrunde liegen, darzustellen. Dabei spielt es keine Rolle, welche Informationen Sie verwenden (Dokumente, Analysen). Wichtig ist es, dass Sie alle diese Informationen aufführen (ggf. in einem separaten Anhang).

Schritt 4 Berechnen oder schätzen Sie das Potenzial. Aus allen Informationen und der Zielsetzung wird nun eine Quantifizierung des Potenzials vorgenommen. Bei komplexen

Ideen kann auch eine qualifizierte Schätzung durch Experten vorgenommen werden. In der Praxis hat sich die Schätzung als sehr hilfreich (da schnelles Ergebnis) und in den allermeisten Fällen später auch als richtig erwiesen.

Schritt 5 Legen Sie weitere Informationen fest. Neben den Inhalten der Maßnahme werden zusätzliche Informationen benötigt. Diese sind insbesondere in den Projekten wichtig, die aus einer Vielzahl von Einzelmaßnahmen bestehen. In diesen Fällen ist es notwendig, die Maßnahmen mithilfe des „Projekt-Controlling-Tools" (Kapitel 6.3) zu verwalten:

- **Maßnahmennummer:** Vergeben Sie eine fortlaufende Nummer für jede Maßnahme. Die Nummerierung kann sprechend sein, beispielsweise „MB-IH-12" (MB = Maßnahmenblatt, IH = Instandhaltung, 12 = laufende Nummer), oder durchnummeriert.
- **Status:** Hier wird der aktuelle Status der Maßnahme eingetragen. Der Status ändert sich immer dann, wenn die Maßnahme die nächste Konkretisierungsstufe erreicht hat (Kapitel 3.3.1: 1. Idee > 2. Konzept > 3. Umsetzung freigegeben > 4. Aktivitätenplanung > 5. Umgesetzt > 6. Ergebniswirksam)
- **Maßnahmentitel:** Bezeichnung der Idee. Verwenden Sie immer einen Aussagesatz („Frachten neu ausschreiben" und nicht „Frachtkosten").
- **Datum „umgesetzt":** Geben Sie hier den Termin an, zu dem die Maßnahme vollständig umgesetzt ist. In der Projektphase 2 werden Sie dann für den Umsetzungszeitraum die einzelnen Aktivitäten (Einzelaufgaben der Maßnahme) detailliert planen und möglicherweise aufgrund der Detailinformationen den Fertigstellungstermin korrigieren. Dies kommt aber nicht sehr häufig vor. Jetzt ist erst einmal der geschätzte Endtermin wichtig.
- **Maßnahmenverantwortlicher:** Ein Projektteammitglied ist persönlich für die Bearbeitung der Maßnahme verantwortlich. Diese Person ist für alle Projektbeteiligten der Ansprechpartner.
- **Maßnahmenziel:** Sie haben das Potenzial bereits berechnet oder abgeschätzt. Wenn Sie ein Projekt durchführen, bei dem beispielsweise die Ertragssituation im Unternehmen verbessert werden soll, dann ist dies beispielsweise möglich durch Erlössteigerung oder durch Kostensenkungen. Vergeben Sie daher ein Kennzeichen und dann das Potenzial (Kostensenkung = 1, Erlössteigerung = 2). So können Sie später im Reporting der Projektphase 2 gleich erkennen, wie das Potenzial realisiert werden soll.

DAS ERGEBNIS So könnte das Maßnahmenblatt aussehen (Abbildung 3.23):

- Die vier Quadranten (Ausgangssituation, Zielsetzung, Informationsbasis, Potenzial) sind beschrieben.
- Das Maßnahmenblatt hat eine Nummer, einen Titel, einen Endtermin und einen Verantwortlichen.
- Der Status der Maßnahme verändert sich abhängig vom Konkretisierungsgrad (von der Idee bis zur erfolgreich umgesetzten Maßnahme).
- Das Maßnahmenziel kann durch eine Kennzeichnung sprechend sein.

Maßnahmen-Nr.: MB-LO-02	**Status: Konzept**
Maßnahmentitel: Neu-Ausschreibung der Frachten	
1. Ausgangssituation	**2. Zielsetzung**
Viele Dienstleistungsverträge mit Kurieren bestehen seit längerer Zeit. Die Preise wurden aufgrund gestiegener Kosten bei den meisten Kurieren in den letzten Jahren angepasst, aber nicht bei allen.	Die Frachtraten werden regelmäßig überprüft, allerdings liegen weitere Kostenreduzierungspotenziale in einer Neu Ausschreibung der Frachtverträge oder Neu-Verhandlungen mit vorhandenen Kurieren. Ziel ist es, durch neue Angebote die Frachtkosten zu reduzieren.
3. Informationsbasis	**4. Potenzial (pro Jahr):**
Angebote liegen vor von Kurier Braun (Dortmund), Kurier Otto (Leipzig) und Kurier Harnisch (Stuttgart), Neuausschreibung Distributionslager Hamm läuft. Bzgl. Baumgarten wurde eine Übersicht an Hr. Bernhard vom Logistik-Einkauf gegeben. welche zeigt,daß 50% < 5kg bzw. 35% < 3 kg sind, somit der Standard-Tarif von 9,20€ bis 10 kg nur selten ausgenutzt wird. Er klärt, ob der Tarif neu verhandelt werden kann, z.B. mit anderen Schwellen oder ob es sich um einen ‚Karton-Tarif' handelt.	• Lager Dortmund: 60 T€ pro Jahr • Lager Leipzig: 35 T€ pro Jahr (neuer Kurier) • Lager Stuttgart: 20 T€ pro Jahr • Lager Braunschweig: Neuausschreibung • Lager München: Neuausschreibung • Lager Potsdam: aktueller Kurier alle Touren.90 T€ pro Jahr
Datum "umgesetzt":	
31.07.2014	
Maßnahmen-Verantwortlicher:	**Maßnahmenziel (1=Kostensenkung, 2=Ertragssteigerung):**
Franke	**1: 271 TEuro**

Abb. 3.23 Maßnahmenblatt (Praxisbeispiel Chemie)

3.2.4 Das Commitment – alle fürs Projekt

DAS SOLLTEN SIE WISSEN

- Das Commitment ist der Höhepunkt des Projektes.
- Jedes Projektteammitglied gibt ein persönliches Versprechen für die Erreichung der Projektziele ab.
- Die Basis des Commitments sind die vorliegenden Maßnahmenblätter.

SCHRITT FÜR SCHRITT ZUM ERGEBNIS Das Commitment zeigt die persönliche Identifikation des Maßnahmeverantwortlichen mit seiner Maßnahme. Das Teammitglied bekennt sich zu seiner Verantwortung gegenüber dem Projektauftraggeber, die Maßnahme so umzusetzen, wie das Maßnahmenblatt diese beschreibt. Die Verantwortung für eine Aufgabe zu übernehmen und diese auch öffentlich und schriftlich darzustellen, ist seit langer Zeit verbreitet. Bereits in den 80 er-Jahren des letzten Jahrhunderts hat beispielsweise der Vorstand der Continental AG in seinen „Basics" für verschiedene unternehmerische Aufgaben wie Mitarbeiterführung, Kundenbindung oder Kostenbewusstsein sein Commitment schriftlich abgegeben. Das Ziel war es, Vertrauen zu schaffen und allen mit dem Unternehmen verbundenen Personen und Institutionen den Weg der weiteren Entwicklung des Unternehmens aufzuzeigen. An der Umsetzung des Versprechens (Commitment) wollte sich der Vorstand messen lassen.

Schritt 1 Stellen Sie alle ausgearbeiteten Maßnahmenblätter zusammen. Jedes Teammitglied erhält abschließend alle Maßnahmenblätter. Jeder überprüft jedes Maßnahmenblatt auf inhaltliche Richtigkeit.

Schritt 2 Geben Sie ein persönliches Commitment für Ihre Maßnahmenblätter ab. Der Projektleiter führt diesen Schritt formal durch. Nachdem es keine Änderungen an den Maßnahmenblättern mehr gibt, wird jedes einzelne Projektteammitglied vom Projektleiter gefragt, ob er sein persönliches Versprechen für die Umsetzung seiner Maßnahme abgibt. Das Maßnahmenblatt wird dann vom Verantwortlichen unterschrieben. Liegen zu allen Maßnahmenblättern die Commitments vor, ist der Weg von der Ideenfindung bis zur konzeptionellen Ausarbeitung der Maßnahmen in dieser Projektphase abgeschlossen.

DAS ERGEBNIS So kann ein unterschriebenes Maßnahmenblatt (Commitment) aussehen (Abbildung 3.24):

MB-S4-06 **Frachtzuschläge bei Übernacht-Lieferung an Kunden**	**Status:** **Konzept**
1. Ausgangssituation	**2. Zielsetzung**
Alle zu dem "normalen" Lieferrhythmus zusätzlich ausgeführten Übernacht-Lieferungen an Kunden werden FREI HAUS durchgeführt.	Beteiligung der Kunden an den zusätzlich entstehenden Kosten anteilig oder komplett. Mögliche Reduzierung der Handlingskosten im Distributionslager (Auftrag, Verpackung, etc.) incl. anderer Läger (Zulieferungen) durch verändertes Dispositionsverhalten der Kunden. Mögliche Erhöhung der Auslastung der "Normal"-Lieferfahrzeuge an Liefertagen durch verändertes Dispositionsverhalten der Kunden.
3. Informationsbasis	**4.Maßnahmen-Potenzial (pro Jahr):**
Auswertung Gebiet 1 9.261 Sendungen ca. 52 % aller Übernachtsendungen ab Lager 165.111 EUR Frachtkosten ohne MwSt. Ca. 63 % der Frachtkosten gesamt ab Lager	Beteiligung der Kunden mit einem festen Satz. - 6 EUR pro Sendung. - ca. 55.500 EUR Ersparnis Übernahme der Frachtkosten durch Kunden. - ca. 121.000 EUR Ersparnis Schätzung: 50-100 T Euro für die Regionen
Datum "umgesetzt": 25.07.2014	**Maßnahmenziel (Teuro, p.a., 1=Kosten, 2=Erlöse):** 1: PLAN=50-100
Maßnahmen-Verantwortlicher: Busch	Unterschrift: Busch

Abb. 3.24 Unterschriebenes Maßnahmenblatt (Praxisbeispiel Elektro)

3.2.5 Kapitelzusammenfassung

Nun haben Sie den Höhepunkt des Projektes erreicht. Das Projektteam hat Maßnahmen zur Erreichung des Projektziels erarbeitet und sich persönlich für die Realisierung verpflichtet. Die Ergebnisse der Projektphase 1 sind die notwendige Voraussetzung, dass in der Projektphase 2 die Umsetzung erfolgreich angepackt werden kann. Folgende Inhalte haben Sie kennengelernt:

- Die Erkenntnisse aus dem Vorprojekt bilden die Basis dieser Projektphase.
- Die inhaltliche und konzeptionelle Arbeit erfolgt schrittweise.
- Als Hilfsmittel für die schrittweise Vorgehensweise dient die Ideenmatrix.
- Die Erarbeitung von Potenzialfeldern zeigt auf, wo Potenziale vermutet werden.
- Ideen können mithilfe von Kreativitätstechniken erarbeitet werden.
- Aus Ideen werden im nächsten Schritt Maßnahmen.
- Für jede Maßnahme werden die Ausgangssituation, die Zielsetzung, die notwendigen Dokumente und das Potenzial erarbeitet.
- Zum Schluss der Projektphase gibt das Projektteam ein Commitment, ein persönliches Versprechen, zum Projektziel ab.

Abbildung 3.25 zeigt in der Zusammenfassung die in diesem Kapitel erläuterten Aufgaben, die einsetzbaren Methoden und Tools sowie abschließende Fragen zum Kapitelinhalt.

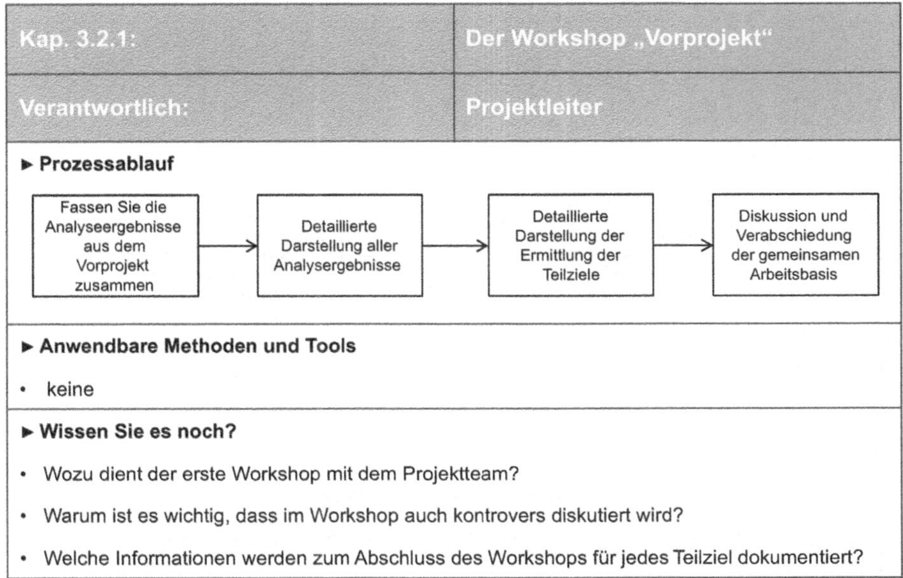

Abb. 3.25 Überblick über die Aufgaben, die Methoden und Tools und die Wissensfragen des Kapitel 3.2

Kap. 3.2.2:	Die Ideenmatrix
Verantwortlich:	Projektteam

► **Prozessablauf**

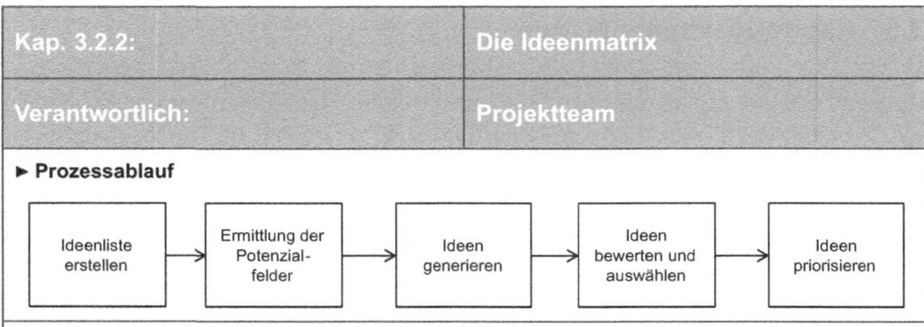

► **Anwendbare Methoden und Tools**

- Kreativitätstechniken
- Bewertungstool

► **Wissen Sie es noch?**

- Beinhalten Ideen schon ein fertiges Lösungskonzept?
- Warum ist es zielführend, mit Ideen statt mit einem Lösungskonzept zu starten?
- Welches Hilfsmittel dient zur projektzielorientierten Suche nach Ideen?
- Wie ist die Ideenmatrix aufgebaut?
- Wie werden Potenzialfelder gefunden?
- Wie werden Ideen bewertet?
- Gibt es mehr als einen Weg zur Priorisierung von Ideen?

Kap. 3.2.3:	Die Maßnahmenblätter
Verantwortlich:	Projektteam

► **Prozessablauf**

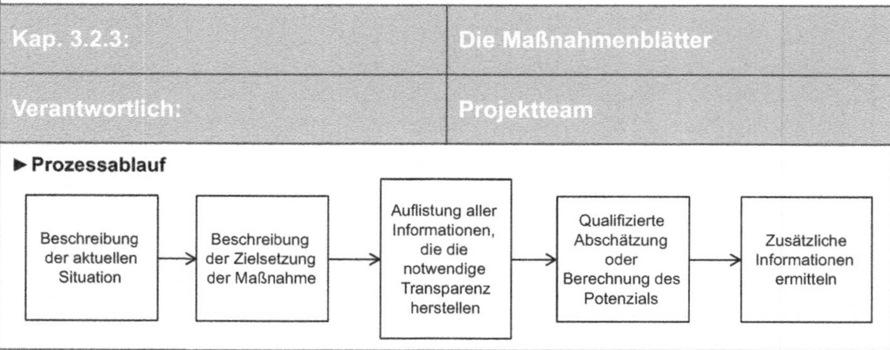

► **Anwendbare Methoden und Tools**

- Maßnahmenblatt

► **Wissen Sie es noch?**

- Hat das Maßnahmenblatt eine besondere Bedeutung im Projekt?
- Können die Informationen zu jeder Maßnahme unterschiedlich strukturiert sein?
- Welche 11 Informationen beinhaltet das Maßnahmenblatt?
- Dient das Maßnahmenblatt auch noch anderen Hilfsmitteln als Basisdokument?

Abb. 3.25 (Fortsetzung)

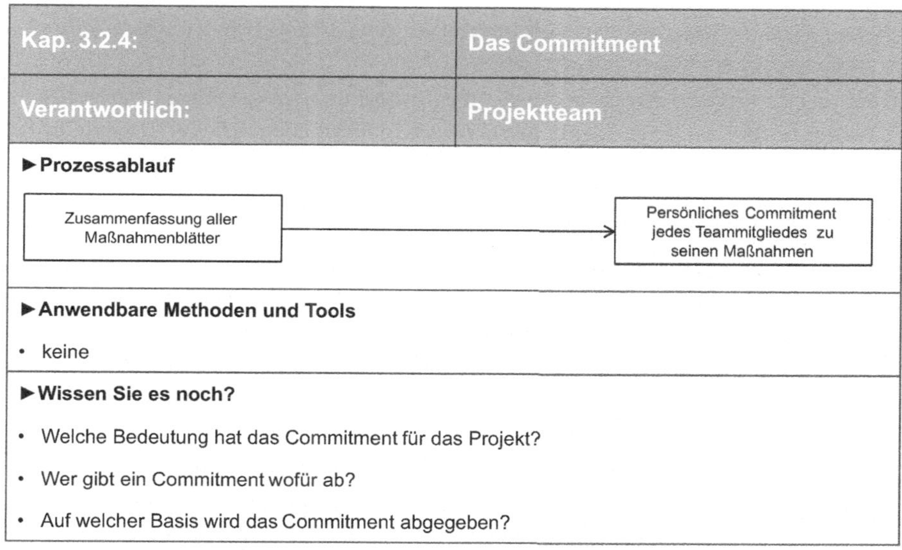

Abb. 3.25 (Fortsetzung)

3.3 Die Projektphase 2 – den Erfolg vor Augen

Es ist nicht genug zu wollen,
man muss es auch tun.
(Johann Wolfgang von Goethe, deutscher Dichter)

„Tauben klatschen" nicht erwünscht – ein Beispiel aus der Praxis

Noch vor 20 Jahren beinhalteten die meisten Projekte von externen Unternehmensberatern die Erstellung eines Konzeptes für den Kunden. Die Umsetzung dieses Konzeptes verblieb meist beim Kunden. Dies hat sich in den letzten Jahren vollständig geändert. Heute wird neben dem Konzept auch die Begleitung der Umsetzung der Maßnahmen (Projektphase 2) erwartet. Weiter kommt hinzu, dass von immer mehr Kunden die Verknüpfung des Honorars an die Projektergebnisse gefordert wird. Welche Absicherung die Kunden für die Umsetzung der Ergebnisse fordern, zeigt recht eindrucksvoll der Auszug aus einem Vertrag zwischen einem Kunden der Elektroindustrie und einem Interim-Management-Unternehmen.

1. *Eine Maßnahme ist beendet, wenn die Fachabteilung die detaillierte Aktivitätenplanung vollständig umgesetzt hat. Der Auftragnehmer hat die Beendigung in dem Controlling-Tool anzuzeigen.*
2. *Der Auftragnehmer beurteilt die Ergebniswirksamkeit der einzelnen Maßnahme. Ein Kosteneinsparungseffekt ist dem Grund und Höhe nach nur dann ergebniswirk-*

sam, wenn der Auftraggeber, vertreten durch den Lenkungskreis, die Beurteilung des Auftragnehmers schriftlich akzeptiert.

3. *Bei der Ermittlung der Höhe der Kosteneinsparung wird der Einsparungseffekt der ersten 12 Monate nach Beginn der Umsetzung berücksichtigt.*
4. *Der Kosteneinsparungseffekt ist ein Nettoeffekt. Bei der Ermittlung der Höhe der Einsparung werden die für die Umsetzung des Projektes erforderlichen Kapitalkosten (AfA + 14 % Verzinsung) in Abzug gebracht. Sonstige einmalige Kosten für die Umsetzung werden durch den Gesamtzeitraum des Einsparungseffektes (maximal 5 Jahre) dividiert und vom jährlichen Bruttoeffekt abgezogen. Aufwand für Personalfreisetzungsmaßnahmen (Abfindungen o. ä.) bleiben bei der Berechnung des Nettoeffektes unberücksichtigt. Pro VzP werden 50 T Euro Einsparungseffekt angesetzt.*

ZIEL DES KAPITELS Dieses Kapitel ist für den Projektleiter und das Projektteam verfasst. Das Ziel dieses Kapitels ist es, alle Aufgaben der Projektphase 2 darzustellen, insbesondere die Erarbeitung von Aktivitätenplänen für jede Maßnahme, die Installation des Projektreportings und des Projekt-Controlling-Tools sowie die Umsetzung der Maßnahmen. Sie werden folgende Inhalte kennenlernen:

- Die Maßnahmenblätter und das Commitment des Projektteams bilden die Basis für die Projektphase 2.
- Die Umsetzung der Maßnahmen steht im Mittelpunkt des Handelns.
- Die Zeitplanung der einzelnen Aufgaben jeder Maßnahme (Aktivitätenplanung) ist bedeutsam für die Transparenz des Umsetzungsprozesses.
- Das Projektcontrolling-Tool ist das Hilfsmittel, auf dem das Projektreporting aufgebaut ist.
- Das regelmäßige Reporting und die damit verbundene Transparenz vermittelt allen Projektbeteiligten das Gefühl, immer ausreichend informiert zu sein.

AUFGABEN UND VORGEHENSWEISE Alle Maßnahmen sind konzeptionell fertig bearbeitet und liegen als Maßnahmenblätter vor. Jetzt kommt die Stunde der Wahrheit. Sind alle Maßnahmen auch tatsächlich in der Praxis umsetzbar? Aber keine Angst. Die langjährige Erfahrung zeigt, dass der Großteil der Maßnahmen tatsächlich so wie geplant umgesetzt werden kann. Natürlich gibt es auch Maßnahmen, die ergebnislos abgeschlossen werden, weil nicht alle Randbedingungen berücksichtigt wurden. Es werden aber auch neue Maßnahmen definiert. Diese Projektphase erfordert viel Disziplin und Beharrungsvermögen. Die Maßnahmenverantwortlichen müssen jetzt „vor Ort" ihre Maßnahmen umsetzen. Dabei kann es auch mal zum Widerstand der Betroffenen kommen. Um diese Konflikte positiv zu lösen, ist Offenheit, Transparenz und Konsequenz gefragt. Abbildung 3.26 zeigt die wesentlichen Aufgaben in der Projektphase 2.

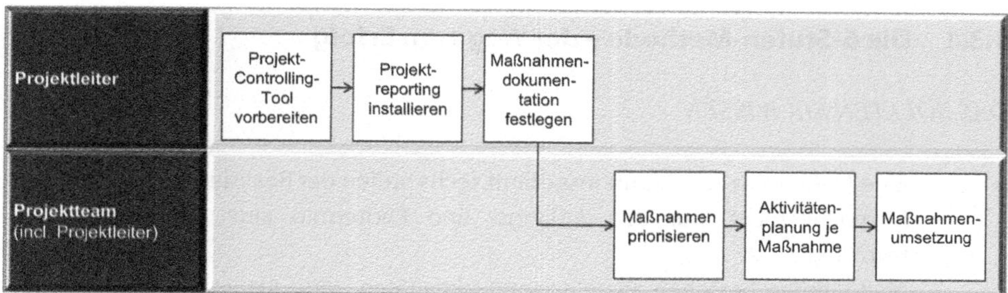

Abb. 3.26 Prozessschritte in der Projektphase 2

Ein typischer Zeitplan für die Projektphase 2 ist in Abbildung 3.27 dargestellt. Dieser Zeitplan gilt für unterschiedliche Projektarten. Allerdings ist der Zeitplan von dem möglichen Zeitaufwand und der Anzahl der zur Verfügung stehenden Projektteammitglieder abhängig. Die Aufgabe „Maßnahmenumsetzung" ist hier nicht vollständig dargestellt, da sie ausschließlich von der Komplexität und somit Zeitdauer des Projektes abhängt.

		Kalenderwochen												
		30	31	32	33	34	35	36	37	38	39	40	41	ff
	Lenkungsgremium-Meeting							X						
	Kernteam-Meeting					X				X				
	Projektteam-Meeting	X	X	X	X	X	X	X	X	X	X	X	X	
Nr.	Aufgabe													
0	**Kick-off**	■												
1	**Maßnahmen priorisieren**				■									
1.1	Bearbeitungsreihenfolge festlegen													
2	**Aktivitätenplanung je Maßnahme**					■	■	■						
2.1	Aktivitäten definieren													
2.2	Zeitplanung je Aktivität													
2.3	Verantwortlichkeiten festlegen													
2.4	Kick-Off je Aktivität planen													
3	**Projekt-Controlling-Tool vorbereiten**		■	■										
3.1	Tool bereitstellen													
3.2	Maßnahmen übertragen													
4	**Projekt-Reporting installieren**			■										
4.1	Maßnahmen Report													
4.2	Aktivitäten Report													
4.3	Wochenbericht													
5	**Maßnahmen Dokumentation festlegen**			■										
5.1	Dokumentationsprozess festlegen													
5.2	Reporting													
6	**Maßnahmen Umsetzung lt. Aktivitätenplan**					■	■	■	■	■	■	■	■	■

Abb. 3.27 Zeitplan für die Projektphase 2 (Praxisbeispiel Chemie)

3.3.1 Die 6-Stufen-Methode – der Weg zum Erfolg

DAS SOLLTEN SIE WISSEN

- Eine Maßnahme durchläuft insgesamt sechs Stufen der Realisierung.
- Es reicht nicht, nur den Anfangs- und Endtermin einer Maßnahme festzulegen.
- Maßnahmen bestehen aus einzelnen Aktivitäten. Jede Aktivität hat einen Anfangs-und einen Endtermin.
- Der Fortschritt der Aktivitätenumsetzung wird überwacht.

SCHRITT FÜR SCHRITT ZUM ERGEBNIS Für professionell durchgeführte Projekte reicht es nicht aus, dass die umzusetzenden Maßnahmen nur einen Anfangs- und einen Endtermin haben. Die Gefahr besteht dann, dass erst am Endtermin festgestellt werden kann, ob eine Maßnahme erfolgreich ist oder nicht. Im Falle einer Erfolglosigkeit ist dann viel Zeit verstrichen, die man möglicherweise durch Gegenmaßnahmen nicht mehr aufholen kann. Besser ist es, wenn im Laufe des Umsetzungsprozesses der Status quo der Maßnahme abgefragt wird. So können Terminabweichungen rechtzeitig erkannt und Gegenmaßnahmen eingeleitet werden. Als sehr starkes Hilfsmittel hat sich hier die „6-Stufen-Methode" erwiesen. Für Maßnahmen wird an besonders wichtigen Umsetzungszeitpunkten jeweils ein weiterer Termin definiert und dieser dann mithilfe des Projekt-Controlling-Tools überwacht. Die Abbildung 3.28 zeigt die sechs Stufen der Maßnahmenumsetzung während der verschiedenen Projektphasen. Die sechs Stufen haben folgende Bedeutung:

Stufe 1 „Idee" Jede Idee befindet sich in der Stufe 1. Die Mindestanforderung an eine Idee ist der Titel (Aussagesatz).

Projektphase 1		Meilenstein 1	Projektphase 2		Meilenstein 2
1. Idee	**2. Konzept entworfen**	**3. Umsetzung freigegeben**	**4. Maßnahmen detailliert planen**	**5. Umgesetzt**	**6. Erfolgswirksam / Dokumentation**
In der Ideenmatrix werden nur Ideen, keine ausgearbeiteten Maßnahmen, aufgelistet. Das Ziel ist es, möglichst schnell eine Vielzahl von Ideen zu generieren.	Das Arbeitsteam hat die Idee bearbeitet und für jede Idee ein Konzept erstellt (Maßnahmenblatt).	Das Lenkungsgremium hat auf Basis des Konzeptes und der Maßnahmenblätter eine Entscheidung gefällt.	Für jede Maßnahme werden detaillierte Zeitpläne erstellt (Aktivitätenpläne).	Die Fachabteilung hat die Maßnahme nach der Aktivtätenplanung umgesetzt.	Es liegt ein Nachweis zum Maßnahmenerfolg vor. Alle Aktivitäten der Maßnahme sind dokumentiert.

Konkretisierungsgrad →

Projektfortschritt →

Abb. 3.28 6-Stufen-Methode der Maßnahmenumsetzung

Stufe 2 „Konzept entworfen" Sind die Ideen nach bestimmten Restriktionen detailliert worden, so sprechen wir von einem Maßnahmenblatt. Maßnahmenblätter befinden sich in der Stufe 2.

Stufe 3 „Umsetzung freigegeben" Wird ein Maßnahmenblatt vom Lenkungsgremium während des Meilensteins 1 zur Umsetzung freigegeben, dann befindet sich die Maßnahme in der Stufe 3.

Stufe 4 „Maßnahmen detailliert planen" Freigegebene Maßnahmen werden detailliert geplant. Dazu wird ein Aktivitätenplan erstellt. Die Maßnahme befindet sich jetzt in der Stufe 4.

Stufe 5 „Umgesetzt" Nachdem alle Aktivitäten von den verantwortlichen Personen oder Fachbereichen bearbeitet worden sind, wird zum Endtermin die Maßnahme als durchgeführt fertiggemeldet. Die Maßnahme befindet sich in der Stufe 5.

Stufe 6 „Erfolgswirksam/Dokumentation" In dieser Stufe wird die gesamte Maßnahme dokumentiert. Alle Unterlagen zu dieser Maßnahme werden zusammengefasst. Am Anfang der Dokumentation wird erklärt und nachgewiesen, ob die Maßnahme erfolgreich war oder nicht. Die Maßnahme befindet sich in der Stufe 6 und ist abgeschlossen.

DAS ERGEBNIS So könnte das Ergebnis des Bearbeitungsprozesses bis zur Stufe 6 aussehen (Abbildung 3.29):

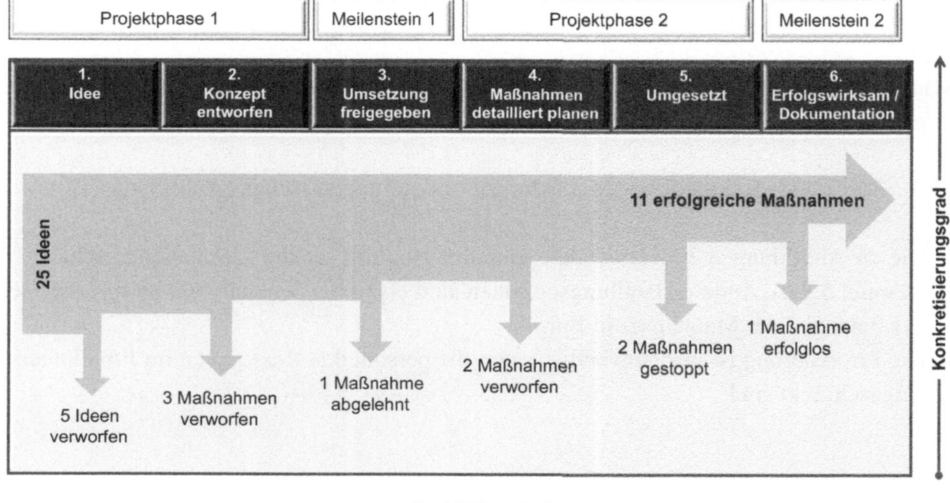

Abb. 3.29 6-Stufen-Methode (Praxisbeispiel Logistik)

- Am Anfang wurden 25 Ideen formuliert.
- In den unterschiedlichen Stufen werden Ideen bzw. Maßnahmen verworfen. Entweder weil die Idee/Maßnahme doch nicht erfolgreich war („verworfen“, „erfolglos“) oder aber vom Entscheidungsgremium abgelehnt wurde („abgelehnt“).
- Zum Schluss sind 11 erfolgreiche Maßnahmen von den 25 Ideen übriggeblieben.

3.3.2 Die Maßnahmenpriorisierung – die Wichtigsten zuerst

DAS SOLLTEN SIE WISSEN

- Die Maßnahmen müssen nach Handlungsoptionen bewertet werden.
- Die Maßnahmenbearbeitung ist zu priorisieren, falls keine ausreichende personelle Bearbeitungskapazität zur Verfügung steht.

SCHRITT FÜR SCHRITT ZUM ERGEBNIS Analog zu Kapitel 3.2.2 werden nun die verbleibenden Maßnahmen in das „Bewertungstool“ (Kapitel 6.2) übertragen, bewertet und priorisiert. Die Priorisierung ist dann wichtig, wenn eine Vielzahl von Maßnahmen festgelegt, aber nur eine begrenzte Bearbeitungskapazität des Projektteams vorhanden ist. In diesem Fall ist die Festlegung einer Reihenfolge für die Bearbeitung notwendig.

Schritt 1 Übertragen Sie die Maßnahmen in das Bewertungstool.

Schritt 2 Bewerten Sie die Maßnahmen. Die Bewertung ist analog zu dem Kapitel 3.2.2 („Schritt 4“) vorzunehmen.

Schritt 3 Priorisieren Sie die Maßnahmen. Die Priorisierung ist analog zu dem Kapitel 3.2.2 („Schritt 5“) vorzunehmen.

DAS ERGEBNIS So könnte die Maßnahmenpriorisierung aussehen (Abbildung 3.30):

- Die in Abbildung 3.30 verwendete Handlungsoption ist die „Realisierungschance“ (Kapitel 3.2.2). Andere Handlungsoptionen sind ebenfalls denkbar, wie beispielsweise das Potenzial der Maßnahme in Euro.
- Die Priorisierung ist nur notwendig, wenn die personellen Ressourcen im Projektteam eingeschränkt sind.

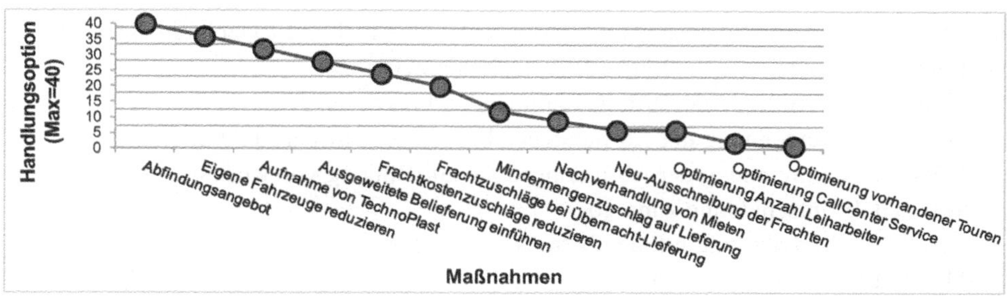

Abb. 3.30 Priorisierung von Maßnahmen nach Handlungsoption (Praxisbeispiel Logistik)

3.3.3 Die Aktivitätenplanung – eine Maßnahme wird zerlegt

DAS SOLLTEN SIE WISSEN

- Maßnahmen bestehen aus einzelnen Aktivitäten.
- Jede Aktivität hat einen Anfangs- und einen Endtermin.
- Jede Aktivität ist in sich geschlossen und bearbeitbar.
- Jede Aktivität hat einen Verantwortlichen, der nicht unbedingt der Maßnahmenverantwortliche sein muss.

SCHRITT FÜR SCHRITT ZUM ERGEBNIS Sie haben bereits in der Projektphase 1 den Anfangs- und den Endtermin der Maßnahme bestimmt. Diese beiden Termine reichen aber nicht aus, um den Fortschritt der Maßnahmenumsetzung zeitnah transparent zu machen. Terminverzögerungen können im schlimmsten Fall erst am Endtermin erkannt werden. Dann ist es zu spät. Das Verhalten, Umsetzungsprobleme nicht schnell offen zu kommunizieren, ist menschlich und kommt in der Praxis häufig vor. Bestes Beispiel ist das Drama um den neuen Flughafen in Berlin. Um bei Problemen schnell eingreifen zu können, wird jede Maßnahme in einzelne, kurzzeitige Aktivitäten aufgeschlüsselt, die jede für sich einen Anfangs- und einen Endtermin haben. Wird nun der Status quo jeder Aktivität im Rahmen des Projektreportings berichtet, können Terminverzögerungen sehr schnell festgestellt und meistens auch behoben werden, ohne dass der Endtermin der Maßnahme in Gefahr gerät.

Schritt 1 Teilen Sie die Maßnahme in geeignete Aktivitäten auf. Dieser Schritt verlangt Ihnen einiges ab. Sie zerlegen Ihre Maßnahme, für die es bisher nur ein Konzept gibt, in realisierbare Einzelschritte. Das setzt voraus, dass Sie als Verantwortlicher den Prozess der Umsetzung der Maßnahme fachlich verstehen. Jede Aktivität an sich muss so definiert sein, dass der Aufgabenumfang klar abgegrenzt ist und vollständig umgesetzt werden kann. Sie wollen beispielsweise im Rahmen eines Kostensenkungsprogramms einzelne Mitarbeiter zum freiwilligen Ausscheiden aus dem Unternehmen gewinnen. Um die Maßnahme „Abfindungsangebot" umzusetzen, sind mehrere Einzelaufgaben (Aktivitäten) durchzuführen, wie die folgende Aufzählung zeigt:

Aktivität 1: Ermittlung der infrage kommenden Personen.
Aktivität 2: Berechnung der Abfindungshöhe und der Einspareffekte.
Aktivität 3: Einreichung der Abfindungshöhe zur Bildung von Rückstellungen.
Aktivität 4: Entscheidung zum Go.
Aktivität 5: Verhandlung mit den betroffenen Mitarbeitern.
Aktivität 6: Vertragsgestaltung
Aktivität 7: Abschluss

Schritt 2 Legen Sie für jede Aktivität den Anfangs- und den Endtermin fest. Diese beiden Termine sind von Bedeutung, denn sie werden im Rahmen des regelmäßigen Projektreportings später abgefragt. Daher sollten bei der Festlegung dieser beiden Termine realistische Zeitpunkte gewählt werden.

Schritt 3 Legen Sie für jede Aktivität einen Verantwortlichen fest. Für die Maßnahme ist bereits ein Verantwortlicher bestimmt worden. Jetzt müssen die Verantwortlichkeiten für die einzelnen Aktivitäten bestimmt werden. In der Regel sind dies die Personen, die im operativen Tagesgeschäft die Fachleute für diese Aufgabe sind. Der Maßnahmenverantwortliche als Koordinator für die Umsetzung der gesamten Maßnahmen schlägt die Aktivitätenverantwortlichen vor. Im Rahmen eines Kick-offs zu jeder Maßnahme lädt der Maßnahmenverantwortliche alle Personen ein, die eine Aktivität bearbeiten sollen. Die Maßnahme, die einzelnen Aktivitäten und das Projektreporting werden vorgestellt und die Aktivitätentermine besprochen sowie bei Zustimmung endgültig verabschiedet.

Schritt 4 Prüfen Sie, ob die bisherigen Maßnahmentermine noch haltbar sind. Nach Abschluss des Kick-offs für die Maßnahme wird der bisher kommunizierte Anfangs- und Endtermin überprüft. Möglicherweise sind im Rahmen der Aktivitätenplanung Erkenntnisse gesammelt worden, die in der Projektphase 1 noch nicht bekannt waren. In diesem Fall muss der Maßnahmentermin angepasst werden. Im Rahmen des Projektreportings in Kapitel 3.3.6 wird dieser Schritt kommuniziert.

DAS ERGEBNIS So könnte die Aktivitätenplanung für eine Maßnahme aussehen (Abbildung 3.31):

- Die Maßnahme „Abfindungsangebot für Mitarbeiter" besteht aus sieben Aktivitäten.
- Jede Aktivität hat eine Bezeichnung, einen Verantwortlichen und einen Anfangs- und Endtermin.

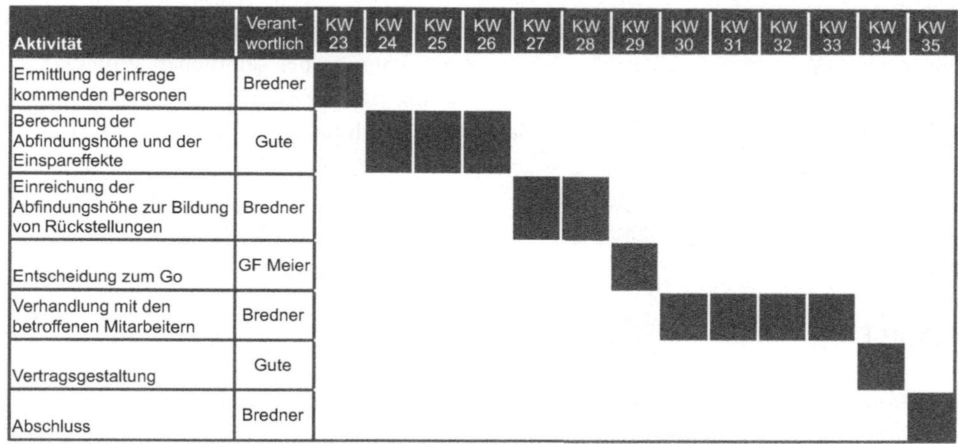

Aktivität	Verantwortlich	KW 23	KW 24	KW 25	KW 26	KW 27	KW 28	KW 29	KW 30	KW 31	KW 32	KW 33	KW 34	KW 35
Ermittlung der infrage kommenden Personen	Bredner	■												
Berechnung der Abfindungshöhe und der Einspareffekte	Gute		■	■	■									
Einreichung der Abfindungshöhe zur Bildung von Rückstellungen	Bredner					■	■							
Entscheidung zum Go	GF Meier							■						
Verhandlung mit den betroffenen Mitarbeitern	Bredner								■	■	■	■		
Vertragsgestaltung	Gute												■	
Abschluss	Bredner													■

Abb. 3.31 Aktivitätenplanung für die Maßnahme „Abfindungsangebot" (Praxisbeispiel Logistik)

3.3.4 Die Maßnahmenumsetzung – Sein oder Nichtsein

DAS SOLLTEN SIE WISSEN

►
- Es gibt immer Widerstand gegen Veränderungen.
- Offenem Widerstand kann mit geeigneten Mitteln begegnet werden.
- Verdeckter Widerstand ist eine Gefahr.
- Die Ursachen des Widerstands sind im Vorfeld einzuschätzen (Kapitel 2.3.3).
- Die Ursachen des Widerstands können positive Aspekte beinhalten, die es zu nutzen gilt.
- Geeignete Vorgehensweisen sind zu wählen, um dem Widerstand zu begegnen.

SCHRITT FÜR SCHRITT ZUM ERGEBNIS Alle konzeptionellen und planerischen Aufgaben sind abgeschlossen. Dies war die Pflicht, jetzt kommt die Kür. Die Umsetzung der Maßnahmen erfordert viel Fingerspitzengefühl. Zwar hat sich das Projekt sicherlich herumgesprochen, die Betroffenheit des Einzelnen in dem Untersuchungsbereich ist aber bisher nicht transparent gewesen. Dies wird sich nun ändern. Das Maßnahmenteam mit den Aktivitätenverantwortlichen ist nun in der Verantwortung, die Zeitvorgaben einzuhalten. Es gibt also zwei Hürden, die es spätestens jetzt zu überwinden gilt. Erstens sind die betroffenen Mitarbeiter oder deren Vertreter einzubeziehen und zu gewinnen und zweitens ist der Zeitplan der Maßnahme einzuhalten. Erst jetzt zeigt es sich wirklich, auf welche reale Situation das Maßnahmenteam trifft.

Gibt es Zustimmung zu den Maßnahmen, dann wird entsprechend des Aktivitätenplans die Umsetzung der Maßnahme vorangetrieben. Ganz anders verhält es sich, wenn Sie bei der Umsetzung auf Widerstand stoßen. Nun ist es wenig hilfreich, alle, die Kritik oder

Unbehagen gegen die Maßnahme äußern, mit disziplinarischen Mitteln zu begegnen oder eine Dienstanweisung auszusprechen. Widerstand kann es bei sämtlichen Projektarten geben. Nicht nur Kostensenkungsmaßnahmen rufen oft Widerstand hervor, auch Maßnahmen zur Geschäftsaktivierung, zur Steigerung der Innovationsgeschwindigkeit, zur schnelleren Ablauforganisation oder zur Neuausrichtung der Strategie. Basis des Widerstands ist in der Regel die persönliche Betroffenheit oder ein generelles Unbehagen gegenüber Veränderungen. Daher ist es erforderlich, den Aspekt Widerstand schrittweise genauer zu betrachten.

Schritt 1 Um welche Art Widerstand handelt es sich? Zwei Arten sind denkbar:

- **Offener Widerstand** ist die einfachste Form. Hier erkennen Sie sofort, wer gegen die Maßnahme ist. In der Regel werden keine Sachargumente vorgebracht, sondern Sprüche. Sie alle kennen sicherlich die Killerphrasen aus anderen Zusammenhängen wie beispielsweise „Das haben schon ganz andere probiert" oder „Das ist unserer Zielgruppe nicht vermittelbar". Meist kommen diese Phrasen aus „dem Bauch heraus". Oft haben sie aber einen realen Hintergrund. Wenn Sie also damit offen konfrontiert werden, dann können Sie auch argumentieren oder reagieren.
- **Der verdeckte Widerstand** ist problematisch und oft auch gefährlich. Denken Sie an einen Eisberg. 10 % schauen aus dem Wasser, 90 % sind unter Wasser und nicht zu sehen. Oder denken Sie an die Erfahrungen im Bereich der Reklamationsbearbeitung. Es ist eine Tatsache, dass hinter jedem Kunden, der sich beschwert, viel mehr Kunden stehen, die sich nicht beschweren und sich stattdessen in Zukunft anders entscheiden. Wähnen Sie sich also nicht in Sicherheit, wenn in Ihrem Projekt niemand offen gegen das Projekt oder die einzelne Maßnahme Stimmung macht. Gehen Sie aber davon aus, dass der Widerstand vorhanden ist, aber eben nicht sichtbar. Äußern tut sich dieser Widerstand in unterschiedlichen Verhaltensweisen wie „sich unwissend stellen", „Forderungen nach perfekten Lösungen" aufstellen oder ganz allgemein durch „wenig Antrieb zeigen". Im fortgeschrittenen Stadium des Widerstands kann es sogar zu Krankmeldungen kommen.

Schritt 2 Gibt es Ursachen für den Widerstand? Ja, die gibt es. Sie liegen in nachvollziehbaren Sachargumenten oder im persönlichen Bereich:

- Werden **Sachargumente** vorgebracht, dann können sich alle Beteiligten damit auseinandersetzen. Niemand im Maßnahmenteam wird sich gegen Argumente sperren, die möglicherweise eine bessere technische Lösung beinhalten, wie die Maßnahme einfacher und schneller zu realisieren ist.
- Liegt der Widerstand im **persönlichen Bereich,** dann kann es sein, dass jemand mit einer ähnlichen Fragestellung in der Vergangenheit negative Erfahrung gemacht hat. Wenn ein Mitarbeiter in seiner letzten Firma seinen Arbeitsplatz aufgrund von Kostensenkungsmaßnahmen verloren hat, dann wird dieser Mitarbeiter sicherlich schwer für eine Maßnahme zu begeistern sein, die in die gleiche Richtung geht.

Schritt 3 Gibt es positive Aspekte des Widerstands? Widerstände können positive Aspekte beinhalten. Zum einen ist es hilfreich, wenn Sie wissen, was Personen gegen die Maßnahme vorbringen. Zum anderen kann Widerstand aber auch ein Indikator sein, der auf tiefergreifende Probleme hinweist. In diesem Fall ist es vorteilhaft, davon zu hören und auch zu reagieren. Kurzum, hören Sie sich die Argumente oder Aussagen der vermeintlichen „Gegner" an und ziehen Sie erst dann Ihre Schlussfolgerungen.

Schritt 4 Erstellen Sie geeignete Instrumente zum Umgang mit dem Widerstand. Verschaffen Sie sich mit Ihrem Maßnahmenteam einen Überblick über die Haltung der einzubeziehenden Personen bei der Maßnahmenumsetzung (Abbildung 3.32). Für die meisten „Widerstandskandidaten" gibt es eine Lösung zur Beseitigung der Einwände.

Erläuterung zu Abbildung 3.32: Die „Skeptiker" (4 Personen) lassen sich in der Regel von Argumenten überzeugen, den „Ängstlichen" (4 Personen) muss die Angst durch persönliche Gespräche genommen werden. Oft ist es hilfreich, mehr Hintergrundinformationen zur Maßnahme zu geben, um Ängste zu beseitigen. Nur die „Verhinderer" (2 Personen) sind nicht zu überzeugen. Die Personen müssen aus dem Projektumfeld herausgedrängt werden. Die „Multiplikatoren" (6 Personen) sind die Stützen der Maßnahmen.

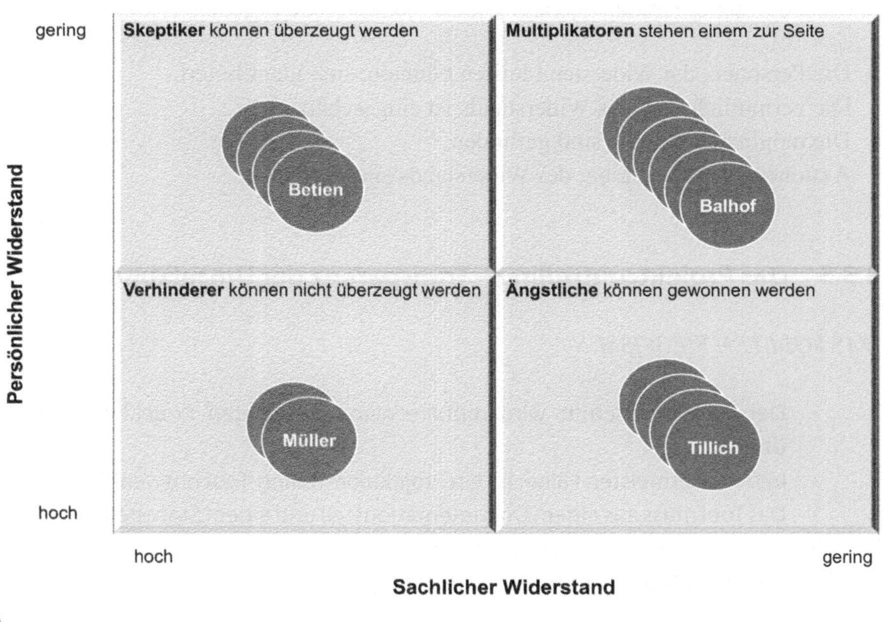

Abb. 3.32 Widerstand von Personen zu einer Maßnahme (Praxisbeispiel Verkehr)

Name	Widerstandsart	Möglicher Grund	Aktion	Datum
Meier	1. Sachwiderstand 2. Persönlicher Widerstand	1. Hat keine Information über das Ziel 2. Hat Angst um den Arbeitsplatz	1. Darstellung des Maßnahmenziels 2. Angst nehmen vor Arbeitsplatzverlust	13.01.
Müller	1. Sachwiderstand	1. Hat unzureichende Information über das Ziel	1. Darstellung der Aktivität 1 („Analyse des Vertriebsbereichs")	14.01.
Bernfried	1. Sachwiderstand	1. Sieht fehlende Kompetenz im Maßnahmenteam	1. Einbeziehung in das Maßnahmenteam	15.01.
Jobst	1. Persönlicher Widerstand	1. Gespräche im Vorfeld über die Notwendigkeit der Maßnahme haben zu keinem Ergebnis geführt.	1. Ausschluss aus dem Maßnahmenteam	16.01.
Tillich	1. Sachwiderstand 2. Persönlicher Widerstand	1. Hat Bedenken bei dem Aktivitätenplan 2. Opponiert fachlich gegen die Maßnahme	1. Vorschlag von Hr. Tillich in die Maßnahme integrieren 2. Gespräch mit Vorgesetzten führen und danach ggf. in das Maßnahmenteam einbeziehen	17.01.

Abb. 3.33 Maßnahmenkatalog aus der Widerstandsanalyse (Praxisbeispiel Anlagenbau)

DAS ERGEBNIS So könnte der Maßnahmenkatalog zur Beseitigung des Widerstands für besonders wichtige Maßnahmen aussehen (Abbildung 3.33):

- Die Personen, die Widerstand leisten könnten, sind identifiziert.
- Die vermutliche Art des Widerstands ist eingeschätzt.
- Die möglichen Gründe sind gefunden.
- Aktionen zur Beseitigung des Widerstands sind festgelegt.

3.3.5 Das Projektcontrolling – Transparenz der Umsetzung

DAS SOLLTEN SIE WISSEN

- Der Projektfortschritt wird mithilfe eines geeigneten Projektcontrollings überwacht.
- In den allermeisten Fällen ist ein Projektcontrolling-Tool notwendig.
- Das Tool muss aus einem Dokumentationsteil und einem Statusteil bestehen.
- Die bisher erarbeiteten Basisinformationen aus den Maßnahmenblättern und den Aktivitätenplänen sind Bestandteil des Tools.

SCHRITT FÜR SCHRITT ZUM ERGEBNIS Das Projektcontrolling ist das zentrale Element zur Darstellung des Projektfortschritts und zur Schaffung der notwendigen Transparenz der Aktivitäten- und letztlich Maßnahmenbearbeitung. Um die Umsetzung der

Vielzahl von Maßnahmen und Aktivitäten regelmäßig zu prüfen und berichten zu können, bietet es sich an, ein geeignetes Controlling-Tool einzusetzen. Dieses Tool besteht aus zwei Bereichen, dem Dokumentationsteil und dem Statusteil.

Schritt 1 Legen Sie die Inhalte des Dokumentationsteils fest. Der Dokumentationsteil muss die Verbindung zwischen den bisher erarbeiteten Inhalten und dem Reporting des Status quo herstellen. Die bisher erarbeiteten Basisdokumente sind das Maßnahmenblatt und der Aktivitätenplan. Beides zusammen ist ein Bestandteil des Controlling-Tools. Im Einzelnen sind folgende Inhalte Bestandteil des Tools:

- **Nummer der Maßnahme:** Sie können eine fortlaufende Nummerierung wählen oder eine sprechende. Die sprechende Nummerierung ist zwar etwas länger, kann aber hilfreich sein, wenn die Maßnahmen beispielweise unter bestimmten Clustern zusammengefasst werden sollen.
- **Titel der Maßnahme:** Hier wird der bisher gültige Titel der Idee/Maßnahme übernommen oder, falls sich während der Aktivitätenplanung gezeigt hat, dass der Titel treffender zu formulieren ist, dann wird dieser eingetragen.
- **Inhalte der Maßnahmenblätter:** Die vier im Maßnahmenblatt beschriebenen Inhalte „Ausgangssituation", „Zielsetzung", „Informationen" und „Potenzial" sind in geeigneter Form in das Controlling-Tool zu integrieren. Somit stellen Sie sicher, dass neben Termininformationen auch die wichtigsten Maßnahmeninhalte immer sichtbar sind.
- **Inhalte der Aktivitätenplanung:** Neben der fortlaufenden Nummer der einzelnen Aktivitäten des Aktivitätenplans ist die Bezeichnung der Aktivität, der geplante Anfangs- und Endtermin und der tatsächlich realisierte Fertigstellungstermin in das Projektcontrolling zu übernehmen.
- **Verantwortlichkeiten:** Die Verantwortlichkeit für die Maßnahme und für die einzelnen Aktivitäten je Maßnahme ist zu übernehmen.
- **Potenzial und Ziel der Maßnahme:** Das Potenzial wird aus der Unterlage übernommen, die bei dem ersten Meilenstein dem Projektauftraggeber präsentiert wurde. Die dort verabschiedeten Maßnahmen werden nicht mehr verändert, insbesondere nicht die Potenziale! Abhängig von der Projektart können unterschiedliche Ziele für das Projekt gelten.

Schritt 2 Legen Sie die Inhalte des Statusteils fest. Der Statusteil des Projektcontrollings ist auf die zeitliche Umsetzung der Maßnahmen und Aktivitäten fokussiert. Mithilfe der Informationen dieses Teils wird regelmäßig der Projektfortschritt überprüft:

- **Information über die Maßnahmenstufe:** Im Kapitel 3.3.1 wurde bereits die „6-Stufen-Methode" für Maßnahmen beschrieben. Die Anwendung dieser Methode findet in diesem Teil des Projektcontrollings statt.
- **Fertigstellungstermin der Maßnahme:** Der Endtermin der Maßnahme („umgesetzt") ist aus dem Maßnahmenblatt zu übernehmen.

- **Termine der Aktivitäten:** Für jede Aktivität muss der geplante Anfangs- und Endtermin übernommen werden. Der geplante Anfangstermin der ersten Aktivität ist auch gleich der geplante Anfangstermin der Maßnahme. Der geplante Endtermin der letzten Aktivität ist der geplante Fertigstellungstermin der Maßnahme. Neben den geplanten Terminen sind auch die Ist-Termine der Aktivitäten einzuführen. Für jede Aktivität muss es also einen Plan- und einen Ist-Termin geben. Weiterhin muss für den Fall von Abweichungen ein zweiter Plan-Termin vergeben werden können. Mit diesen Informationen ist ein Plan-/Ist-Vergleich der Terminierung möglich.

DAS ERGEBNIS So könnte die Struktur des zweiseitigen Projektcontrollings aussehen (Abbildung 3.34 und Abbildung 3.35):

- Die Struktur des Projektcontrollings ist auf das Wesentliche fokussiert.
- Alle notwendigen Informationen für eine Maßnahme (Maßnahmenblatt, Aktivitätenplan) sind festgelegt.
- Mit diesen Informationen kann ein Projektreporting aufgebaut werden (Kapitel 3.3.6).
- Diese Struktur ist die Basis für das Projektcontrolling-Tool (Kapitel 6.3).

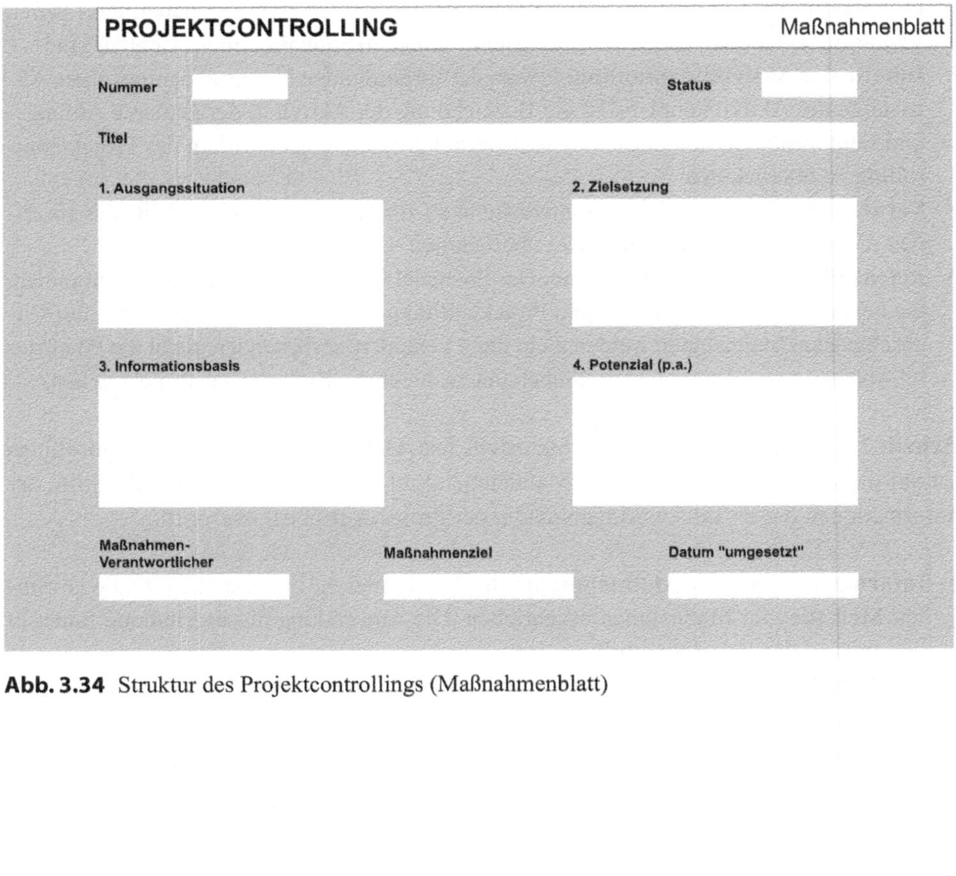

PROJEKTCONTROLLING Maßnahmenblatt

Nummer

Status

Titel

1. Ausgangssituation

2. Zielsetzung

3. Informationsbasis

4. Potenzial (p.a.)

Maßnahmen-Verantwortlicher

Maßnahmenziel

Datum "umgesetzt"

Abb. 3.34 Struktur des Projektcontrollings (Maßnahmenblatt)

PROJEKTCONTROLLING Aktivitätenplan

Nr.	Aktivität	Termin	Termin, neu	Verantwortlich	abgeschlossen

Abb. 3.35 Struktur des Projektcontrollings (Aktivitätenplan)

3.3.6 Das Projektreporting – immer auf dem Laufenden

DAS SOLLTEN SIE WISSEN

- Der Projektreport dient zur Darstellung des Status quo des Projektes.
- Der Projektreport ist klar strukturiert und die Inhalte sind mit dem Empfängerkreis abgestimmt.
- Der Projektreport wird in der Regel mittels des Projektcontrolling-Tools erstellt (Kapitel 6.3).
- Der Projektreport erscheint regelmäßig.
- Abweichungen in der Maßnahmen- oder Aktivitätenumsetzung werden immer kommuniziert.

SCHRITT FÜR SCHRITT ZUM ERGEBNIS Die Arbeit des Projektteams in der Umsetzungsphase wird regelmäßig überprüft und im Rahmen des Projektreportings dem beteiligten Personenkreis zur Kenntnis gegeben. Das Ziel des Reportings ist es, erstens Transparenz über den Projektfortschritt herzustellen und zweitens Abweichungen so schnell wie möglich zu erkennen und notwendige Gegenmaßnahmen einzuleiten. Die Endtermine der Maßnahmen dürfen nicht in Gefahr geraten. Mit der Darstellung des Fortschritts in der Umsetzung der Maßnahmen („6-Stufen-Methode") wird auch den Entscheidungsgremien vollständige Transparenz geboten. Dies führt bei allen Projektbeteiligten zu der notwendigen Sicherheit, dass das Projekt auf gutem Weg ist oder die Abweichungen sofort offen kommuniziert werden. Im Rahmen des Aufbaus des Projektreportings sind einige Festlegungen mit allen Projektbeteiligten zu treffen.

Schritt 1 Legen Sie gemeinsam fest, was berichtet werden soll. Der Projektreport darf nicht überladen sein. So wenig Informationen wie möglich, soviel Informationen wie nötig. Leider ist dies in der Praxis häufig nicht der Fall. Frei nach dem Motto „Der Hunger kommt beim Essen" werden Reports mit allen möglichen zusätzlichen Informationen überladen.

Die Konsequenz ist dann, dass sich niemand den Report mehr anschaut, weil er zu unübersichtlich geworden ist. Beginnen Sie Ihren Report mit einem „Management Summary" auf einer Seite. Berichten Sie danach über den Stand der Maßnahmenbearbeitung und den Stand der Aktivitätenbearbeitung, die in dem Berichtszeitraum umgesetzt sein sollen.

Schritt 2 Legen Sie gemeinsam fest, wie häufig der Projektreport erscheinen soll. Der Berichtszeitraum darf nicht zu kurz und nicht zu lang sein. Ist er zu kurz, dann haben Sie häufig nicht genügend neue Informationen für den Bericht. Dies führt dazu, dass die Adressaten den Bericht nicht regelmäßig aufmerksam lesen. Ist der Berichtszeitraum zu lang, dann können Abweichungen möglicherweise zu spät erkannt werden. In der Praxis hat sich gezeigt, dass der Berichtszeitraum von einer Woche ausreichend ist.

Schritt 3 Erstellen Sie sich ein Hilfsmittel, mit dem Sie möglichst einfach alle Controllingdaten verwalten können. Stellen Sie sich vor, Sie haben 20 Maßnahmen definiert und jede besteht im Schnitt aus 10 Aktivitäten. Dann haben Sie in der Summe 200 Aktivitätentermine zu überwachen. Bei vielen Projekten sind 20 Maßnahmen ein Minimum. Oft sind es 50 und mehr Maßnahmen. Die daraus entstehende große Anzahl an Aktivitäten kann nicht manuell mit vernünftigem Zeitaufwand überwacht werden. Ein formalisiertes und auf einer Standardsoftware basierendes Tool ist absolut notwendig. Solch ein Tool sollte aber nur die Informationen beinhalten und verwalten, die für Ihr Projekt wirklich notwendig sind. Oft haben kommerzielle Tools so viele zusätzliche Informationen, dass deren Handhabung sehr zeitaufwendig ist und weit über den notwendigen Zweck hinausgeht. Es ist wenig hilfreich, „mit Kanonen auf Spatzen zu schießen". Also bietet es sich an, ein einfaches Tool für Ihre Zwecke selbst zu erstellen (Kapitel 6.3).

Schritt 4 Legen Sie den Reportingprozess fest. Folgender Ablauf hat sich in der Praxis als praktikabel erwiesen (Abbildung 3.36):

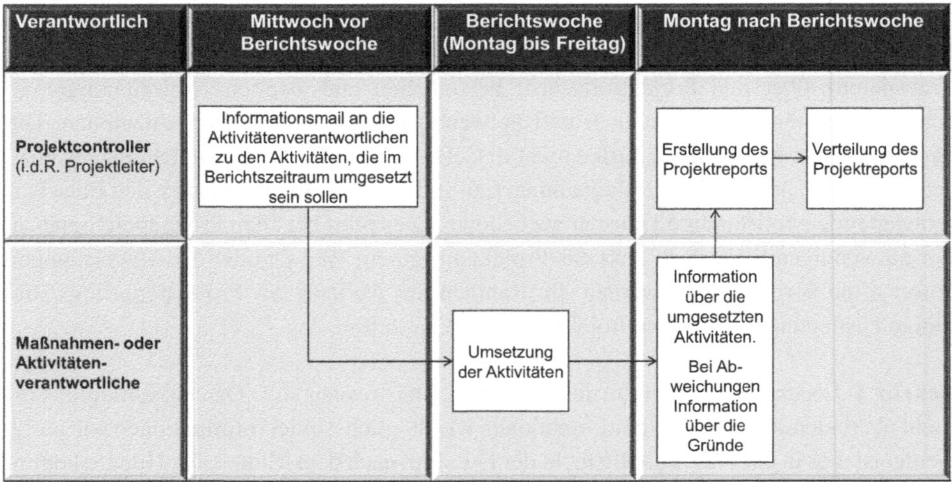

Abb. 3.36 Ablauf des Projektreportings

Schritt 5 Legen Sie das Reporting von Abweichungen fest. Abweichungen von den geplanten Aktivitätenterminen sind zu dokumentieren. Somit ist sichergestellt, dass die Aktivitätenverantwortlichen sich darüber im Klaren sind, dass jede Abweichung dem gesamten Verteiler des Projektreportings zur Kenntnis gegeben wird und zweitens, dass alle die Gründe der Abweichungen kennen und die Verantwortlichen gegensteuern können. Folgende Informationen werden kommuniziert:

- Aktivitätennummer
- Geplanter Aktivitätentermin (alt)
- Verzögerungsursache
- Gegenmaßnahmen
- Geplanter Aktivitätentermin (neu)
- Konsequenz für die Maßnahme

DAS ERGEBNIS So könnte die Struktur des Projektreports aussehen (Abbildung 3.37):

- Der Projektreport hat vier Kapitel.
- Die Kapitel „Stand der Maßnahmenbearbeitung“ und „Stand der Aktivitätenbearbeitung“ werden auf Basis des Projektcontrolling-Tools erstellt.
- Ist eine Maßnahme vollständig abgeschlossen (Maßnahmenstufe 6 „ergebniswirksam“), dann wird sie im Projektreport mit allen Details veröffentlicht (Kapitel 3.3.7).

Projektreport für die KW07

- Management Summary
  - Zusammenfassung
  - Stand der Umsetzung der Projektziele
  - Status quo Projektzeitplan
- Stand der Maßnahmenbearbeitung
  - Übersicht aus Projekt-Controlling-Tool
- Stand der Aktivitätenbearbeitung
  - Übersicht aus Projekt-Controlling-Tool
  - ggf. Grund der Abweichung einer Aktivitätenbearbeitung
- Dokumentation umgesetzter Maßnahmen im Berichtszeitraum

Abb. 3.37 Projektreport (Inhaltsverzeichnis)

3.3.7 Die Maßnahmendokumentation – der Erfolg ist nachweisbar

DAS SOLLTEN SIE WISSEN

- Jede Maßnahme wird abschließend vollständig dokumentiert.
- Die Dokumentation ist ein wichtiges Instrument zur Herstellung vollständiger Transparenz der Maßnahmenbearbeitung.
- Für jede erfolgreich umgesetzte Maßnahme wird ein Erfolgsnachweis erstellt.
- Der Erfolgsnachweis ist absolut glaubwürdig und nachvollziehbar.

SCHRITT FÜR SCHRITT ZUM ERGEBNIS Jede abgeschlossene Maßnahme wird dokumentiert. Egal ob sie erfolgreich oder erfolglos abgeschlossen wurde. Das Ziel ist es, die Entwicklung der Umsetzung der Maßnahme anhand der Aktivitäten darzustellen. Dazu werden für jede Aktivität die relevanten Dokumente zusammengefasst.

Schritt 1 Erstellen Sie eine Management Summary. Sinnvoll ist die Gegenüberstellung des Ziels der Maßnahme im Plan/Ist-Vergleich. Darüber hinaus ist anzugeben, ob der Endtermin eingehalten wurde, ob die Dokumentation vollständig und wer der Maßnahmenverantwortliche ist (Abbildung 3.38).

Schritt 2 Fügen Sie das Maßnahmenblatt bei. Das Maßnahmenblatt ist auf einer Seite darzustellen, damit das Maßnahmenkonzept dokumentiert ist.

Schritt 3 Fügen Sie den Aktivitätenplan bei. Der Aktivitätenplan ist darzustellen, um den Status der Termine je Aktivität transparent zu machen.

Schritt 4 Stellen Sie alle relevanten Dokumente je Aktivität zusammen. Für jede bearbeitete Aktivität werden die relevanten Dokumente dargestellt, die den Weg der Aktivitätenbearbeitung zeigen. Dieser Schritt ist sehr wichtig, da hier zum ersten Mal eine vollständige Transparenz des Bearbeitungswegs hergestellt wird. Die Art der Dokumente ist naturgemäß vielfältig. Wichtig ist es, dass die Dokumente nur die Bearbeitung der aktuellen Aktivität nachweisen. Lautet beispielsweise eine Aktivität „Einladung zum Meeting mit

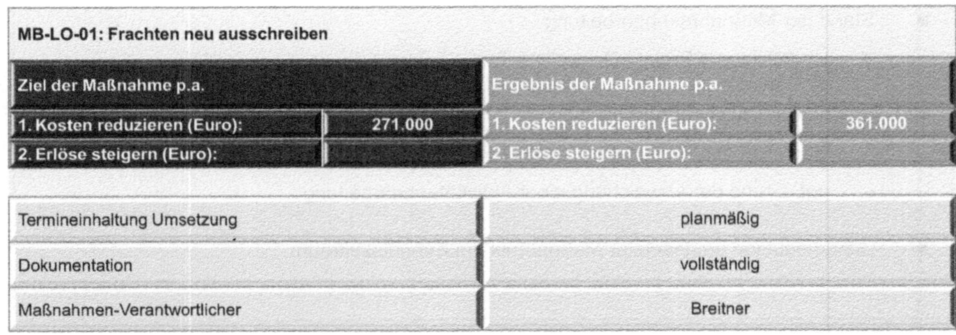

MB-LO-01: Frachten neu ausschreiben			
Ziel der Maßnahme p.a.		Ergebnis der Maßnahme p.a.	
1. Kosten reduzieren (Euro):	271.000	1. Kosten reduzieren (Euro):	361.000
2. Erlöse steigern (Euro):		2. Erlöse steigern (Euro):	

Termineinhaltung Umsetzung	planmäßig
Dokumentation	vollständig
Maßnahmen-Verantwortlicher	Breitner

Abb. 3.38 Management Summary der Maßnahmendokumentation

der Firma Müller“, so ist die Einladungsmail oder der Einladungsbrief zu dokumentieren. Lautet die Aktivität „Analyse der Verkaufsergebnisse im Bezirk Nord“, so ist die vollständige Datenanalyse darzustellen.

Schritt 5 Erstellen Sie den Erfolgsnachweis. Abschließend wird für jede Maßnahme der Erfolg oder der Nichterfolg dargestellt. Ist die Maßnahme nicht erfolgreich, dann werden die Gründe des Scheiterns der Maßnahme aufgeführt. Ist die Maßnahme erfolgreich, dann ist ein überzeugender Beweis für den Erfolg darzustellen. Der Nachweis kann möglicherweise eine längere Zeit in Anspruch nehmen, insbesondere dann, wenn erst über eine längere Zeitdauer positive Veränderungen sichtbar gemacht werden können. Ganz wichtig ist es, dass der Erfolg tatsächlich beweisbar ist. Nur in diesem Fall hat das Unternehmen einen Vorteil aus dieser Maßnahme. Tricksen hilft überhaupt nicht. Das ganze Renommee des Projektteams hängt an der Seriosität des Erfolgsnachweises. Denken Sie an die im Vorwort zum Buch erwähnte Parabel vom „Tauben klatschen“.

DAS ERGEBNIS So könnte die Struktur der Maßnahmendokumentation aussehen (Abbildung. 3.39):

- Maximal fünf Kapitel umfasst die Maßnahmendokumentation.
- Das Maßnahmenblatt und der Aktivitätenplan werden im Projektcontrolling-Tool erstellt (Kapitel 6.3).
- Die Dokumente je Aktivität müssen die behandelten Inhalte der Aktivitätenumsetzung darstellen.
- Der Erfolgsnachweis ist transparent und belegbar.

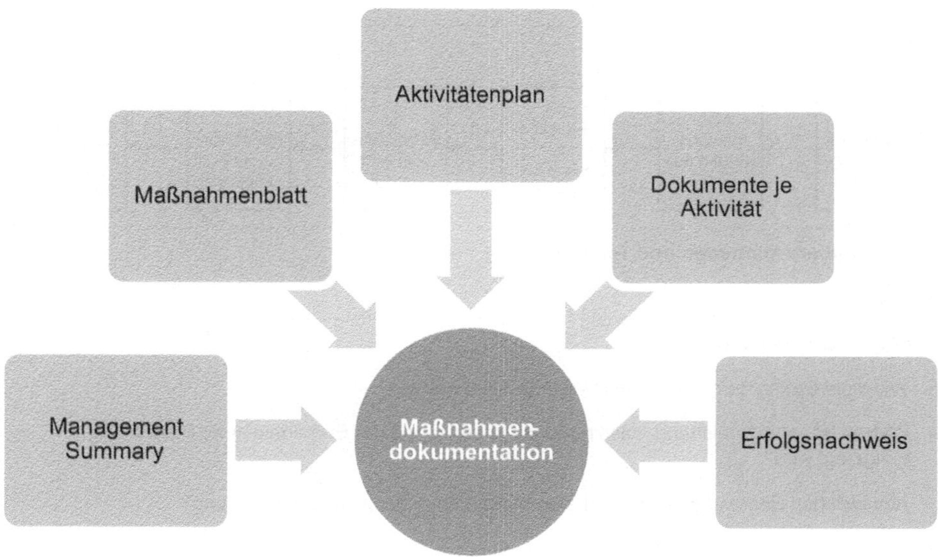

Abb. 3.39 Dokumentation der Maßnahme

3.3.8 Kapitelzusammenfassung

Die Aufgaben der zweiten Projektphase sind abgeschlossen. Die Transparenz der Maßnahmenumsetzung war in dieser Phase jederzeit gegeben. Mittels der „6-Stufen-Methode“, des Projektcontrollings und des Projektreportings sind alle Projektbeteiligten jederzeit über den Bearbeitungsfortschritt informiert worden. Folgende Inhalte haben Sie kennengelernt:

- Die Maßnahmenblätter und das Commitment des Projektteams bilden die Basis für die Projektphase 2.
- Die Umsetzung der Maßnahmen steht im Mittelpunkt des Handelns in der Projektphase 2.
- Die Zeitplanung der einzelnen Aufgaben jeder Maßnahme (Aktivitätenplanung) ist bedeutsam für die Transparenz des Umsetzungsprozesses.
- Das Projektcontrolling-Tool ist das Hilfsmittel, auf dem das Projektreporting aufgebaut ist.
- Das regelmäßige Reporting und die damit verbundene Transparenz vermittelt allen Projektbeteiligten das Gefühl, immer ausreichend gut informiert zu sein.

Abbildung 3.40 zeigt in der Zusammenfassung die in diesem Kapitel erläuterten Aufgaben, die einsetzbaren Methoden und Tools sowie abschließende Fragen zum Kapitelinhalt.

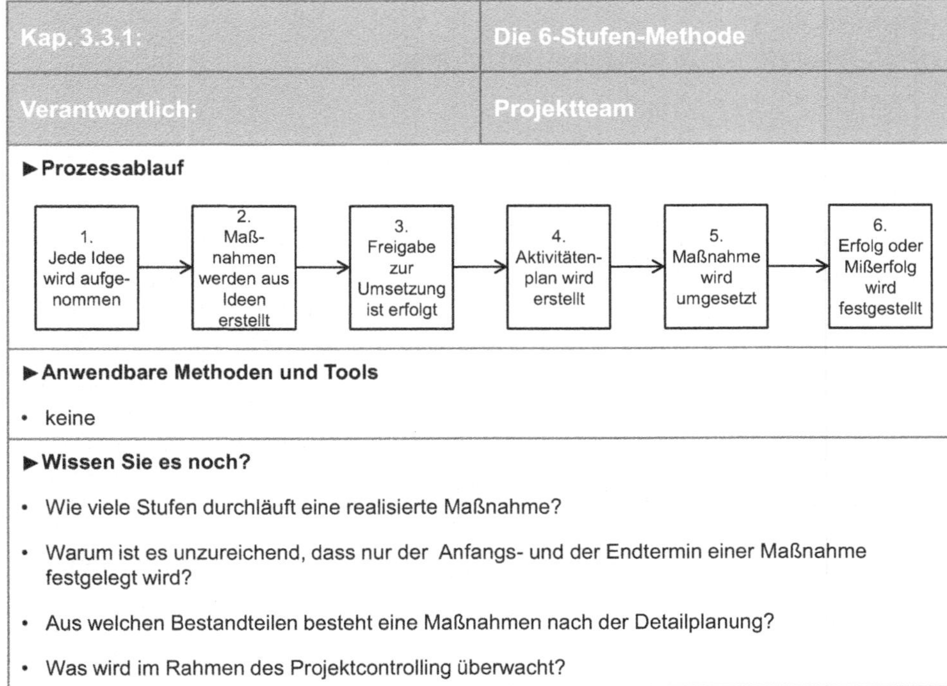

Abb. 3.40 Überblick über die Aufgaben, die Methoden und Tools und die Wissensfragen des Kapitel 3.3

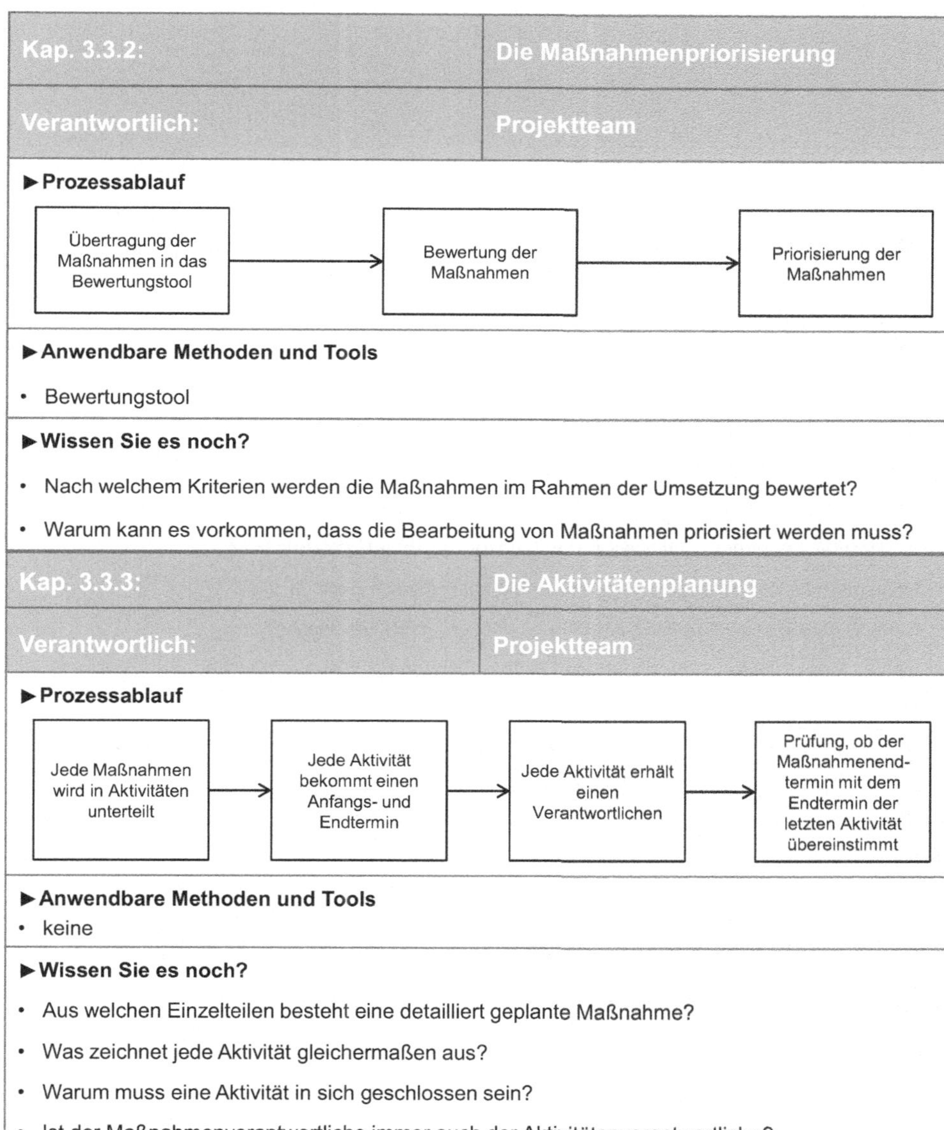

Abb. 3.40 (Fortsetzung)

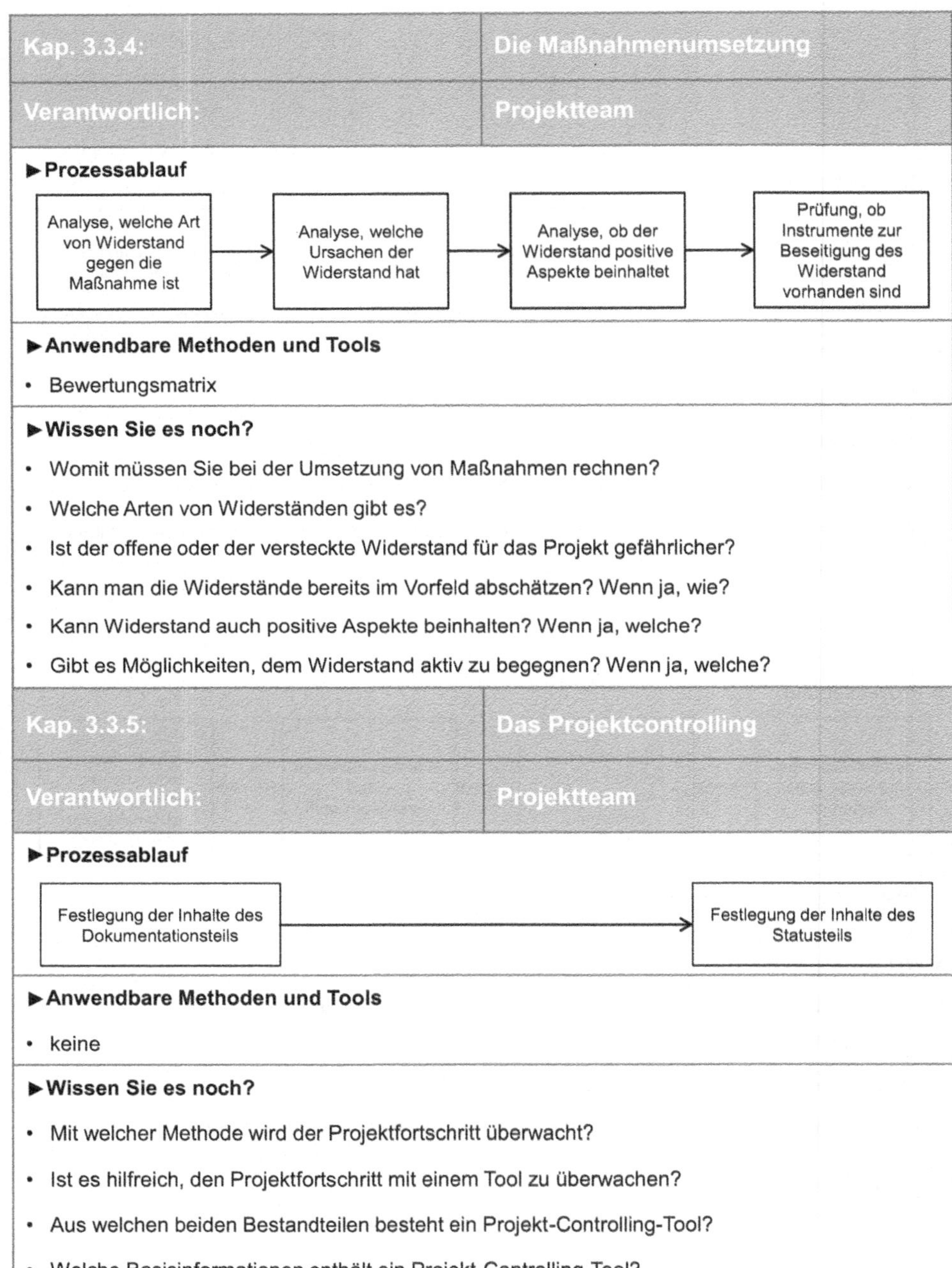

Kap. 3.3.4:	Die Maßnahmenumsetzung
Verantwortlich:	Projektteam

► Prozessablauf

► Anwendbare Methoden und Tools

- Bewertungsmatrix

► Wissen Sie es noch?

- Womit müssen Sie bei der Umsetzung von Maßnahmen rechnen?
- Welche Arten von Widerständen gibt es?
- Ist der offene oder der versteckte Widerstand für das Projekt gefährlicher?
- Kann man die Widerstände bereits im Vorfeld abschätzen? Wenn ja, wie?
- Kann Widerstand auch positive Aspekte beinhalten? Wenn ja, welche?
- Gibt es Möglichkeiten, dem Widerstand aktiv zu begegnen? Wenn ja, welche?

Kap. 3.3.5:	Das Projektcontrolling
Verantwortlich:	Projektteam

► Prozessablauf

► Anwendbare Methoden und Tools

- keine

► Wissen Sie es noch?

- Mit welcher Methode wird der Projektfortschritt überwacht?
- Ist es hilfreich, den Projektfortschritt mit einem Tool zu überwachen?
- Aus welchen beiden Bestandteilen besteht ein Projekt-Controlling-Tool?
- Welche Basisinformationen enthält ein Projekt-Controlling-Tool?

Abb. 3.40 (Fortsetzung)

Kap. 3.3.6:	Das Projektreporting
Verantwortlich:	Projektteam

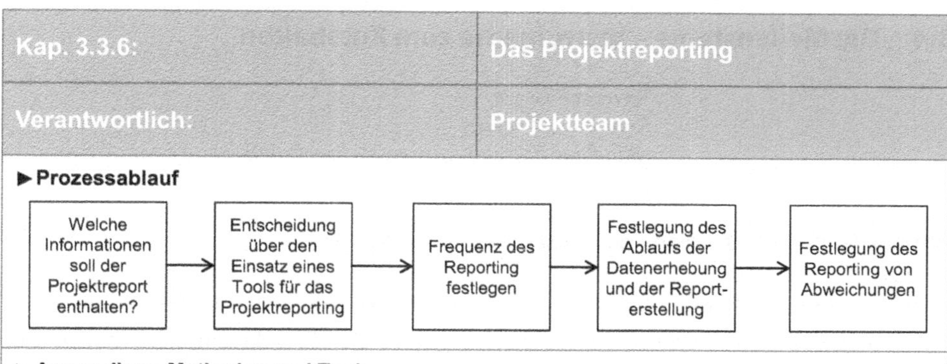

► Anwendbare Methoden und Tools

- keine

► Wissen Sie es noch?

- Wozu dient der Projektreport?
- Warum ist der Projektreport mit dem Empfängerkreis abzustimmen?
- Kann der Projektreport auch automatisiert erstellt werden? Wenn ja, welches Tool bietet sich an?
- Erscheint der Projektreport sporadische?
- Sind Abweichungen in der Umsetzung von Maßnahmen besonders darzustellen?

Kap. 3.3.7:	Die Maßnahmendokumentation
Verantwortlich:	Projektteam

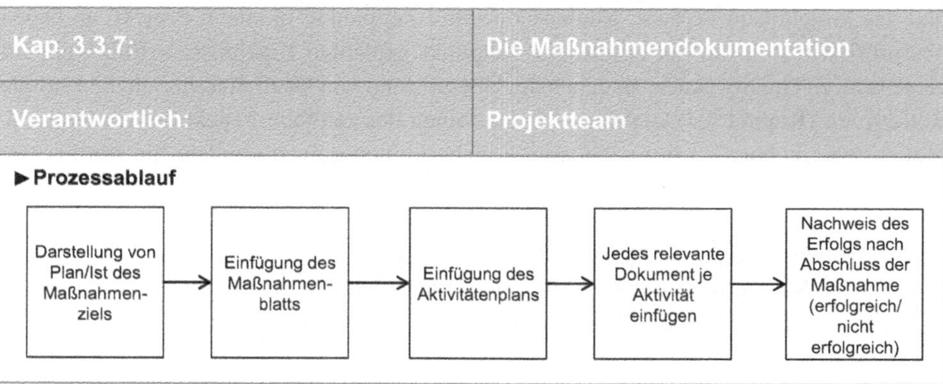

► Anwendbare Methoden und Tools

- keine

► Wissen Sie es noch?

- Warum sollte jede Maßnahme abschließend dokumentiert werden?
- Welches ist der letzte Schritt / Aufgabe in der Maßnahmendokumentation?
- Warum muss der Erfolgsnachweis bei erfolgreich abgeschlossenen Maßnahmen zu 100% nachvollziehbar sein?

Abb. 3.40 (Fortsetzung)

3.4 Die Meilensteine – Instrumente zum Kurshalten

Vertrauen ist gut,
Kontrolle ist besser.
(Wladimir Iljitsch Lenin, russischer Politiker)

Dank führt zur Motivation – eine Episode aus der Praxis

Wir sind in Hamburg und die Präsentation der ersten Projektphase, die für alle Beteiligten zeitlich sehr anspruchsvoll war, ist beendet. Das Projektteam hat ein Commitment zur Zielerreichung abgegeben. Der Auftraggeber war mit dem Projektergebnis sehr zufrieden und damit, dass sich sein Team so geschlossen hinter das anfangs nicht unumstrittene Projekt gestellt hat. Der Vorsitzende der Regionalleitung lobte das Projektteam und als Ausdruck der Zufriedenheit der Regionalleitung überreichte er jedem Teammitglied des Unternehmens einen verschlossenen Briefumschlag. Alle schauten sich unsicher an. Was war in dem Briefumschlag? Nachdem der erste Mitarbeiter das Kuvert öffnete, zogen alle anderen nach. Die Überraschung war riesig, denn als Dankeschön für den persönlichen Einsatz bekam jeder einen Gutschein für einen Wochenendaufenthalt für zwei Personen in einem Hotel an der Ostsee.

ZIEL DES KAPITELS Dieses Kapitel ist für den Projektauftraggeber, den Projektleiter und das Projektteam verfasst. Meilensteine sind Zeitpunkte in einem Projekt, an denen überprüft wird, ob die bis zu diesem Zeitpunkt geplanten Ergebnisse erfüllt sind. Im Gegensatz zu Quality Gates, an denen die Überprüfung von Qualitätskriterien die zentrale Rolle spielt (Kapitel 5.4), steht bei Meilensteinen der zeitliche Aspekt im Vordergrund. Meilensteine können zu frei wählbaren Zeitabschnitten gesetzt werden. Sie werden folgende Inhalte kennenlernen:

- Meilensteine sind Bestandteile des Projektkonzeptes.
- Für jeden Meilenstein ist die Erwartungshaltung festzulegen.
- Meilensteine dienen dem Projektauftraggeber dazu, zugesagte Projektergebnisse zu überprüfen.
- Werden Meilensteine erfolgreich abgeschlossen, wird dem Projektteam eine Anerkennung in geeigneter Form ausgesprochen.

AUFGABEN UND VORGEHENSWEISE Die Inhalte der Projektphasen sind in dem Projektkonzept dargestellt. Nun kommt es darauf an, die notwendigen Sicherungsschritte für die Projektphasen 1 und 2 einzubauen. Die Meilensteine haben es in sich. Auf der einen Seite wird über das stop-or-go des Projektes entschieden, auf der anderen Seite müssen die Sicherungsmaßnahmen auch für alle Beteiligten realistisch sein. Beteiligte an diesem Projektabschnitt sind der Projektauftraggeber (Lenkungsgremium), der Projektleiter und das

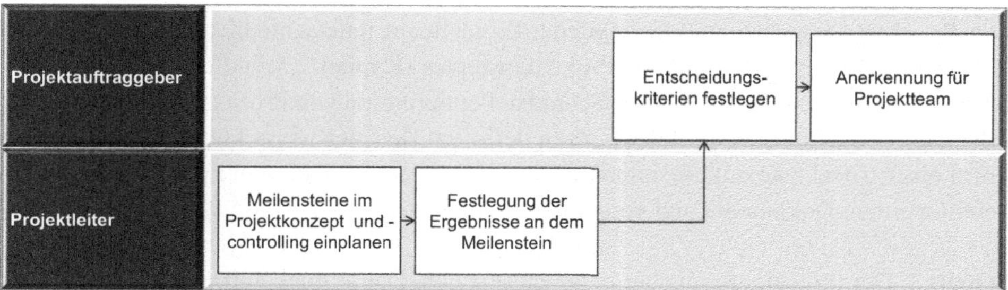

Abb. 3.41 Prozessschritte zur Meilensteinkonzeption

Projektteam. Alle haben das gleiche Ziel, aber unterschiedliche Rollen in diesem Prozess. Abbildung 3.41 zeigt die wesentlichen Schritte zur Festlegung der Meilensteine.

3.4.1 Der Meilenstein 1 – „stop-or-go"

DAS SOLLTEN SIE WISSEN

- Der Meilenstein 1 liegt zwischen der ersten und zweiten Projektphase.
- Die Inhalte des Meilensteins 1 werden bereits bei der Projektkonzeption vor Start des Projektes festgelegt.
- Der Projektauftraggeber entscheidet über die Fortsetzung des Projektes (stop-or-go) am Meilenstein 1.
- Bei einer Fortsetzung des Projektes ist dem Projektteam für den bisherigen Einsatz eine geeignete Art der Anerkennung auszusprechen.

SCHRITT FÜR SCHRITT ZUM ERGEBNIS Der Meilenstein 1 ist ein besonderer Meilenstein. Er liegt am dramaturgischen Höhepunkt des Projektes. Jetzt geht es um Alles oder Nichts. Ist der Projektauftraggeber zufrieden mit den bisherigen Projektergebnissen? Zum ersten Mal nach dem Kick-off treffen sich die Akteure wieder. Jetzt zahlt es sich aus, wenn bei der Projektkonzeption vor Start des Projektes die projektrelevanten Inhalte dieses Meilensteins gemeinsam festgelegt wurden.

Schritt 1 Der Meilenstein 1 liegt am Ende der ersten Projektphase. Im Rahmen des Projektcontrollings („6-Stufen-Methode") ist für die Maßnahmen eine eigene Stufe vorzusehen, an denen dieser Meilenstein positioniert ist. Die Stufe 3 der Maßnahmenbearbeitung lautet „Umsetzung freigeben". Diese Freigabe findet am Meilenstein 1 statt.

Schritt 2 Definieren Sie die Inhalte des Meilensteins 1. Häufig wird vergessen, was an welchem Meilenstein fertig sein muss. Diese Unklarheit führt dann während des gemeinsamen Gesprächs möglicherweise zu Irritationen, weil die Erwartungshaltung von Projektauftraggeber und Projektleiter/Projektteam unterschiedlich ist. Daher ist es notwendig, bei der Erstellung des Projektkonzeptes (Kapitel 2.3.5) die Inhalte des Meilensteins 1 festzulegen. Ähnlich der Schnittstellendefinition von Prozessen wird auch zwischen den Projektphasen der Inhalt genau definiert. Beispielsweise können die Inhalte in Form einer Checkliste dokumentiert werden. Die Checkliste kann in zwei Rubriken aufgeteilt werden: Dokumente und vereinbarte Leistungen.

Schritt 3 Der Projektauftraggeber muss entscheiden. Dem Projektauftraggeber werden zu dem Meilenstein 1 in einem gemeinsamen Meeting die vereinbarten Inhalte dargestellt und schriftlich übergeben. Der Projektauftraggeber vergleicht die dargestellten Ergebnisse mit den inhaltlichen Vereinbarungen und entscheidet über die Fortsetzung des Projektes (stop-or-go). In einem Protokoll zu dem Meilenstein 1 werden alle Entscheidungen dokumentiert.

Schritt 4 Führen Sie Erfolgserlebnisse herbei. Ist der Projektauftraggeber zufrieden mit den bisherigen Projektergebnissen, so steht für ihn noch eine Aufgabe aus: die Belobigung des Projektleiters/Projektteams für die bisher geleistete Arbeit. Projekte sind immer damit verbunden, dass die Teammitglieder eine deutliche Zusatzbelastung ihres Arbeitsalltags haben. Selbst bei Projekten, bei denen die Losung „Projekt geht vor Linie" von dem Management ausgerufen ist, kann sich der Mitarbeiter nicht völlig von seiner operativen Linienfunktion zurückziehen. Daher ist es zum Meilenstein 1, dem dramaturgischen Höhepunkt des Projektes, für die weitere Motivation der Projektteammitglieder wichtig, eine Anerkennung der bisher geleisteten Arbeit zu zeigen. Abhängig von der Unternehmenskultur kann ein ganzer „Blumenstrauß" an Möglichkeiten dabei in Betracht kommen. In der Praxis haben sich die Projektauftraggeber Überraschendes einfallen lassen. Von einer Geldprämie über sonderangefertigte Modellbaupräsente bis zu Gutscheinen für ein Candle-Light-Dinner zu zweit waren alle Geschenkformen dabei. Für die Teammitglieder ist jegliche Art von Anerkennung eine motivationssteigernde Maßnahme, die noch weit über das Projektende hinaus wirkt.

DAS ERGEBNIS So könnte der Meilenstein 1 definiert sein:

In folgendem Praxisbeispiel sind im Rahmen der Vertragsgestaltung vor Start eines Projektes zwischen einem Unternehmen aus der Verkehrsbranche und einem Interim-Management-Unternehmen, im Beispiel „Berater" genannt, auch die Inhalte des Meilensteins 1 festgelegt worden.

Praxisbeispiel

Der Berater erbringt seine Leistungen durch Projektmanagement, Know-how-Transfer, Analysen, Konzeptarbeit, Speed Management, Jour-fixe-Abstimmungen mit den Verantwortlichen, Managementdarstellungen und indem er Workshops/Besprechungen (Vorbereitung, Moderation und Nachbereitung) durchführt. Im Einzelnen gestalten sich die Leistungen wie folgt:

Meilenstein 1

- Zusammenstellung aller vorhandenen Ideen und Projekte in dem Unternehmensbereich und aller übertragbaren Maßnahmen aus anderen Unternehmensbereichen der XYZ AG sowie aus Projekten des Beraters außerhalb der XYZ AG
- Bewertung der vorgenannten Projekte und Ideen mithilfe eines projektspezifischen Filters
- Umfassende Beurteilung, u. a. der Komplexität, der Ergebniswirksamkeit und zeitlichen Umsetzung
- Bewertung der Ideen und Projekte in drei Kategorien (Sofort-, mittelfristige und strategische Maßnahmen)
- Gemeinsam mit dem Auftraggeber Festlegung der Projektideen/Maßnahmen, die im weiteren Projektverlauf Bestandteile der Phase 1 und 2 werden (Abgrenzung zur Planung)
- Beginn der Umsetzung der Sofortmaßnahmen
- Für Maßnahmen in den untersuchten Bereichen Mitarbeit an der Erarbeitung einer Maßnahmenbeschreibung und Potenzialschätzung (Maßnahmenblattprinzip)
- Mitarbeiter des Auftraggebers und des Beraters geben gemeinsam ein Commitment ab
- Für strategische Maßnahmen Erarbeitung eines Konzeptes zur Neugestaltung umfassender Veränderungen in dem Unternehmensbereich

3.4.2 Der Meilenstein 2 – alle sind stolz

DAS SOLLTEN SIE WISSEN

- Der Meilenstein 2 liegt am Ende der Projektphase 2.
- Die Inhalte des Meilensteins 2 werden bereits bei der Projektkonzeption vor Start des Projektes festgelegt.
- Die Anerkennung des Erfolgs der Maßnahmen sollte bereits während der Projektphase 2 geschehen.
- Sind Maßnahmen, die eine lange Umsetzungsdauer haben, in der Projektphase 2 noch nicht abgeschlossen, werden gesonderte Vereinbarungen für die weitere Behandlung getroffen.
- Der Projektauftraggeber entscheidet über die Beendigung des Projektes.

SCHRITT FÜR SCHRITT ZUM ERGEBNIS Der Meilenstein 2 liegt am Ende der Projektphase 2. An diesem Meilenstein wird das Projekt im Erfolgsfall beendet. Zu diesem Zeitpunkt sind die Maßnahmen bereits umgesetzt. Trotzdem können im Einzelfall Maßnahmen, die eine lange Umsetzungszeit benötigen, noch weiterlaufen. Diese werden dann in einem separaten Prozess weiter behandelt. Die Darstellung der Ergebnisse und die Maßnahmendokumentation sind die zentralen Elemente an diesem Meilenstein. Dies hört sich leichter an, als es ist. Es kommt jetzt darauf an, die Ergebniswirksamkeit der Maßnahmen glaubwürdig nachzuweisen (Kapitel 3.3.7).

Schritt 1 Der Meilenstein 2 liegt am Ende der zweiten Projektphase. Im Rahmen des Projektcontrollings („6-Stufen-Methode") ist für die Maßnahmen eine eigene Stufe vorzusehen, an denen der Meilenstein positioniert ist. Die „Stufe 6" der Maßnahmenbearbeitung lautet „Erfolgswirksam/Dokumentation".

Schritt 2 Definieren Sie die Inhalte des Meilensteins 2. Im Praxisbeispiel (siehe „DAS ERGEBNIS" in diesem Kapitel) sind im Rahmen der Vertragsgestaltung vor Start des Projektes zwischen einem Unternehmen aus der Verkehrsbranche und einem Interim-Management-Unternehmens auch der Inhalt des Meilensteins 2 festgelegt worden.

Schritt 3 Erkennen Sie den Erfolg einer Maßnahme rechtzeitig an. Es macht wenig Sinn, alle Maßnahmen erst am Ende der Projektphase 2 auf ihren Erfolg zu überprüfen. Besser ist es, die umgesetzten Maßnahmen während der Projektphase 2 nach positiver Prüfung anzuerkennen. Dazu ist es notwendig, den Anerkennungsprozess bereits in der Projektkonzeption vor Projektstart zu vereinbaren. Abbildung 3.42 zeigt ein Praxisbeispiel des Anerkennungsprozesses und die damit verbundene Glaubwürdigkeit der Erfolgsermittlung.

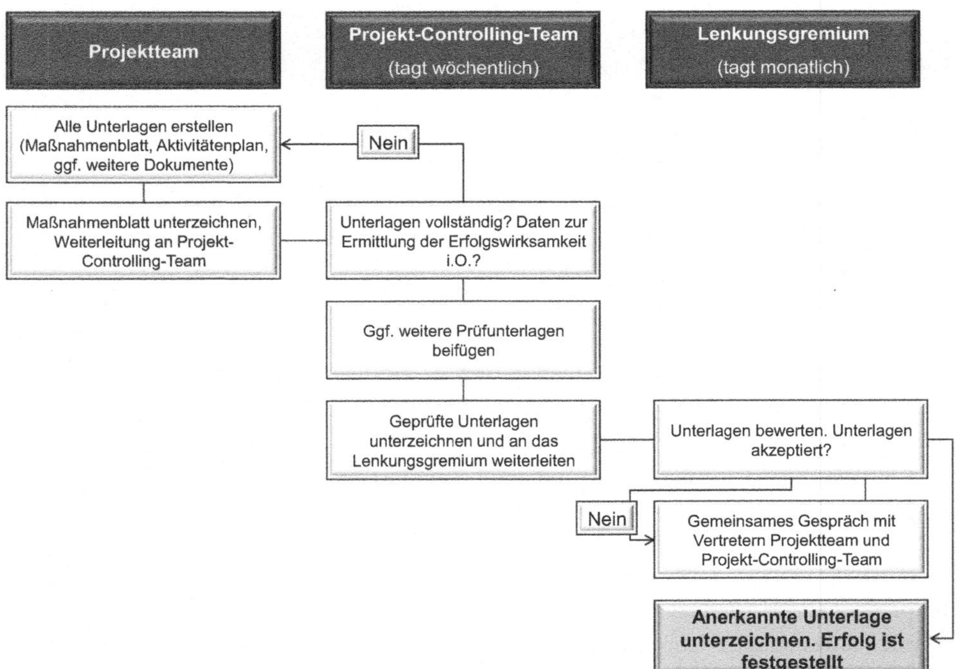

Abb. 3.42 Anerkennungsprozess am Meilenstein 2 (Praxisbeispiel Verkehr)

Schritt 4 Der Projektauftraggeber muss entscheiden. Dem Projektauftraggeber werden zu dem Meilenstein 2 oder früher in einem gemeinsamen Meeting die vereinbarten Inhalte dargestellt und schriftlich übergeben. Der Projektauftraggeber vergleicht die dargestellten Ergebnisse mit den inhaltlichen Vereinbarungen und entscheidet über die Anerkennung der Maßnahmen. In einem Protokoll zu dem Meilenstein 2 werden alle Entscheidungen dokumentiert.

DAS ERGEBNIS So könnte der Meilenstein 2 definiert sein:

In folgendem Praxisbeispiel sind im Rahmen der Vertragsgestaltung vor Start des Projektes zwischen einem Unternehmen aus der Verkehrsbranche und einem Interim-Management-Unternehmens, im Beispiel „Berater" genannt, auch die Inhalte des Meilensteins 2 festgelegt worden.

Praxisbeispiel

Der Berater erbringt seine Leistungen durch Projektmanagement, Know-how-Transfer, Analysen, Konzeptarbeit, Speed Management, Jour-fixe-Abstimmungen mit den Verantwortlichen, Managementdarstellungen und indem er Workshops/Besprechungen (Vorbereitung, Moderation und Nachbereitung) durchführt. Im Einzelnen gestalten sich die Leistungen wie folgt:

Meilenstein 2

- Konkretisierung der Lösungsideen durch Bündelung in vernünftige Arbeitsbereiche
- Priorisierung der Ideen
- Arbeitsteambildung (pro Arbeitsbereich und pro Maßnahmenblatt die „Idealbesetzung" finden, formen und motivieren)
- Aktvitätenplanung pro Idee (realistische Feinplanung der Einzelaktivitäten nach Inhalt, Dauer, Startzeit und Verantwortlichkeit)
- Terminkoordination (innerhalb verschiedener Organisationseinheiten sowie mit Dritten)
- Beginn der Umsetzung der Maßnahmen zusammen mit dem Auftraggeber
- Teamführung
- Verifizierung der Qualität der Maßnahmen mit den Arbeitsteams
- Einheitliches Reporting der Teamergebnisse und Probleme
- Dokumentation des Projektfortschritts durch ein mit dem Auftraggeber abzustimmendes Controlling-Tool, aus dem der aktuelle Erfolgsgrad der Umsetzung erkennbar ist
- Tätigkeitsanalysen in selektiven Organisationseinheiten anwenden (Leistungen definieren und optimale Ressourcenanpassung)
- Wirtschaftlichkeitsrechnungen/Investitionsrechnungen
- Stärken-/Schwächenanalysen und daraus realisierbare Konsequenzen ableiten und umsetzen

- Machbarkeitsstudien
- Speed Management (Gewährleistung und Beschleunigung der Umsetzung durch modernes Projektmanagement mittels Motivation und Umsetzungskontrolle)
- Know-how-Transfer
- Generierung und Planung zusätzlicher Projekte
- Regelmäßige und einheitliche Managementinformation durch Jour-fixe-Meetings und ein mit dem Auftraggeber abgestimmtes, standardisiertes Berichtswesen

3.4.3 Kapitelzusammenfassung

Die Meilensteine sind das zentrale Element für den Projektauftraggeber, über den Projekterfolg zu entscheiden. Dazu werden in der Projektkonzeption alle Entscheidungsinhalte für den Meilenstein festgelegt. Somit ist allen Projektbeteiligten vorher klar, was an welchem Meilenstein an Ergebnissen vorliegen muss. Folgende Inhalte haben Sie kennengelernt:

- Meilensteine sind Bestandteile des Projektkonzeptes.
- Für jeden Meilenstein ist die Erwartungshaltung festzulegen.
- Meilensteine dienen dem Projektauftraggeber dazu, zugesagte Projektergebnisse zu überprüfen.
- Werden Meilensteine erfolgreich abgeschlossen, wird dem Projektteam eine Anerkennung in geeigneter Form ausgesprochen.

Abbildung 3.43 zeigt in der Zusammenfassung die in diesem Kapitel erläuterten Aufgaben, die einsetzbaren Methoden und Tools sowie abschließende Fragen zum Kapitelinhalt.

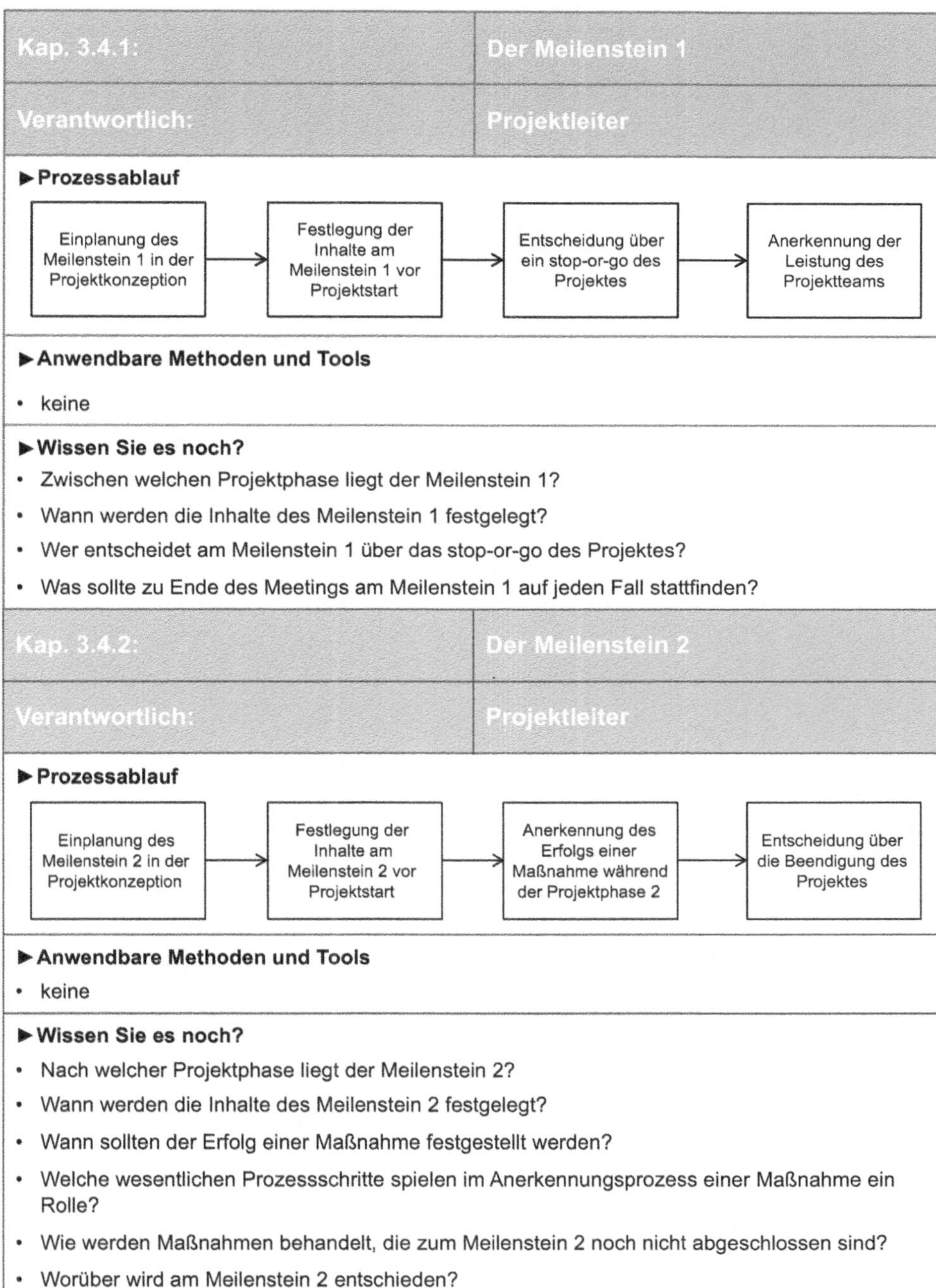

Abb. 3.43 Überblick über die Aufgaben, die Methoden und Tools und die Wissensfragen des Kapitel 3.4

4 Glücklich im Basislager – Aufgaben nach Ende des Projektes

Entscheidend ist, was hinten rauskommt.
(Helmut Kohl, deutscher Bundeskanzler)

Die inhaltlichen Aufgaben sind erfolgreich beendet worden. Das Projektteam hat seine Arbeit abgeschlossen. Dennoch ist das Projekt für den Projektleiter noch nicht beendet. Sie haben noch drei Aufgaben vor sich. Abbildung. 4.1 zeigt die folgenden Aufgaben.

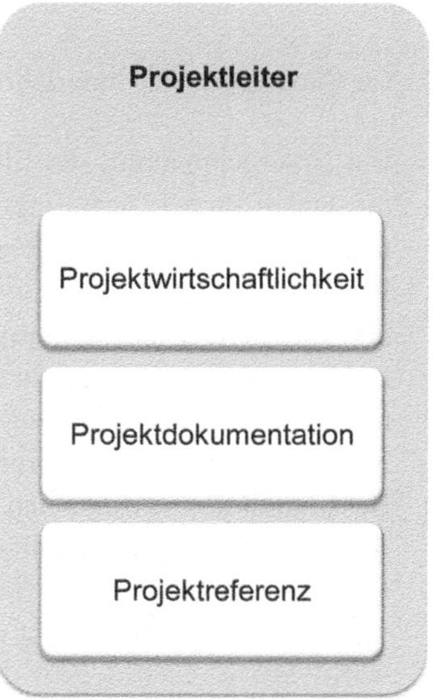

Abb. 4.1 Aufgaben nach Beendigung des Projektes

W. Mensing, *Erfolgreiches Projektmanagement ohne externe Berater in KMUs*,
DOI 10.1007/978-3-658-06663-5_4

Der dritte Projektabschnitt „Aufgaben nach Ende des Projektes" besteht aus drei Einzelaufgaben:

- **Projektwirtschaftlichkeit:** Jedes Projekt ist für ein Unternehmen eine Investition. Daher ist es jetzt nach Abschluss des Projektes an der Zeit, den Nachweis zu erbringen, dass das Projekt wirtschaftlich war und den Vorgaben für Investitionen in Ihrem Unternehmen auch entsprochen hat.
- **Projektdokumentation:** Die Dokumentation der wichtigsten Projektelemente ist für Ihr Unternehmen wichtig. Insbesondere dann, wenn ein neues Projekt ansteht. Dann können die neuen Projektbeteiligten von Ihren Erfahrungen lernen.
- **Projektreferenz:** Diese erstellt der Projektauftraggeber. Sie ist wie ein Schulzeugnis. In ihr wird beurteilt, wie verschiedene Projektkriterien erfüllt wurden und welchen Beitrag Sie als Projektleiter geleistet haben.

4.1 Die Projektnachkalkulation – das Projekt hat nichts gekostet

Aktiv sein beinhaltet Risiken und Kosten,
aber die sind viel geringer
als die langfristigen Risiken und Kosten
von bequemer Inaktivität.
(John F. Kennedy, amerikanischer Präsident)

Die Kunst ist es, sich innerjährig zu rechnen – ein Beispiel aus der Praxis

Ein Unternehmen aus der Elektroindustrie hat ein Interim-Management-Unternehmen mit einem Projekt beauftragt und alle Leistungen des Auftraggebers und des Auftragnehmers in einem umfangreichen Vertrag festgeschrieben. Um die Basisdaten für den Projekterfolg zu ermitteln, wurden die zwei entscheidenden Kostenparameter (Ergebnisverbesserung des Unternehmens, aufzubringende Fremdleistungskosten für den Dienstleister) im Vertragswerk festgelegt. Daraus kann der Projekt-ROI für die Beauftragung des externen Dienstleisters errechnet werden. In dem Vertrag wurde die Ermittlung des Ergebnisverbesserungseffektes detailliert beschrieben. Die Abbildung 4.2 war Bestandteil des Vertrags und zeigte, bei welcher Ergebnisverbesserung welche Kosten für die Fremdleistung anfallen. Da der Projekt-ROI zwischen 11 (bei 4 Mio. € Ergebnisverbesserung) und 13,6 (bei 10 Mio. € Ergebnisverbesserung) beträgt, ist das Projekt für den Auftraggeber höchst wirtschaftlich. Die Interim-Manager haben nichts gekostet.

ZIEL DES KAPITELS Dieses Kapitel ist für den Projektleiter verfasst. Ein Projekt ist ein einmaliges Vorhaben. Dies wirkt sich erschwerend auf die Planung der Projektkosten aus. Es liegen einfach keine Erfahrungen vor. Daher sollten Sie als Projektleiter ein systematisches Vorgehen wählen, um Fehler zu vermeiden. Zwei zentrale Gesichtspunkte sollten

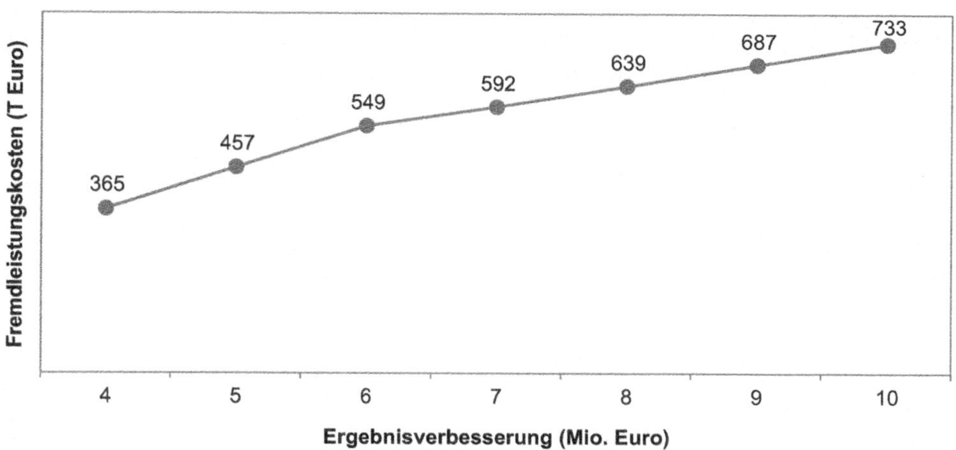

Abb. 4.2 Fremdleistungskosten und Ergebnisverbesserung. (Praxisbeispiel Elektro)

Sie erfassen. Erstens die Aufgaben, die mit dem Projekt verbunden sind, und zweitens die Mittel, die für die Durchführung des Projektes benötigt werden. Im Kapitel 2.3.6 haben Sie ja bereits eine grobe Planung der Projektkosten erstellt und sich diese genehmigen lassen. Nun werden die Ist-Kosten ermittelt und eine Projektwirtschaftlichkeitsrechnung erstellt.

AUFGABEN UND VORGEHENSWEISE Die Aufgabe besteht nun darin, dass Sie den geplanten (geschätzten) Kosten aus dem Vorprojekt die tatsächlichen Kosten nach Beendigung des Projektes gegenüberstellen und den projektspezifischen ROI (Return on Investment) errechnen. Erstellen Sie sich einen Projektkostenplan. Diese Übersicht hilft Ihnen, alle Projektkosten einer bestimmten Projektphase gegenüberzustellen. Dabei sollten Sie den Projektabschnitt, in dem die Kosten angefallen sind, die wichtigsten Aufgaben in dem Projektabschnitt, die Kostenarten und die Gegenüberstellung der Plan-/Ist-Kosten berücksichtigen (Abbildung 4.3). Erstellen Sie eine Übersicht über die Projektkostenarten. Folgende Projektkostenarten können eine Rolle spielen:

- **Sachmittelaufwand:** Arbeitsmaterialien, wie z. B. Notebook, spezielle Software, angemietetes Büro, Büromaterial, Beamer
- **Aufwand für externe Leistungen:** Erstellen von Zeichnungen, Anfertigung technischer Ausarbeitungen, Service
- **Aufwand für interne Leistungen:** Personalkosten (bewertet anhand geplanter Projektstunden × Stundensatz), Zusatzkosten wie Sonderzulagen, Auslandszulagen, Projektprämien
- **Schulungskosten:** Referenten, Schulungsgebühren, Schulungsunterlagen
- **Reisekosten:** Kosten für Flüge/Bahnreisen, Mietwagen, Hotel, Verpflegung, Spesen
- **Sonstige Projektkosten:** Spezielle Versicherungen, Gebühren für die Übersetzung von Dokumenten, Dolmetscher, Kosten für Gutachten

PROJEKT-KOSTENPLAN						
Projektabschnitt	**Aufgabe**	**Kostenart**	**Plan-Kosten**	**Adaptierte Plankosten**	**Ist-Kosten**	**Kosten-abweichung**
Vor Projektstart	Projekt-grundlagen	Personal				
		Material				
		Fremd-leistungen				
		Sonstige				
		Gesamt				
Während des Projektes (Phase 1)	Projekt-management	Personal				
		Material				
		Fremd-leistungen				
		Sonstige				
		Gesamt				
Während des Projektes (Phase 2)	Projekt-management	Personal				
		Material				
		Fremd-leistungen				
		Sonstige				
		Gesamt				
Nach Projekt	Projekt-abschluss	Personal				
		Material				
		Fremd-leistungen				
		Sonstige				
		Gesamt				
Gesamt						

Abb. 4.3 Projektkostenplan

Übertragen Sie die geschätzten Projektinvestitionskosten (Kapitel 2.3.6) in den Projektkostenplan. Fügen Sie die geschätzten Projektkosten aus dem Vorprojekt als Plan-Kosten in den Projektkostenplan ein. Ermitteln Sie die Projektwirtschaftlichkeit mithilfe des projektspezifischen ROI.

ROI = Ergebnisverbesserung durch das Projekt pro Jahr/Projektkosten

DAS ERGEBNIS So könnte der Projekt-ROI aussehen (Beispiel Kostenoptimierungsprojekt, siehe auch Kapitel 2.3.6). (Abbildung 4.4)

4.2 Die Projektdokumentation – teilen Sie Ihr Wissen

Wissen ist das richtige Verständnis von Informationen.
(Henning Mankell, schwedischer Schriftsteller)

ZIEL DES KAPITELS Dieses Kapitel ist für den Projektleiter verfasst. Das Projekt ist beendet. Jetzt ist es abschließend notwendig, die wichtigsten Inhalte und Erkenntnisse „für die Nachwelt zu erhalten“. In Ihrem Unternehmen besteht möglicherweise in der Zukunft

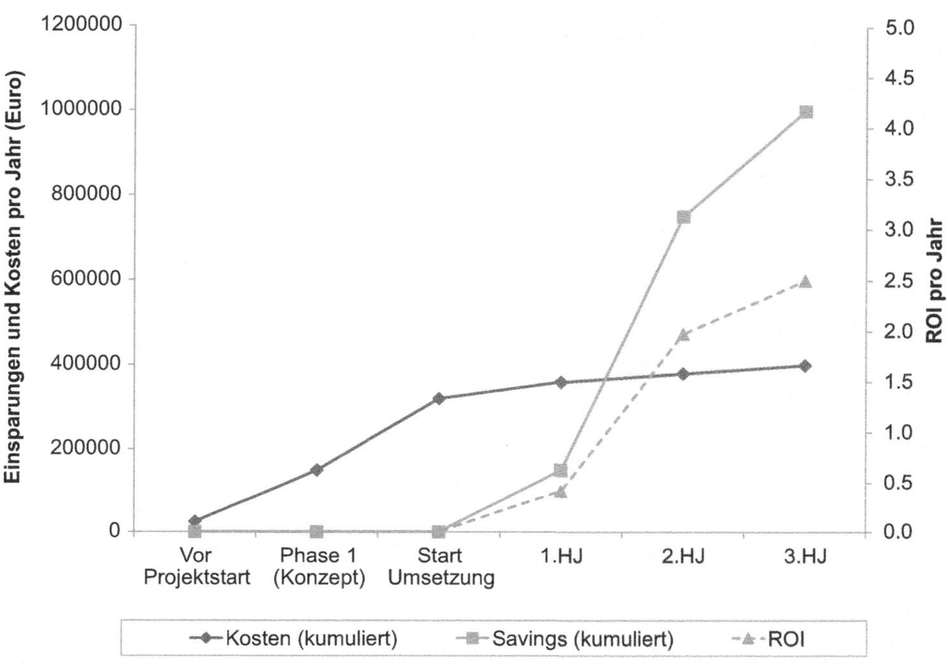

Abb. 4.4 ROI eines Projektes (Praxisbeispiel Automotive)

wieder die Notwendigkeit, ein Projekt zu starten. Damit die dann beauftragten Personen „das Rad nicht neu erfinden müssen", ist es sehr hilfreich, eine Dokumentation über ein bereits erfolgreich abgeschlossenes Projekt als Leitfaden zu nutzen. In dem jetzt beendeten Projekt haben Sie als Projektleiter ja bewiesen, was in Ihrem Unternehmen geht und was nicht. Diese Erkenntnis ist von unschätzbarem Wert, da an Erfolgen angeknüpft werden kann und Misserfolge vermieden werden können. Mit dieser Dokumentation erweitern Sie in professioneller Form das Wissensmanagement in Ihrem Unternehmen.

AUFGABEN UND VORGEHENSWEISE Für die Gliederung der Projektdokumentation sind drei Gestaltungsebenen notwendig:

- **Dokumentationsteil:** Legen Sie die einzelnen Kapitel des Dokumentationsteils mit den Verantwortlichen in Ihrem Unternehmen fest. Sollte es keine Organisationsabteilung in Ihrem Unternehmen geben, dann stellen Sie Ihren Vorschlag mit den einzelnen zu dokumentierenden Kapiteln dem Projektauftraggeber vor und lassen Sie sich den Vorschlag genehmigen.
- **Dokumentationsinhalt:** Beschreiben Sie die wesentlichen Projektinhalte, die Sie dokumentieren wollen.
- **Dokumente:** Die wichtigsten Projektdokumente werden den Kapiteln zugeordnet.

Dokumentationsteil	Dokumentationsinhalt	Buch-Kapitel
Management Summary	Zusammenfassung der Dokumentation	
Aufgabenstellung	Die Aufgabenstellung für das Projekt	Kap. 2.1.2: Projektsteckbrief
Ausgangssituation	Der Status quo im Untersuchungsbereich, analysiert im Rahmen des Vorprojektes	Kap. 2.3.1: Grobanalyse
Ziele	Die erarbeiteten detaillierten Projektziele aus dem Vorprojekt, abgeleitet aus dem Projektsteckbrief	Kap. 2.3.2: Detaillierte Projektziele
Kontrollpunkte	Zeitpunkte im Projekt, an denen der Projektauftraggeber über die Fortführung des Projektes entscheidet	Kap. 2.2.5: Meilenstein 0 (Expose) Kap. 3.4.1: Meilenstein 1 Kap. 3.4.2: Meilenstein 2
Hauptteil	1. Inhalte 2. Projektorganisation 3. Projektcontrolling 4. Projektfinanzierung	1. Kap. 3.3.7: Maßnahmendokumentation 2. Kap. 2.3.4 und 2.3.5: Projektablauf- und -aufbauorganisation 3. Kap. 6.3: Projekt-Controlling-Tool 4. Kap. 2.3.6: Projektwirtschaftlichkeit
Projektabschluss	Dokumentation des offiziellen Abschlusses des Projektes (beispielweise Beschluss des Projektauftraggebers im Meilenstein 2)	Kap. 3.4.2: Meilenstein 2
Nachkalkulation	Dokumentation der tatsächlichen Ergebnisse und der Projektkosten	Kap. 4.1: Projektnachkalkulation
Abschluss-präsentation	Die Dokumentation zum Meilenstein 2 und die abschließende schriftliche Bewertung durch den Projekt-auftraggeber	Kap. 3.4.2: Meilenstein 2 Kap. 4.3: Referenz
Fazit	Dokumentation der wesentlichen Erkenntnisse aus dem Projekt. Wichtig für weitere Projekte im Unternehmen.	

Abb. 4.5 Aufbau der Projektdokumentation

DAS ERGEBNIS So könnten die Elemente der Projektdokumentation aussehen (Abbildung. 4.5):

- Die Struktur der Dokumentation ist frei wählbar, falls es keine unternehmensinternen Vorgaben gibt.
- Wesentliche Projektbestandteile wie Ausgangssituation, Projektziele, Projektinhalte und Projektabschlussdokumente müssen immer dokumentiert werden.
- In dem „Fazit" sollten die wesentlichen Erkenntnisse aus Ihrem Projekt für mögliche spätere Projekte vermerkt werden. Der Projektauftraggeber und der Projektleiter unterschreiben das Fazit.
- Die gesamte Projektdokumentation wird dem Projektauftraggeber ausgehändigt.

4.3 Die Referenz – der Ritterschlag durch den Auftraggeber

Erfolg besteht darin,
dass man genau die Fähigkeiten hat,
die im Moment gefragt sind.
(Henry Ford, amerikanischer Unternehmer)

And the winner is… – ein Beispiel aus der Praxis

(…) Für uns hat sich damit bewahrheitet, dass der von Ihnen verfolgte Ansatz nach der gewählten Vorgehensweise als auch nach den angewandten Instrumenten und vor allem in der Qualität Ihrer Mitarbeiter sich deutlich von üblichen Beratungsprojekten unterscheidet. Ihre Mitarbeiter haben durch zielstrebiges Vorgehen und soziale Kompetenz nicht nur zur Erreichung des Einsparzieles erheblich beigetragen, sondern auch einen Teamgeist bei den aus unserem Haus beteiligten Mitarbeitern geweckt und damit eine wichtige Unterstützung für den von uns parallel eingeleiteten Prozess zur Verbesserung der internen Unternehmenskultur geleistet. Auf unsere Empfehlung hin werden Sie mittlerweile auch von anderen Stellen unseres Unternehmens eingesetzt. Ich darf Ihnen zu diesem Erfolg gratulieren und wünsche Ihnen weiterhin alles Gute.

(Vorsitzender der Geschäftsführung)

ZIEL DES KAPITELS Dieses Kapitel ist für den Projektauftraggeber und den Projektleiter verfasst. Für externe Dienstleister ist die Kundenreferenz ein entscheidendes Dokument für weitere Akquisitionen. Jedem potenziellen Kunden wird mit einer Referenz signalisiert, dass die versprochenen Leistungen bei einem Kunden auch tatsächlich eingetreten sind. Warum sollten Sie als Projektleiter bei Ihrem internen Projekt anders verfahren? Auch für Sie persönlich ist es von großer Bedeutung, wenn der Projektauftraggeber Ihnen ein Top-Zeugnis ausstellt und dieses dann in Ihrer Personalakte hinterlegt wird.

AUFGABEN UND VORGEHENSWEISE Zuerst einmal sind die Kriterien zu formulieren, die in einer Referenz von Bedeutung sind. Neben projektspezifischen Kriterien spielen auch solche eine Rolle, die Ihre persönliche Leistung beurteilen. Folgende Fragen an den Projektauftraggeber und dessen Einschätzung/Beurteilung können für Sie von besonderem Interesse sein:

- Ist die anfängliche Projektzielsetzung eingetroffen?
- War der Projektansatz erfolgreich und wurde er auch zielgerichtet umgesetzt?
- Haben die Projektteammitglieder eine hohe soziale Kompetenz bewiesen?
- Wurde in dem gemeinsamen Team ein Teamgeist aufgebaut?
- Hat das Projektmanagement zu einer guten Koordination zwischen allen Beteiligten geführt und war es ein Garant für die termingerechte Zielerreichung?
- Welche Qualität hatte die Zusammenarbeit zwischen der Projektleitung und dem Management?
- Würden Sie im Bedarfsfall wieder mit mir zusammenarbeiten wollen?
- Darf ich Sie als Referenz nennen?

DAS ERGEBNIS So könnten einzelne Elemente einer Projektreferenz aussehen:

Praxisbeispiele

Unternehmen der Farbenindustrie (Weltmarktführer)

„Die zu Beginn Ihrer Arbeit vereinbarten ehrgeizigen Projektziele wurden nicht nur in vollem Umfang erreicht; es wurden sogar im Einsparvolumen über die Zielsetzung hinausgehende Potenziale identifiziert, die sich nun planmäßig in der Umsetzung befinden. … Binnen kurzer Zeit konnte ein positives Arbeitsklima geschaffen werden, … das viele Verbesserungsideen freigesetzt hat."

Unternehmen der Chemieindustrie (MDAX)

„Was Sie in dem Vorprojekt prognostiziert haben, ist exakt eingetroffen. Zu dem Erfolg der Projekte haben besonders der innovative Projektansatz und die zielgerichtete Umsetzung beigetragen (…)". „Hohe soziale Kompetenz", „Teamgeist", „straffes Projektmanagement", „termingerechte Zielerreichung".

Unternehmen der Stahlindustrie (Marktführer)

„Der durch das Projektteam vorgeschlagene Ansatz zur Projektdurchführung erwies sich als sehr erfolgreich und zielorientiert", „… fachliche und soziale Kompetenz der eingesetzten Mitarbeiter des Teams …", „Die anfängliche Zielsetzung wurde in vollem Umfang erreicht", „Die Zusammenarbeit mit dem Projektteam hat sich damit als voller Erfolg erwiesen."

4.4 Kapitelzusammenfassung

Sie als Projektauftraggeber und Sie als Projektleiter haben das Projekt erfolgreich zu Ende gebracht. Als wichtigste Aufgaben haben Sie abschließend

- die Projektwirtschaftlichkeit bestimmt und anerkannt sowie
- die Projektdokumentation angelegt und genehmigt.
- Der Projektauftraggeber hat dem Projektleiter als allerletzte Projekttätigkeit eine Beurteilung seiner Leistung, die Projektreferenz, ausgestellt.

► Sie können gemeinsam stolz auf das Ergebnis sein!

Abbildung 4.6 zeigt in der Zusammenfassung die in diesem Kapitel erläuterten Aufgaben, die einsetzbaren Methoden und Tools sowie abschließende Fragen zum Kapitelinhalt.

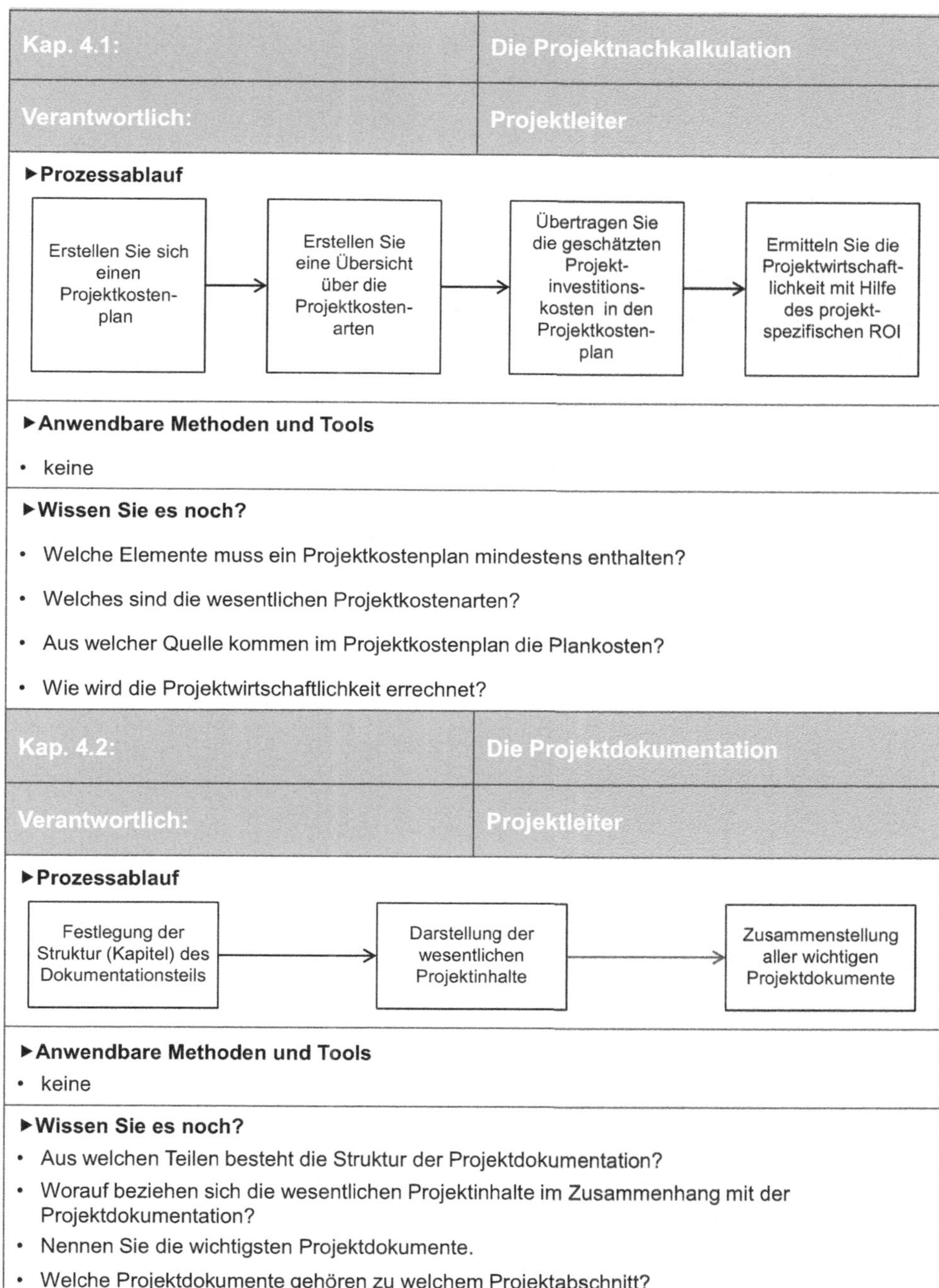

Abb. 4.6 Überblick über die Aufgaben, die Methoden und Tools und die Wissensfragen des Kapitel 4

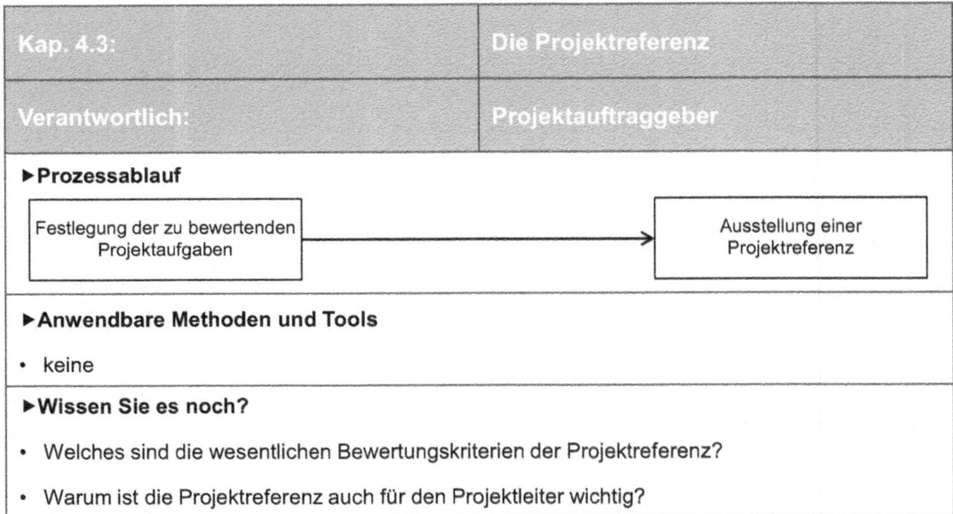

Abb. 4.6 (Fortsetzung)

5 Die richtige Bergroute finden – die Projektmethoden

Man müsse nur in alles Methode bringen und die Sache nicht zu transzendent nehmen.Bei allen Geschichten sei die Form der Behandlung die Hauptsache.
(Johann Wolfgang von Goethe, deutscher Dichter)

Der Einsatz von Methoden im Rahmen des Projektmanagements ist notwendig, um planmäßig das vereinbarte Projektziel zu erreichen. Die Methode beschreibt im Projektfall den Weg von der Projektidee zu einem Ergebnis, das beispielsweise ein neuer Retourenbearbeitungsprozess, eine neue Organisationsstruktur oder ein neues Produkt sein kann. All diesen Aufgaben liegen geeignete Methoden zugrunde.

► Bitte bedenken Sie: Erst müssen Sie das Ziel definieren, bevor Sie den Weg dorthin (die Methode) beschreiben.

Im Folgenden werden Ihnen zu unterschiedlichen Projektthemen, die in der Praxis sehr häufig vorkommen, geeignete, zielorientierte und praxiserprobte Methoden vorgestellt. Natürlich ersetzen die vorgestellten Methoden kein Projekt. Aber sie zeigen, auf was es beim Einsatz der jeweiligen Methode, und damit der Gestaltung des Projektes, ankommt. Mithilfe der eingesetzten Methoden werden in der Projektarbeit „Leitplanken" installiert, die verhindern, dass die Beteiligten im Projekt das Ziel aus den Augen verlieren. Ohne die eingesetzte Methode und ihren Sicherungsmaßnahmen ist die Gefahr sehr groß, dass so mancher den Überblick verliert. Abbildung 5.1 zeigt die strukturierte Vorgehensweise zur projektspezifischen Erstellung der Methode. Für eine große Anzahl von Projekten haben sich folgende Methoden in der Praxis sehr bewährt:

- Innovationsmanagement (nur Entwicklung)
- Geschäftsaktivierung (nur Vertrieb)

W. Mensing, *Erfolgreiches Projektmanagement ohne externe Berater in KMUs*,
DOI 10.1007/978-3-658-06663-5_5

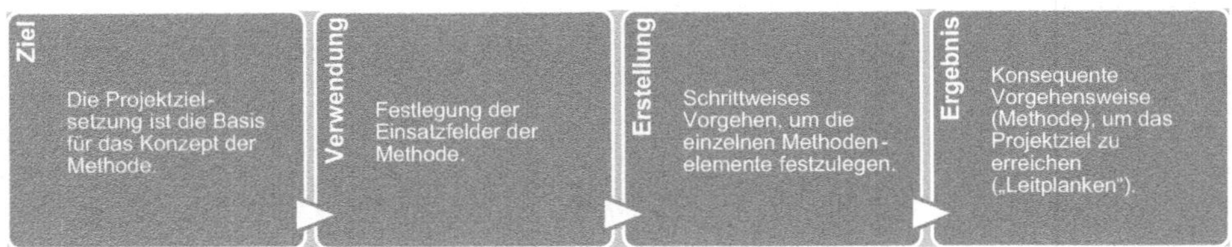

Abb. 5.1 Strukturierte Vorgehensweise zur Erstellung einer projektspezifischen Methode

- Lieferantenmanagement
- Quality Gates
- Organisationsmanagement
- Prozessmanagement
- Tätigkeitsmanagement
- Kostenmanagement

Diese können umfassend in folgenden Unternehmensbereichen angewendet werden:

- Vertrieb,
- Entwicklung,
- Beschaffung,
- Produktion,
- Logistik und
- Verwaltung.

Diese Methoden und deren strukturierter Aufbau werden im Weiteren beschrieben. Bedenken Sie bitte, dass die vorgestellten Methoden in ihrer grundsätzlichen Struktur dargestellt werden. Sie zeigen Ihnen ausschließlich den Weg, wie Sie von der ersten Idee zu einem Thema bis hin zum Ergebnis kommen. Einige wichtige Fragestellungen auf diesem Weg werden Ihnen vermittelt. Die Inhalte sind aber in einem Projekt entsprechend der Kapitel 2 bis 4 dieses Buches zu erarbeiten.

▸ Methoden ersetzen kein Projekt, sondern sind ausschließlich ein Mittel zum Zweck.

5.1 Das Innovationsmanagement – lässt Ideen sprudeln

DAS SOLLTEN SIE WISSEN

▸
- Innovationen sind der Schlüssel zum Erfolg.
- Innovationen fallen nicht „vom Himmel", sie müssen erarbeitet werden.
- Der innerbetriebliche Innovationsprozess entscheidet über die Zukunft des Unternehmens.

- Ein zielorientiertes und systematisches Innovationsmanagement ist der Garant dafür, dass das Unternehmen mit neuen Produkten vor den Wettbewerbern auf dem Markt erscheint.

ZIEL DER METHODE Für viele Unternehmen ist es heute eine der größten Herausforderungen, mit den dynamischen Märkten Schritt zu halten. Um auf die immer kürzer werdenden Marktzyklen zu reagieren, ist ein andauernder Strom von innovativen Produkten oder Dienstleistungen notwendig. Dies setzt aber eine außerordentlich hohe Veränderungsbereitschaft voraus. Ist ein Unternehmen dazu bereit, so sind die Perspektiven vielversprechend. So kommt eine Studie der KfW [8] u. a. zu dem Ergebnis, dass innovative Unternehmen des Mittelstands deutlich stärker und profitabler wachsen als nicht innovative. Diese Tatsache wird sich in der Zukunft noch verstärken und gerade für deutsche Unternehmen überlebenswichtig sein.

Geplante Innovationsziele können jedoch nur erreicht werden, wenn ein konsequentes Innovationsmanagement betrieben wird. So sind nach der KfW-Studie zwar 84 % der Unternehmen von der hohen Bedeutung von Innovationen überzeugt, aber nur 25 % der Firmen betreiben ein Innovationsmanagement. Insbesondere kleine und mittelständische Unternehmen mit unterdurchschnittlicher Innovationsintensität stehen häufig vor Problemen hinsichtlich benötigter Methoden und Ressourcen. Gerade für diese Unternehmen kann durch die Anwendung eines geeigneten Innovationsmanagementsystems die Innovationskraft erheblich gesteigert werden. Abbildung 5.2 zeigt die Problematik der schwachen Innovationskraft bei Produktinnovationen. Weniger als 1 % der Ideen werden erfolgreiche Produkte.

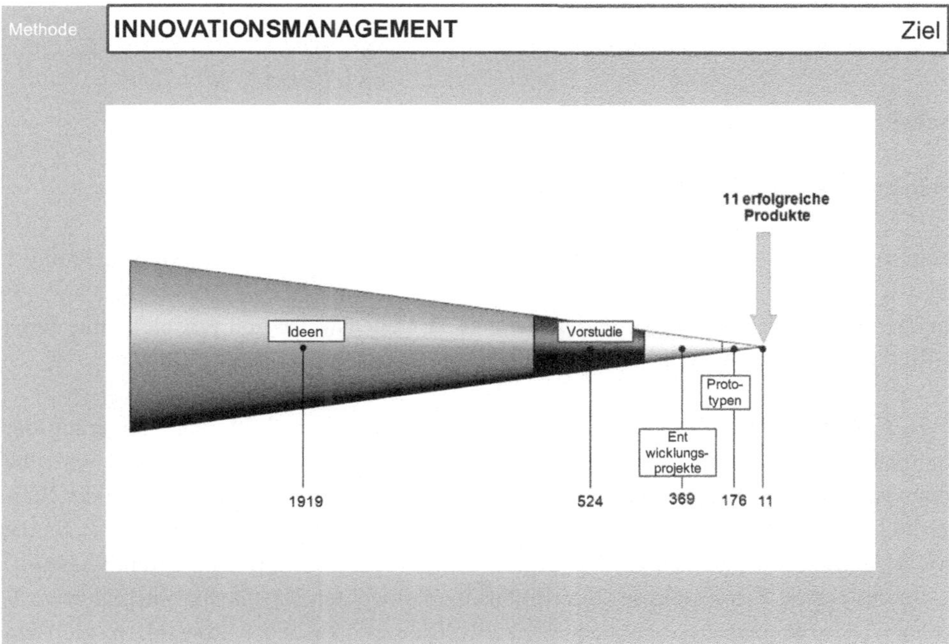

Abb. 5.2 Ziel des Innovationsmanagements – von der Idee zum Produkt [9]

VERWENDUNG DER METHODE Im Folgenden werden drei Innovationsrichtungen vorgestellt.

Prozessinnovationen dienen häufig dazu, innerbetrieblich die Kosten zu optimieren wie auch die Arbeitsabläufe neu zu gestalten. Nach außen sind zum Beispiel neue Kundenservice- oder Beschaffungsprozesse Ziel der Veränderung.

Geschäftsmodellinnovationen führen zu den größten Veränderungen für das Unternehmen selbst und im Markt. So haben beispielsweise Online-Versteigerungen zu einem völlig neuen Marktsegment geführt.

Produktinnovationen werden durch einen kontinuierlichen Produktentwicklungsprozess erreicht. Dabei spielt die formulierte Innovationsstrategie die entscheidende Rolle, um den Prozess zu initiieren und in Bewegung zu halten.

Am Beispiel der Produktinnovation wird die Erstellung der Methode vorgestellt.

SCHRITT FÜR SCHRITT ZUR METHODE Die Methode basiert auf der schrittweisen Lösungsfindung. Diese Vorgehensweise erlaubt es Ihnen, die größtmögliche Anzahl an Ideen zu generieren und somit die Chance zu steigern, das beste marktreife Produkt zu entwickeln. Gehen Sie dabei folgendermaßen vor:

Schritt 1 Sammeln Sie Innovationsimpulse.

Schritt 2 Generieren Sie Innovationsideen.

Schritt 3 Führen Sie eine Vorstudie durch.

Schritt 4 Geben Sie den Entwicklungsauftrag frei.

Schritt 5 Lassen Sie Prototypen fertigen und entscheiden Sie über das marktreife Produkt.

In den nächsten Unterkapiteln finden Sie eine Vorgehensweise und Beispiele, mit deren Hilfe Sie die einzelnen Schritte selber durchführen können.

DAS ERGEBNIS Die Grundlage aller Aufgaben und Einzelschritte zur Steigerung der Innovationskraft ist die formulierte Unternehmensstrategie. Auf dieser Basis wird die Innovationszielsetzung festgelegt (beispielsweise technologischer Vorsprung oder Steigerung der Unternehmensproduktivität oder Entwicklung neuer Produkte), welche die Richtung des Innovationsprozesses vorgibt. Dieser Prozess durchläuft mehrere Phasen.

In der **ersten Prozessphase** (Innovationsimpuls) werden sogenannte Suchfelder festgelegt. Diese können sich an neuen Herstellverfahren oder neuen Rohstoffen, globalen oder lokalen Einflüssen oder auch an neuen Produkten oder Geschäftsfeldern des Wettbe-

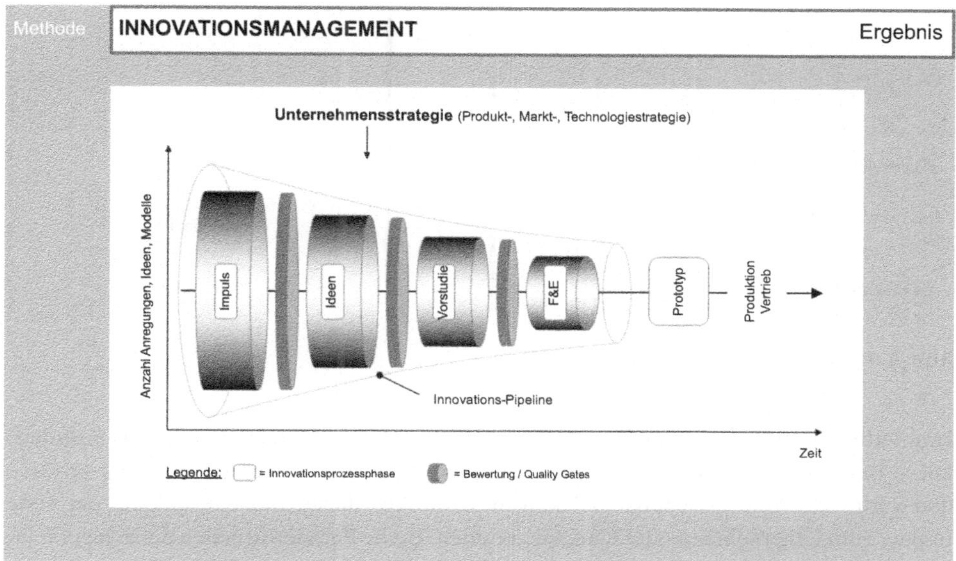

Abb. 5.3 Struktur des Innovationsmanagements

werbs orientieren. Ziel dieses Schrittes ist es, durch Anregungen die Innovationspipeline immer gefüllt zu halten.

Die **nächsten Prozessphasen** (Ideengenerierung, Vorstudie, Entwicklung) sind durch die systematische Erarbeitung von Ideen, aber auch bereits durch klar formulierte Innovationsaufträge gekennzeichnet. Ziel ist es, aus Erfolg versprechenden Ideen konkrete Entwicklungsaufträge zu generieren und abschließend Prototypen zu fertigen.

Zwischen den einzelnen Prozessabschnitten findet immer eine Auswahl von vielversprechenden Ideen bzw. Vorprodukten durch eine Bewertung und die Sicherstellung der Einhaltung der Innovationsziele durch Quality Gates (Kapitel 5.4) statt. Entscheidende Größen des Innovationsprozesses sind der Innovationsaufwand und der Innovationserfolg. Abbildung 5.3 zeigt den grundsätzlichen Aufbau der Methode.

5.1.1 Der Innovationsimpuls – Anregungen zum Nachdenken

Innovationsimpulse können unterschiedliche Quellen haben. Sie können vom Unternehmen, vom Unternehmen und Kunden im Rahmen gemeinsamer Projekte oder direkt vom Kunden kommen. Aus diesen Impulsen werden Suchfelder ermittelt, die für den weiteren Innovationsprozess nur die Innovationspotenziale beschreiben, die für das Unternehmen sinnvoll sind.

INPUT für Schritt 1 **Innovationsimpulse vom Unternehmen:** Das Unternehmen hat sich seit langer Zeit ein technologisches und anbieterspezifisches Know-how aufgebaut. Auf der Basis der guten Marktkenntnisse, des produkt- oder dienstleistungsspezifischen Wissens und des bestehenden Produktportfolios ist das Unternehmen in der Lage, neue Ideen zu entwickeln.

	Know-how im Unternehmen			
Potenzielle Marktsegemente	Stärke 1	Stärke 2	Stärke 3	Potenzielle Innovationsfelder
Helleres Abblendlicht	x			Suchfeld 1
Straßenausleuchtung in der Kurve		x	x	Suchfeld 2
Verbessertes Fernlicht	-	-	-	Kein Suchfeld

Abb. 5.4 Suchfeldmatrix (Prinzipdarstellung)

Innovationsimpulse aus der Zusammenarbeit zwischen Unternehmen und Kunden: Diese Impulse können nur entstehen, wenn zwischen beiden Parteien eine sehr positive und vertrauensvolle Geschäftsbeziehung besteht. Aus dieser Beziehung kann der erste Impuls vom Unternehmen oder Kunden kommen. Beide Parteien arbeiten danach gemeinsam Innovationsideen aus.

Innovationsimpuls vom Kunden: In diesem Fall gibt der Kunde durch eigene Anforderungen an sein Geschäft oder Produkt die ersten Impulse, um sich mit neuen Innovationsideen zu beschäftigen. Er ist dabei in der Lage, diese Ideen zu spezifizieren und danach mit Partnern auf der Lieferantenseite weiterzuverfolgen.

AUFGABE im Schritt 1 Suchfelder dienen dazu, potenzielle Innovationsfelder zu finden. Nachdem durch den Innovationsimpuls die Richtung der Suche vorgegeben ist (beispielsweise die Entwicklung einer verbesserten Straßenausleuchtung von Automobilen), kommt es nun darauf an herauszufinden, welche attraktiven Marktsegmente ein Unternehmen für sich selbst prognostiziert, und anderseits, welches Know-how für neue Techniken vorhanden ist. Aus diesen beiden Parametern wird die Suchfeldmatrix aufgebaut. Neben den erwähnten Marktsegmenten können stattdessen aber noch andere Parameter verwendet werden, wie beispielsweise technische Funktionen, besondere Stärken des Unternehmens, Zielgruppen und weitere mehr. Die einzelnen Felder der Matrix werden bearbeitet und abschließend werden die potenziellen Suchfelder (für die spätere Ideengenerierung) ermittelt.

OUTPUT des Schritts 1 Als Ergebnis der Aufgabenbearbeitung erhalten Sie eine Suchfeldmatrix mit potenziellen Innovationsfeldern (Abbildung 5.4).

5.1.2 Die Innovationsideen – der Apfel fällt vom Baum

Da nicht alle Ideen „aus heiterem Himmel“ fallen, müssen diese systematisch erarbeitet werden.

INPUT für Schritt 2 Die potenziellen Innovationsfelder bilden den Rahmen für die Ideenfindung. Sollten mehrere Innovationsfelder bestimmt worden sein, kann eine Priorisie-

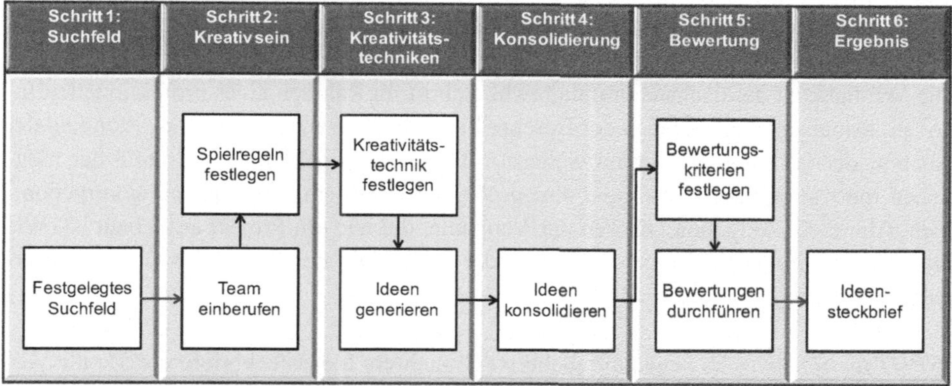

Abb. 5.5 Schritt für Schritt zum Ideensteckbrief

rung vorgenommen werden, um die attraktivsten Suchfelder zuerst zu bearbeiten. Die Auswahlentscheidung hängt dabei unter anderem von der Risikobereitschaft des Unternehmens, den notwendigen finanziellen Mitteln und der Unternehmensstrategie ab.

AUFGABE im Schritt 2 Die Methoden zur Anwendung der systematischen Ideengenerierung sind vielfältig, wie beispielsweise wissenschaftliche oder statistische Verfahren. Für die Art von Ideen, um die es hier geht, sind die Kreativitätstechniken von besonderem Interesse. Die hier verwendeten Methoden und Werkzeuge sind außerordentlich hilfreich, um eine Vielzahl von Ideen zu einem Thema zu generieren. Abbildung 5.5 zeigt die wesentlichen Schritte bis zur Beschreibung des Ideensteckbriefs. Hilfreich ist es auch, die im Kapitel 3.2.2 vorgestellten Schritte zur Ideenfindung nochmals anzuschauen.

OUTPUT des Schritts 2 Als Ergebnis erhalten Sie einen oder mehrere Ideensteckbriefe. Alle wichtigen Informationen, um diese Idee realistisch zu beschreiben, sind in diesem Dokument enthalten (Abbildung 5.6).

Abb. 5.6 Ideensteckbrief

Ideensteckbrief			
Bezeichnung der Idee			
Beschreibung der Idee			
Stärken oder Vorteile			
Umsetzbarkeit (ankreuzen)	Geringer Aufwand	Mittlerer Aufwand	Hoher Aufwand
Vereinfachung (ankreuzen)	Ja	Möglicherweise	nein
Empfehlung			

5.1.3 Die Vorstudie – lohnt sich die Idee?

Die Vorstudie ist der nächste, umfangreiche Schritt im Rahmen eines professionellen Innovationsmanagements. Neben der Beschreibung der Zielsetzung der Innovation und der Analyse der Ist-Situation werden weitere Anforderungen geklärt, das Umfeld der möglichen Innovation beschrieben und eine grobe Wirtschaftlichkeitsberechnung vorgenommen. Alle diese Aufgaben gehören zur Vorstudie, die wie ein Projekt aufgebaut ist. Wie umfangreich die Vorstudie ist, hängt von der Bedeutung der Innovation für das Unternehmen ab.

INPUT für Schritt 3 Es liegen möglicherweise mehrere Ideensteckbriefe vor. Da die Vorstudie auch unter wirtschaftlichen Gesichtspunkten zu sehen ist, sollten die Ideensteckbriefe mithilfe einer Bewertungsmatrix bewertet und priorisiert werden. Danach werden das Lastenheft (optional) und das Pflichtenheft beschrieben.

AUFGABE im Schritt 3 Auf jeden Fall ist ein Pflichtenheft zu beschreiben. Bei komplexen Vorstudien wird aber zuerst ein Lastenheft erstellt.

Lastenheft Im Lastenheft werden die Anforderungen, Erwartungen und Wünsche an ein geplantes Produkt beschrieben. Das Lastenheft beschreibt in der Regel, *was* und *wofür* etwas gemacht werden soll (Fachkonzept). Die Adressaten des Lastenheftes sind im vorliegenden Fall des unternehmensinternen Innovationsprozesses der innerbetriebliche Auftraggeber sowie das Innovationsteam. Stellen Sie geeignete Kriterien auf, die in dem Lastenheft unbedingt berücksichtigt sein sollen, wie beispielsweise Projektziele, technische Lösungsvarianten, Wirtschaftlichkeit, Zeitrahmen, Kostenrahmen, Projektplanung, Projektleiter, Ressourcenbedarf.

Pflichtenheft Das Pflichtenheft ist die bindende, detaillierte Beschreibung einer zu erfüllenden Leistung. Das Pflichtenheft beschreibt das vom Innovationsteam erarbeitete Realisierungsvorhaben aufgrund der Umsetzung des vom innerbetrieblichen Auftraggeber vorgegebenen Lastenheftes. Die Inhalte des zuvor ausgearbeiteten Lastenheftes werden nun präzisiert und vollständig und nachvollziehbar beschrieben sowie mit technischen Festlegungen der Betriebsumgebung verknüpft. Auch für das Pflichtenheft sind vorher geeignete Kriterien aufzustellen, die erfüllt sein müssen, wie beispielsweise Projektziele, technische Machbarkeit, technische Variantenvergleiche, Wirtschaftlichkeit, Projektgrobplanung, Projektleiter, Projektteam, Meilensteine, Dokumentation und viele mehr.

OUTPUT des Schritts 3 Der Entwicklungsauftrag stellt die formale und schriftliche Aufgabenzuweisung (Personal, Termin, Arbeitspakete) dar. Das Pflichtenheft ist das hierfür ausschlaggebende Dokument. Innerbetrieblich ist der Entwicklungsauftrag möglichst einfach auf der Basis des Pflichtenheftes zu beschreiben. Sollten Sie aber den Entwicklungsauftrag extern vergeben, so kann dieser möglicherweise komplexer gestaltet sein. Hierfür bietet es sich an, Musterverträge, beispielsweise des VDMA (Verband Deutscher Maschinen- und Anlagenbau), als Grundlage zu nutzen.

5.1.4 Die Entwicklung – alles wird aufs Papier gebracht

Bisher wurde alles mit Worten beschrieben. Nun beginnt das Stadium der technischen Realisierung des Produktes.

INPUT für Schritt 4 Der Entwicklungsauftrag ist das formale Dokument, das die Entwicklungsabteilung benötigt, um auf der Basis des Pflichtenheftes die konstruktiven Arbeiten zu beginnen.

AUFGABE im Schritt 4 Aufgrund des weltweiten Wettbewerbs können Unternehmen in Deutschland ihre hohen Produktionskosten nur kompensieren, wenn sie innovative Produkte entwickeln und diese mit neuesten Technologien und mit hoher Qualität kostengünstig produzieren. Der Entwicklung kommt dabei eine besondere Rolle zu, da während dieses Produktentwicklungsschrittes die späteren Kosten maßgeblich festgelegt werden. So werden nach Analysen (VDI-Richtlinie 35) etwa 70 % der Produktkosten im Rahmen der Produktentwicklung festgelegt. Die restlichen 30 % der Kosten werden durch die Arbeitsvorbereitung, die Fertigung, der Einkauf, die Verwaltung und den Vertrieb benötigt. Es ist daher von besonderer Bedeutung, sich während des Konstruktionsprozesses diese Tatsache immer wieder bewusst zu machen und den Prozess und das Produkt auf Effizienz hin zu überprüfen. Es gibt keine Patentlösung hierfür, weil der Prozess von dem Produkt und der Situation des Unternehmens abhängt. Wohl aber gibt es Merkmale, an denen sich die Entwicklung orientieren kann:

- Werden die Kundenbedürfnisse mit dem Konstruktionsentwurf befriedigt?
- Kennen die beteiligten Mitarbeiter in der Entwicklungsabteilung die vorhandenen technologischen Möglichkeiten der eigenen Fertigung?
- Sind die betriebswirtschaftlichen Zusammenhänge zwischen der Entwicklungsaufgabe und den späteren Herstellkosten bekannt?
- Gibt es ein professionelles Projektmanagement in dem Entwicklungsbereich?
- Gibt es ein effizientes Kostencontrolling im Entwicklungsbereich und werden Quality Gates im Entwicklungsprozess zur Absicherung eingesetzt?
- Existiert eine zielorientierte und vertrauensvolle Zusammenarbeit mit externen Komponentenherstellern?
- Werden diese rechtzeitig in den Entwicklungsprozess mit einbezogen?

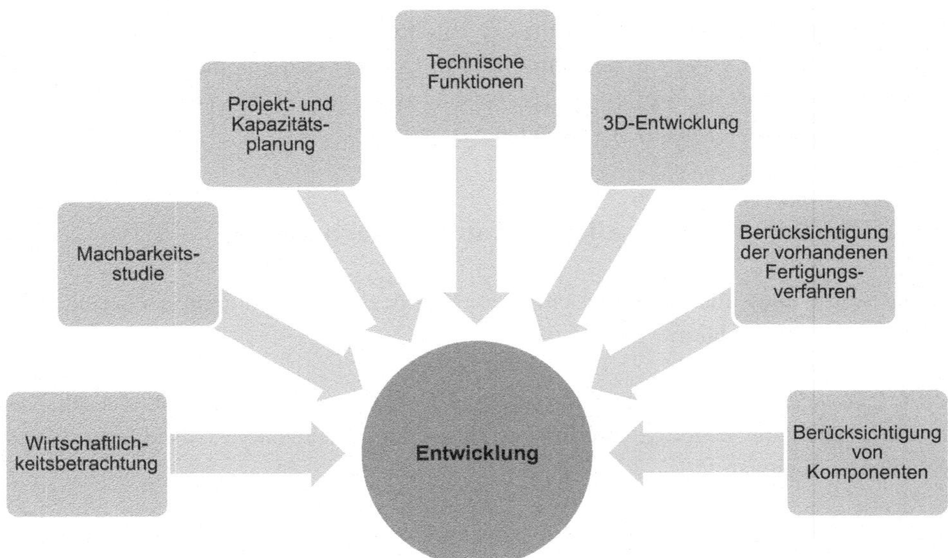

Abb. 5.7 Einzelaufgaben im Entwicklungsprozess

Wenn die vorher beschriebenen Merkmale positiv beantwortet werden, dann kann mit den beiden konstruktiven Entwicklungsphasen „Entwurf" und „Ausarbeitung" begonnen werden. In der Entwurfsphase wird das Konzept des Entwicklungsauftrags in einem konstruktiven Grobentwurf umgesetzt. Diese grobe Skizzierung des Produktes beinhaltet aber schon wichtige inhaltliche Aufgaben, wie beispielsweise Berechnungen, Design, Sicherheit und Fertigungsmöglichkeiten. Aufgaben, wie ein Entwurf vor, der auch schon wichtige Baugruppen detailliert darstellt. Danach wird der Grobentwurf auf Funktionserfüllung (des Produktes) und Wirtschaftlichkeit überprüft. Sind die Kriterien erfüllt, werden in der Ausarbeitungsphase die Einzelteil-, Montage- und Betriebsmittelzeichnungen angefertigt. Sind diese Detailzeichnungen freigegeben, dann kann der Prototyp erstellt werden.

OUTPUT des Schritts 4 So könnten die Einzelaufgaben im Entwicklungsprozess strukturiert sein (Abbildung 5.7):

5.1.5 Die Prototypen – nicht schön, aber nützlich

Die technischen Unterlagen sind erstellt und freigegeben. Nun wird aus der Zeichnung ein reales Produkt. Doch bevor ein fertiges, marktreifes Produkt vor Ihnen steht, ist zuerst ein vereinfachtes Modell, der Prototyp, zu fertigen. Dieser Prototyp muss noch nicht jedes Detail des späteren Produktes aufweisen, wohl aber seine technischen Eigenschaften haben. Denn mit seiner Hilfe werden Versuche durchgeführt, die zeigen sollen, ob dieser

Prototyp in die Serienproduktion gehen kann. Jedes nennenswerte technische Produkt geht diesen Weg, vom Staubsauger über den Autoreifen, von der Zahnbürste bis zum Auto.

INPUT für Schritt 5 Technische Zeichnungen, Montageunterlagen, Betriebsmittelzeichnungen und Weiteres sind die Voraussetzungen, damit die Prototypenabteilung das Modell anfertigen kann.

AUFGABE im Schritt 5 Abhängig von dem Zweck der Prototypen können unterschiedliche Modelle entstehen. Jeder kennt den „Erlkönig" aus der Automobilindustrie, der alle technischen Eigenschaften des späteren Automodells beinhaltet, im Design aber verfremdet ist. Dem „Erlkönig" vorausgegangen sind Designmodelle, bei denen die Wirkung des Modells begutachtet wird. Oft werden diese Designstudien, die auf jeden Fall das Äußere des Produktes darstellen, nicht aber die späteren technischen Eigenschaften, in der Automobilindustrie auf Messen vorgestellt. Dort werden die Reaktionen der Besucher erfasst und danach mögliche Anpassungen für die Nullserie vorgenommen. Die Anfertigung von Prototypen ist aufwendig und teuer. Insbesondere die Betriebsmittel werden oft nur für diesen Prototyp hergestellt. Anpassungen der Prototypen erfordern dann später meistens völlig neue Betriebsmittel.

OUTPUT des Schritts 5 Ist die Erprobung des Prototyps positiv verlaufen, so wird die Nullserie gefertigt, um die Fertigungsmöglichkeiten zu prüfen. Abschließend wird die Vorserie mit einer größeren Stückzahl eingeplant, bei der alle Fertigungsmethoden der späteren Serie eingesetzt werden. Sind auch hier alle Tests positiv verlaufen, dann wird die Produktionsfreigabe erteilt. Das Produkt geht in Serie.

5.2 Das Geschäftsaktivierungsmanagement – mehr Geschäft gefällig?

DAS SOLLTEN SIE WISSEN

- Eine kurzfristige Steigerung der Geschäftsaktivitäten ist relativ unkompliziert.
- Kenntnisse über die interne Vertriebsleistung und den Markt sind notwendig, um die Vertriebsperformance zu steigern.
- Optimierungsmaßnahmen beziehen nicht nur Bestandskunden ein, sondern auch ehemalige oder potenzielle Kunden.

ZIEL DER METHODE Die Methode der kurzfristigen Geschäftsaktivierung zielt primär auf die schnelle Steigerung der Vertriebsleistung. Für alle Beteiligten des Unternehmens, die auf den Markt und Kunden ausgerichtet sind, also insbesondere die Vertriebsfunktionen „Innendienst" und „Außendienst" (Handelsvertreter oder Key Account Manager), gilt die Anwendung dieser Methode. Das Ziel ist die Generierung von zusätzlichem Geschäftsvolumen.

VERWENDUNG DER METHODE Indikatoren für zusätzliches, kurzfristiges Geschäft sind

- mehr Anfragen und Angebote von potenziellen Kunden und
- die schnelle und effiziente Bearbeitung aller Aufgaben für den Kunden.

SCHRITT FÜR SCHRITT ZUR METHODE Sie benötigen vier Schritte zur Umsetzung der Methode.

Schritt 1 Erstellen Sie eine IST-Analyse der innerbetrieblichen Abläufe und der Kundenstruktur.

Schritt 2 Analysieren Sie die Produkte und die Vertriebsleistung.

Schritt 3 Analysieren Sie den Markt und den Wettbewerb.

Schritt 4 Erstellen Sie ein Konzept und Maßnahmen zur Steigerung der Vertriebsleistungen und setzen Sie die Maßnahmen zur Steigerung der kurzfristigen Geschäftsaktivierung um.

DAS ERGEBNIS So könnte die kurzfristige Steigerung der Vertriebsleistung aussehen (Abbildung 5.8):

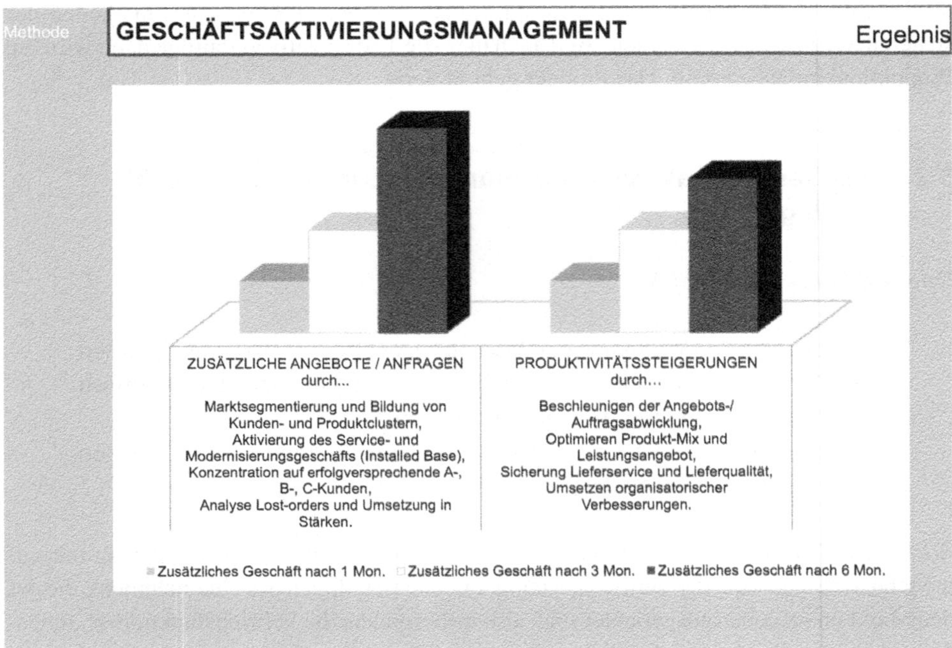

Abb. 5.8 Steigerung der kurzfristigen Vertriebsleistung (Prinzipdarstellung)

5.2.1 Die Vertriebsorganisation – fit für die Zukunft?

Im Unternehmen herrscht die Meinung vor, dass die Vertriebsleistung nicht ausreichend ist, um weiter profitabel zu wachsen. Deshalb ist die Analyse der IST-Situation der erste Schritt, um diese Meinung zu klären. Dazu wird der aktuelle Zustand in der Vertriebsorganisation betrachtet. Mithilfe von Analysen werden die Stärken und Schwächen erarbeitet.

INPUT für Schritt 1 Stagnierende oder rückläufige Umsätze können ein Zeichen dafür sein, dass die Produkte oder Dienstleistungen am Markt nicht mehr wettbewerbsfähig sind. Fallende Umsätze können aber auch ein Ausdruck dafür sein, dass Aufträge „um jeden Preis" angenommen werden, also der Deckungsbeitrag nicht mehr ausreicht. Vielleicht herrscht im Vertrieb die Meinung, die „Masse macht's", ohne zu bedenken, dass in bestimmten Situationen mehr Umsatz letztlich weniger Marge und somit kontraproduktiv ist. In jedem Fall ist die aktuelle Situation im Vertrieb zu analysieren.

AUFGABE im Schritt 1 Bearbeiten Sie folgende Fragestellungen:

Aufgabe 1 Welches sind die Leistungsmerkmale für Vertriebsmitarbeiter?

- Welche Mitarbeiter erreichen ihre Umsatzziele und/oder Margen nicht?
- Gelten für alle Mitarbeiter die gleichen Bedingungen wie beispielsweise das Markt- und Kundenpotenzial?
- Sind die Maßstäbe zur Beurteilung der Vertriebsleistung jedes Einzelnen gleich (Anzahl potenzieller Kunden im Vertriebsgebiet, Bevölkerungs- oder Kundenstruktur)?
- Sollten die einzelnen Vertriebsmitarbeiter bisher nicht nach dem gleichen Maßstab beurteilt worden sein, dann stellt sich die Frage, ob zukünftig ein geeigneter, vergleichbarer Maßstab gefunden werden kann, um die „guten" und „weniger guten" Mitarbeiter zu identifizieren?

Aufgabe bei Defiziten: Finden Sie einen Vergleichsmaßstab.

Aufgabe 2 Gibt es für einzelne Vertriebsmitarbeiter Randbedingungen, die einer Leistungssteigerung entgegenstehen?

- Ist die Kundenstruktur besonders heterogen?
- Ist das Wachstumspotenzial der Kunden begrenzt?
- Sind mit dem Kunden ungünstige Konditionen vereinbart worden?
- Befinden sich Kunden in einer schwierigen wirtschaftlichen Lage?

Aufgabe bei Defiziten: Passen Sie die Kundenstruktur an.

Aufgabe 3 Bewerten Sie die Fähigkeiten der Vertriebsmitarbeiter.

- Hat der Mitarbeiter eine entsprechende Ausbildung?
- Sind die Produktkenntnisse ausreichend?
- Kennt der Mitarbeiter die Branche und das Marktgefüge?
- Hat der Mitarbeiter Fähigkeiten, eine persönliche Beziehung zum Kunden herzustellen?

Aufgabe bei Defiziten: Verbesserung der persönlichen Fähigkeiten und Kenntnisse des Vertriebsmitarbeiters.

Aufgabe 4 Beurteilung Ihrer Kunden.

- Wie entwickelt sich die Branche?
- Wie hat sich die Kundenstruktur im Vergleich zum Wettbewerb entwickelt?
- Wie ist die wirtschaftliche Lage des Kunden?
- Welchen möglichen zukünftigen Bedarf hat der potenzielle Kunde nach Ihrem Produkt oder Ihrer Leistung?

Aufgabe bei Defiziten: Anpassung des Kundenstamms für den Vertriebsmitarbeiter.

Aufgabe 5 Ermittlung der persönlichen „Vertriebspolitik" des Vertriebsmitarbeiters.

- Werden überdurchschnittliche Boni und Skonti gewährt?
- Sind die Zahlungsziele im Einklang mit der Unternehmenspolitik?
- Werden Reklamationen überdurchschnittlich oft ungeprüft anerkannt?

Aufgabe bei Defiziten: Identifizierung von Margeneinschränkungen.

OUTPUT des Schritts 1 Aus den bisher vorliegenden Informationen und Analysen kann nun eine Stärken-/Schwächenanalyse jedes Vertriebsmitarbeiters durchgeführt werden. Diese kann dann mit den unterstützenden Maßnahmen in ein Vertriebscontrollingsystem einfließen. Abbildung 5.9 zeigt die Basisdaten (Auszug) für ein Controllingsystem innerhalb des Vertriebs.

Kriterien	Vertriebsmitarbeiter Hr. Müller	Persönliche Maßnahmen
Deckungsbeitrag p.a.	220.000 Euro	Weniger Boni geben
Angebote (Anzahl, Euro) p.a.	311 Angebote, 425.000 Euro	Anzahl steigern. Aussagekräftigere Angebote verschicken
Aufträge (Anzahl, Euro) p.a.	221 Aufträge, 239.000 Euro	keine
Anzahl Altkundenp.a.	95	persönliche Beziehung verbessern
Anzahl Neukundenp.a.	23	Verstärkung der Neukundenakquisition
Produkte	Produkt A, B, F	Für Produkt F eine Produktschulung durchführen

Abb. 5.9 Basisdaten für ein Vertriebscontrollingsystem (Auszug)

5.2.2 Die Produkte und Leistungen – noch wettbewerbsfähig?

Sollten die festgestellten Schwächen in der Vertriebsleistung an dem Produktprogramm liegen, so sind kurzfristige Maßnahmen zur Steigerung der Vertriebsleistung schwer möglich. Insbesondere dann, wenn das Produktportfolio gegenüber dem Wettbewerb ins Hintertreffen geraten ist. Ist die schwache Vertriebsperformance aber auf ein ungenügendes Leistungsangebot gegenüber dem Kunden begründet, dann können sehr wohl Maßnahmen zur Verbesserung der Situation erarbeitet werden.

INPUT für Schritt 2 Sie haben festgestellt, dass die Leistungen der Vertriebsmitarbeiter nicht verantwortlich sind für die abnehmende Vertriebsleistung. Die Vertriebsqualifikation und die Organisation sind ohne wesentliche Schwächen und die Kunden haben grundsätzlich Bedarf an Produkten dieser Art. Möglicherweise liegt die Vertriebsschwäche an dem Produktportfolio Ihres Unternehmens. Dieses ist auf den Prüfstand zu stellen.

AUFGABEN im Schritt 2 Für die Analyse Ihres Produktportfolios bearbeiten Sie die folgenden Aufgaben.

Aufgabe 1 Analysieren Sie das Produktportfolio Ihres Unternehmens. Diese Aufgabe führt nicht zu einer kurzfristigen Steigerung der Vertriebsleistung. Dennoch sei sie hier in ihren Grundzügen vorgestellt, da sich ein gemeinsames Team aus Vertrieb und Entwicklung dieser Analyse annehmen muss. Mithilfe der Produktportfolioanalyse lassen sich Produktstrategien formulieren und überprüfen. Insbesondere, wenn sich die Vertriebsleistung negativ entwickelt und durch eine Situationsanalyse herausgefunden wird, dass das Produktprogramm Schwächen aufweist. Dann ist dieses Hilfsmittel anzuwenden. Dazu werden die einzelnen Produkte oder Produktgruppen bewertet. Ordnen Sie Ihre Produkte oder Produktgruppen in eines der neun Felder (Abbildung 5.10). Sie erhalten somit eine Verteilung Ihres Produktprogramms, das Ihnen sofort deutliche Hinweise zu Stärken und Schwächen Ihres Produktportfolios liefert. Wichtige Maßnahmen zur Beibehaltung oder Veränderung der Position innerhalb der Matrix sind der Abbildung 5.10 zu entnehmen.

Aufgabe 2 Analysieren Sie alle Vertriebsleistungen in Richtung Kunden und beantworten Sie folgende Fragen:

- Sind die Vertriebspartner (Handel, externe Vertriebsmitarbeiter) zufrieden?
- Tauschen sich die Vertriebspartner regelmäßig über ihre Erfahrungen aus?
- Werden die externen Vertriebspartner regelmäßig geschult?
- Gibt es Rabatte und Boni nur bei Gegenleistungen des Kunden?
- Nimmt das Unternehmen eher Mengen- als Preisrückgänge in Kauf?
- Sind die eingesetzten IT-Systeme im Vertrieb hilfreich?
- Ist die Angebots- und Auftragsabwicklung ein optimaler Prozess hinsichtlich Qualität und Zeit?

Marktattraktivität			
niedrig	**Selektives Vorgehen** • Spezialisierung • Nischen suchen • Akquisition erwägen	**Selektives Wachstum** • Potenzial für Marktführung durch Segmentierung abschätzen • Schwächen identifizieren • Stärken aufbauen	**Wachstum und Investitionen** • Wachsen • Marktführerschaft anstreben • Investitionen maximieren
mittel	**Ernten** • Spezialisierung • Nischen suchen • Rückzug erwägen	**Selektives Vorgehen** • Wachstumsbereiche identifizieren • Spezialisierung • Selektiv investieren	**Selektives Wachstum** • Wachstumsbereiche identifizieren • Stark investieren • Ansonsten Position halten
hoch	**Ernten** • Rückzug planen • Desinvestieren	**Ernten** • Investitionen minimieren • Auf Desinvestitionen vorbereiten	**Selektives Vorgehen** • Gesamtposition halten • Cash flow anstreben • Investition nur zur Instandhaltung
	niedrig	mittel	hoch
		Relative Wettbewerbsposition	

Abb. 5.10 Portfoliomatrix (nach McKinsey)

- Wird über Produktmodifikationen zeitnah informiert?
- Kann auf Änderungen im Wettbewerbsumfeld schnell reagiert werden?
- Wird der Vertrieb über Reklamationen zeitnah informiert und werden diese schnell bearbeitet?
- Sind Lieferzeiten und Lieferqualität im Vertrieb bekannt?
- Tauschen alle Unternehmensbereiche, die Kundenkontakt haben, ständig ihre Informationen untereinander aus?
- Kennen alle die Zufriedenheit Ihrer Kunden?
- Existieren Kundenbindungsinstrumente?
- Können Kunden einen beratenden Vertrieb erwarten?
- Wird aktiv die Neukundenakquisition betrieben?

OUTPUT des Schritts 2 Der Vergleich Ihres Unternehmens zum Wettbewerb hilft, die potenziell wichtigsten Konkurrenten zu identifizieren und mit den Ergebnissen der Ist-Analyse geeignete Schlussfolgerungen zu ziehen (Abbildung 5.11).

5.2.3 Der Markt und Wettbewerb – allein gegen alle

Eine weitere Möglichkeit für eine schwache Vertriebsleistung ist eine unzureichende Kenntnis des Marktes und des Wettbewerbs. Schon 500 v. Chr. sagte der chinesische Feldherr Sun Tsu in „Die Kunst des Krieges“: „Wenn du den Feind und dich selbst kennst, wirst du den Ausgang von hundert Schlachten nicht zu fürchten haben“ [10].

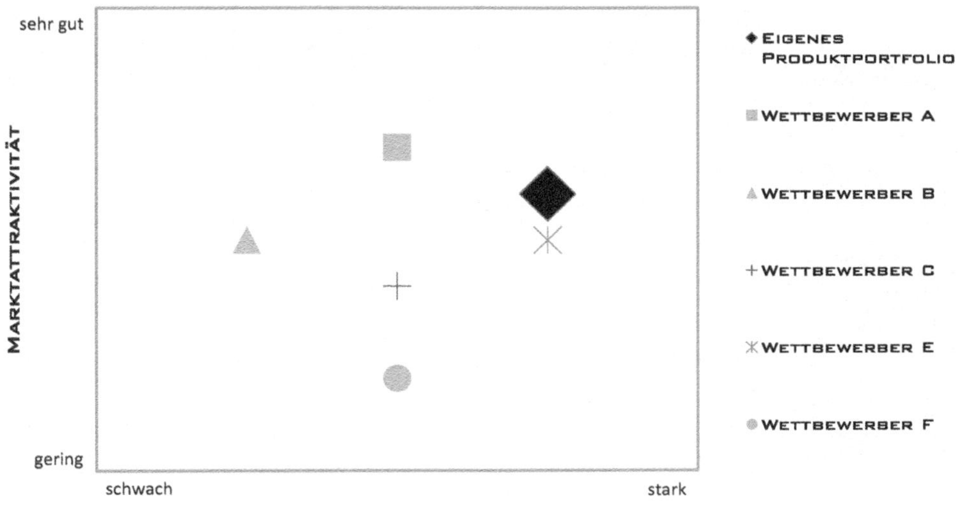

Abb. 5.11 Analyse des Produktportfolios

INPUT für Schritt 3 Sie benötigen für die Marktanalyse möglichst viele Informationen über Ihre Wettbewerber. Diese liegen entweder bereits durch interne, regelmäßige Marktanalysen des Vertriebs vor oder aber Sie beschaffen sich die Informationen mithilfe des Internets, auf Messen oder durch Kunden. Möglicherweise können Sie auch über professionelle Datenhändler weitere Informationen einholen, was allerdings Geld kostet.

AUFGABEN im Schritt 3 Um die Wettbewerbsanalyse zielorientiert zu erstellen, bearbeiten Sie folgende Aufgaben.

Aufgabe 1 Legen Sie die Untersuchungsbereiche fest, für welche die Marktanalyse gelten soll.

Aufgabe 2 Definieren Sie die Bewertungskriterien.

Aufgabe 3 Bewerten Sie die Wettbewerber Ihres Unternehmens. Nicht immer liegen belastbare Zahlen vor. In diesem Fall ist eine qualifizierte Schätzung der Experten Ihres Unternehmens vorzunehmen (Abbildung 5.12).

Aus den gewonnenen Erkenntnissen können nun mehrere Schlussfolgerungen gezogen werden. Dabei sind diese zu unterteilen in

- die strategische, längerfristige Marktbearbeitung (Marktentwicklungs-, Produktentwicklungs- und Diversifikationsstrategien) und
- die operative, kurzfristige Marktbearbeitung (Marktdurchdringungsstrategie).

	Bewertungs-kriterien	Eigenes Unternehmen	Wettbewerber A	Wettbewerber B	Wettbewerber C
Baden-Württemberg	nicht dargestellt	+++	+++	-	+++
Bayern		++	+++	++	+++
Berlin		+++	++	++	++
Brandenburg		+	++	+	-
Hamburg		+++	-	+++	+++
Schleswig-Holstein		+	--	-	++
Hessen		+	+++	+	+
Mecklenburg-Vorpommern		++	--	-	--
Niedersachsen		+	+	++	++
Bremen		-	++	+	++
Nordrhein-Westfalen		++	+	+++	+
Rheinland-Pfalz		+	-	+	+
Saarland			--	--	+
Sachsen		++	+	++	+
Sachen-Anhalt		+	--	-	--
Thüringen		++	+	--	--

Abb. 5.12 Bewertung der Wettbewerber mithilfe der qualifizierten Schätzung (Praxisbeispiel Chemie)

Da die Annahme in diesem Kapitel die Steigerung des kurzfristigen Verkaufsvolumens ist, wird die kurzfristige Marktbearbeitung weiter betrachtet.

OUTPUT des Schritts 3 Das Produktportfolio bleibt das Gleiche. Ausschließlich der Marktanteil wird vergrößert. Es gibt drei Varianten, um kurzfristig die Vertriebsleistung zu erhöhen (Abbildung 5.13).

5.2.4 Das Konzept und die Maßnahmen – jetzt wird's besser

INPUT für Schritt 4 Das Leistungsangebot ist analysiert. Sie kennen die Stärken und Schwächen der Vertriebsorganisation, der Produkte und Leistungen und Sie haben einen Überblick über den Markt und Ihre Wettbewerber. Mithilfe dieser Informationen können Sie nun konkrete Schritte zur kurzfristigen Geschäftsaktivierung einleiten.

AUFGABE im Schritt 4 Wir betrachten nur die Maßnahmen, die in relativ kurzer Zeit zu einem Anstieg der Angebote führen. Wenn Sie die drei folgenden Maßnahmenpakete bearbeiten, dann werden Sie zum Schluss eine breite Palette an Maßnahmen zur Steigerung der Vertriebsperformance zur Verfügung haben [11].

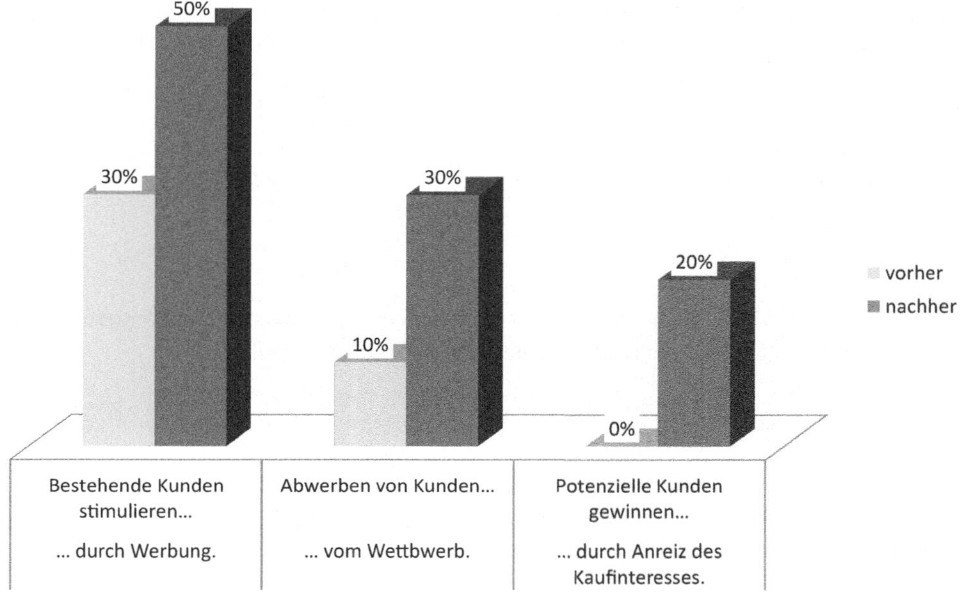

Abb. 5.13 Ergebnis der Marktdurchdringungsstrategie (Prinzipdarstellung)

Maßnahmenpaket 1 Maßnahmen, die durch den Vertriebsmitarbeiter initiiert und dem Kunden oder potenziellen Kunden ausgehändigt werden:

- Imagebroschüre des Unternehmens
- Unternehmenspräsentationen
- Nutzenorientiertes Prospektmaterial
- Hauseigene Kundenzeitschrift
- Sonderdrucke – Referenzanwendungen
- Pressespiegel
- Leistungskatalog
- Muster/Exponate
- Give-aways

Maßnahmenpaket 2 Maßnahmen, die durch das Vertriebsteam initiiert werden:

- Regionale Kundenveranstaltung – Open House mit dem Ziel der Leistungspräsentation
- Kundenwertschätzungsprogramme
- Anwenderbezogene Tagungen – Fachvorträge, Kundenauftritte
- Leistungspräsentationen beim Kunden vor Ort – Kunde lernt von Kunde

Maßnahmenpaket 3 Maßnahmen, die durch die Zentrale unterstützt werden:

- Messetermine
- VIP-Trips
- Anwendertagungen
- Fabrikbesichtigungen
- Internetkommunikation
- Zeitlich befristete Verkaufsaktionen

OUTPUT des Schritts 4 So könnte eine übergreifende Maßnahme zur Steigerung der Geschäftsaktivitäten (hier die Erhöhung der Verkaufspreise) aussehen:

Praxisbeispiel

„Liebe Außendienstmitarbeiter in Westeuropa,

wir haben 2014 mit einer sehr guten Absatzentwicklung begonnen. Zum Halbjahr wurden 106.000 to erreicht. Dies bedeutet ein knappes Übertreffen des Budgets! Dafür noch einmal ein herzliches Dankeschön! Unglücklicherweise leiden wir weiterhin nicht nur an dem kontinuierlichen Margenverfall der letzten Jahre, hinzu kommen auch die immensen aktuellen Rohstoffpreissteigerungen, die unsere ungeteilte Aufmerksamkeit erfordern. Neben der Volumenerreichung (gemäß Forecast 200.000 to für Westeuropa) bleibt die Preisfrage deswegen absolut erfolgskritisch. Zum Halbjahresende hatten wir unseren 2014-Budget-Zielpreis von 1,13 €/kg für Westeuropa noch nicht erreicht. Aufgrund dieser besonderen Herausforderungen hat die Geschäftsführung beschlossen, erstmals einen westeuropaweiten Vertriebswettbewerb zu veranstalten. Im Fokus steht das fortgesetzte energische Durchsetzen höherer Preise. Deshalb haben wir einen Individualwettbewerb und einen Teamwettbewerb Westeuropa konzipiert (Zeitraum 06–09/14). Damit wollen wir den Ehrgeiz auf beiden Ebenen wecken und selbstverständlich belohnen. Im Rahmen des Individualwettbewerbs können max. 3 × 3333 € gewonnen werden, beim Teamwettbewerb ist die Ausschüttung maximal 40.000 € (Details zum Ablauf und den Bedingungen entnehmen Sie bitte der beigefügten Übersicht). Wir wünschen Ihnen und uns die volle Ausschüttung der Beträge.

Wir drücken die Daumen! Viel Erfolg!

Ihre Geschäftsführung“

5.3 Das Lieferantenmanagement – Partner fürs Leben

DAS SOLLTEN SIE WISSEN

- Lieferanten sind Partner und kein notwendiges Übel.
- Neue Lieferanten durchlaufen ein Qualifizierungsverfahren.

- Die Lieferleistung wird regelmäßig bewertet und kommuniziert.
- Ziel ist die Entwicklung jedes Lieferanten zum A-Lieferant.
- Lieferanten mit Schwächen in der Lieferperformance werden besonders betreut.
- Die Betreuungsmaßnahmen sind stufenweise aufgebaut und haben das Ziel, die aktuellen Schwächen des Lieferanten gemeinsam zu beheben.

ZIEL DER METHODE Das Ziel dieser Methode ist die Einbindung des Lieferanten in die unternehmensspezifische Prozessorganisation sowie die Entwicklung von Lieferanten, insbesondere von denen, die Schwächen aufweisen. Da sich Unternehmen auf ihre Kernkompetenz beschränken, benötigen sie Lieferanten, um ihre Produkte oder Dienstleistungen am Markt anzubieten. In den letzten Jahren hat sich die Bedeutung des Lieferantenmanagements erheblich erhöht. Insbesondere in der arbeitsteiligen und um den Globus verteilten Produktion sind Lieferanten ein Schlüssel zum Erfolg. Abbildung 5.14 zeigt, warum sich die Frage nach einem professionellen Lieferantenmanagement immer dringlicher stellt (dargestellt sind nur die Lieferungen mit dem Status „zu spät").

VERWENDUNG DER METHODE Das Lieferantenmanagement ist Teil des Beschaffungsprozesses. Der Beschaffungsprozess besteht aus mehreren Einzelprozessen:

- Prozess der Einkaufsstrategie (entwickelt aus der Unternehmensstrategie)
- Prozess des strategischen Marktvergleichs

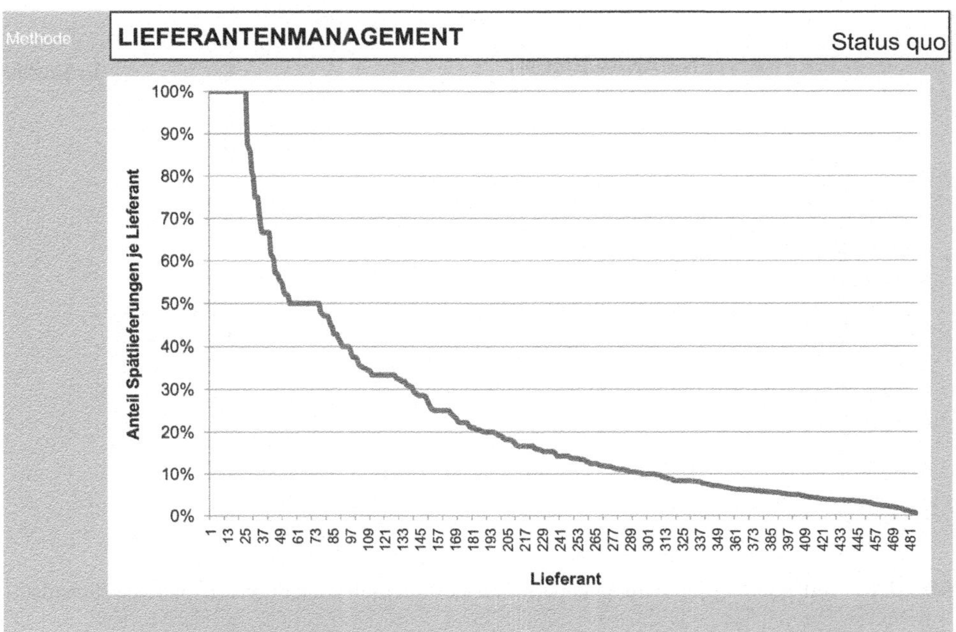

Abb. 5.14 Anteil der Spätlieferungen je Lieferant (Praxisbeispiel Weltmarktführer Maschinenbau)

- Prozess der marktspezifischen Bedarfsauswahl
- Prozess des Lieferantenmanagements mit den Teilprozessen
  1. Lieferantenauswahl
  2. Lieferantenbewertung
  3. Lieferantenportfolio
  4. Lieferantenentwicklung

SCHRITT FÜR SCHRITT ZUR METHODE Die Methode basiert auf der vertrauensvollen Zusammenarbeit mit den Lieferanten. Lieferanten sind Partner und keine Unternehmen zweiter Klasse. Die Methode zeigt den Weg auf von der Auswahl an aktiven Lieferanten bis zur Betreuung von Lieferanten mit geringer Lieferperformance.

Schritt 1 Wählen Sie aus dem vorhandenen Lieferantenpool die Lieferanten mit der besten Performance aus.

Schritt 2 Bewerten Sie Ihre Lieferanten und kommunizieren Sie die Bewertungsergebnisse.

Schritt 3 Betreuen Sie die Lieferanten besonders, die Schwächen in ihrer Lieferperformance haben.

DAS ERGEBNIS So könnte die Verbesserung der Lieferantenperformance (hier Lieferzeit) aussehen (Abbildung 5.15):

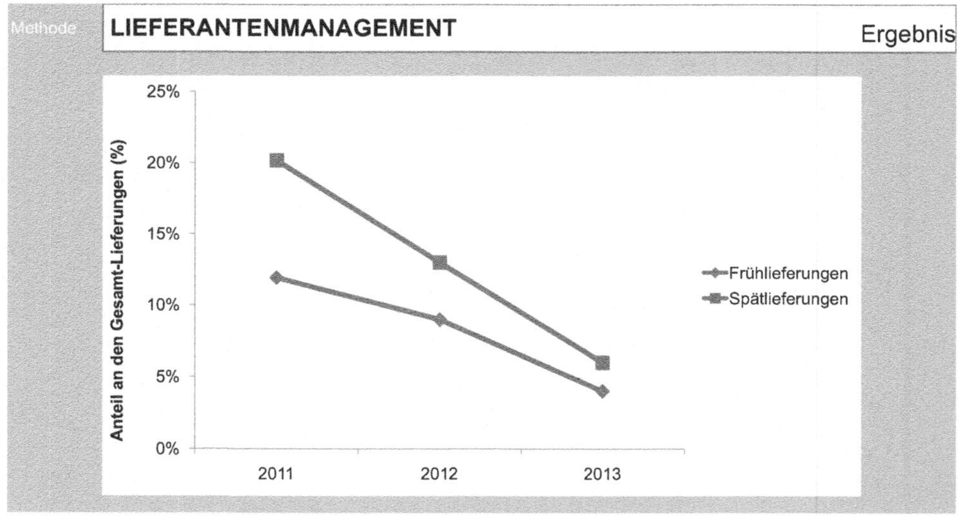

Abb. 5.15 Verbesserung der Lieferantenperformance (hier Lieferzeit, Praxisbeispiel Maschinenbau)

5.3.1 Die Lieferantenqualifizierung – wer möchte mit uns gehen?

Sie haben aus dem Prozess der Lieferantenfindung eine Auswahl an Lieferanten in die engere Wahl genommen. Um sich für die zukünftigen Lieferanten zu entscheiden, benötigen Sie mehr Informationen über die potenziellen Lieferanten.

INPUT für Schritt 1 Basis für den Auswahlprozess und der zukünftigen Geschäftsbeziehung ist die Schaffung von gegenseitigem Vertrauen, Transparenz, Offenheit sowie einer Kommunikation, die auf Fakten basiert. Potenzielle Lieferanten Ihres Unternehmens sollten folgendes Selbstverständnis über die gemeinsamen Ziele und die Zusammenarbeit als Partner haben, wie

- optimale Gestaltung der Geschäftsprozesse,
- kontinuierliche Verbesserung der Effizienz und Qualität,
- schnelle Reaktion auf Veränderungen und Chancen,
- Kostenbewusstsein und
- Kontinuität in der Zusammenarbeit.

Jeder neue potenzielle Lieferant wird auditiert. Die Aufnahme eines neuen Lieferanten hängt von dem Ergebnis des Audits ab. Insbesondere die qualitativ-technischen, organisatorischen und wirtschaftlichen Anforderungen sind bei der Durchführung eines Audits von Bedeutung. Weiterhin ist die Anerkennung von unternehmensspezifischen Regelwerken wie auch gesetzlichen Vorgaben Voraussetzung, um als Lieferant zugelassen zu werden (Abkündigung, Reach, Werknorm, Geheimhaltung).

AUFGABE im Schritt 1 Zwei wichtige Aufgaben sind im Lieferantenqualifizierungsprozess von Bedeutung:

Aufgabe 1 Bewerten Sie die Qualifizierung des Lieferanten. Mithilfe der Lieferantenqualifizierung ist Folgendes mit dem Lieferanten gemeinsam herauszuarbeiten:

- Fähigkeit zur modernen Kommunikation
- Zustand und Tauglichkeit der Produktionsmittel zur Herstellung von hochwertigen Teilen
- Status quo des Qualitätsmanagements
- Lieferfähigkeit
- Qualifikation des Personals

Aufgabe 2 Lassen Sie Probeaufträge anfertigen. Zur Auswertung des Leistungsspektrums des Lieferanten werden für den Partner Teile für einen Probeauftrag ausgewählt. Nach Lieferung des Probeauftrags werden die Teile und der Lieferprozess gemeinsam mit der Qualitätskontrolle, dem Lieferanten und dem Einkauf bewertet und eingestuft.

Methode | **LIEFERANTENMANAGEMENT** (Lieferantenqualifizierung) | Audit

					Erfüllungsprofil (%)									
Nr.	Kriterien	max. Pkt.	Anz. Pkt.	%	10	20	30	40	50	60	70	80	90	100
1	Gesamteindruck	500	425	85%								x		
2	Datenkommunikation	400	324	81%								x		
3	Maschinenpark	500	375	75%							x			
4	Qualitätsmanagement	900	747	83%								x		
5	Prüfmittel und Prüfeinrichtungen	400	300	75%							x			
6	Prüfungen	900	648	72%							x			
7	Qualifikationen	400	352	88%								x		
8	Lieferzuverlässigkeit	700	602	86%								x		
	Gesamtbewertung:	**4.700**	3.773	81%								x		

Abb. 5.16 Ergebnis eines Erstaudits bei einem potenziellen Lieferanten (Praxisbeispiel Maschinenbau, Auszug)

OUTPUT des Schritts 1 Auf der Basis eines detaillierten Fragenkatalogs zu den acht Kriterien und deren Bewertung sind in dem Audit die Stärken und Schwächen des Lieferanten festgestellt worden. Die Verteilung der zusammengefassten Bewertung im „Erfüllungsprofil" zeigt, ob der potenzielle Lieferant die erforderlichen Mindeststandards erfüllt. In dem Praxisbeispiel (Abbildung 5.16) sind die Anforderungen erfüllt, da mehr als 75 % der Punkte erreicht werden müssen und kein Kriterium unter 60 % bewertet werden darf (Vorgabe des Unternehmens).

5.3.2 Die Lieferantenbewertung – hält der Partner sein Versprechen?

Lieferanten und deren Leistungen werden periodisch bewertet. Dies gilt nach festgelegten und transparenten Kriterien, die für alle Lieferanten gelten. Die Lieferantenbewertung ist ein zentrales Element, um die Optimierung der partnerschaftlichen Beziehung weiterzuentwickeln. Die Lieferantenbewertung stellt die Basis für die Lieferantenklassifizierung dar.

INPUT für Schritt 2 Sie haben mit Ihren Lieferanten Bewertungskriterien vereinbart. Dabei haben Sie nach dem Grundsatz gehandelt: "Wir erwarten von unseren Lieferanten, dass sie die richtige Menge zur richtigen Zeit in der richtigen Qualität liefern". Alle Lieferanten kennen diese Kriterien. Die Leistung der Lieferanten wird dabei folgendermaßen bewertet (Praxisbeispiel Maschinenbau):

- ***Messbare Parameter (Hard facts): 80 %***
  Termin: 35 %
  Menge: 5 %
  Qualität: 40 %
- ***Zusammenarbeit (Soft facts): 20 %***
  Kooperation und Verbesserungsbereitschaft: 5 %
  Kommunikation (Transparenz, Offenheit, Warnsystem): 5 %
  Zuverlässigkeit: 5 %
  Reaktionsfähigkeit und Flexibilität: 5 %

AUFGABEN im Schritt 2 Im Rahmen der Prozessorganisation in Ihrem Unternehmen müssen nun die Leistungsparameter gemessen werden.

Aufgabe 1 Bewerten Sie die Lieferleistung nach den bekannten Kriterien.

- **Bewertung der Liefertermineinhaltung:** Eintreffttermine von Zulieferteilen sind in der Planung ein zentrales Element, um Ihre Kunden termingerecht mit Produkten beliefern zu können. Die Einhaltung der vereinbarten Liefertermine hat daher eine hohe Bedeutung. Die Liefertermindefinition in dem Praxisbeispiel lautet:
  „Der gemessene und bewertete Termin ist immer der beidseitig vereinbarte Eintrefftermin in unserem Werk. Für die Bewertung der Lieferantenleistung werden folgende Kriterien definiert (in Kalendertagen):
  - *Pünktlich: Liefertermin lt. Bestellung plus 1 Tag*
  - *Spätlieferung: 1–3 Tage, > 3 Tage*
  - *Frühlieferung: nicht gewünscht*
  - *Eine Bezahlung erfolgt auf Basis des beidseitig vereinbarten Eintrefftermins."*
- **Bewertung der Mengeneinhaltung:** Die Einhaltung der vereinbarten Mengenlieferungen an Gutteilen ist für den innerbetrieblichen Ablauf wichtig. Falls die Mehrzahl der Teile sehr spezifisch ist, ist eine Lagerung von Sicherheitsbeständen nur bedingt sinnvoll. Auf jeden Fall ist die exakte Einhaltung der vereinbarten Mengen notwendig.
- **Bewertung der Qualitätseinhaltung:** Jedes angelieferte Teil muss eine erstklassige Qualität nachweisen. Von den Lieferanten werden keine Kompromisse bei der Qualität der gelieferten Teile erwartet. Die Qualität der Einzelteile wird anhand der Vorgaben aus den entsprechenden Zeichnungen und/oder der Werknorm überprüft. Diese sind die Prüfkriterien für jedes Bauteil und müssen unbedingt eingehalten werden. Alle Teile, bei denen Abweichungen von den Zeichnungs- und/oder Werknormvorgaben festgestellt werden, entsprechen nicht den Qualitätsansprüchen des Unternehmens. Bei

Handelswaren gilt die aus der Bestellung vorgegebene Spezifikation. Die Qualität kann anhand von unternehmensspezifischen Qualitätskennzahlen ermittelt werden.

- **Bewertung der Zusammenarbeit:** Die partnerschaftliche Zusammenarbeit zwischen dem Unternehmen und seinen Lieferanten ist ein wesentlicher Baustein des Erfolgs. Daher ist diesem Aspekt auch Bedeutung beizumessen. Täglich kommunizieren Mitarbeiter der Beschaffung mit den Lieferanten. Die Mehrzahl der Lieferanten leisten auch nach diesem Bewertungskriterium gute Arbeit, andere jedoch nicht. Deshalb ist dieser Aspekt im Rahmen der Partnerschaft wichtig zu bewerten.

Aufgabe 2 Klassifizieren Sie Lieferanten. Lieferanten können in vier Kategorien eingeteilt werden (Praxisbeispiel Maschinenbau):

- ***A-Lieferant:*** *Das Unternehmen ist mit der bisherigen Lieferperformance des Lieferanten sehr zufrieden. Die gute Zusammenarbeit und die hohe Lieferperformance werden ausdrücklich anerkannt und sind der Maßstab für die weitere Zusammenarbeit. Der A-Lieferant hat mindestens 85 Punkte erreicht.*
- ***B-Lieferant:*** *Das Unternehmen ist mit der bisherigen Lieferperformance des Lieferanten zufrieden, sieht aber dennoch punktuellen Verbesserungsbedarf. Es ist erforderlich, Maßnahmen einzuleiten, die zu einer weiteren Verbesserung führen. In diesem Fall bietet das Unternehmen gezielte Unterstützung an. Der B-Lieferant hat mindestens 68 und maximal 84 Punkte erreicht.*
- ***C-Lieferant:*** *Es ist dringend notwendig, Maßnahmen einzuleiten, die zu einer deutlichen Verbesserung der Lieferperformance führen. Innerhalb von drei Wochen legen diese Lieferanten schriftlich Ihren Maßnahmenplan bzw. eine Zusammenfassung bereits eingeleiteter Maßnahmen vor. Bei der Erstellung eines geeigneten Maßnahmenplans kann das Unternehmen Unterstützung anbieten. C-Lieferanten haben eine Punktzahl von 40–67 Punkten erreicht.*
- ***D-Lieferant:*** *D-Lieferanten haben weniger als 40 Punkte erreicht. Es folgt die Sperrung jeder neuen Auftragsvergabe, wenn keine Verbesserung festgestellt wird.*

Aufgabe 3 Leiten Sie Lieferantenbetreuungsmaßnahmen anhand der aktuellen Bewertung ab. Die Bewertungsergebnisse führen zu unterschiedlichen Unterstützungsmaßnahmen in der Lieferantenbetreuung, insbesondere bei einer Verschlechterung der Lieferantenbewertung.

Aufgabe 4 Kommunizieren Sie die Bewertungsergebnisse. Die Bewertungsergebnisse werden einmal pro Quartal bzw. im Sonderfall häufiger dem Lieferanten mitgeteilt. Weiterhin können die Lieferanten auch in kürzeren Abständen die aktuellen Bewertungsergebnisse anfordern.

Aufgabe 5 Verknüpfen Sie die Bewertungsergebnisse bei schlechter Leistung mit Lieferantenbetreuungsmaßnahmen. Die Bewertungsergebnisse führen zu unterschiedlichen

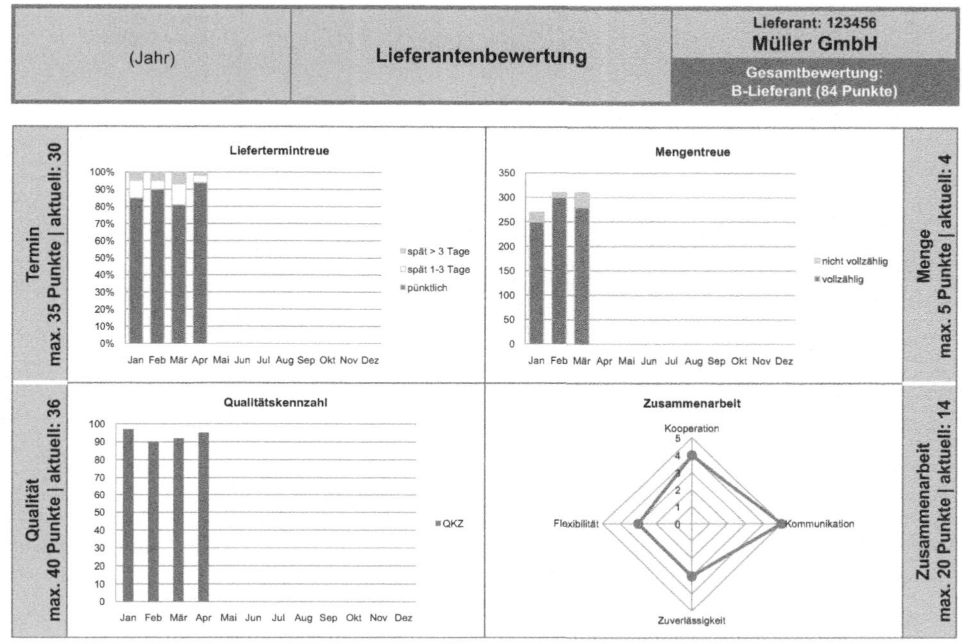

Abb. 5.17 Lieferantenbewertung (Praxisbeispiel Maschinenbau, Auszug)

Unterstützungsmaßnahmen in der Lieferantenbetreuung, insbesondere bei einer Verschlechterung der Lieferantenbewertung.

OUTPUT des Schritts 2 Aus den vorliegenden Einzelbewertungen werden dem Lieferanten in geeigneter Form seine Lieferleistung und die sich daraus ergebende Klassifizierung (A-, B-, C-, D-Lieferant) dargestellt. Sollten keine signifikanten Schwächen vorhanden sein (Abbildung 5.17), dann folgen dieser Information bis zum nächsten Informationstermin keine weiteren mehr. Sind die Lieferleistungen aber negativ, dann werden weitere Maßnahmen notwendig sein (Kapitel 5.3.3).

5.3.3 Die Lieferantenbetreuung – auch in schwierigen Zeiten zusammenstehen

In den letzten Jahren rückt immer mehr das Verständnis der partnerschaftlichen Zusammenarbeit zwischen Lieferanten und Unternehmen in den Vordergrund. Die Zeiten, in denen dem Lieferanten zu verstehen gegeben wurde, dass er ein notwendiges Übel ist, sind vorbei. Zwar können kleine, abhängige Lieferanten immer noch gegängelt und nicht partnerschaftlich behandelt werden, doch bei immer mehr Lieferanten ist dies nicht mehr möglich. Jeder kennt die Geschichte des neuen Einkaufsvorstands eines

(Jahr)	Lieferantenbewertung	Lieferant: 987654 Meier GmbH Gesamtbewertung: A-Lieferant (87 Punkte)

1. Historie								
Jahr	Gesamtbewertung (A, B, C-Lieferant) Q1	Q2	Q3	Q4	Termin (max. 35 Punkte)	Menge (max. 5 Punkte)	Qualität (max. 40 Punkte)	Zusammenarbeit (max. 20 Punkte)
2011	B	B	A	A	30	4	33	15
2012	A	A	A	B	28	4	35	16
2013	A	A	A	B	35	5	26	17

2. Aktuelle Kommentare
Massive Qualitätsprobleme

3. Aktivitäten				
Datum	Aktivität	Gesprächspartner	Maßnahmen	Erledigt
11.11.2013	Besuch von Herr Meier in München. Anlaß war der wiederholte Qualitätseinbruch	Brenkamp	1. Audit im Werl Ottobrunn 2. Qualitätsauswertung	1. Ja 2. nein
12.12.2013	Audit im Werk Ottobrunn			

Abb. 5.18 Lieferantenbewertung und Betreuungsmaßnahmen (Praxisbeispiel Maschinenbau, Auszug)

Automobilkonzerns, der die Topmanager der Lieferanten eingeladen hat und das Meeting mit dem Hinweis eröffnete, dass jeder, der nicht bereit ist, vorab schon mal einen bestimmten prozentualen Abschlag auf den Einkaufspreis zu akzeptieren, den Raum wieder verlassen kann. Heute werden Lieferanten vielfältig eingebunden. Es ist wenig hilfreich, die Lieferanten bei schlechter Leistung zu beschimpfen oder ihnen zu drohen. Sollte Ihr Unternehmen einen alternativen Lieferanten haben, so wechseln Sie unverzüglich! Ist dies aber nicht der Fall, so können Sie nur gemeinsam mit Ihrem Lieferanten nach Lösungen suchen. Sie haben keine Alternative! Immer mehr Unternehmen gehen heute diesen Weg.

INPUT für Schritt 3 Ihr Lieferantenbewertungssystem zeigt Ihnen, dass sich ein Lieferant in seiner Leistung deutlich verschlechtert hat. Mittlerweile hat er durch wiederholte Qualitätseinbrüche nur noch den Status eines B-Lieferanten. Da Sie keine Alternativen haben, müssen Sie Ihrem Lieferanten helfen, sich wieder zum A-Lieferanten zu entwickeln. Dazu haben Sie nach einem Besuch Ihres Qualitätsleiters ein Audit bei dem Lieferanten vereinbart (Abbildung 5.18).

AUFGABEN im Schritt 3 Die Lieferantenbetreuung ist für beide Partner wichtig. Daher sind die folgenden Aufgaben durch partnerschaftliche Zusammenarbeit umzusetzen.

Aufgabe 1 Legen Sie gemeinsam mit dem Lieferanten Entwicklungsmaßnahmen fest. Das Ziel ist es, ausschließlich A-Lieferanten zu beauftragen. B- und C-Lieferanten unterliegen einer besonderen Betreuung. Ziel der gestaffelten Betreuung ist, die Verbesserung der Lieferantenbewertung gemeinsam zu erreichen. Da Ihr Unternehmen seine Lieferanten

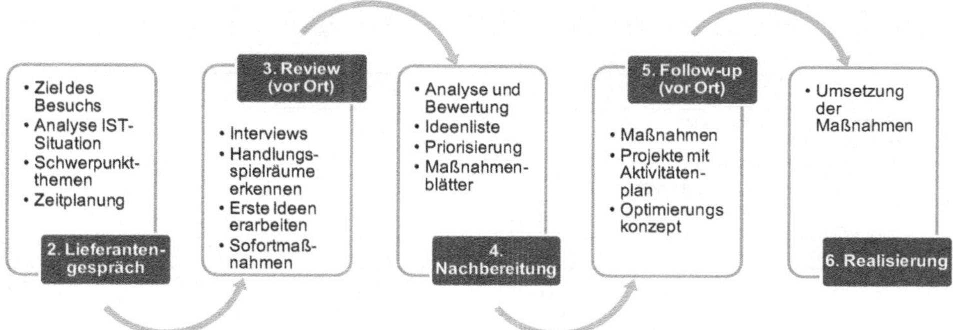

Abb. 5.19 Maßnahmenstufen zur Verbesserung der Lieferantenleistung

als Partner versteht, werden im Einzelfall Maßnahmen zur Optimierung der Lieferantenleistung durch Ihr Unternehmen vorgeschlagen. Folgende Betreuungsstufen sind möglich (Abbildung 5.19):

- **Stufe 1** Schriftlicher Hinweis auf die aktuelle Lieferantenbewertung (Abb. 5.17 und 5.18).
- **Stufe 2** Lieferantengespräch mit dem Schwerpunkt der festgestellten Verschlechterung der Bewertung. In dem Gespräch werden alle notwendigen Untersuchungsbereiche (UB) beim Lieferanten festgelegt. Zu jedem UB werden themenspezifische Fragen erarbeitet. Verwenden Sie das Interviewtool (Kapitel 6.1), das die Detailanalyse des Status quo ermöglicht.
- **Stufe 3 und 4** Review vor Ort und Nachbereitung. Verwenden Sie für die Interviews das vorbereitete Interviewtool. Der Handlungsbedarf wird automatisch ermittelt und die Bewertung der Situation des Lieferanten nach definierten Kriterien dargestellt. Das gemeinsame Team bewertet die Situation und priorisiert Maßnahmen.
- **Stufe 5** Folge-Review vor Ort und Festlegung von Maßnahmen.
- **Stufe 6** Umsetzung der Maßnahmen und deren Controlling.

Aufgabe 2 Führen Sie Lieferantenaudits durch. Das beim Lieferanten durchgeführte Audit ist ein zentraler Bestandteil des Lieferantenmanagements. Je nach Leistung des Lieferanten können Audits über das Jahr durchgeführt werden. Abbildung 5.20 zeigt einen Auszug aus einem Auditkatalog.

Aufgabe 3 Sprechen Sie Sanktionen aus. In den Fällen, wo eine unzureichende Lieferleistung (Termin, Menge, Qualität) durch den Lieferanten verursacht wird, wird Ihr Unternehmen die Zusammenarbeit reduzieren ggf. einstellen. In diesem Fall behalten Sie sich alle Rechte aus BGB, den AGB sowie den vertraglich ausgehandelten Konditionen vor.

6. Maschinenpark

lfd.	Frage	rel.	1	2	3	4	Bemerkung		Anl.
6.1	Entspricht der Maschinenpark den Anforderungen? (Anlage Maschinenauflistung)			x					
6.2	Sind die Maschinen gepflegt und ausreichend gewartet?		x						
6.3	Sind Wartungs-, und Kalibrierpläne vorhanden?			x					
Bemerkungen		0	1	2	0	0	=	Summe Antworten	3
			x 100	x 75	x 50	x 0	x 100	Maximale Punktzahl	300
			100	150	0	0	=	Erreichte Punktzahl	250

Entf. Entfällt/nichtrelevant; 1 erfüllt; 2 teilweise erfüllt- Änderungen nötig; 3 im Aufbau; 4 nicht erfüllt

Abb. 5.20 Lieferantenauditkatalog (Praxisbeispiel Maschinenbau, Auszug)

OUTPUT des Schritts 3 Wenn beide Partner den ernsthaften Versuch unternehmen, die unbefriedigende Lieferantenleistung zu verbessern, wird sich der Erfolg einstellen. Die Praxis zeigt, dass die Unternehmen, die diesen Weg gehen, einen wichtigen Schritt zur Verbesserung ihrer eigenen Leistung machen. Mittlerweile gibt es in großen Unternehmen eigene Abteilungen, die sich ausschließlich mit dem Lieferantenmanagement befassen. Abbildung 5.21 zeigt die Verbesserung der Leistung eines Lieferanten der Automobilindustrie.

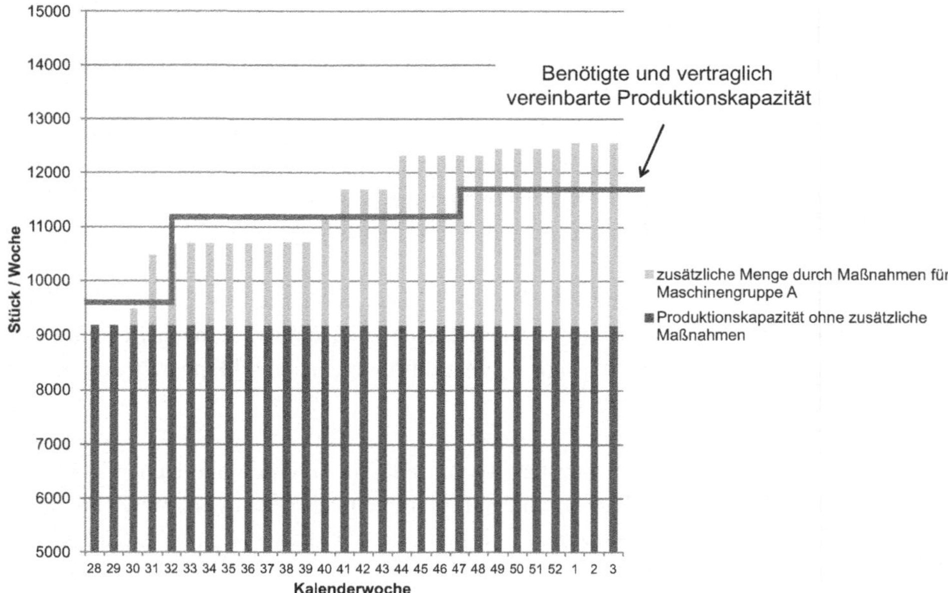

Abb. 5.21 Ergebnis der Lieferantenbetreuung (Praxisbeispiel Automotive)

5.4 Die Quality Gates – nur bei Qualität geht es weiter

DAS SOLLTEN SIE WISSEN

- Quality Gates stellen die Qualität eines Arbeitsergebnisses sicher.
- Quality Gates sind nicht zu verwechseln mit Meilensteinen.
- Quality Gates werden gemeinsam von allen Beteiligten festgelegt.
- Quality Gates werden an wichtigen Stellen in der betrachteten Prozesslandschaft gesetzt.
- Quality Gates erfordern das „Leben" des internen Kunden-/Lieferantenverhältnisses.
- Quality Gates dienen der kontinuierlichen Prozessverbesserung.

ZIEL DER METHODE Ziel des Einsatzes von Quality Gates ist die Sicherstellung von produkt- oder prozessbezogenen Qualitätsmerkmalen und die Einhaltung von Kosten. Durch eingesetzte Quality Gates wird die regelmäßige Kontrolle der Erreichbarkeit der wirtschaftlichen Zielsetzung erzwungen. Wesentliche Merkmale dabei sind:

- die interdisziplinäre Betrachtung des Prozesses,
- die eindeutige Verantwortung und Vorgehensweise,
- die klaren Prüfkriterien (z. B. in Checklisten), die alle Beteiligten gemeinsam erarbeitet haben,
- das Commitment aller Projektbeteiligten zur Freigabe der nächsten Projektphase und
- kontinuierliche Prozessverbesserungen.

VERWENDUNG DER METHODE Ein Quality Gate unterscheidet sich von den häufig in Unternehmen angewandten Meilensteinen. Während Meilensteine den zeitlichen Status quo anzeigen, spiegelt das Quality Gate die Reife eines Prozesses wider. Innerhalb eines Prozesses werden an ausgewählten Beurteilungspunkten alle relevanten Tätigkeiten überprüft, ob sie die inhaltlichen Vorgaben erfüllt haben. Erst wenn alle Tätigkeiten den vorgegebenen Inhalten entsprechen, wird das Quality Gate geöffnet und der nächste Prozessschritt wird freigegeben. Somit wird die notwendige Synchronisation paralleler Prozessschritte gewährleistet. Das Zurückbleiben einzelner Tätigkeiten wird verhindert. Es wird der geplante Gleichschritt der Tätigkeiten erzwungen. Sie können Quality Gates für unterschiedliche betriebliche Aufgabenstellungen verwenden:

- bei der Gestaltung von Produkten und des Produktportfolios im Rahmen von Entwicklungsprojekten,
- bei der Durchführung von Projekten im Rahmen des Projektmanagements,
- für den betrieblichen Leistungserstellungsprozess im Rahmen der Überwachung von Kosten, Terminen oder Mengen,
- für die Überprüfung der Marktakzeptanz von Produkten im Rahmen der Analyse von Kundenmeinungen.

SCHRITT FÜR SCHRITT ZUR METHODE Um Quality Gates in Ihrem Unternehmen einzuführen, sind die Umsetzung der folgenden sechs Schritte notwendig.

Schritt 1 Positionieren Sie die Quality Gates an den wichtigsten Übergabepunkten im Prozessablauf.

Schritt 2 Erstellen Sie mit allen Beteiligten Checklisten mit Qualitätsmerkmalen für jeden Übergabepunkt.

Schritt 3 Bauen Sie mit allen Beteiligten ein gelebtes Kunden-/Lieferantenverhältnis auf.

Schritt 4 Bewerten Sie kontinuierlich den Status quo an den Quality Gates.

Schritt 5 Organisieren Sie produktive „Gate Meetings".

Schritt 6 Lernen Sie aus den Erfahrungen und verbessern Sie kontinuierlich die Prozesse.

Am Beispiel eines Auftragsprozesses wird die Methode in den nächsten Unterkapiteln erläutert.

DAS ERGEBNIS So könnten die Quality Gates in einem Auftragsprozess positioniert sein (Abbildung 5.22):

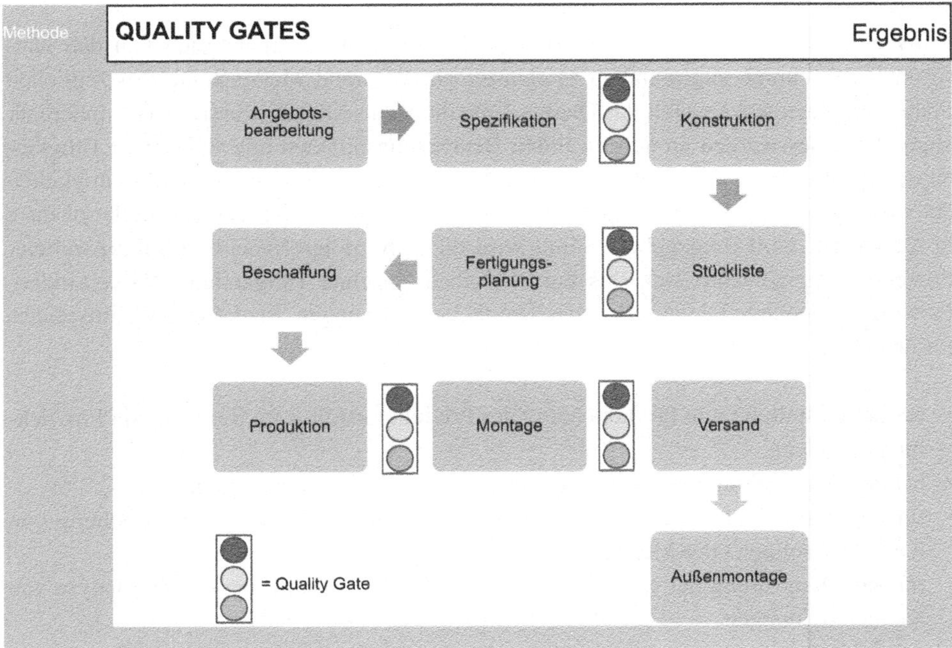

Abb. 5.22 Quality Gates (Praxisbeispiel Maschinenbau)

5.4.1 Die Positionierung – bis hier und nicht weiter

Sie haben sich für die Methode der Quality Gates entschieden (beispielsweise in dem Auftragsbearbeitungsprozess Ihres Unternehmens). Um die richtige Positionierung der Gates entlang des Auftragsprozesses zu gestalten, müssen Sie zuerst dessen Hauptprozesse festlegen.

INPUT für Schritt 1 Zuerst ist es notwendig, dass der Gesamtprozess des Auftragsdurchlaufs durch das Unternehmen erfasst wird. Dabei werden nur die Hauptprozesse betrachtet. Der Prozess startet beim Kunden (Auftragsannahme), beschreibt die innerbetrieblichen Hauptprozesse Vertrieb, Konstruktion, Beschaffung, Produktion und die Logistik des Produktes zum Kunden. Somit ist der Kreis geschlossen und Sie haben alle wesentlichen Unternehmensprozesse der Leistungserstellung beschrieben. Möglicherweise sind im Einzelfall auch noch administrative Prozesse zu erfassen.

AUFGABE im Schritt 1 Jeder Auftrag (oder auch nur ausgewählte Auftragsarten) wird auf der Basis eines standardisierten Quality-Gates-Prozesses durchgeführt. Die Gates werden nach festgelegten Kriterien innerhalb des Gesamtprozesses positioniert. Aufträge werden nach Risikograd klassifiziert und die Ausgestaltung des Quality-Gates-Managements ist abhängig von der Auftragsart. Dies bedeutet, dass nicht immer für alle Aufträge die Methode angewendet werden muss. Sie können eine Auswahl treffen, für welche Auftragsarten die Methode angewendet werden soll. So können beispielweise Standardaufträge ohne Quality Gates bearbeitet werden, da das Unternehmen bei diesen Aufträgen keine Probleme hat, die Leistung mit hoher Qualität zu erbringen. Aber Sonderaufträge können ein anderer Fall sein. Hat sich beispielsweise in der Vergangenheit gezeigt, dass Ihr Unternehmen mit diesen Aufträgen immer Probleme hat, dann kann in diesem Fall die Quality-Gates-Methode Abhilfe schaffen und letztlich zu deutlichen Prozessverbesserungen führen. Positionieren Sie Ihre Quality Gates nach folgenden Kriterien:

- Definieren Sie Punkte im Prozess, die kritisch für die weitere Auftragsbearbeitung sind.
- Legen Sie die Position des Gates so an, dass an dieser Stelle eindeutige Ergebnisse vorliegen. Diese sollten messbar sein.
- Die Position sollte so gewählt werden, dass bei Abweichungen an dieser Stelle noch eine wirtschaftlich vertretbare Korrekturmaßnahme möglich ist. Nur ein Quality Gate am Ende des Auftragsprozesses macht keinen Sinn.
- Legen Sie die Position so an, dass Sie bei Abweichungen Zeit für die Korrektur haben und der Endtermin nicht gefährdet wird.

OUTPUT des Schritts 1 So könnten zwei Quality Gates in dem Auftragsprozess angeordnet sein (Abbildung 5.23):

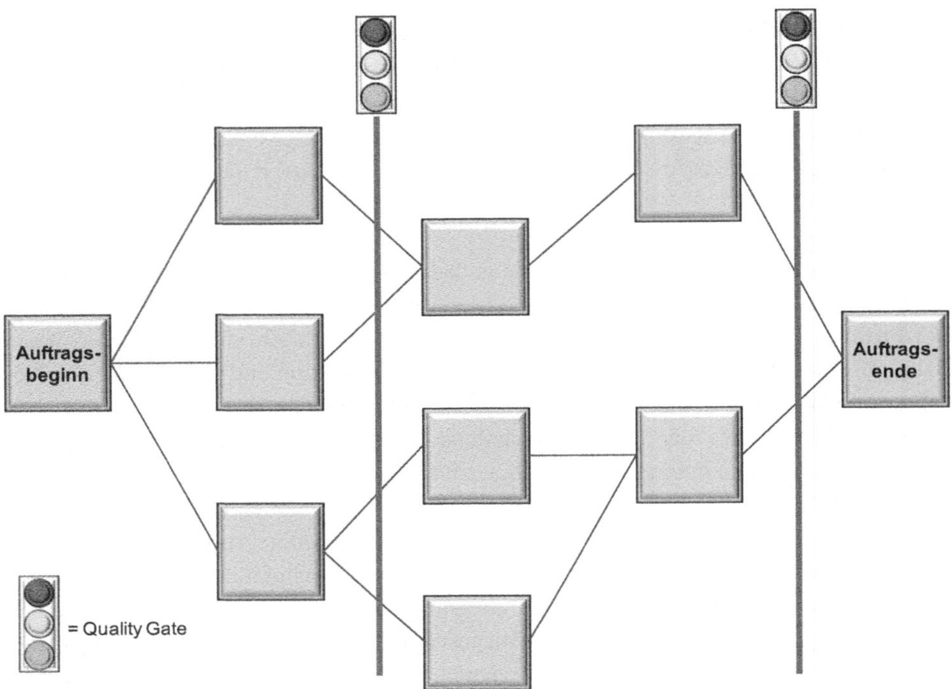

Abb. 5.23 Positionierung der Quality Gates (Auftragsprozess, Prinzipskizze)

5.4.2 Die Checkliste – was soll geprüft werden?

Sie haben die Quality Gates in dem Auftragsbearbeitungsprozess positioniert. Möglicherweise auch nur für bestimmte Auftragsarten, wie beispielsweise Sonderaufträge. Sie müssen nun im nächsten Schritt sicherstellen, dass die zu überprüfenden Arbeitsergebnisse von allen beteiligten Personen und Abteilungen gemeinsam erarbeitet werden. Dazu bietet sich die Checkliste an, in der die zu prüfenden Aufgaben oder Tätigkeiten aufgeführt sind.

INPUT für Schritt 2 An den wichtigsten Stellen in dem Auftragsbearbeitungsprozess haben Sie die Quality Gates positioniert. Sie haben sichergestellt, dass an diesen Punkten die vorgegebenen Kriterien erfüllt werden können. Alle Beteiligten haben innerhalb ihres Verantwortungsbereichs die Bedeutung der Quality Gates und die Zielsetzung kommuniziert. Da die Methode voraussetzt, dass es immer einen Kunden und einen Lieferanten an dem Gate gibt, hat der (interne) Kunde die Aufgabe, die Arbeitsergebnisse des (internen) Lieferanten freizugeben oder nicht.

AUFGABE im Schritt 2 Die notwendigen Aufgaben werden anhand eines Praxisbeispiels aus dem Maschinenbau (*in kursiv)* erläutert.

Aufgabe 1 Erstellen Sie für jedes Quality Gate (QG) die zu erwartenden Arbeitsergebnisse.
QG1: Vollständige Spezifikation
QG2: Vollständige Übertragung der Maschinenhauptlisten
QG3: Vollständige Bereitstellung sämtlicher Teile und Materialien
QG4: Vollständige Funktionsfähigkeit der Maschine

Aufgabe 2 Formulieren Sie die Bewertungskriterien für die Qualität der Arbeitsergebnisse.
QG1: Freigegebene Auftragsbestätigung durch den Vertrieb
QG2: Stücklisten, Einzelteilzeichnungen
QG3: Teile, Einfahrmaterial, Montageunterlagen (Zeichnungen, E-Pläne etc.)
QG4: Vom Kunden bestätigter Eingang aller Materialien laut Versanddokumente

Aufgabe 3 Die quantifizierte oder qualifizierte Annahme der Arbeitsergebnisse muss festgelegt sein.
QG1: GRÜN = 100 % der Spezifikation, GELB = 1–99 %, ROT = 0 %
QG2: GRÜN = 100 % der Maschinenhauptlisten, GELB = 1–99 %, ROT = 0 %
QG3: GRÜN = 100 % der Teile, Einfahrmaterialien und Montageunterlagen, GELB = 1–99 %, ROT = 0 %
QG4: GRÜN = alle Materialien laut Versanddokumente beim Kunden, ROT = 0–99 %

Aufgabe 4 Legen Sie fest, was bei Abweichungen geschehen muss (Beispiel QG1).
QG1: Wenn der Termin für die Spezifikation überschritten und GELB ist, dann muss geprüft werden, ob dies Auswirkung auf den Liefertermin hat:

- *Liefertermin nicht in Gefahr: QG1 bleibt GELB, da Einigung zwischen Vertrieb und Konstruktion über den weiteren Ablauf erzielt wurde.*
- *Liefertermin in Gefahr: In diesem Fall muss ein Lösungsvorschlag erarbeitet werden (durch Kommentar im Kommentarfeld dokumentieren). Das QG1 wird auf ROT gesetzt.*

QUTPUT des Schritts 2 So könnte die Checkliste für die Quality Gates aussehen (Abbildung 5.24).

Kriterien	QG1	QG2	QG3	QG4
Arbeitsergebnisse	Vollständige Spezifikation	Vollständige Übertragung der Maschinenhauptlisten	Vollständige Bereitstellung sämtlicher Teile und Materialien	Vollständige Funktionsfähigkeit der Maschine
Bewertungskriterien	Freigegebene Auftragsbestätigung durch den Vertrieb	Stücklisten, Einzelteil-zeichnungen	Teile, Einfahrmaterial, Montageunterlagen (Zeichnungen, E-Pläne etc.)	Vom Kunden bestätigter Eingang aller Materialien laut Versanddokumente
Akzeptanz	GRÜN = 100% der Spezifikation GELB 1% bis 99 %, ROT = 0 %	GRÜN = 100% der Maschinenhaupt-listen GELB 1% bis 99 % ROT = 0 %	GRÜN = 100% der Teile, Einfahr-materialien und Montageunterlagen GELB = 1% bis 99% ROT = 0%	GRÜN = alle Materialien laut Versanddokumente beim Kunden, ROT = 0% bis 99% der Materialien
Risiko (hier nur Q1)	Wenn der Termin für die Spezifikation überschritten und GELB ist, dann muss geprüft werden, ob dies Auswirkung auf den Liefertermin hat: 1. Liefertermin nicht in Gefahr: QG bleibt GELB, da Einigung zwischen Vertrieb und Konstruktion erzielt wurde 2. Liefertermin in Gefahr: In diesem Fall muss ein Lösungsvorschlag erarbeitet werden (im Kommentarfeld dokumentieren). Das QG1 wird auf ROT gesetzt.			

Abb. 5.24 Checkliste Quality Gates (Praxisbeispiel Maschinenbau, Auszug)

5.4.3 Das interne Kunden-/Lieferantenverhältnis – klare Rollenverteilung

Der Grundgedanke der Quality-Gate-Methode ist es, dass alle Beteiligten ein (internes) Kunden-/Lieferantenverhältnis „leben“. Dafür sind wichtige gemeinsame Vereinbarungen notwendig. Insbesondere die Rechte und Pflichten der Kunden und Lieferanten sind festzulegen. Im Gegensatz zu Meilensteinen, wo der zeitliche Aspekt im Vordergrund steht, steht bei der Quality-Gates-Methode der Qualitätsaspekt im Zentrum des Geschehens. Allen Beteiligten muss dabei klar sein, dass ein interner Kunde nur die „Ampel auf Grün stellt“, das heißt, das Arbeitsergebnis akzeptiert, wenn er auch mit diesem tatsächlich seine Arbeit einwandfrei erledigen kann.

INPUT für Schritt 3 Sie haben nun gemeinsam mit allen Beteiligten für jedes Quality Gate vereinbart, welche Arbeitsergebnisse vorliegen sollen, welche Bewertungskriterien erfüllt werden müssen, wie die Akzeptanz der Bewertungskriterien ausgedrückt wird und was im Falle eines Risikos zu tun ist. Auf der Grundlage dieser Checklisten werden nun die Verantwortlichkeiten festgelegt.

AUFGABE im Schritt 3 Zur Umsetzung des internen Kunden-/Lieferantenverhältnisses bearbeiten Sie die nächsten zwei Aufgaben.

Aufgabe 1 Legen Sie an jedem Quality Gate fest, wer ein Arbeitsergebnis erbringen soll (interner Lieferant) und wer mit diesem Ergebnis weiterarbeiten muss (interner Kunde).

	QG1 Lieferant: Vertrieb Kunde: Konstruktion	QG2 Lieferant: Konstruktion Kunde: Produktion	QG3 Lieferant: Produktion Kunde: Innenmontage	QG4 Lieferant: Innenmontage Kunde: Außenmontage
Verantwortlich	Lieferant: Meyer Kunde: Müller	Lieferant: Berhard Kunde: Freund	Lieferant: Gloss Kunde: Findus	Lieferant: Trump Kunde: Monter

Abb. 5.25 Festlegung des Kunden-/Lieferantenverhältnisses für jedes Quality Gate (Praxisbeispiel Maschinenbau)

Aufgabe 2 In jeder Checkliste für jedes Quality Gate wird die Verantwortlichkeit eingetragen.

OUTPUT des Schritts 3 So könnte die Festlegung der Verantwortlichkeiten in einer Checkliste aussehen (Abbildung 5.25):

5.4.4 Die Statusbewertung – kontinuierlich die Prozessqualität prüfen

Die Einführung von Quality Gates erfordert eine Änderung im Tagesablauf des Unternehmens. Zuerst wird diese Methode als zusätzlicher Aufwand verstanden, was auch nachvollziehbar ist. Denn die Anwendung der Methode erfordert in der Einführungsphase Arbeit und Zeit. Die Vorteile, die durch die Anwendung der Methode entstehen, erschließen sich für die Beteiligten erst nach einer gewissen Zeit. Im Moment kommt es darauf an, dass die laufende Bewertung des Status quo der Auftragsbearbeitung durchgeführt wird. Nur so lernt die Organisation die Vorteile dieser Methode in der Praxis kennen und schätzen.

INPUT für Schritt 4 Die Verantwortlichkeiten des Kunden-/Lieferantenverhältnisses stehen fest. Jede Beteiligte weiß, welches seine Aufgabe in dem Prozess an welchem Quality Gate ist. Alle inhaltlichen Festlegungen sind getroffen und den Beteiligten zugeordnet.

AUFGABE im Schritt 4 Die Statusbewertung wird durch zwei Aufgaben vorgenommen.

Aufgabe 1 Die (internen) Kunden und Lieferanten kommen regelmäßig zusammen, um die Qualität der Arbeitsergebnisse zu prüfen.

Aufgabe 2 (Interner) Kunde und (interner) Lieferant legen bei Abweichungen der Qualität der Arbeitsergebnisse Maßnahmen zur Korrektur fest.

OUTPUT des Schritts 4 So könnte der Terminplan für die kontinuierliche Status-quo-Bewertung aussehen (Abbildung 5.26):

QG-Meeting	Team	Entscheidungsdokumente	Mo	Di	Mi	Do	Fr
QG1	Meyer (Vertrieb) Müller (Konstruktion)	Vertriebsliste "Fällige KT-Termine"	■				
QG2	Berhard (Konstruktion) Freund (Produktion)	Konstruktionsliste "Fällige BMK-Termine"		■			
QG3	Gloss (Produktion) Findus (Innenmontage)	Produktionsliste "Fällige Bauteil-Termine"		■			
QG4	Trump (Innenmontage) Monter (Außenmontage)	Montageliste "Fällige Auslieferung"				■	

Abb. 5.26 Zeitplan der regelmäßigen Quality-Gates-Meetings (Praxisbeispiel Maschinenbau)

5.4.5 Das Gates-Meeting – stop-or-go

Jetzt wird es ernst. In den Gates-Meetings wird entschieden. Um diese Meetings effizient zu gestalten und die Zusammenarbeit zwischen den Beteiligten zu fördern, sind einige Regeln zu beachten.

INPUT für Schritt 5 Alle konzeptionellen Aufgaben zur Einführung der Quality Gates sind erledigt sowie die Verantwortlichkeiten festgelegt. Die Entscheidungspersonen sind benannt und die regelmäßigen Meetingtermine im Unternehmensalltag festgelegt. Die Entscheidungsvorlagen sind klar und standardisiert. Dabei ist der Einsatz von vorhandenen IT-Systemen zur Erstellung der Entscheidungsvorlagen notwendig, weil die Methode ein Routineprozess im Unternehmen werden soll, der möglichst einfach zu händeln ist. In den bereitgestellten Dokumenten ist der Auftragsstatus dargestellt.

AUFGABE im Schritt 5 Um über die Freigabe ("go") oder die Unterbrechung ("stop") des Bearbeitungsfortschritts zu entscheiden, sind vier Aufgaben zu bearbeiten.

Aufgabe 1 Sprechen Sie zuerst über den Auftragsstatus. Beispielsweise können die drei Ampelfarben in den Dokumenten verwendet werden (GRÜN = Auftrag läuft weiter, GELB = Auftrag läuft unter Auflagen weiter, ROT = Auftrag läuft weiter, der Liefertermin ist aber nicht mehr zu halten).

Aufgabe 2 Prüfen Sie als nächstes, ob die Leistungen von externen Lieferanten den Vorgaben entsprechen.

Aufgabe 3 Sollten Sie Korrekturmaßnahmen beschließen, dann werden diese protokolliert, bis zum nächsten Meeting verfolgt und dann wieder besprochen.

Aufgabe 4 Die Ergebnisse des Meetings werden in den betroffenen Fachabteilungen kommuniziert. Jeder weiß dann, was zu tun ist. Diese Aufgabe ist deshalb besonders wich-

Aufträge mit gefährdetem Liefertermin (mind. 1 QG in ROT)							
Baugruppe SAP	Kunde	Liefer-termin	QG1 (Vertrieb)	QG2 (Konstruktion)	QG3 (Produktion)	QG4 (Montage)	Kommentar
22.345.12	Brent	28.11.	ROT: 20.03.				Maßnahme 23
24.334.22	Poos	30.11.	GRÜN	GRÜN	ROT: 15.08.		Maßnahme 12

Abb. 5.27 Entscheidungsunterlage für die Quality-Gates-Meetings (Praxisbeispiel Maschinenbau, Auszug)

tig, weil sich somit die gesamte Organisation mit der Methode der Quality Gates vertraut macht und die Anwendung nicht nur ein kleiner Kreis „im Kämmerlein" bespricht. Beziehen Sie Ihre Mitarbeiter unbedingt mit ein.

OUTPUT des Schritts 5 So könnte eine Entscheidungsliste zur Überwachung der Termine an den Quality Gates aussehen (Abbildung 5.27):

5.4.6 Die Prozessverbesserung – alle haben etwas gelernt

Die Methode der Quality Gates wird nun in Ihrem Unternehmen angewandt und „gelebt". Durch diese Praxis wird eine Vielzahl von Störgrößen im Prozessablauf bekannt. Diese gilt es nach und nach zu eliminieren. Darüber hinaus wird auch die Anwendung der Methode auf ihre Wirksamkeit ständig überprüft. Sollten sich im Alltag einige Festlegungen als zu kompliziert darstellen, so sind diese auch gemeinsam zu verändern.

INPUT für Schritt 6 Alle Informationen aus der Anwendung der Quality-Gates-Methode sind dokumentiert.

AUFGABE im Schritt 6 Drei Aufgaben müssen bearbeitet werden, um Prozessverbesserungen durchzuführen:

Aufgabe 1 Prüfen Sie nach Abschluss eines Auftrags den Auftragsdurchlauf. Analysieren Sie aus den vorliegenden Dokumenten die erkannten Schwachstellen und ermitteln Sie deren Ursachen. Daraus werden Verbesserungsmaßnahmen abgeleitet.

Aufgabe 2 Wenn Sie genügend Daten vorliegen haben, dann ist die Bestimmung von Kennzahlen für den Prozess hilfreich. Beispielsweise können Sie die „Anzahl der Aufträge mit einer Lieferterminkennzeichnung ROT" ins Verhältnis zu der „Gesamtanzahl der Aufträge" setzen. Diese Kennzahl kann für jedes Gate individuell festgelegt werden. Alle Beteiligten erkennen dann schnell, an welchem Gate häufiger Probleme auftauchen als an anderen.

Aufgabe 3 Erstellen Sie bei festgestellten Problemen im Auftragsdurchlaufprozess Gegenmaßnahmen. Diese können nach Cluster unterteilt werden.

OUTPUT des Schritts 6 So könnten Maßnahmen zur Prozessverbesserung im Auftragsdurchlauf aussehen (Praxisbeispiel, Maschinenbau, „Projekt“ bedeutet in diesem Fall „Auftrag“):

Ziel „Produktverbesserung“:
- Nacharbeit vermeiden
- Projektinterne Termine einhalten
- Stabilität von Entscheidungen erhöhen
- Planung personeller Ressourcen während des Projektverlaufs einhalten
- Entwicklungszeit verkürzen
- Kosten während des Projektverlaufs einhalten

Ziel „Portfolioverbesserung“:
- Entwicklungsprojekte standardisieren
- Sich auf wenige, erfolgreiche Projekte konzentrieren
- Strategiekonformität der Projekte sicherstellen

Ziel „Prozessverbesserung“:
- Fehlleistungskosten in der Produktion bei Serienanlauf verringern
- Liefertermin zum Serienanlauf einhalten
- Liefermenge zum Serienanlauf einhalten

5.5 Das Organisationsmanagement – schlank und schnell

DAS SOLLTEN SIE WISSEN

▶
- Organisationsstrukturen zu ändern ist eine komplexe Aufgabe.
- Neben der Aufbauorganisation (Struktur) ist auch die Ablauforganisation (Prozesse) zu ändern.
- Organisationsstrukturänderungen sind nach einer systematischen Vorgehensweise durchzuführen.
- Erfolgreiche Organisationsänderungen sind mehr als nur „Namen und Kästchen verschieben“.

ZIEL DER METHODE Die Organisationsform eines Unternehmens ist meist zweckgebunden. Abhängig von den Unternehmenszielen ist die Organisationsform gestaltet. Die Organisation steht auf zwei Säulen, der Aufbau- und der Ablauforganisation. Während die Ablauforganisation die Prozesse innerhalb des Unternehmens beschreibt, stellt die Aufbauorganisation die hierarchische Struktur dar. Die Organisationsform wird mindestens durch drei Interessengruppen im Unternehmen geprägt, die Kunden, die Mitarbeiter und die Anteilseigner. Die Aufbauorganisation ist im Laufe der Unternehmensentwicklung gewachsen. Möglicherweise haben sich aber die Rahmenbedingungen so sehr verändert, dass über eine Veränderung der Organisationsstruktur nachgedacht werden muss. So kann ein geändertes Kundenverhalten dazu führen, dass der traditionell aufgestellte Vertrieb durch ein Key-Account-Management ersetzt oder ergänzt werden muss, oder die Reduzierung der Wertschöpfungstiefe erfordert die verstärkte Einbeziehung von Lieferanten. Alle diese Aufgaben erfordern eine Anpassung der Organisationsform.

VERWENDUNG DER METHODE Die vorgestellte Methode wird eingesetzt, wenn eine vorhandene Aufbauorganisation verändert werden soll. Häufig wird bei Organisationsänderungen der Fehler gemacht, dass einfach eine neue, hierarchisch orientierte Organisationsstruktur auf den Flipchart gemalt wird, die Namen der Verantwortlichen eingetragen werden und fertig ist die neue Organisation. Sie lachen, aber diese Vorgehensweise ist häufiger anzutreffen, als Sie glauben. Sie ist bei einfachen Veränderungen vielleicht möglich, nicht aber bei komplexen Änderungen. Stellen Sie sich vor, Sie haben durch die Zusammenlegung von zwei Unternehmenseinheiten plötzlich eine doppelte Anzahl von gleichartigen Organisationsbereichen. Zweimal den Vertrieb, zweimal die Produktionsplanung und so weiter. Um in diesem Fall eine neue, von den meisten Beteiligten mitgetragene Aufbauorganisation zu gestalten, ist eine besondere Herangehensweise an die Aufgabe notwendig. In einem anderen Fall wird die Komplexität der Aufgabenstellung noch deutlicher. Die Veränderung der Organisationsstrukturen von einer hierarchisch gegliederten Funktionalorganisation in eine prozessorientierte Organisation. Dies ist die Königsdisziplin der Organisationsveränderungen (Abbildung 5.28). Hier hilft „Namen verschieben" auf keinen Fall weiter.

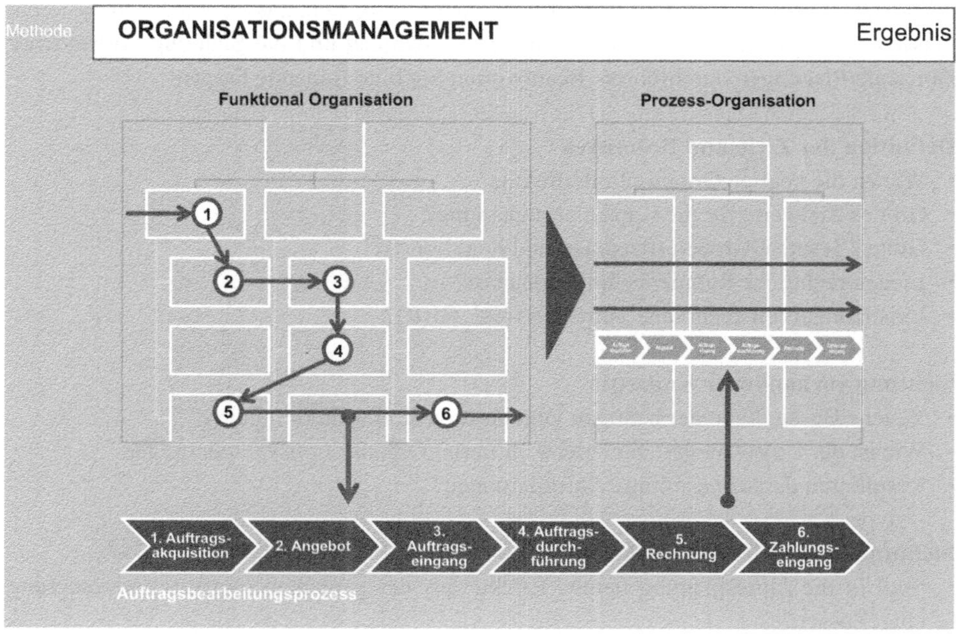

Abb. 5.28 Änderung der Organisationsstruktur (Prinzipielle Darstellung)

SCHRITT FÜR SCHRITT ZUR METHODE Drei Schritte sind notwendig, um die Organisationsstruktur zu verändern.

Schritt 1 Analysieren Sie Ihre aktuelle Aufbau- und Ablauforganisation.

Schritt 2 Erstellen Sie die konzeptionelle Grundlage für die neue Aufbauorganisation.

Schritt 3 Legen Sie Ihre neue Aufbauorganisation fest.

DAS ERGEBNIS So könnte die Änderung der Organisationsstruktur von der Funktional- zur Prozessorganisation aussehen (Abbildung 5.28).

Erläuterung zu Abbildung 5.28: Typisch für eine Funktionale Organisation ist beispielsweise der in der Abbildung gezeigte Durchlauf eines Auftrags über verschiedene Hierarchiestufen und Fachbereiche. In vielen Fällen entsteht so eine längere Bearbeitungsdauer, da immer wieder Schnittstellen zwischen den einzelnen Bereichen zu überwinden sind. In der Prozessorganisation liegt die Verantwortung für die Auftragsabwicklung in einer Hand, auch wenn die Bearbeitung mehrere Unternehmensbereiche durchläuft. Die Anzahl der Schnittstellen ist minimal, was zu einer sehr schnellen Auftragsbearbeitung führt.

5.5.1 Die Aufbau- und Ablauforganisation – der Organismus lebt

INPUT für Schritt 1 Um die Ist-Situation in dem Untersuchungsbereich zu analysieren, müssen Sie vorab die Klärung der Rahmenbedingungen und die Sichtung vorhandener Konzepte/Planungen durchführen. Beantworten Sie bitte folgende Fragen:

Definition der Ziele und Prämissen
- Wie ist die heutige Organisationsstruktur?
- Gibt es Zielwerte für die Kapazitätsanpassung?
- Gibt es gesetzte Größen (Personen und Funktionen)?
- Liegen rechtliche Rahmenbedingungen vor?
- Existieren arbeitsrechtliche Vorgaben (inkl. GBR)?

Sichtung vorhandener Konzepte
- Welche Bestandteile der heutigen Organisation sind weiterhin gültig?
- Wie ist der Umsetzungsstand bereits initiierter Organisationsveränderungen?
- Resultieren daraus bestimmte Anforderungen?

Sichtung vorhandener Planungen
- Sind in die Jahresplanung bereits Effekte aus der geplanten Organisationsänderung eingeflossen?
- Sind in der Mittelfristplanung bereits Effekte aus der geplanten Organisationsänderung eingeflossen?

- Existieren besondere Projekte für Personalanpassungen?

AUFGABE im Schritt 1 Wenn Sie die Aufgaben für den Input bearbeitet und sich somit einen Überblick über Bedingungen, die Sie einhalten müssen, verschafft haben, können Sie nun die Analyse der Aufbau- und Ablauforganisation vornehmen.

Aufgabe 1 Nehmen Sie den Status quo der Aufbauorganisation auf (Abbildung 5.29). Mithilfe der Methode „Tätigkeitsmanagement" (Kapitel 5.7) können Sie diese Aufgaben bearbeiten:

- Nehmen Sie die Aufgaben je Arbeitsplatz auf.
- Ermitteln Sie die Tätigkeiten je Arbeitsplatz.
- Ermitteln Sie die Kapazitäten je Arbeitsplatz.
- Benennen Sie die Personen (Namen) je Arbeitsplatz.
- Ermitteln Sie Leistungskennzahlen und Aufwandstreiber je Arbeitsplatz (beispielsweise Aufträge pro Mitarbeiter, verpackte Kartons je Mitarbeiter).
- Ermitteln Sie den Input und den Output der Organisationseinheit.

Aufgabe 2 Nehmen Sie den Status quo der Ablauforganisation auf. Mithilfe der Methode „Prozessmanagement" (Kapitel 5.6) können Sie diese Aufgaben bearbeiten:

- Erstellen Sie eine Grobübersicht über die wesentlichen Prozesse.
- Erheben Sie die Prozesse (keine vollständigen und detaillierten Prozessabläufe).
- Identifizieren Sie die relevanten Schnittstellen.
- Erstellen Sie eine Übersicht über die wesentlichen Funktionen.

Aufgabe 3 Analysieren Sie die aufgenommenen Ist-Daten.

- Erstellen Sie aus der Analyse der vorhandenen Informationen einen Überblick über den Ist-Zustand (Abbildung 5.30). Für den hier dargestellten Fall, dass zwei Unternehmenseinheiten zusammengelegt werden sollen, muss zuerst auf Basis der Ist-Analyse eine gleiche Zuordnung der Ausgangsbereiche (Abteilungen) geschaffen werden. Oft werden Aufgaben in unterschiedlichen Bereichen bearbeitet. So können in der einen Unternehmenseinheit die Instandhaltungsaufgaben in einer separaten Abteilung durchgeführt werden, während in der anderen Unternehmenseinheit diese Aufgaben innerhalb der Produktion angesiedelt sind. Hier muss also auf Basis der Analyse des Ist-Zustands (Tätigkeiten, Prozesse) eine Vereinheitlichung hergestellt werden.

OUTPUT des Schritts 1 So könnte das Ergebnis der Analyse zweier Unternehmenseinheiten WA und WB und deren Z(entralfunktionen) aussehen (Abbildung 5.30):

Formblatt A

Leistungen und Aufwand einer Untersuchungseinheit p.a.

Bezeichnung der UE : ***Auftragsmanagement*** ***Stichtag : 01.01.*** **MJ:** *3.3* **verant.:** ***H. Meyer***

Pos.	Aufgabe	Bezeichnung der Tätigkeiten	Menge (p.a.) Einheit	Zahl	Personal in MJ	in %	Sachkosten in TE	Bemerkungen
1.	*Angebotserstellung*							
1.1		*Kalkulation Anfragen*	*Anzahl*	*120*	*0.70*			*ca. 120 Anfragen im kommenden Jahr*
1.2		*Fremdleistung anfragen*	*Anzahl*	*40*	*0.02*			*z.B. Dach, Wand*
1.3		*...*						
1.4		*Terminprüfung*			*0.04*			
1.5		*Vertragskontrolle*	*Stück*	*50*	*0.60*			
1.6		*...*						
2.	*Auftragsdurchführung*							
2.1		*Beauftragung Konstruktion u. TB*	*Anzahl*	*10*	*0.40*			
2.2		*Zukauf Fremdleistung Statik*	*Anzahl*	*4*	*0.04*		*120*	*eigener Aufwand, dazu die Kosten der Fremdleistungen*
2.3		*Baustellenüberwachung*	*Anzahl*	*8*	*0.40*			
2.4		*Änderungsbearbeitung*	*Anzahl*	*100*	*0.30*			*Änderungen durch Auftraggeber*
2.5		*...*						
2.6		*...*						
3.	*Auftragsabrechnung*							
3.1		*Abrechnung Subunternehmer*	*Anzahl*	*70*	*0.30*			*Freigabe Zahlung, etc.*
3.2		*Rechnungstellung an Auftraggeber*	*Anzahl*	*20*	*0.50*			*Rechnung schreiben, etc.*
3.3		*...*						
				Σ:	3.3	100%	120	

Datum Unterschrift

Abb. 5.29 Ist-Aufnahme der Aufbauorganisation (Praxisbeispiel Anlagenbau, Auszug)

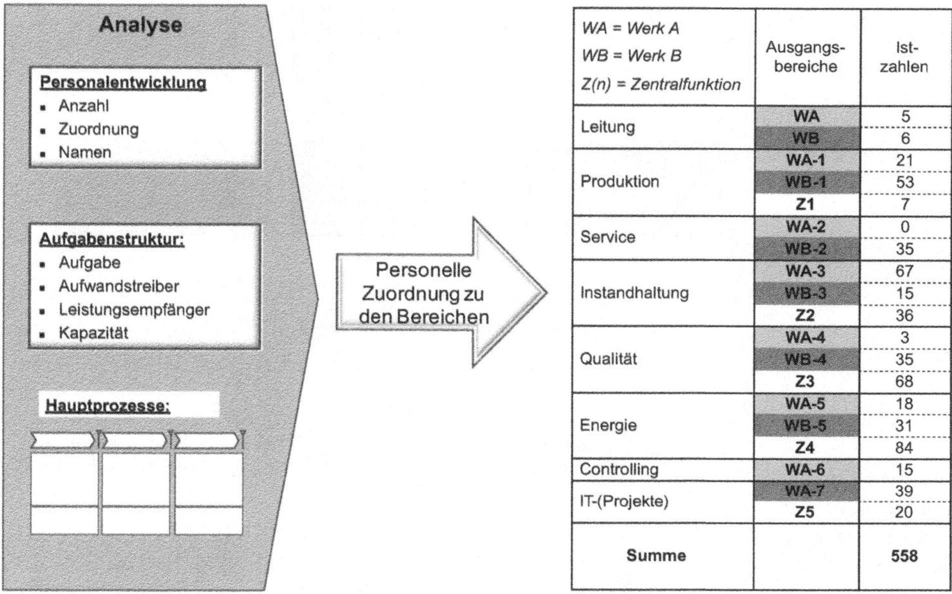

WA = Werk A WB = Werk B Z(n) = Zentralfunktion	Ausgangs-bereiche	Ist-zahlen
Leitung	WA	5
	WB	6
Produktion	WA-1	21
	WB-1	53
	Z1	7
Service	WA-2	0
	WB-2	35
Instandhaltung	WA-3	67
	WB-3	15
	Z2	36
Qualität	WA-4	3
	WB-4	35
	Z3	68
Energie	WA-5	18
	WB-5	31
	Z4	84
Controlling	WA-6	15
IT-(Projekte)	WA-7	39
	Z5	20
Summe		**558**

Abb. 5.30 Vereinheitlichung von Unternehmensbereichen auf Basis der Analyse des Ist-Zustands (Praxisbeispiel Verkehr, Auszug)

5.5.2 Das Konzept der neuen Organisationsstruktur – keine Umwege mehr

INPUT für Schritt 2 Sie haben nun die Ist-Situation analysiert. Diese Informationen bilden die Basis für die Erarbeitung der Funktionenmodelle.

AUFGABE im Schritt 2 Eine Funktion ist eine Tätigkeit, die im Rahmen des Geschäftsprozesses durchgeführt wird, beispielsweise das Beschaffen von zugekauften Teilen oder die Erstellung einer Rechnung. Personen oder Namen spielen bei dieser Betrachtung keine Rolle. Um die neue Organisationsstruktur zu gestalten, müssen die Funktionen, die in Zukunft eine Rolle spielen, festgelegt werden.

Aufgabe 1 Klassifizieren Sie Funktionen.

- Sind alle Funktionen (rechtlich) notwendig?
- Ist jede Funktion unmittelbar wertschöpfend?
- Wird jede Funktion fachlich unterstützt?
- Gibt es redundante Funktionen?
- Werden Funktionen infrage gestellt?

Aufgabe 2 Erstellen Sie ein Funktionenmodell.

- Erstellen Sie eine Funktionsstruktur.
- Betrachten Sie den Aufwand für diese Funktionen (Benchmarks, Aufwandstreiber).

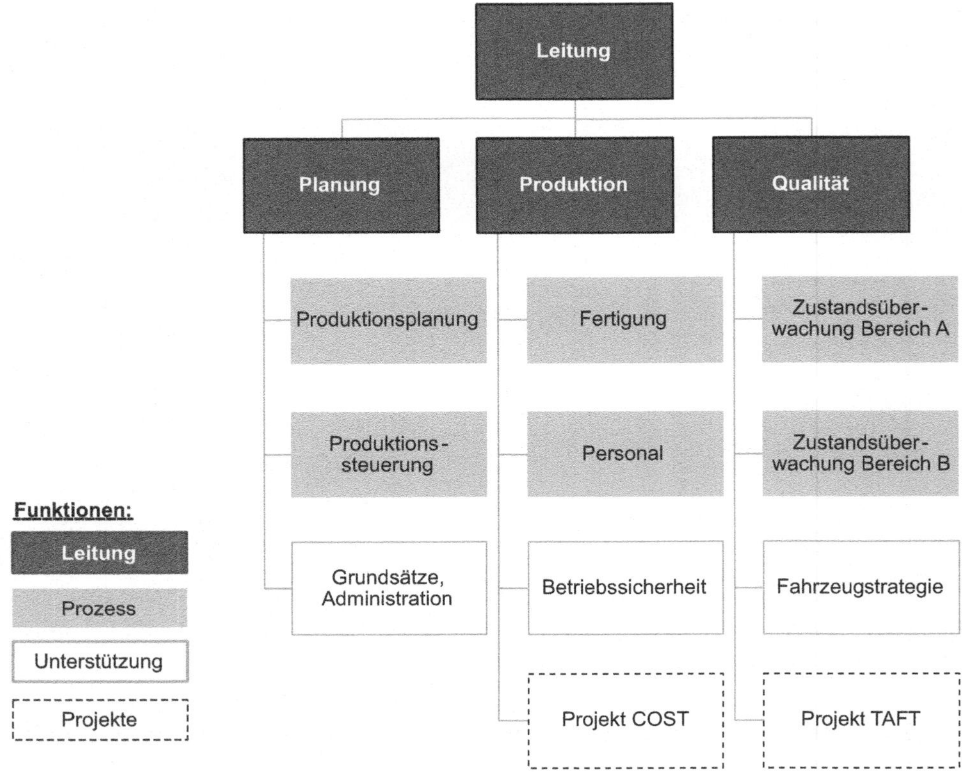

Abb. 5.31 Funktionenmodell (Praxisbeispiel Maschinenbau, Auszug)

- Ordnen Sie Kapazitäten zu (Anzahl Mitarbeiter).
- Vergleichen Sie das Funktionenmodell mit dem Ist-Zustand.

OUTPUT des Schritts 3 So könnte ein Funktionenmodell aussehen (Abbildung 5.31, Auszug):

5.5.3 Neue Aufbauorganisation – die Richtigen an der richtigen Stelle

INPUT für Schritt 3 Sie haben das Funktionenmodell erstellt. Da es dabei um die Funktionen, nicht aber um Personen ging, wird das Ergebnis ohne große Widerstände von allen getragen. Die Betrachtung von Funktionen ist neutral. Sprechen Sie vorher nie über Namen, sonst werden die Schwierigkeiten beginnen. Wenn Sie das Funktionenmodell mit allen Verantwortlichen verabschiedet haben, dann liegt die Basis der neuen Aufbauorganisation fest.

AUFGABE im Schritt 3 Sie haben mithilfe des Funktionenmodells im Grundsatz die neue Aufbauorganisation festgelegt. Jetzt gilt es, mögliche Ressourcenoptimierungen zu erarbeiten, die Strukturorganisation auf Basis des Funktionenmodells zu entwerfen und die

Funktionen mit Personen zu besetzen. Für die Mitarbeiter, die zukünftig eine neue Funktion bekleiden oder nicht mehr benötigt werden, ist die Transfermatrix zu erstellen.

Aufgabe 1 Gibt es die Möglichkeit zur weiteren Ressourcenreduzierung?

- Besteht die Möglichkeit der Dezentralisierung?
- Können Aufgaben an andere Einheiten abgegeben werden ohne dortigen Kapazitätsaufbau?
- Besteht die Möglichkeit der Effizienzsteigerung?

Aufgabe 2 Erstellen Sie einen Entwurf der neuen Strukturorganisation.

- Gliedern Sie die Funktionen in Organisationseinheiten (OE).
- Legen Sie Führungsebenen und Führungsspannen fest.
- Erstellen Sie eine Prinzipbeschreibung der OE (inkl. Abgrenzungen zu anderen).
- Dimensionieren Sie die OE.
- Ordnen Sie Verantwortungen zu.
- Erstellen Sie einen Vorschlag für personelle Besetzung der Führungspositionen.

Aufgabe 3 Erstellen Sie die Transfermatrix (Abbildung 5.32).

- Bereiten Sie die Personaltransferplanung vor.
- Ordnen Sie die Mitarbeiter den neuen OE zu.
- Erstellen Sie die Transfermatrix mit Kapazitätsreduzierung.

Erläuterung zu Abbildung 5.32: Die Aufgabe des Projektes bestand darin, die beiden vorhandenen Unternehmen zusammenzuführen. Für die jeweiligen Fachbereiche der beiden Unternehmen sind in WA und WB die Anzahl Mitarbeiter angegeben. Der vorher bereits geplante Abbau an Personalstellen führt zu dem „Zwischenergebnis". Nachdem die Neuzuordnung zur neuen Organisationsstruktur in der „Zusammenlegung" abgeschlossen war, wurden die nicht mehr notwendigen Personalstellen unter „Zusätzl. Abbau" dargestellt. Die Transfermatrix (Abbildung 5.32) zeigt den gesamten Vorgang im Überblick.

Es gibt eine Vielzahl möglicher neuer Organisationsformen, wie beispielsweise:

- die Sparten- bzw. Geschäftsbereichsorganisation,
- die Matrixorganisation,
- die Projektorganisation und
- die Prozessorganisation.

OUTPUT des Schritts 3 So könnte die Änderung der Organisationsstruktur aufgrund einer sich ändernden Unternehmensstrategie aussehen (Abbildung 5.33). Die Abbildung zeigt die Änderung der Organisationsform von der Funktional- zur Geschäftsbereichsorganisation der Fa. Bayer AG.

Kap. 5.5.1 | Kap. 5.5.2 | Kap. 5.5.3

WA = Werk A WB = Werk B Z(n) = Zentralfunktion	Ausgangs-bereiche	Ist-zahlen Stand	Einzeloptimierung Geplanter Abbau	 Zwisch. ergebnis	Zusätzl. Abbau	Zusammenlegung Neuzuordnung Zielbereiche W	 Prj.	W-1	Prj.	W-2	Prj.	W-3	Prj.	W-4	Prj.	W-5	Prj.	W-6	Prj.	W-7	Prj.	W-8	Zuk.
Leitung	WA	5	0	5		5																	
	WB	6	2	4	4																		
Produktion	WA-1	21	16	5				3	2														
	WB-1	53	14	39				36	3														
	Z1	7	3	4				4															
Service	WA-2	0	0	0																			
	WB-2	35	9	26	1			2		22	1												
Instandhaltung	WA-3	67	19	48								48											
	WB-3	15	4	11								11											
	Z2	36	15	21	18					1		2											
Qualität	WA-4	3	3	0																			
	WB-4	35	12	23										23									
	Z3	68	29	39												39							
Energie	WA-5	18	0	18																			
	WB-5	31	0	31	83													39	11				
	Z4	84	0	84																			
Controlling	WA-6	15	4,5	10,5									1							8,5		1	
IT-(Projekte)	WA-7	39	0	39	24																	29	
	Z5	20	6	14																			
						5	0	45	5	23	1	61	1	23	0	39	0	39	11	8,5	0	30	0
Summen		**558**	**137**	**422**	**130**	5		50		24		62		23		39		50		8,5		30	
						292																	

Abb. 5.32 Transfermatrix (Praxisbeispiel Maschinenbau, hier: Zusammenlegung von zwei Organisationseinheiten WA und WB)

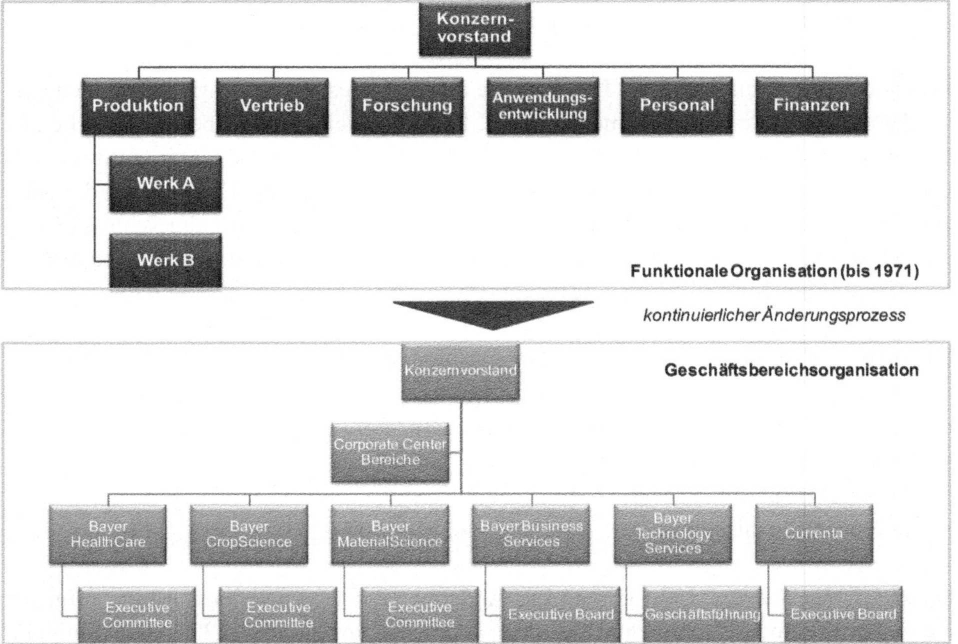

Abb. 5.33 Änderung der Organisationsstruktur (Beispiel Bayer AG)

5.6 Das Prozessmanagement – lichtet den Dschungel

DAS SOLLTEN SIE WISSEN

▶
- Geschäftsprozesse bilden das Rückgrat Ihres Unternehmens.
- Sämtliche betriebliche Aufgaben sind Bestandteile von Prozessen.
- Prozesse bestimmen auch über die wirtschaftliche Entwicklung Ihres Unternehmens.
- Prozesse sollten regelmäßig daraufhin überprüft werden, ob sie die Unternehmensziele noch optimal unterstützen.
- Eine Prozessoptimierung sollte radikal gedacht und behutsam gemacht werden.

ZIEL DER METHODE Sie alle kennen aus eigener Erfahrung im privaten Bereich, wie ärgerlich manchmal Abläufe in einem Unternehmen sind. Ob es um den Termin für eine Autoinspektion geht, um den Anruf bei einer Unternehmenshotline oder die Prozeduren im Bereich der öffentlichen Verwaltung. Überall treffen Sie auf Prozesse, die uns den Namen „Servicewüste Deutschland" eingebracht haben. Mit Erleichterung und teilweise Verwunderung nehmen Sie die Abläufe wahr, die gut gestaltet sind.

Serviceoptimierung bei Lands' End

So hat das amerikanische Handelsunternehmen „Lands' End" schon vor vielen Jahren den Kundenservice radikal optimiert und unter anderem den Reklamationsprozess drastisch vereinfacht. Kunden, die Ware reklamieren, bekommen ohne weitere Nachfrage einen neuen Artikel zugeschickt. Obwohl so mancher reklamierte Artikel offensichtlich nicht mehr neu war, hat sich dieser Prozess für das Unternehmen bezahlt gemacht – einerseits über eine hohe Kundenbindung und andererseits über minimale Kosten bei der Reklamationsbearbeitung (es ist kein Personal mehr notwendig, das die Reklamation bearbeiten muss). Der Missbrauch dieses Angebotes ist minimal. Das Motto von Lands' End ist Programm: „RÜCKGABERECHT: Wir akzeptieren jede Rücksendung, aus jedem Grund, zu jeder Zeit. GUARANTEED. PERIOD.®".

Für Unternehmen gibt es eine Vielzahl von Methoden, um Geschäftsprozesse zu optimieren. Sie kennen wahrscheinlich viele dieser Methoden, wie „Kontinuierlicher Verbesserungsprozess (KVP)", „Business Process Reengineering" oder „Total Quality Management (TPM)". Die einzelnen Methoden werden in diesem Kapitel nicht weiter vorgestellt, wohl aber die grundsätzlich gültigen Rahmenbedingungen und Vorgehensweisen bei der Einführung dieser Methode. Wenn auch Sie in Ihrem Unternehmen Abläufe verändern wollen, dann sind folgende Ziele von Bedeutung:

- Mithilfe der Prozessoptimierung können Sie Kosten senken.
- Mithilfe der Prozessoptimierung können Abläufe schneller gestaltet werden.
- Mithilfe der Prozessoptimierung kann die Qualität (Produkt, Prozess) verbessert werden.

VERWENDUNG DER METHODE Methoden zur Prozessoptimierung können aus unterschiedlichen Gründen initiiert werden:

- Es wurden Schwachstellen identifiziert, die beseitigt werden sollen.
- Die Aufbauorganisation wird geändert, dies bedeutet auch eine Anpassung der Ablauforganisation (Prozesse).
- Die Kosten für einzelne Geschäftsprozesse sind zu hoch.
- Die Rahmenbedingungen in dem Unternehmensumfeld haben sich geändert.

► Denken Sie Prozesse radikal, aber in sinnvollen Schritten. Führen Sie neue Prozesse mit den Menschen ein und nicht gegen sie.

SCHRITT FÜR SCHRITT ZUR METHODE Vier Schritte führen zu einem erfolgreichen Prozessmanagement.

Schritt 1 Analysieren Sie die Haupt- und Nebenprozesse. Stellen Sie Transparenz her.

Schritt 2 Stellen Sie einen geeigneten Leistungsvergleich für die wichtigsten Prozesse und deren Parameter her.

Schritt 3 Befragen Sie interne und externe Kunden des Untersuchungsbereichs.

Schritt 4 Erstellen Sie die neuen Geschäftsprozesse.

DAS ERGEBNIS So könnte die Analyse von Schwachstellen aussehen (Abbildung 5.34):

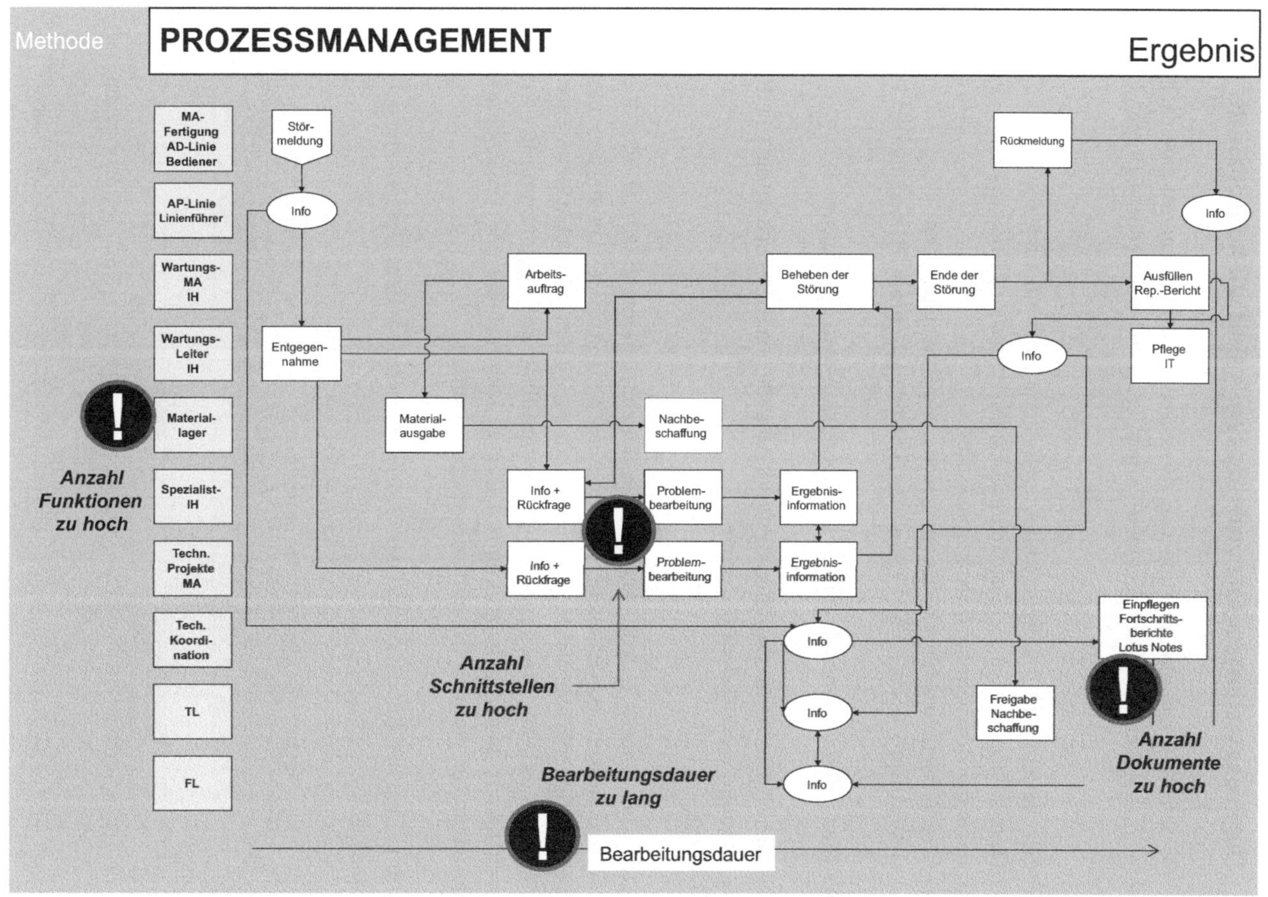

Abb. 5.34 Schwachstellenanalyse eines Geschäftsprozesses (Praxisbeispiel Lebensmittel, hier: Störungsmeldung der Instandhaltung)

5.6.1 Die Prozesstransparenz und -analyse – sind wir kompliziert!

INPUT für Schritt 1 Die Optimierung von Prozessen kann nur sinnvoll angepackt werden, wenn alle notwendigen Informationen vorhanden sind. Dazu gehören einige wichtige Merkmale:

- Jeder Geschäftsprozess hat einen eindeutigen Anfang und ein eindeutiges Ende.
- Jeder Geschäftsprozess ist zielgerichtet und hat ein definiertes Ergebnis zur Folge (beispielsweise die Bearbeitung einer Reklamation).
- Jeder Geschäftsprozess besteht aus einer Kette von Einzelaufgaben.
- Jeder Geschäftsprozess benötigt Ressourcen (Personal, Sachmittel) und generiert Kosten.

Zu jeder Einzelaufgabe eines Prozesses sind folgende Daten zu erfassen:

- die zeitliche Aufwand zur Bewältigung dieser Aufgabe (auch eine Schätzung ist hilfreich),
- die Übergangszeit zwischen Aufgaben,
- die Kosten.

AUFGABE im Schritt 1 Jede Tätigkeit in einem Unternehmen hat das Ziel, die Wettbewerbsfähigkeit zu erhöhen. Da die Geschäftsprozesse immer aus mehreren Aufgaben (Tätigkeiten) bestehen, werden durch sie betriebswirtschaftliche Ergebnisse maßgeblich beeinflusst. Eine regelmäßige Überprüfung und Optimierung der Prozesse ist unumgänglich. Nur durch optimierte Prozesse kann schnell und kostenoptimal auf Veränderungen des Wettbewerbsumfeldes reagiert werden.

Aufgabe 1 Erstellen Sie ein Abbild der Prozesslandschaft in dem Untersuchungsbereich (Abbildung 5.35).

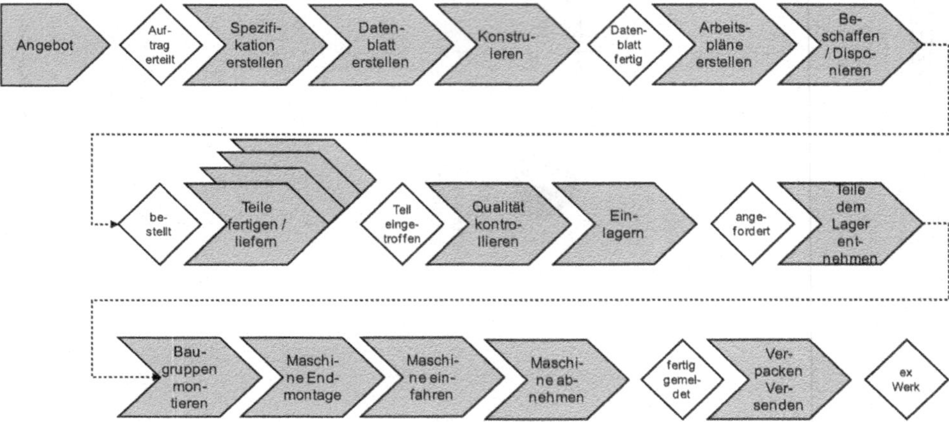

Abb. 5.35 Hauptprozesse der Auftragsbearbeitung (Praxisbeispiel Elektro)

Aufgabe 2 Erstellen Sie zu den wesentlichen Hauptprozessen eine Detailanalyse. Legen Sie die Hauptprozesse fest, für die unbedingt eine Detailanalyse notwendig ist. Erst aus dem Zusammenspiel der einzelnen Aufgaben innerhalb eines Prozesses und der Schnittstellen können aussagekräftige Rückschlüsse gezogen werden (Abbildung 5.36, Auszug).

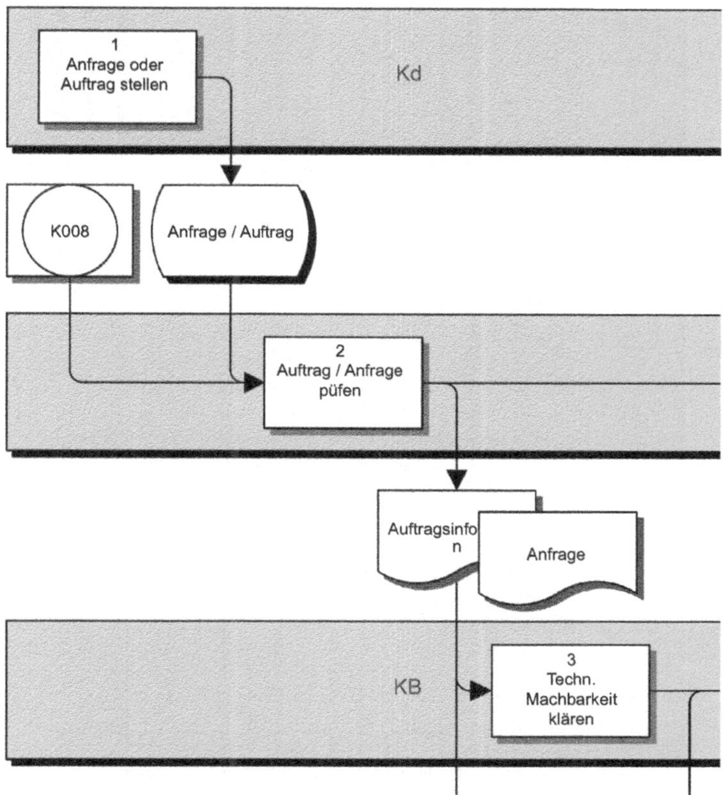

Abb. 5.36 Prozess mit Aufgaben (Praxisbeispiel Elektro, Ausschnitt)

OUTPUT des Schritts 1 Die Abbildung 5.37 zeigt einen Prozessverlauf in einem Unternehmen.

Erläuterung zu Abbildung 5.37: In dem dargestellten Beispiel möchte ein Mitarbeiter „SB/MA" einen Papierkorb bestellen. Der Bestellablauf verläuft über mehrere Hierarchieebenen und eine Vielzahl von Einzelaufgaben. Allein neun unterschiedliche Personen sind in diesem Prozess involviert. Diese Art der Prozessdarstellung sowie die dazugehörenden Daten über Kosten und Zeit bilden für die weitere Analyse und Bearbeitung eines optimalen Prozessmanagements die Basis.

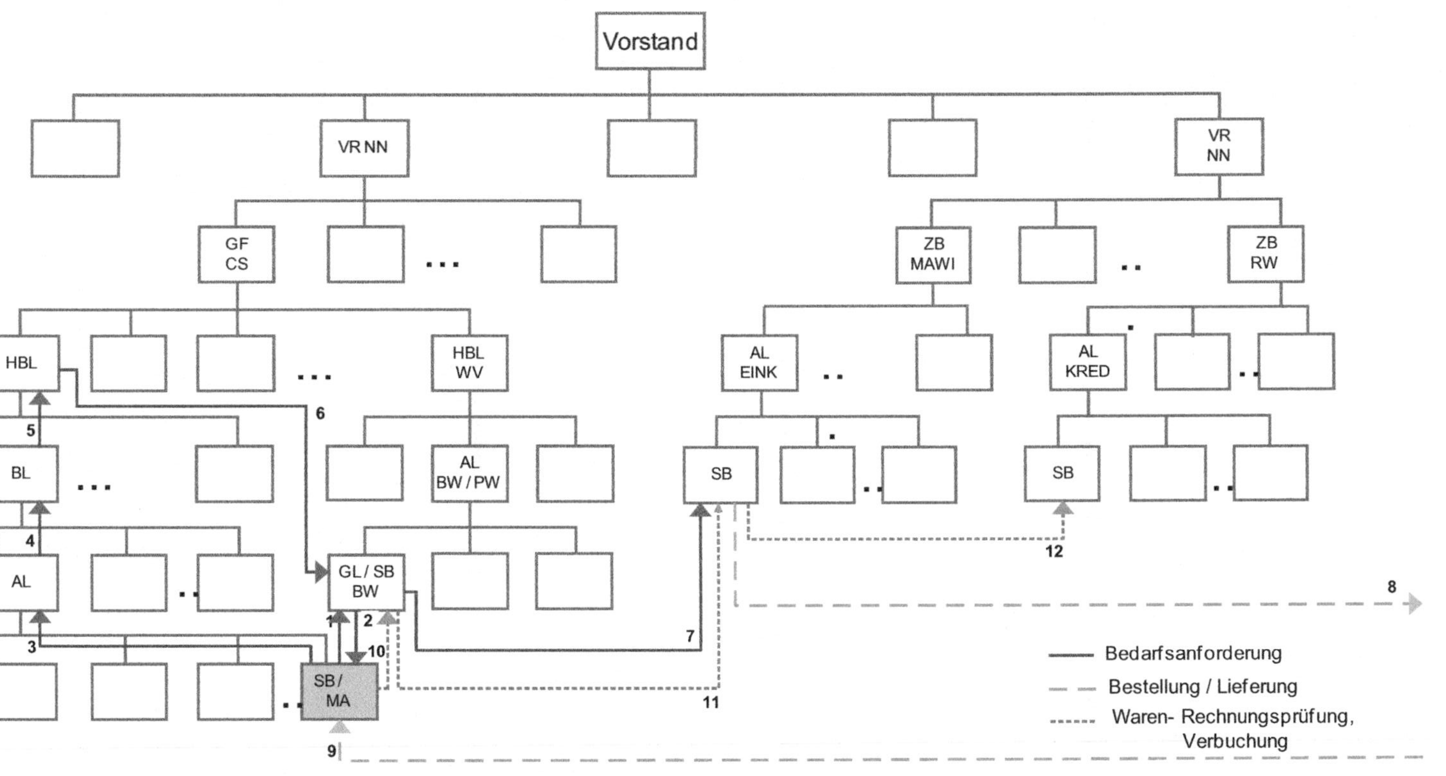

Abb. 5.37 Geschäftsprozess (Praxisbeispiel Rohstoffindustrie)

5.6.2 Der Leistungsvergleich – Lücken im System

INPUT für Schritt 2 Sie haben nun die Prozesslandschaft in dem Untersuchungsbereich analysiert. Dabei haben Sie, neben dem Prozessfluss mit seinen einzelnen Aufgaben, auch die wichtigsten Kennzahlen ermittelt. In dem nächsten Schritt ist es notwendig, diese Analyseergebnisse so aufzubereiten, dass objektiv Leistungsvergleiche erstellt werden können. Diese geben im konkreten Fall Hinweise darauf, dass die Prozesse nicht in Ordnung sind.

AUFGABE im Schritt 2 Um den Leistungsvergleich durchführen zu können, bearbeiten Sie die nächsten zwei Aufgaben.

Aufgabe 1 Definieren Sie Leistungskennzahlen. Abhängig von der Aufgabenstellung können die Leistungskennzahlen sehr unterschiedlich sein. In einem Praxisfall wurden unter anderem für die Prozessanalyse der internen Auftragsbearbeitung in mehreren Distributionszentren die Leistungskennzahlen

- Kennzahl 1: bearbeitete Auftragspositionen pro Mitarbeiter im Auftragsbüro (Abbildung 5.38, normierte Darstellung) und die
- Kennzahl 2: Anzahl der kommissionierten Lieferscheinpositionen pro Mitarbeiter festgelegt.

Aufgabe 2 Vergleichen Sie die untersuchten Bereiche mithilfe der Leistungskennzahlen. Sie können entweder Benchmarks aus externen Untersuchungen verwenden oder Sie haben eigene Benchmarks (Abbildung 5.38). In diesem Praxisfall wird die Leistungskennzahl „bearbeitete Auftragspositionen pro Mitarbeiter im Auftragsbüro" für 20 Distributionszentren verglichen. Die Auswertung zeigt deutlich, dass einige Zentren über dem Durchschnitt und andere darunter liegen. Da es sich um das gleiche Kundensegment und die gleichen Produkte handelt, sind nur Schwachstellen im Prozessablauf die Ursache für diese deutlichen Unterschiede.

OUTPUT des Schritts 2 Ein gemeinsames Team aus Vertretern von fünf Distributionszentren („gute", „mittlere", „schlechte") hat die Prozesse der fünf besten Zentren aufgenommen. Die ermittelten Prozesse wurden zu einem Referenzprozess zusammengeführt. Abschließend fand die Überprüfung der Prozesse in allen anderen 15 Distributionszentren statt. Die festgestellten Schwächen wurden dann mithilfe des Referenzprozesses beseitigt. Die Leistung der Auftragsbearbeitung konnte von einem Mittelwert von 82 % aller Distributionszentren (Abbildung 5.38) auf 91 % angehoben werden.

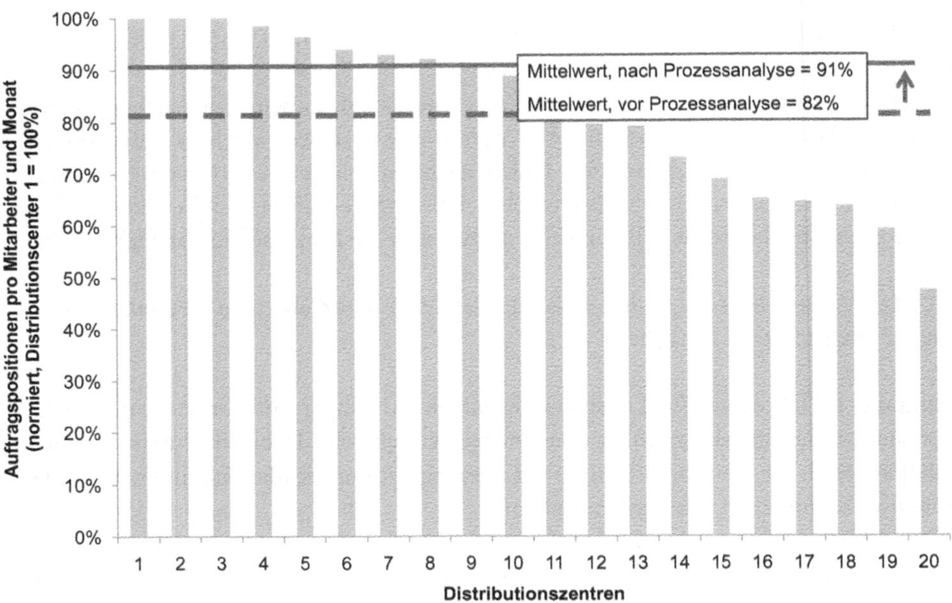

Abb. 5.38 Vergleich der Distributionszentren mithilfe von Leistungskennzahlen (Praxisbeispiel Elektro)

5.6.3 Die Befragung Externer – die Kundenmeinung gefällig?

INPUT für Schritt 3 Die Analyse der Geschäftsprozesse in dem Untersuchungsbereich und der Vergleich von Aufgaben mithilfe der Leistungskennzahlen hat Ihnen bereits erste Erkenntnis zur Prozessoptimierung gegeben. Sie haben nun die interne Sicht auf die Prozesse ermittelt.

AUFGABE im Schritt 3 Die Wahrnehmung der Leistungen durch den Kunden ist von größtem Interesse für ein Unternehmen. Viele Unternehmen beauftragen externe Marktforschungsinstitute, um über eine Meinungsumfrage bei den Kunden wichtige Hinweise über deren Kaufverhalten zu erhalten. Im Rahmen eines Projektes wurde ein externer Dienstleister mit der Kundenbefragung zum Thema „Logistikperformance und Produktberatung der Distributions- und Produktberatungszentren innerhalb Deutschlands" beauftragt. Der Informationsbrief an die internen Mitarbeiter ist im Folgenden dargestellt (Praxisbeispiel Elektro):

Praxisbeispiel

„Liebe Kolleginnen und Kollegen,

wir haben uns im August entschieden, eine Kundenbefragung durchzuführen. Ziel der Befragung ist es, die Kundenzufriedenheit und Kundenerwartungen unserer Leistungen hinsichtlich Logistik und Produktberatung zu erfassen. Hierzu soll eine repräsentative Stichprobe unserer Kunden telefonisch in der Zeit von Montag, den 16.7., bis Mittwoch, den 25.7., durchgeführt werden. Den Fragebogen finden Sie auf der Folgeseite. Die in der Befragung erhobenen Informationen werden vertraulich behandelt und nicht weitergegeben. Personen- und kundenbezogene Einzelinformationen werden zusammengefasst und auch intern nicht einzeln weitergegeben. Anbei die Liste der von Ihnen betreuten Kunden, die Teil der Stichprobe sind. Bitte prüfen Sie die Daten und korrigieren/aktualisieren Sie diese bei Bedarf und senden Sie diese an die Koordination/Verkaufsbüros. Bitte helfen Sie mit, Ihre Kunden bis zum 13.7. zu informieren und sie für die aktive und offene Teilnahme an der Befragung zu gewinnen. Wir halten Sie gerne über die Ergebnisse der Befragung und die daraus zu erarbeitenden Verbesserungsmöglichkeiten auf dem Laufenden. Danke für Ihre Unterstützung und viele Grüße“

Aufgabe 1 Ermitteln Sie, ob die externe Sicht auf die Prozesse und Leistungen in Ihrem Untersuchungsbereich hilfreich ist.

Aufgabe 2 Sollten Sie die externe Sicht als notwendig erachten, dann legen Sie fest, welche Informationen Sie von den Befragten benötigen.

Aufgabe 3 Legen Sie fest, ob Ihr Unternehmen selbst oder aber ein Dienstleister die Befragung durchführt.

Aufgabe 4 Wenn ein Dienstleistungsunternehmen die Befragung durchführt, dann müssen Sie dieses instruieren.

Aufgabe 5 Informieren Sie Ihre Kunden über die Befragung.

Aufgabe 6 Führen Sie die Befragung durch.

Aufgabe 7 Werten Sie die Antworten aus.

OUTPUT des Schritts 3 Die Sicht der Kunden wird durch vorgefertigte Fragen ermittelt. Wie die Abbildung 5.39 zeigt, ist es zu verschiedenen Themengebieten von Interesse, welche Bedeutung ein Thema für einen Kunden hat und wie dieser die Leistung des Unternehmens einschätzt. Auch wurden Fragen gestellt zu Themen, für die das Unternehmen noch gar keine Leistung anbietet, sich aber zurzeit damit auseinandersetzt („Übernacht-Belieferung“, „Wunschbestellzeit“).

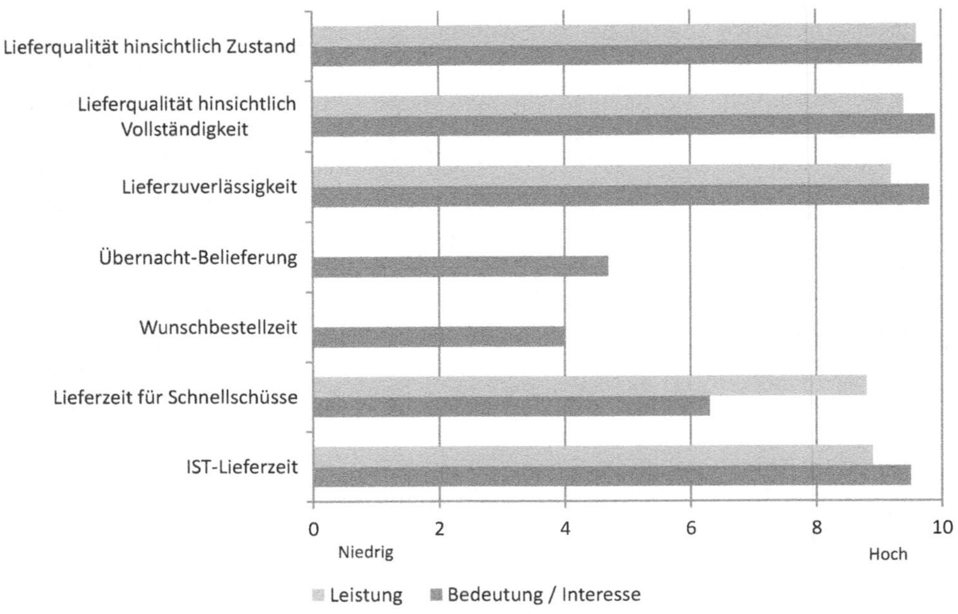

Abb. 5.39 Befragung von Kunden zum Thema „Lieferleistung" (Praxisbeispiel Elektro)

5.6.4 Die neuen Geschäftsprozesse – flott durch die Organisation

INPUT für Schritt 4 Sie haben nun Ihre Geschäftsprozesse in dem Untersuchungsbereich erfasst und die Qualität und Leistungsfähigkeit mithilfe von Leistungskennzahlen analysiert. Darüber hinaus haben Sie die Bewertung von Externen, beispielsweise der Kunden Ihres Unternehmens, ermittelt. Alle wichtigen Informationen, um Geschäftsprozesse zu optimieren, liegen Ihnen nun vor.

AUFGABE im Schritt 4 Mit den folgenden vier Aufgaben können Sie die neuen Prozesse umsetzen.

Aufgabe 1 Erstellen Sie „auf der grünen Wiese" einen SOLL-Prozess.

Aufgabe 2 Eliminieren Sie alle Teilprozesse oder Einzelaufgaben, die keinen Mehrwert für das Unternehmen bringen, wie beispielsweise Doppelarbeiten, Rückfragen, Fehler oder Kontrollen.

Aufgabe 3 Fassen Sie die so optimierten Teilprozesse zusammen. Berücksichtigen Sie dabei, dass ein Teilprozess möglichst durch eine Stelle bearbeitet wird, in einem Prozess Aufgaben gebündelt werden können und die Anzahl der Schnittstellen deutlich reduziert werden muss.

Aufgabe 4 Unterstützen Sie den Prozessablauf durch die Einführung von IT-Systemen.

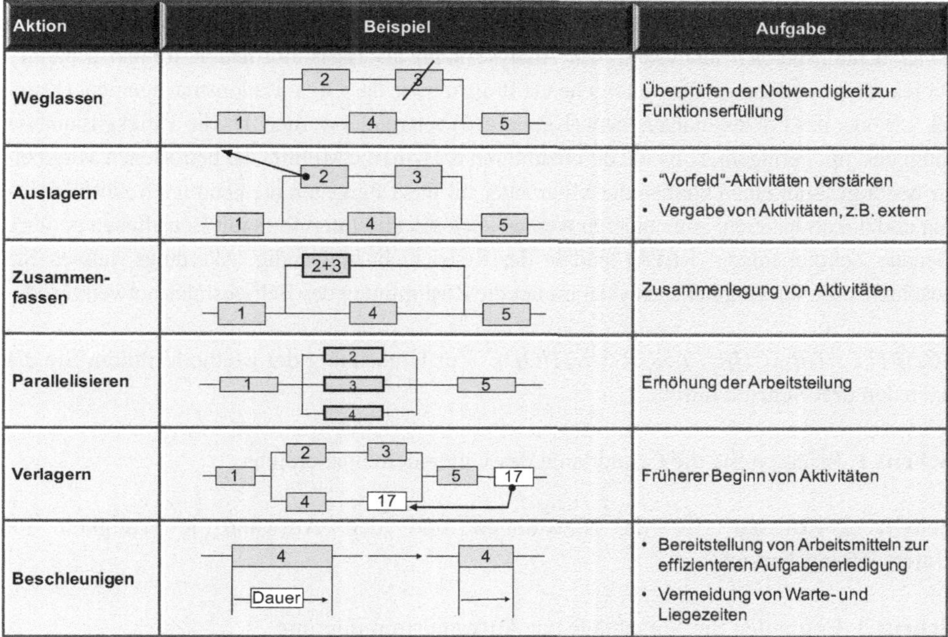

Aktion	Beispiel	Aufgabe
Weglassen		Überprüfen der Notwendigkeit zur Funktionserfüllung
Auslagern		• "Vorfeld"-Aktivitäten verstärken • Vergabe von Aktivitäten, z.B. extern
Zusammen-fassen		Zusammenlegung von Aktivitäten
Parallelisieren		Erhöhung der Arbeitsteilung
Verlagern		Früherer Beginn von Aktivitäten
Beschleunigen		• Bereitstellung von Arbeitsmitteln zur effizienteren Aufgabenerledigung • Vermeidung von Warte- und Liegezeiten

Abb. 5.40 Maßnahmen zur Optimierung von Geschäftsprozessen

OUTPUT des Schritts 4 Durch die Anwendung einer Vielzahl hilfreicher Maßnahmen (Abbildung 5.40) werden aus komplexen Prozessen einfache, transparentere und auf Wirtschaftlichkeit ausgerichtete Prozesse.

5.7 Das Tätigkeitsmanagement – Kampf gegen die Unproduktivität

DAS SOLLTEN SIE WISSEN

- Tätigkeitsanalysen des Arbeitsumfeldes sind für eine Vielzahl von betrieblichen Optimierungsaufgaben wichtig.
- Werden Leistungsdaten im Rahmen einer Tätigkeitsanalyse ermittelt, dann sind strenge Kriterien der Vergleichbarkeit zu erfüllen („Äpfel werden nicht mit Birnen verglichen").
- Sollte es die Zielsetzung der Tätigkeitsanalyse zulassen, dann sind die betroffenen Mitarbeiter des Untersuchungsbereichs aktiv mit einzubeziehen.

ZIEL DER METHODE Das Ziel dieser Methode ist es, einen vollständigen Überblick über alle Leistungen des betrachteten Untersuchungsbereichs zu erhalten. Merkmale der Tätigkeit am Arbeitsplatz wie Komplexität, Variabilität und Entscheidungs- oder Handlungsspielraum sind ebenso von Interesse wie Hinweise auf besondere Belastungen.

VERWENDUNG DER METHODE Mithilfe dieser Methode werden Tätigkeiten in einem Untersuchungsbereich analysiert. Die Analyse kann als Basisinformation für ein separates Projekt dienen oder aber für weitergehende Projekte wie das Organisationsmanagement (Kapitel 5.5) oder das Prozessmanagement (Kapitel 5.6) verwendet werden. Da die Tätigkeitsanalyse möglichst mit geringem Aufwand durchzuführen ist, wird die Mithilfe der betroffenen Mitarbeiter benötigt. Zum einen können die Mitarbeiter für die Tätigkeiten die benötigten Zeiten erfassen und dokumentieren, zum anderen werden auch selektiv Interviews mit Betroffenen geführt. Genaue Zeitmessungen (REFA) sind in der Regel nicht notwendig. Allerdings müssen Sie beachten, dass für Tätigkeitsanalysen immer die Zustimmung des Betriebsrates notwendig ist.

SCHRITT FÜR SCHRITT ZUR METHODE Zur Umsetzung der Methode führen Sie die nächsten drei Schritte durch.

Schritt 1 Erfassen Sie die Grunddaten des Untersuchungsbereichs.

Schritt 2 Erfassen Sie die Leistungen und den Aufwand je Tätigkeit im Untersuchungsbereich.

Schritt 3 Erarbeiten Sie Vorschläge zur Aufwandsminimierung.

DAS ERGEBNIS So könnte die Zusammenfassung einer Tätigkeitsanalyse aussehen (Abbildung 5.41, Auszug):

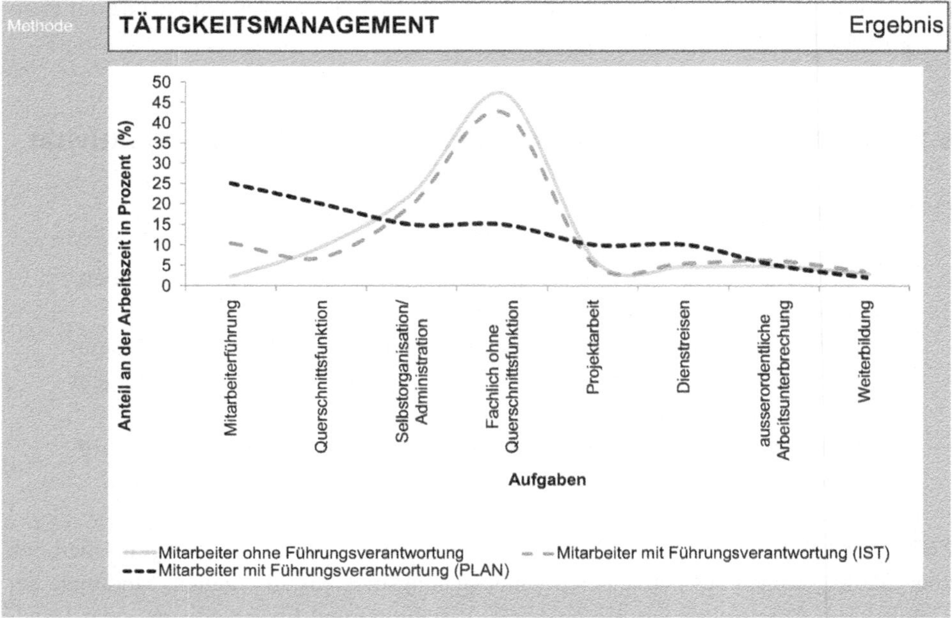

Abb. 5.41 Zusammenfassung einer Tätigkeitsanalyse (Praxisbeispiel Verkehr)

Erläuterung zu Abbildung 5.41: In diesem Praxisbeispiel sind die Ergebnisse aus der Tätigkeitsanalyse zu den betrieblichen Aufgaben zusammengefasst worden. Darüber hinaus wurde speziell für die Führungskräfte der Anteil der Arbeitszeit für die IST-Aufgaben denen der PLAN-Aufgaben gegenübergestellt. Eine wesentliche Erkenntnis ist es, dass die Führungskräfte eine fast identische Aufgabenverteilung haben wie die Mitarbeiter. Sie sind im operativen Geschäft vollständig eingebunden. Der Zeitanteil für Führungsaufgaben wie Mitarbeiterführung oder Querschnittsfunktionen (Absprachen mit anderen Unternehmensbereichen) weicht deutlich vom PLAN ab.

5.7.1 Die Grunddaten – wer macht eigentlich was?

INPUT für Schritt 1 Basis für die Erfassung der Grunddaten ist der aktuelle Personalplan. Ist dieser aussagefähig und enthält mindestens die Informationen der Abbildung 5.42, dann sind keine weiteren Aktivitäten in diesem Zusammenhang notwendig.

AUFGABE im Schritt 1 Im Fall des Nichtvorhandenseins der Personal- und Organisationsinformationen ist eine Erhebung der Daten notwendig. Dazu sind zwei Informationsblöcke wichtig: erstens Informationen über den Untersuchungsbereich (UE). Dieser kann eine Gruppe, eine Abteilung oder ein ganzes Werk sein. Und zweitens Informationen über die Personalkapazität in dem Untersuchungsbereich.

OUTPUT des Schritts 1 So könnte der Erfassungsbogen für einen Untersuchungsbereich aussehen (Abbildung 5.42):

5.7.2 Leistung und Aufwand – im richtigen Verhältnis?

INPUT für Schritt 2 Zu jedem Untersuchungsbereich liegen die Personal- und Organisationsinformationen vor.

AUFGABE im Schritt 2 Es ist bei der Tätigkeitsanalyse von Bedeutung zu erkennen, wo zu viel und wo zu wenig Personalkapazität vorhanden ist. Dazu ist es notwendig, geeignete Leistungsdaten zu erfassen, um eine Berechnung der Personalkapazität vorzunehmen.

Aufgabe 1 Legen Sie fest, welche Leistungsdaten je Untersuchungseinheit ermittelt werden sollen. Sämtliche Leistungsdaten sind normiert. Sie beziehen sich immer auf einen Mitarbeiter. Wichtig ist in diesem Zusammenhang, dass die untersuchte Tätigkeit immer die Gleiche oder sehr ähnlich ist. So können beispielsweise die kommissionierten Lieferscheinpositionen pro Mitarbeiter in unterschiedlichen Untersuchungsbereichen verglichen werden, wenn die technische Ausstattung und die zu kommissionierenden Produkte in den Untersuchungsbereichen die Gleichen sind.

Zuständig für die Datenerhebung	
Telefon	

Leiter der UE	
Projektleiter	

Standort	
Funktionsbereich	
Gesellschaft	
Kostenstelle	

per Stichtag	

Anzahl Mitarbeiter	
Kapazität in MJ	

Anmerkungen:

Datum Unterschrift

Mitarbeiter

	Name	Gesellschaft	Status	Anteil %	Kapazität in Mannjahre
1					
2					
3					
4					
5					
6					
7					
8					
9					
10					

α

Abb. 5.42 Erfassungsbogen für die Erhebung der Grunddaten (Praxisbeispiel Maschinenbau)

Aufgabe 2 Legen Sie fest, in welcher Form Sie die Leistungsdaten ermitteln wollen. Dafür sind zwei Wege denkbar. Erstens, Sie lassen die Mitarbeiter die Daten selbst erfassen. Dieser Weg setzt Vertrauen von beiden Seiten voraus. Ist es das Ziel der Tätigkeitsanalyse, im Personalbereich Rationalisierungen durchzuführen, dann ist dieser Weg nicht geeignet. Wählen Sie dann den zweiten Weg der Tätigkeitsanalyse. Die Daten werden mithilfe eines Erfassungsteams ermittelt. Die Mitarbeiter werden zu ihren Aufgaben in Form eines standardisierten Interviews befragt. Bitte denken Sie daran, dass Sie für beide Wege die Zustimmung des Betriebsrates benötigen.

Aufgabe 3 Erfassen Sie die Leistungsdaten. Mithilfe des Interviewtools (Kapitel 6.1) befragen Sie die Mitarbeiter. Da die Fragen für das Tool vorher festgelegt wurden, können mehrere Personen eines Erfassungsteams gleichzeitig parallel die Befragungen durchführen. Dies spart Zeit und in jedem Fall sind die Antworten aufgrund der einheitlichen Fragestellungen vergleichbar. Falls die Mitarbeiter ihre Aufgaben selbst aufschreiben, dann empfiehlt sich ein standardisierter Erfassungsbogen (Abbildung 5.43). Bedenken Sie, die Mitarbeiter in diesem Fall vorher im Umgang mit dem Erfassungsbogen zu schulen.

Aufgabe 4 Werten Sie die Aufwands- und Leistungsdaten aus. Die Auswertung der erfassten Daten ist abhängig von der Zielsetzung der Tätigkeitsanalyse. Im folgenden Beispiel war die Aufgabenstellung, die Verteilung der Arbeitszeit für verschiedene Tätigkeiten zu ermitteln (Abbildung 5.44).

Aufgabe 5 Erfassen Sie Informationen zum Arbeitsumfeld. Abhängig von der Aufgabenstellung der Tätigkeitsanalyse kann es von Interesse sein, auch persönliche Informationen zu erfassen. Natürlich ist diese Art der Erfassung anonym und wird mittels anonymisiertem Fragenbogen erfasst. Sollten Sie eine Rückgabequote der Fragebögen von mehr als 30 % erreichen, dann können Sie von einem repräsentativen Querschnitt sprechen. Abbildung 5.45 zeigt einen ausgefüllten Fragebogen.

OUTPUT des Schritts 2 So könnte die zusammenfassende Bewertung in einem Management Summary für die Tätigkeitsanalyse aussehen (Abbildung 5.46):

Bezeichnung der UE : **Stichtag** **MJ** **verantwortlich**

Pos. Aufgabe	Bezeichnung der Tätigkeiten	Menge (p.a.) Einheit	Zahl	Personal in MJ	Personal in %	Bemerkungen
			Σ:	0	100%	

Datum Unterschrift

Abb. 5.43 Erfassungsbogen für die Erhebung der Leistung (Praxisbeispiel Maschinenbau)

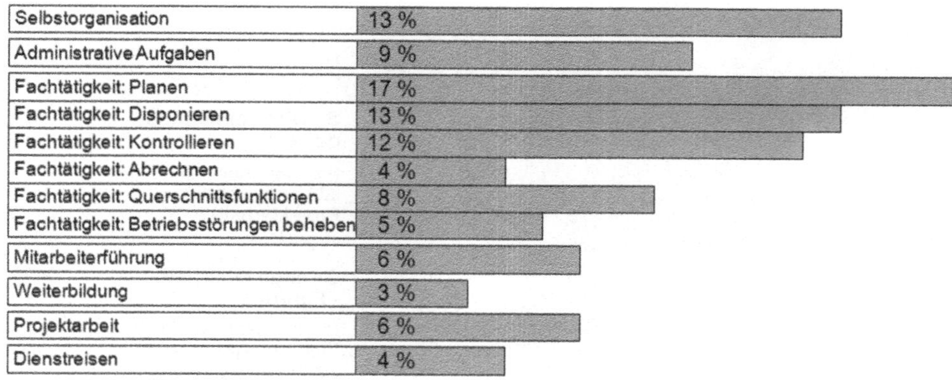

Abb. 5.44 Analyse der Tätigkeiten (Praxisbeispiel Verkehr)

	Stimmt vollkommen	Stimmt überwiegend	Stimmt im Grundsatz	Stimmt eher nicht	Stimmt gar nicht
Mir gefällt meine Arbeit		⊗			
Meine Arbeit belastet mich stark			⊗		
Meine Arbeit ist sinnvoll		⊗			
Ich schaffe mein Arbeitspensum		⊗			
Ich bin entsprechend meiner Fähigkeiten eingesetzt		⊗			
Ich kann auch mal einen Gang zurückschalten				⊗	
Ich würde meine Arbeitssituation gerne verändern			⊗		
Ich hätte lieber eine Tätigkeit bei einem anderen Arbeitgeber				⊗	
Meine Arbeit ist „stressig"			⊗		
Ich bin mit meiner Arbeitszeitregelung zufrieden		⊗			
Mein Arbeitsplatz ist sicher			⊗		
Für meine Arbeit werde ich leistungsgerecht bezahlt			⊗		
Ich habe ein gutes Verhältnis zu meiner Führungskraft		⊗			
Meine Kollegen arbeiten gut mit mir zusammen		⊗			
Ich bin über wesentliche Dinge in d. Region gut informiert			⊗		
Mit der Arbeit des Betriebsrates bin ich zufrieden			⊗		

Abb. 5.45 Ausgefüllter Fragebogen zur Erfassung von Arbeitsumfeldinformationen (Praxisbeispiel Verkehr)

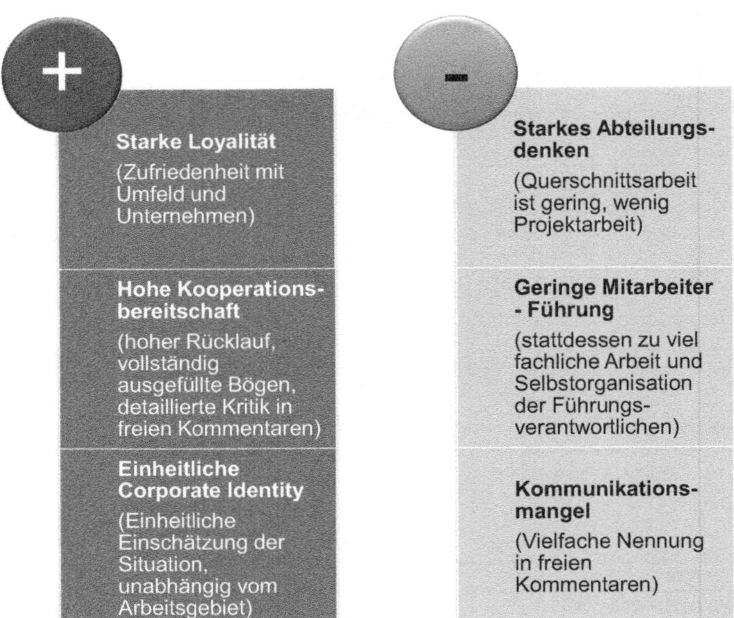

Abb. 5.46 Zusammenfassung der Analyse aus der Erfassung von Tätigkeiten (Praxisbeispiel, Verkehr)

5.7.3 Maßnahmen zur Aufwandsminimierung – es darf auch etwas weniger sein

INPUT für Schritt 3 Die Informationen zu den Tätigkeiten im Untersuchungsbereich liegen vor und sind analysiert worden.

AUFGABE im Schritt 3 Häufig wird den Mitarbeitern im Rahmen der Tätigkeitsanalyse die Möglichkeit gegeben, eigene Verbesserungsvorschläge zu den Aufgaben im Untersuchungsbereich einzubringen. Oft wird diese Möglichkeit bei der Optimierung von Prozessen eingesetzt (Kapitel 5.6). Dazu wird ein standardisierter Fragebogen den Mitarbeitern ausgehändigt, auf den Verbesserungsvorschläge aufgeschrieben werden können. Die Informationen sind meistens sehr hilfreich, denn die betroffenen Mitarbeiter haben ein sehr gutes Verständnis davon, wo es „klemmt" und was verbessert werden kann. Auch die Einschätzung der Potenziale („Effizienzsteigerung", „Sachkosten") sind außerordentlich hilfreich (Abbildung 5.47). Diese Form der Einbeziehung der Mitarbeiter ist aber nur möglich, wenn es nicht um unmittelbare Rationalisierungen in dem direkten Arbeitsumfeld des Mitarbeiters geht.

OUTPUT des Schritts 3 So kann ein Fragebogen zu Optimierungsvorschlägen im Rahmen einer Tätigkeitsanalyse aussehen (Abbildung 5.47):

Bezeichnung der UE : **Stichtag** **verantwortlich**

Änderungsvorschlag	Auswirkungen wo ?	Effizienzsteigerung		Sachkosten (TE)		Wirkung	Abstimmung mit
		Einheit	%	Ist		ab	Leistungsempfänger
				Σ: 0	0		

Datum Unterschrift

Abb. 5.47 Fragebogen zur Erfassung von Optimierungspotenzialen am Arbeitsplatz (Praxisbeispiel Verkehr)

5.8 Das Kostenmanagement – 1000 Hebel zur Kostensenkung

DAS SOLLTEN SIE WISSEN

- Kosten entstehen bei jedem unternehmerischen Handeln. Sie sind nicht verwerflich.
- Kosten, die in einem ungünstigen Verhältnis zu den Erlösen stehen, sind zu optimieren.
- Kostenoptimierung setzt voraus, dass die entstandenen Kosten durch geeignete Dokumente transparent und aktuell sind.
- Kosten sind anspruchsvoll und realistisch zu planen. Die Planung ist der Ausgangspunkt für die Kostenoptimierung.
- Kosten können auf unterschiedlichen Wegen optimiert werden.
- Die Ziele für die Kostenoptimierung sind vor der Erarbeitung der Kostensenkungsmaßnahmen zu definieren.

ZIEL DER METHODE Kosten sind die Differenz zwischen dem Erlös und dem Gewinn. Sie sind eine zentrale Größe des unternehmerischen Handelns. Ziel der Methode des aktiven Kostenmanagements ist es, die Kosten für die betrieblichen Leistungen so weit zu senken, dass dies keinerlei negative Auswirkungen auf die Wettbewerbsfähigkeit hat.

VERWENDUNG DER METHODE Da bei gleichbleibenden Erlösen die Reduzierung der Kosten den Gewinn steigert, ist die Methode des aktiven Kostenmanagements von großer Bedeutung für das unternehmerische Handeln. Zwei Parameter sind für das Kostenmanagement von Bedeutung:

1. Der betrachtete Zeithorizont:
   - Betrachten Sie das strategische Kostenmanagement für langfristig anzugehende Kostenmaßnahmen.
   - Betrachten Sie das operative Kostenmanagement für kurzfristige Maßnahmen.

2. Der betrachtete Anlass:
   - Beeinflussen Sie die Kosten aktiv im Voraus.
   - Reagieren Sie nur auf die anfallenden Kosten.

Es gibt kein Universalkonzept, welche Art des Kostenmanagements Sie verfolgen sollen. Jede Zielrichtung hat in einer konkreten Unternehmenssituation ihre eigene Bedeutung. Planen Sie ein neues Produkt in den Markt einzuführen, dann sollten Sie das strategische Kostenmanagement wählen, um die zukünftigen Kosten aktiv zu beeinflussen. Steht Ihr wirtschaftlicher Erfolg auf der Kippe und Sie sind gezwungen, einen Turnaround des Unternehmens einzuleiten, dann können Sie nur auf die bestehenden Kosten durch ein operatives Kostenmanagement reagieren. Da der Komplex des Kostenmanagements so umfangreich ist, werden wir uns im Weiteren mit den kurzfristigen Kostensenkungsaufgaben beschäftigen.

SCHRITT FÜR SCHRITT ZUR METHODE Die nächsten drei Schritte zeigen Ihnen, wie Sie die kurzfristigen Kostensenkungsaufgaben bearbeiten.

Schritt 1 Legen Sie fest, welche Kostenarten beeinflusst werden sollen und welche Hebel Sie zur Kostensenkung haben.

Schritt 2 Definieren Sie den Kostensenkungsansatz.

Schritt 3 Erarbeiten Sie Maßnahmen zur Kostenoptimierung mithilfe der Kostensenkungsmatrix.

DAS ERGEBNIS So könnte das Ergebnis des Kostenmanagements im konkreten Fall aussehen (Abbildung 5.48):

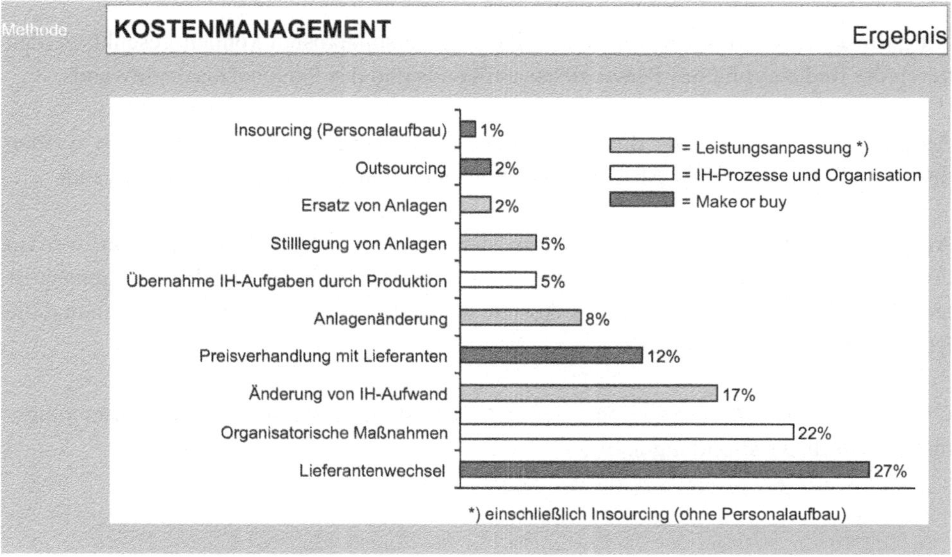

Abb. 5.48 Ergebnis eines Kostensenkungsprojektes (Praxisbeispiel Chemie, hier: Instandhaltung)

Erläuterung zu Abbildung 5.48: In diesem Praxisfall wurden drei Hebel zur Kostensenkung angesetzt. Erstens die „Leistungsanpassung“ (bestimmte Instandhaltungsleistungen werden vereinfacht), zweitens die Optimierung der „IH-Prozesse und Organisation“ (schlankere Instandhaltungsorganisation) und drittens die Frage nach „Make or Buy“ (Veränderung des Lieferantenportfolios). Beispielsweise wurden durch Maßnahmen des Maßnahmenpaketes „Stilllegung von Anlagen“ 5 % des gesamten Kostensenkungsvolumens erreicht (die Wartung für diese Anlagen war viel zu teuer).

5.8.1 Die Reduzierung von Kostenarten – auf die Treiber konzentrieren

INPUT für Schritt 1 Abhängig von der Aufgabenstellung wird die Kostenart ausgewählt, die optimiert werden soll. Um einen Überblick über die angefallenen Kosten zu bekommen, wird der Kostenbogen zu Hilfe genommen.

AUFGABE im Schritt 1 Sie erstellen sich eine Kostensenkungsmatrix. Dazu werden in einem ersten Schritt verschiedene Hebel zur Kostensenkung festgelegt.

Aufgabe 1 Optimieren Sie die Materialkosten. Materialkosten können beeinflusst werden durch die Senkung der Einkaufspreise und durch die Reduzierung der Verbrauchsmengen.

Aufgabe 2 Optimieren Sie die Personalkosten. Personalkosten können gesenkt werden durch die Reduzierung des Personalbasisaufwands und des Personalzusatzaufwands.

Aufgabe 3 Reduzieren Sie die Kapitalkosten. Kapitalkosten können reduziert werden durch die Reduzierung der Abschreibungskosten und die Senkung des Zinsaufwands.

Aufgabe 4 Optimieren Sie die Gemeinkosten. Gemeinkosten können optimiert werden durch die Reduzierung der Materialgemeinkosten, die Reduzierung der Fertigungskosten, die Reduzierung der Verwaltungskosten, die Reduzierung der Vertriebskosten und die Reduzierung der F&E-Kosten.

OUTPUT des Schritts 1 So könnte der erste Schritt zur Erstellung der Kostensenkungsmatrix aussehen (Abbildung 5.49):

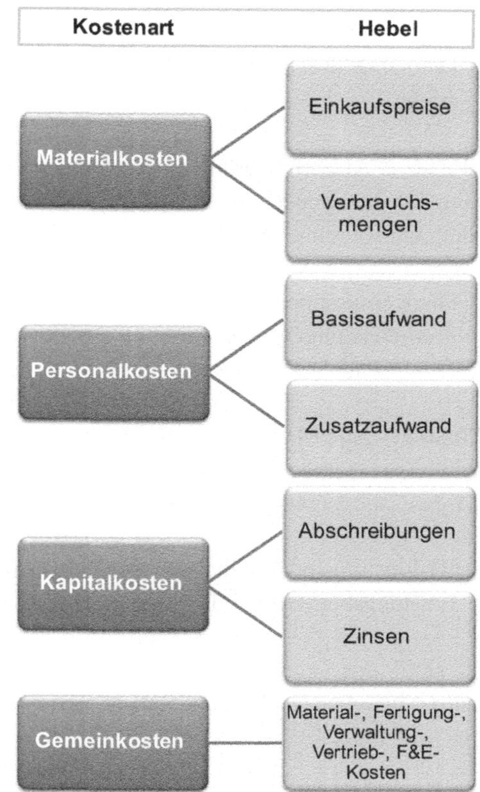

Abb. 5.49 Kostensenkungsmatrix (Teil 1)

5.8.2 Der Kostensenkungsansatz – hier hilft die Clusterbildung

INPUT für Schritt 2 Bisher haben Sie die beeinflussbaren Kostenarten und die dazugehörigen Optimierungshebel festgelegt.

AUFGABE im Schritt 2 Um die noch zu erarbeitenden Kostensenkungsmaßnahmen zu clustern, ist der Ansatz zur Kostensenkung festzulegen. Cluster sind in diesem Zusammenhang hilfreich, da die Maßnahmen des gleichen Clusters in den meisten Fällen mit der gleichen Methode bearbeitet werden können (folgendes Beispiel: Kostensenkung in der Instandhaltung).

Cluster 1 Alle Maßnahmen, bei denen das Prinzip „Leistungsanpassung" vorgenommen werden kann. Hier können Sie die Methode „Tätigkeitsmanagement" (Kapitel 5.7) einsetzen.

- Anpassung der IH-Leistung an die gewählte Strategie des Untersuchungsbereichs.
- Erhöhung der Produktivität bzw. Auslastung der Mitarbeiter des Untersuchungsbereichs.

Cluster 2 Alle Maßnahmen, bei denen das Prinzip „Make or Buy“ angewendet werden kann. Hier können Sie unter anderem die Methode „Lieferantenmanagement“ (Kapitel 5.3) oder „Outsourcing“ einsetzen.

- Die Kernkompetenzen des Unternehmens sind als Eigenleistung zu definieren.
- Fremdleistungen sind variabel, oft kostenoptimiert und garantieren möglicherweise Flexibilität.

Cluster 3 Alle Maßnahmen, die durch die Änderung der „Prozesse & Organisation“ kostenwirksam werden. Hier können Sie die Methode „Prozessmanagement“ (Kapitel 5.6), „Organisationsmanagement“ (Kapitel 5.5) oder „Quality Gates“ (Kapitel 5.4) einsetzen.

- IH-Leistungen werden dort erbracht, wo sie effizient und kostenoptimal sind.
- Leistungskontrolle und -transparenz werden mit IT-Systemen sichergestellt.

OUTPUT des Schritts 2 So könnte der nächste Schritt zur Erstellung der Kostensenkungsmatrix aussehen (Abbildung 5.50):

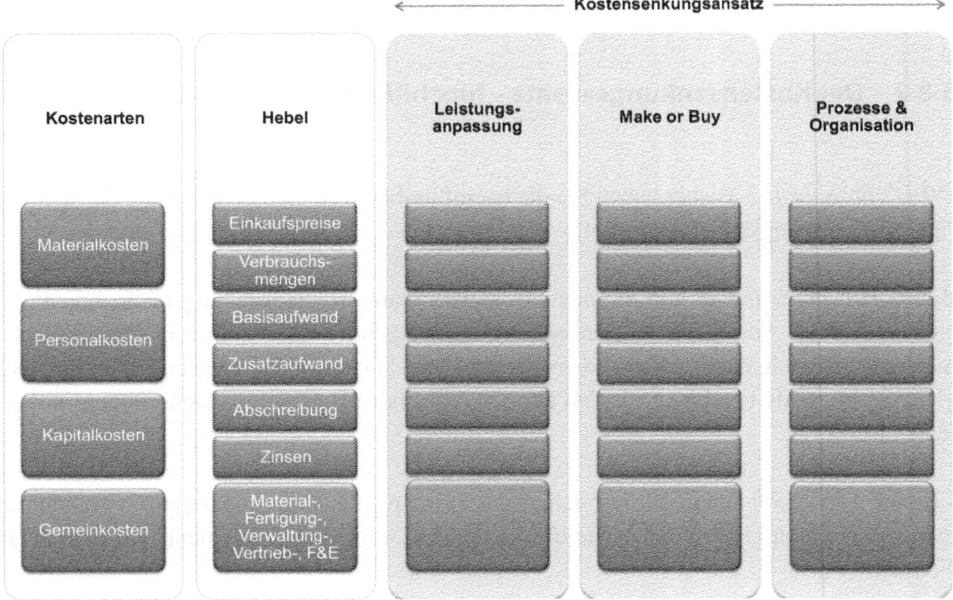

Abb. 5.50 Kostensenkungsmatrix (Teil 2)

5.8.3 Die Maßnahmen – manchmal tut es weh

INPUT für Schritt 3 Die Struktur der Kostensenkungsmatrix steht. Sie haben die Kostenarten, die Kostensenkungshebel und die Cluster für die Kostensenkungsmaßnahmen erarbeitet.

AUFGABE im Schritt 3 Für die diversen Potenzialfelder der Matrix werden nun Kostensenkungsmaßnahmen erarbeitet. Die folgende Aufzählung ist ein Auszug aus denkbaren Maßnahmen. Zu jedem Potenzialfeld wird Ihnen eine Maßnahme vorgestellt (Abb. 5.51).

M1: Bilden Sie Einkaufskooperationen mit befreundeten Unternehmen.

M2: Vereinbaren Sie gestaffelte Boni in Abhängigkeit vom Bezugsvolumen.

M3: Verzichten Sie auf unnötige Verpackungen.

M4: Richten Sie eine „Bestellstop-Instanz“ ein (sehr kurzfristig wirksam!). Nur noch die dringendsten Bedarfe werden bestellt.

M5: Werten Sie systematisch Konkurrenzerzeugnisse auf Kostensenkungsmöglichkeiten bei Ihren Produkten aus.

M6: Veranlassen Sie ein internes Benchmarking anhand gleichartiger Erzeugnisse und leiten Sie daraus Maßnahmen ab.

M7: Bilden Sie spezifische Leistungskennzahlen je Kostenstelle und analysieren Sie Abweichungen.

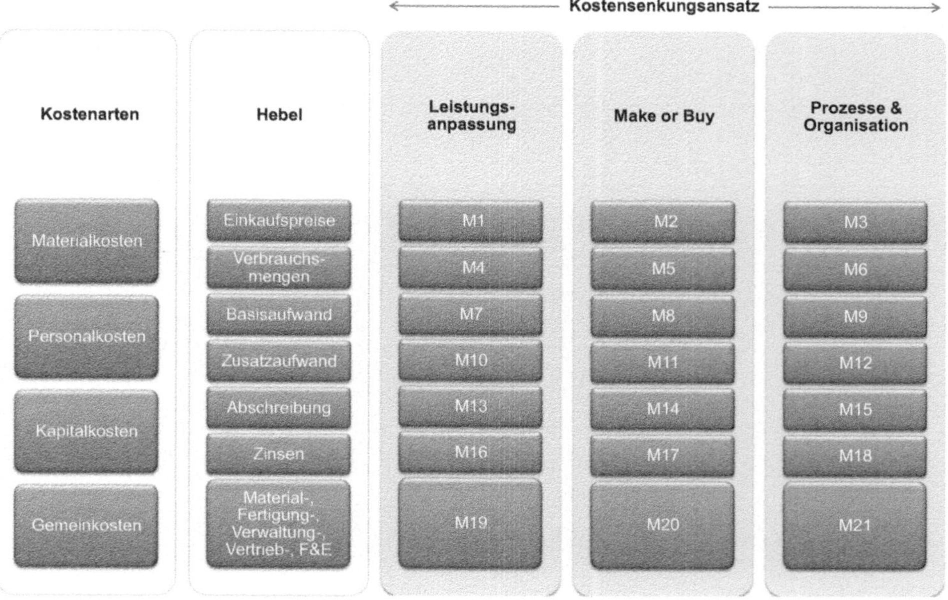

Abb. 5.51 Kostensenkungsmatrix mit Maßnahmen (Auszug)

M8: Führen Sie ein Outsourcing von Aufgaben durch den Wechsel in einen anderen Tarifbereich durch.
M9: Identifizieren Sie entbehrliche Arbeitsaufgaben.
M10: Streichen Sie das Urlaubsgeld oder andere freiwillige Leistungen.
M11: Wegfall von bisherigen Sozialleistungen durch das Outsourcing von Leistungen.
M12: Rationalisieren Sie nach dem Motto „aus drei Arbeitsplätzen werden zwei".
M13: Verkaufen oder Verschrotten Sie unwirtschaftliche Sachanlagen.
M14: Lagern Sie Betriebsmittel an Dritte aus.
M15: Erstellen Sie eine Investitionsrichtlinie, die nur betriebsnotwendige Neuinvestitionen mit hoher Wirtschaftlichkeit und kurzer Amortisationsdauer zulässt, sodass der Abschreibungsaufwand dauerhaft gesenkt wird.
M16: Definieren Sie kritische Vorräte nach Reichweitegruppen.
M17: Richten Sie Konsignationsläger ein.
M18: Erlassen Sie eine Einkaufssperre für unbewegte Materialien.
M19: Senken Sie den Energieverbrauch.
M20: Flexibilisieren Sie Ihre Fixkosten durch Ausgliederung von Instandhaltungstätigkeiten.
M21: Fassen Sie Dispositions- und Beschaffungsarbeiten nach Materialarten zusammen und reduzieren Sie damit den Personalaufwand.

OUTPUT des Schritts 3 So könnte Ihre vollständig ausgefüllte Kostensenkungsmatrix aussehen (Abbildung 5.51):

6 Pickel, Haken und Ösen helfen bei der Bergtour – die Projekttools

Oh Mensch, hilf dir selbst!
(Ludwig van Beethoven, deutscher Komponist)

Der Einsatz von Tools im Rahmen des Projektmanagements kann sehr vielfältig sein. Dies hängt von der Projektart, der Aufgabenstellung und der Zielsetzung ab. Dennoch haben die meisten Projekte gleiche Aufgaben, die bearbeitet werden müssen. Die Tools sind ein starkes Hilfsmittel, um die strukturierte Projektvorgehensweise und die notwendige Transparenz im Projektfortschritt zu unterstützen.

► Bitte bedenken Sie: Erst müssen Sie das Ziel des Projektes definieren, bevor Sie sich für den Einsatz eines Tools entscheiden.

Im Folgenden werden Ihnen geeignete, zielorientierte und praxiserprobte Tools vorgestellt. Da sie unabhängig von dem Fachbereich sind, können sie universell eine Unterstützung bei Projekten leisten. Abbildung 6.1 zeigt die strukturierte Vorgehensweise zur aufgabenspezifischen Erstellung der Tools.

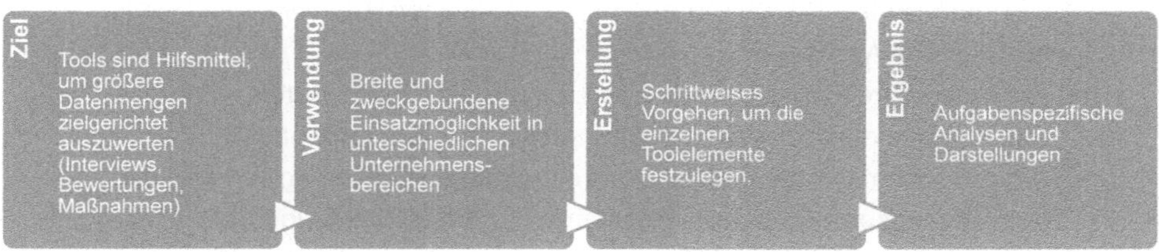

Abb. 6.1 Strukturierte Vorgehensweise zur Erstellung eines Tools

W. Mensing, *Erfolgreiches Projektmanagement ohne externe Berater in KMUs*,
DOI 10.1007/978-3-658-06663-5_6

Für eine Vielzahl von Projekten haben sich drei Tools bewährt und als besonders hilfreich erwiesen:

Das Interviewtool Das Tool wird eingesetzt, wenn im Rahmen eines Projektes Personen interviewt werden und ihre Meinung zu einem Sachverhalt (Projektziel) erfragt wird.

Das Bewertungstool Das Tool ist eine Modifikation des Interviewtools und dient zur Priorisierung und Bewertung von Maßnahmen.

Das Projektcontrolling-Tool Das Tool ist ein zentrales Element in der Projektphase 2. Der Fortschritt des Projektes wird durch dieses Tool transparent gemacht. Es ist die Basis für das Projektcontrolling und -reporting.

Diese drei Tools können in den Unternehmensbereichen

- Vertrieb,
- Entwicklung,
- Beschaffung,
- Produktion,
- Logistik und
- Verwaltung

umfassend eingesetzt werden.

6.1 Das Interviewtool – die Einschätzung der Anderen analysieren

DAS SOLLTEN SIE WISSEN

- Das Interviewtool hilft Ihnen bei der Durchführung und Analyse von strukturierten Interviews.
- Der Interviewte antwortet mittels persönlicher Bewertung eines Sachverhaltes (skalierte Antworten).
- Nur skalierbare Fragestellungen lassen sich sinnvoll auswerten.
- Das Tool ist einfach zu erstellen und zweckorientiert aufgebaut.
- Um das Tool mit Fragen zu füllen, ist eine Materialsammlung zu verschiedenen Themenkomplexen notwendig und diesem Kapitel beigefügt.

ZIEL DES TOOLS Das Ziel des Interviewtools ist es, dass vorbereitete Fragen zu einem Sachverhalt durch den Interviewten beantwortet werden. Die Beantwortung findet strukturiert durch eine Bewertung anhand einer Bewertungsskala statt. Somit ist es nach der Befragung mehrerer Personen möglich, eine Analyse der Antworten zu Sachverhalten gezielt auszuwerten. Weiterhin soll das Tool einfach sein und keine Programmierkenntnisse erfordern.

VERWENDUNG DES TOOLS Dieses Tool ist sehr vielfältig einsetzbar. Im Folgenden wird die Verwendung als Tool für die Durchführung und Auswertung von strukturierten Interviews beschrieben. „Ein Interview ist eine Befragung durch Fragesteller mit dem Ziel, persönliche Informationen oder Sachverhalte zu ermitteln" [Wikipedia, „Interview"]. Im Rahmen eines Projektes gibt es mehrere Anlässe, zu verschiedenen Zeitpunkten ein Interview zu führen und die Sicht der betroffenen Personen zu einem Sachverhalt aufzunehmen. Dabei ist es für jeden Anlass wichtig, dass die Interviews strukturiert durchgeführt werden, um somit eine spätere Auswertung möglich zu machen. Strukturiert bedeutet in diesem Zusammenhang, dass der Interviewte auf vorbereitete Fragen antwortet, indem er eine Bewertung anhand einer Werteskala zu jeder Frage abgibt (skalierende Fragestellung). Verbale, unstrukturierte Antworten können später nicht ausgewertet werden und sind daher wenig hilfreich.

SCHRITT FÜR SCHRITT ZUM TOOL Das Tool basiert auf Microsoft (MS) Excel. Es umfasst mehrere Tabellenblätter. Für die Programmierung benötigen Sie nur Grundkenntnisse von MS Excel. Makros werden bei diesem Tool nicht verwendet. Sind die Tabellenblätter erst einmal angelegt, können beliebig viele Interviews ohne weiteren Aufwand durchgeführt werden. Die einzelnen Aufgaben entnehmen Sie bitte der Abbildung 6.2.

Erstellen Sie sich das Tool in folgenden Schritten:

Schritt 1 Erstellen Sie das Tabellenblatt „Fragebogen". Dieses Tabellenblatt ist die Basis des Interviewtools. Zu jedem Teilziel werden Ideen generiert oder diese liegen bereits vor.

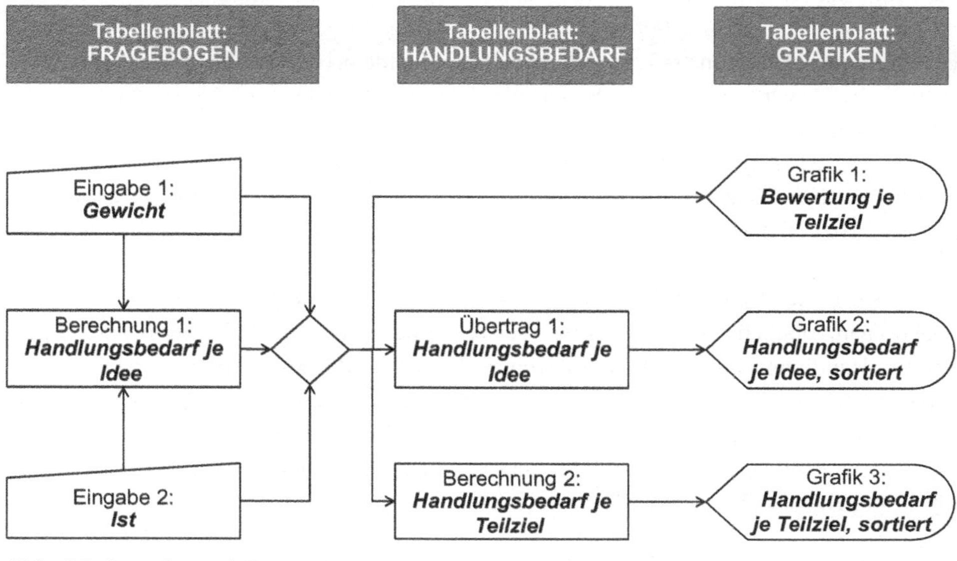

Abb. 6.2 Interviewtool (Prozess)

TOOL **INTERVIEW** Fragebogen

Nr.	Teilziel	Idee	Frage	Ist [0-10]	Gewicht [0-4]	Handlungsbedarf
1	IH-Strategie optimieren	IH-Strategie aus Unternehmens-strategie entwickeln	Wird diese aus der Unternehmens-strategie abgeleitet?	2	4	32
2	IH-Strategie optimieren	Beteiligung IH-Management im Strategieprozess	Ist das Instandhaltungs-management an diesem Prozess beteiligt?	4	3	18
3	IH-Strategie optimieren	IH-Kennzahlen generieren	Gibt es Kennzahlen zur Dokumentation der Effizienz der Instandhaltung?	7	2	6
4	IH-Störungs-management verbessern	Anzahl IH-Mitarbeiter prüfen	Gibt es ausreichend Mitarbeiter in der Instandhaltung?	8	4	8
5	IH-Störungs-management verbessern	IH-Informations-management einführen	Gibt es Aufzeichnungen über durchgeführte Instandhaltungs-maßnahmen (Historie)?	2	4	32
6	IH-Störungs-management verbessern	Störungsanalyse verbessern	Wird diese zur Ermittlung zukünftiger Maßnahmen eingesetzt?	5	1	5

Punkte

Ist	Bedeutung
0	überhaupt nicht
1-2	mangelhaft
3-4	ungenügend
5-6	befriedigend
7-8	gut
9-10	sehr gut
Gewicht	**Bedeutung**
0	unwichtig
1	weniger wichtig
2	releativ wichtig
3	wichtig
4	sehr wichtig

Abb. 6.3 Tabellenblatt „Fragebogen“ des Interviewtools (Praxisbeispiel Automotive, Auszug)

In Abbildung 6.3 sind beispielsweise zu dem Teilziel „IH-Strategie optimieren“ insgesamt drei Ideen vorhanden. Zu jeder Idee wird eine konkrete Frage an den Interviewpartner gestellt. Dieser hat dann zwei Aufgaben: Erstens, er bewertet den Einfluss der Idee auf das Projektziel/Teilziel („Gewicht“), und zweitens, er bewertet den augenblicklichen Stand der Realisierung dieser Idee im Untersuchungsbereich („Ist“). Nach Eingabe der Bewertungswerte „Gewicht“ und „Ist“ errechnet das Tool den „Handlungsbedarf“ (Handlungsbedarf = [10 Punkte – „Ist“] * „Gewicht“). Die möglichen Punktzahlen stehen rechts neben der Eingabemaske. Abbildung 6.3 zeigt einen Auszug des Tabellenblatts.

Erläuterung zu Abbildung 6.3: Sie erkennen, dass die Ideen (oder Maßnahmen) sehr unterschiedliche Bewertungen haben. So hat die „Idee 1“ das höchst mögliche „Gewicht“ (4 Punkte), aber im „Ist“ nur eine niedrigen Wert (2 Punkte). Dies bedeutet, dass diese Idee sehr wichtig ist, aber im Unternehmensalltag noch keine Rolle spielt. Hier besteht also ein sehr hoher „Handlungsbedarf“ (32 von max. 40 Punkten). Anders verhält es sich mit der „Idee 3“. Hier ist die Gewichtung nur Mittelmaß (2 Punkte), der Ist-Zustand aber recht gut (7 von max. 10 Punkten).

Da Sie in der Regel mehr als ein Interview führen, kann das Tabellenblatt „Fragebogen“ ganz einfach erweitert werden. Sie fügen neben der in Abbildung 6.3 gezeigten Spalte „Handlungsbedarf“ für jedes weitere Interview die zwei Spalten „Ist (n)“ und „Gewicht (n)“ („n“ kennzeichnet die Anzahl weiterer Interviews) ein. Somit haben Sie die Bewertung jedes Interviewteilnehmers als einzelne Spalten vorliegen. In die bisherigen Spalten „Ist“ und „Gewicht“ der Abbildung 6.3 fügen Sie dann die Mittelwerte der jeweiligen Spalten aus den einzelnen Interviews ein.

Schritt 2 Erstellen Sie das Tabellenblatt „Handlungsbedarf je Idee“. Dieses Tabellenblatt fasst alle Ideen und deren Bewertungen zusammen. Die einzelnen Zeilen werden

TOOL **INTERVIEW** Handlungsbedarf je Idee

Nr.	Idee	Ist [0-10]	Gewicht [0-4]	Handlungsbedarf
55	Indirekte IH-Kosten erfassen	1,4	3,3	28,2
3	Einbindung IH-Management in Zielprozess	2,6	3,6	26,5
6	Beteiligung IH-Management im Strategieprozess	2,3	3,3	25,3
33	Techniken zum Monitoring einführen	3	3,6	25
4	Strategische Ausrichtung der IH festlegen	3,3	3,7	24,9
2	Einbindung der IH ins Unternehmenszielsystem	3,4	3,7	24,4
56	Vermeidbare IH-Kosten erfassen	1,5	2,9	24,3
49	Kernkompetenz des Unternehmens ermitteln	2,7	3,3	23,9
1	IH-Ziele definieren	4,1	4	23,4
10	Störungsanalyse verbessern	3,9	3,7	22,8

Punkte	
Ist	**Bedeutung**
0	überhaupt nicht
1-2	mangelhaft
3-4	ungenügend
5-6	befriedigend
7-8	gut
9-10	sehr gut
Gewicht	**Bedeutung**
0	unwichtig
1	weniger wichtig
2	releativ wichtig
3	wichtig
4	sehr wichtig

Abb. 6.4 Tabellenblatt „Handlungsbedarf je Idee" des Interviewtools (Praxisbeispiel Automotive, Auszug)

dabei aus dem Tabellenblatt „Fragebogen" kopiert. Abbildung 6.4 zeigt einen Auszug des Tabellenblatts.

Erläuterung zu Abbildung 6.4: Alle Ideen sind bewertet und nach dem Handlungsbedarf sortiert. Die Idee Nr. 55 hat den größten Handlungsbedarf (28,2 von max. 40 Punkten). Dies heißt, dass die Bedeutung („Gewicht") von „Indirekten IH-Kosten erfassen" für das Unternehmen sehr wichtig ist (3,3 von max. 4 Punkten), der aktuelle Status quo („Ist") aber schlecht ist (1,4 von max. 10 Punkten).

Fazit Die Sortierung der Ideen (Maßnahmen) nach dem „Handlungsbedarf" zeigt sofort auf, in welcher Reihenfolge die Ideen (Maßnahmen) bearbeitet werden müssen.

Schritt 3 Erstellen Sie das Tabellenblatt „Handlungsbedarf je Teilziel". Dieses Tabellenblatt fasst alle Ideen und deren Bewertungen zu einem Teilziel zusammen. Die einzelnen Zeilen werden dabei aus dem Tabellenblatt „Fragebogen" kopiert oder automatisch zusammengefasst. Sind alle Zeilen zu einem Teilziel eingefügt, wird der Mittelwert der Werte „Gewicht" und „Ist" sowie der Wert „Handlungsbedarf" gebildet. Die Abbildung 6.5 zeigt einen Auszug des Tabellenblatts.

Erläuterung zu Abbildung 6.5: Das Teilziel „IH-Strategie optimieren" besteht in diesem Praxisbeispiel aus sieben Ideen (Maßnahmen). Für die weitere Betrachtung mehrerer Teilziele ist es notwendig, dass jedes Teilziel durch den Mittelwert aller damit verbundenen Ideen (Maßnahmen) charakterisiert wird. In diesem Fall wird das Teilziel „IH-Strategie optimieren" gekennzeichnet durch den Mittelwert „Gewicht" von 3,6 Punkten (sehr wichtig) und den Mittelwert für den Status quo („Ist") von 3,1 Punkten.

TOOL **INTERVIEW** Handlungsbedarf je Teilziel

Nr.	Teilziel	Idee	Ist [0-10]	Gewicht [0-4]	Handlungsbedarf
1	IH-Strategie optimieren	IH-Ziele definieren	4,1	4	23,4
2	IH-Strategie optimieren	Einbindung der IH in das Unternehmens-zielsystem	3,4	3,7	24,4
3	IH-Strategie optimieren	Einbindung IH in den Management-prozess	2,6	3,6	26,5
4	IH-Strategie optimieren	Strategische Ausrichtung der IH festlegen	3,3	3,7	24,9
5	IH-Strategie optimieren	IH-Strategie aus Unternehmens-strategie entwickeln	3,1	3,3	22,5
6	IH-Strategie optimieren	Beteiligung IH-Management am Strategieprozess	2,3	3,3	25,3
7	IH-Strategie optimieren	IH-Kennzahlen generieren	3,3	3,9	26,9
Mittelwert	IH-Strategie optimieren		3,1	3,6	24,5

Punkte	
Ist	**Bedeutung**
0	überhaupt nicht
1-2	mangelhaft
3-4	ungenügend
5-6	befriedigend
7-8	gut
9-10	sehr gut
Gewicht	**Bedeutung**
0	unwichtig
1	weniger wichtig
2	releativ wichtig
3	wichtig
4	sehr wichtig

Abb. 6.5 Tabellenblatt „Handlungsbedarf je Teilziel" des Interviewtools (Praxisbeispiel Automotive, Auszug)

Fazit Das Teilziel ist sehr wichtig, der aktuelle Status quo aber eher schlecht als gut.

Schritt 4 Erstellen Sie das Tabellenblatt „Grafiken". Die Praxis zeigt, dass zwei Grafiken von besonderem Interesse für die Auswertung der Interviewergebnisse sind. Die Grafik 1 zeigt die Darstellung „Ist-Bewertung aus den Interviews je Teilziel" und Grafik 2 zeigt die Darstellung „Handlungsbedarf je Teilziel".

Grafik 1 Führen Sie die Ist-Bewertung aus den Interviews je Teilziel durch. Dieses Tabellenblatt fasst die Mittelwerte von „Ist" und „Gewicht" je Teilziel zusammen. Aus dieser Tabelle wird dann die Grafik mithilfe der Excel-Grafikfunktion erzeugt (Anmerkung zu Abbildung 6.6: Im Original sind die einzelnen Bewertungsmarkierungen farbig. Für die grundsätzliche Interpretation der Abbildung ist dies momentan nicht wichtig).

Erläuterung zu Abbildung 6.6: Die Bewertungen der Teilziele in diesem Projekt lagen fast alle in dem rechten, unteren Quadranten der Bewertungsmatrix. Dies bedeutet, dass die befragten Personen die Teilziele als bedeutend für das Unternehmen bewertet haben, den Status quo aber eher schlecht als gut.

Fazit In der Grafik wird auch die „Idealposition" dargestellt. Diese Linie gibt an, wo im Idealfall die Bewertungen liegen sollten. Ist ein Teilziel wichtig für das Unternehmen, dann sollte der Status quo auch hoch sein. Ist ein Teilziel nicht wichtig, dann sollte der Status quo auch nicht hoch sein.

Wie im Kapitel 2.3.1 bereits dargestellt, hat jeder der vier Quadranten in der Abbildung 6.7 eine besondere Bedeutung für die Analyse der Interviewergebnisse. Die Lage in den einzelnen Quadranten gibt einen grundsätzlichen Hinweis auf den Handlungsbedarf. Die Abbildung 6.7 zeigt diesen grundsätzlichen Sachverhalt. Somit kann die Abbildung 6.6 auf einen Blick analysiert werden und es lässt sich feststellen, dass in dem

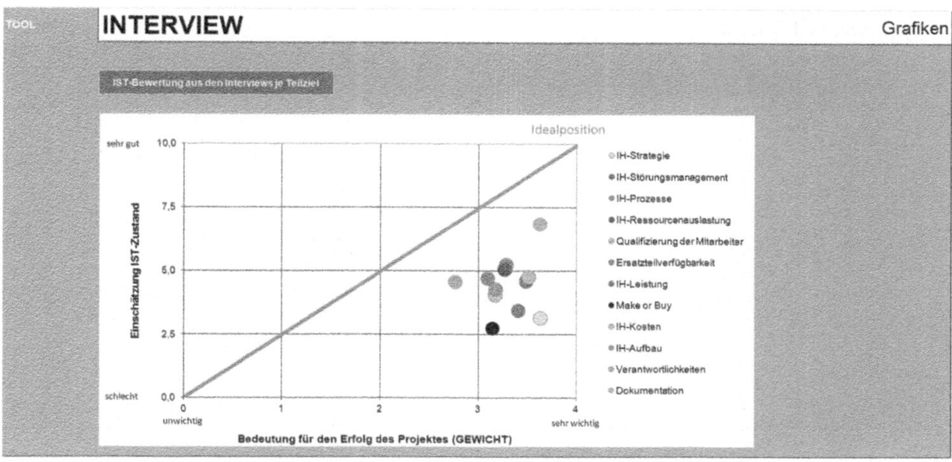

Abb. 6.6 Tabellenblatt „Grafiken“ des Interviewtools (Praxisbeispiel Automotive)

Unternehmen aus Sicht der befragten Personen bei fast allen Teilzielen großer Handlungsbedarf besteht.

Grafik 2 Ermitteln Sie den Handlungsbedarf je Teilziel. Diese Grafik zeigt den berechneten und sortierten Handlungsbedarf je Teilziel an. Das Teilziel mit dem größten Handlungsbedarf („IH-Strategie“) steht links (Abbildung 6.8).

Quadrant 1 "Für den Erfolg des Unternehmens nicht wichtig, wir sind aber gut". Hier besteht Handlungsbedarf: Der Aufwand ist zu reduzieren (in Richtung Q2).	**Quadrant 3** "Für den Erfolg des Unternehmens wichtig, und wir sind auch sehr gut". In dem idealen Unternehmen befinden sich hier alle Bewertungen. Auf dem Niveau bleiben.
Quadrant 2 "Für den Erfolg des Unternehmens nicht wichtig, wir sind darin auch nicht gut". Hier besteht kein Handlungsbedarf: Es sind keine Aktivitäten notwendig.	**Quadrant 4** "Für den Erfolg des Unternehmens wichtig, aber wir sind schlecht". Hier besteht dringender Handlungsbedarf: Unbedingt Aktivitäten zur Verbesserung der Situation ergreifen (in Richtung Q3).

Abb. 6.7 Grundsätzliche Bedeutung der Quadranten der Bewertungsmatrix

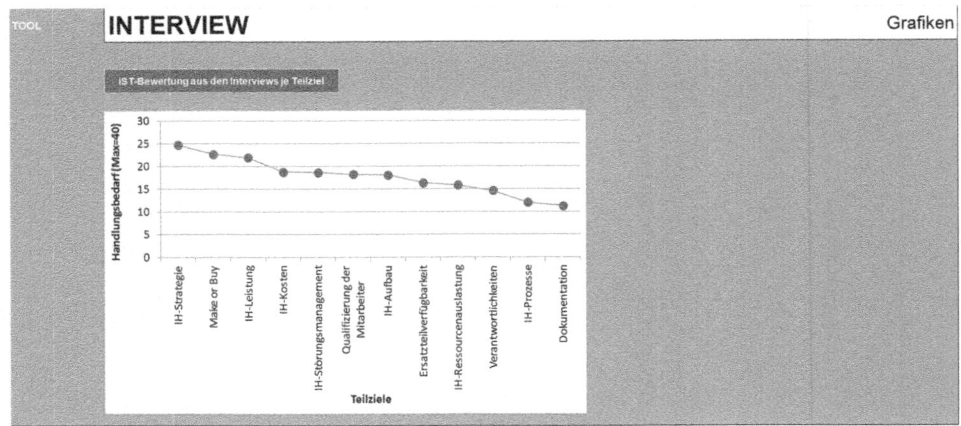

Abb. 6.8 Handlungsbedarf je Teilziel (Praxisbeispiel Automotive)

Erläuterung zu Abbildung 6.8: In dem Fall, bei dem nicht die einzelnen Maßnahmen nach ihrem Handlungsbedarf bearbeitet werden können (Kapitel 3.3.2) und dafür alle Maßnahmen eines gleichen Teilziels zusammen bearbeitet werden sollen, bietet sich diese Grafik an. Sie erkennen sofort die Reihenfolge der Bearbeitung. Die Bearbeitung der einzelnen Teilziele kann dann jeweils ein Spezialist des Projektteams übernehmen.

Schritt 5 Erstellen Sie einen projektspezifischen Themen-/Fragenkatalog. Für die Formulierung von Fragen sind im Folgenden Themenkataloge für unterschiedliche Unternehmensbereiche angefügt. Obwohl die Fragen in den Interviews speziell auf die Projektzielsetzung ausgerichtet sind, können doch die dargestellten allgemeingültigen Themen einen ersten Einstieg in die Formulierung Ihrer Fragen geben. Themenkataloge für folgende Unternehmensbereiche sind besonders wichtig:

1. Produkt- und Marktstruktur
2. Angebotserstellung und Auftragsabwicklung
3. Produktentwicklung
4. Produktion und Produktionsplanung
5. Instandhaltung
6. Materialmanagement
7. Distribution
8. Informationstechnik
9. Betriebswirtschaft und Controlling

DAS ERGEBNIS So könnte die Analyse der Interviews mithilfe des Interviewtools aussehen (Abbildung 6.9).

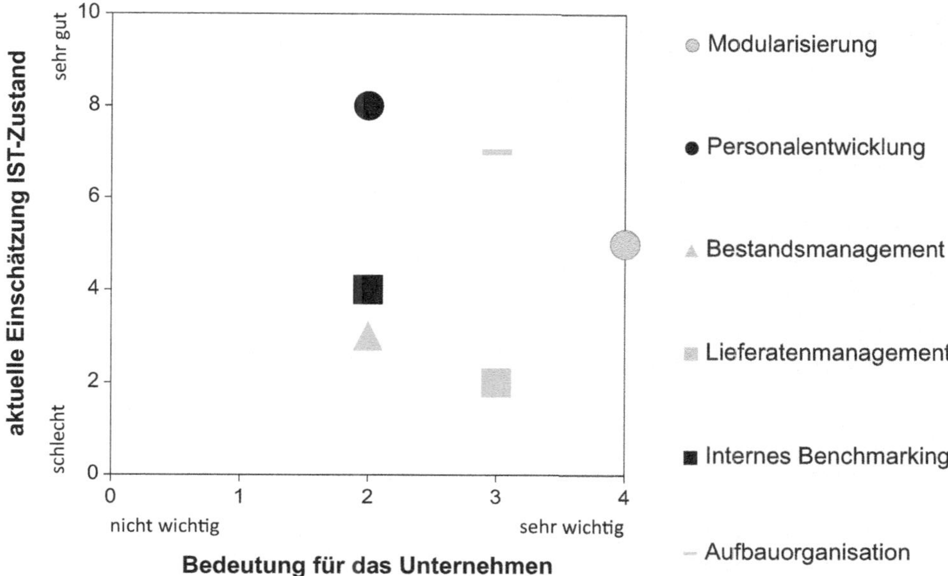

Abb. 6.9 Ergebnisdarstellung der Interviews (Praxisbeispiel Elektro, 20 Interviewteilnehmer, nur ausgewählte Themen dargestellt)

Erläuterung zu Abbildung 6.9: Es wurden 20 Personen zu 13 verschiedenen Themengebieten interviewt (in der Abbildung werden nur sechs Themen der besseren Übersicht halber dargestellt). Die Bewertungsmarkierungen sind die Mittelwerte aus allen Antworten. Alle Interviewteilnehmer sehen beispielsweise die „Modularisierung" als „sehr wichtig" für das Unternehmen an (4 Punkte). Der Status quo „Ist-Zustand" ist für dieses Thema allerdings durchschnittlich (5 von max. 10 Punkten).

6.1.1 Produkt- und Marktstruktur

Interviews zu diesem Themenkomplex haben den Markt für die angebotenen Produkte oder Dienstleistungen im Fokus. Ihr Unternehmen will das attraktivste Angebot für den Kunden im Markt positionieren. Dies wollen auch andere Unternehmen, Ihre Wettbewerber. Für ein Unternehmen ist es überlebenswichtig, sowohl die Kunden mit ihren Bedürfnissen als auch die Leistungen der Wettbewerber zu kennen. Nur so können sie sich so aufstellen, dass sie immer „eine Nasenlänge voraus" sind.

Ansprechpartner: Vertriebsleitung Sparte
Gesprächsdauer: ca. 1,5 h (je Sparte)

Themenkatalog

- *Produktgruppen, Produkte*
  Übersicht Produktgruppen, Produkte
  Hauptumsatzträger
  Ertragsbringer
  Marktstrategie (Kostenführerschaft, Differenzierung)
  Laufende Produktinnovations- und Entwicklungsprojekte
  Produktlebenszyklus, Entwicklung neuer Produkte
- *Kunden- und Vertriebsstruktur*
  Kunden/Branchen
  Struktur der Kunden/Branchen nach Regionen (Inland, EU, Welt)
  Vertriebswege, -kanäle
- *Wettbewerbssituation*
  Wettbewerber
  Marktanteile
  Marktprofil der Produktgruppen/Differenzierungsmerkmale
- *Bedeutung logistischer Leistungen*
  Lieferbereitschaft (-fähigkeit), Lieferzeit, Flexibilität
  Liefertermintreue, Lieferqualität
  Informationsbereitschaft
  Aktuelle Entwicklungen zum Thema EDI
  Aktuelle Entwicklungen zum Thema ECR
- *Umsatz-/Absatzplanung*
  Monats-/Quartals-/Jahresplanung
  Planungsgrundlagen
  Prognosen
  Festaufträge/erwartete Aufträge
  Umsatz-/Absatzplanung (nach Regionen)
- *Materialbestandsplanung Fertigwaren*
  Planungsgrundlagen
  Aktuelle Bestandsplanung
- *Strukturorganisation des Vertriebs*
  Abteilungsgliederung, Aufgaben
  Personalkapazität
- *Stärken/Schwächen des Vertriebs*
  Laufende Projekte, Projektziele
  Optimierungsansätze

Unterlagen

- Liste Produktgruppen je Sparte
- Liste der Hauptumsatzträger je Sparte (80/20-Regel)
- Liste der Ertragsbringer je Sparte (80/20-Regel)
- Liste der Hauptkunden je Sparte mit Umsatzanteil

- Umsatzstruktur je Sparte nach Regionen
- Vorhandene Auswertungen über Lieferbereitschaft, Termintreue etc.
- Organigramm Vertrieb mit Personalzahlen
- Aktuelle Umsatz-/Absatzplanung
- Aktuelle Fertigwarenbestandsplanung
- Vorhandenes Berichtswesen des Vertriebs (Vertriebskennzahlen)

6.1.2 Angebotserstellung und Auftragsabwicklung

Interviews zu diesem Themenkomplex haben den Vertrag zwischen dem Kunden und Ihrem Unternehmen, den Auftrag, im Fokus. Der Kunde erkennt im Rahmen des Angebots- und Auftragsprozesses, wie kundenorientiert Ihr Unternehmen ist. Bisher kannte Ihr Kunde das angebotene Produkt möglicherweise nur aus dem Prospekt. Nun bestellt er die Ware oder Dienstleistung und wird schnell erkennen, wie professionell Ihr Unternehmen arbeitet. Dieser erste Eindruck der konkreten Zusammenarbeit ist für die weitere Geschäftsbeziehung von großer Bedeutung.

Ansprechpartner: Vertriebsleitung Sparte
Gesprächsdauer: ca. 1,5 h (je Sparte)

Themenkatalog

- *Angebotserstellung, Auftragsabwicklung*
  Art, Struktur der Kundenanfragen
  Angebotskalkulation (Verfahren)
  Art, Struktur der Angebote
- *Auftragseingang*
  Art, Struktur der Kundenaufträge
  Auftragseingangsabwicklung
- *Auftragsabwicklung*
  Bei Lieferung aus dem Lagerbestand: Zusammenstellung von Lieferungen
  Bei Lieferung nach Auftragsfertigung: Verfahren der Auftragseinplanung und Reservierung
- *After-Sales-Service*
  Abwicklung Reklamationen, Retouren
  Sonstige Servicefunktionen
- *Stärken-/Schwächenprofil der Auftragsabwicklung*
  Laufende Projekte, Projektziele
  Optimierungsansätze

Unterlagen

- Kalkulationsunterlagen je Sparte (Formblätter, Schemata, Beispiele)
- Kennzahlen je Sparte

Anzahl Kundenanfragen p. a.
Anzahl Angebote p. a.
Anzahl Kundenaufträge p. a., differenziert nach Auftragsarten, z. B. Rahmenaufträge, Einzelaufträge etc.
Häufigkeitsverteilung der Auftragswerte, differenziert nach Regionen
Anzahl Reklamationen p. a.
Anzahl Retouren/Wert p. a.

6.1.3 Produktentwicklung

Interviews zu diesem Themenkomplex stellen Ihre Produkte oder Dienstleistungen, die Sie dem Markt anbieten, in den Fokus. Nur die Unternehmen, die wettbewerbsfähige Produkte oder Dienstleistungen anbieten, überleben. Da die Produktentwicklung auch den größten Anteil an den späteren Produktionskosten hat, ist die Analyse des Produktentwicklungsprozesses für den Unternehmenserfolg bedeutsam.

Ansprechpartner: Entwicklungsleitung
Gesprächsdauer: ca. 1,5 h

Themenkatalog

- Produktentwicklungsprojekte
  Art, Ziele der Projekte
  Projektorganisation, Ecktermine
- *Stärken-/Schwächenprofil der Produktentwicklung*
  Optimierungsansätze
- *Strukturorganisation der Produktentwicklung*
  Abteilungsgliederung, Aufgaben
  Personalkapazitäten

Unterlagen

- Liste der Entwicklungsprojekte
- Organigramm Produktentwicklung mit Personalzahlen

6.1.4 Produktion und Produktionsplanung

Interviews zu diesem Themenkomplex haben die Herstellung des Produktes und deren Fluss durch das Unternehmen im Fokus. Die Produktionsplanung und -steuerung hat einen großen Einfluss auf die Produktionskosten und die Wettbewerbsfähigkeit des Unternehmens. Insbesondere in Unternehmen mit einem komplexen Produktionsprogramm ist ein reibungsloser Durchfluss durch den Betrieb von allergrößter Wichtigkeit. Kurze Lieferzeiten sind ein entscheidender Wettbewerbsvorteil. Die Produktion selbst kann mit ihren Produktionseinrichtungen einen ebenso großen Beitrag zu den Kosten und den Lieferzeiten beitragen.

Ansprechpartner: Produktionsleitung
Gesprächsdauer: ca. 1,5 h

Themenkatalog

- *Produktionseinrichtungen*
  Werke, Werkslayout
  Produktionsanlagen, -linien
  Produktionsprozesse
  Wesentliche Rohstoffe, RHB-Lager
  Art/Umfang von Fremdfertigung
- *Fertigungsorganisation*
  Fertigungsaufträge
  Arbeitspläne, Stücklisten
  Terminierung, Disposition
- *Produktionsprogrammplanung*
  Planungsverfahren
  Aktuelle Primärbedarfsplanung (Festaufträge, Planaufträge, Schnittstelle zur Umsatz-/Absatzplanung)
- *Kapazitätsplanung*
  Planungsverfahren
  Aktuelle Kapazitätsplanung
- *Fertigungssteuerung*
  Auftragsfreigabe
  Auftragsverfolgung, -änderungen
  Materialabrufe/-bereitstellung
  Arbeitspapiere (Beispiele)
  Rückmeldungen (BDE)
  Qualitätsprüfungen
- *Strukturorganisation der Fertigung*
  Abteilungsgliederung, Aufgaben
  Personalkapazitäten
- *Stärken-/Schwächenprofil der Fertigung*
  Laufende Projekte, Projektziele
  Optimierungsansätze

Unterlagen

- (Schematisches) Werkslayout für jedes Werk
- Einige repräsentative Beispiele für Fertigungsaufträge, Arbeitspläne, Stücklisten, Dispositionsblätter

- Aktueller Primärbedarfsplan
- Aktuelle Kapazitätsplanung
- Organigramm Fertigung mit Personalzahlen
- Vorhandenes Berichtswesen der Fertigung (Produktionskennzahlen)
- Logistikkennzahlen zur Fertigung
  Anzahl Fertigungsaufträge/-lose je Zeiteinheit, (Tag, Schicht o. Ä.)
  Anzahl Materialabrufe je Zeiteinheit
  Anzahl Qualitätsprüfungen je Zeiteinheit, Fehlerquoten, Reparaturen
  Typische Durchlaufzeiten
  Anzahl Fertigwarenlagerzugänge je Zeiteinheit (in Ladeeinheiten)

6.1.5 Instandhaltung

Interviews zu diesem Themenkomplex haben die Verfügbarkeit der Produktionseinrichtungen im Fokus. Die Instandhaltung wird immer noch in manchen Betrieben als notwendiges Übel betrachtet. Diese Meinung ist aber grundsätzlich falsch. Ohne laufende Maschinen keine Produkte, ohne verfügbare Produkte kein Unternehmen. Ein sorgfältig vorbeugend gewarteter Maschinenpark ist überlebenswichtig für das Unternehmen. Produktionskosten und Durchlaufzeiten werden so entscheidend mit beeinflusst.

Ansprechpartner: Instandhaltungsleitung
Gesprächsdauer: ca. 1,5 h

Themenkatalog

- *IH-Strategie*
  Instandhaltungsziele
  Strategien für die Instandhaltung
  Kennzahlen zur Dokumentation der Effektivität der Instandhaltung
- *IH-Störungsmanagement*
  Anzahl Mitarbeiter
  Aufzeichnungen über durchgeführte Instandhaltungsmaßnahmen (Historie)
  Spezielle Methoden oder Werkzeuge zur Analyse und Planung von Instandhaltungsmaßnahmen (z. B. Schwachstellenanalyse, Ausfallanalyse, Risikoanalyse etc.)
  Wartungs- und Inspektionspläne
  Steuerungs-/Rückmeldesystem für Wartungs- und Inspektionspläne
  Prioritätenliste für zukünftige Modernisierungs- und/oder Verbesserungsmaßnahmen
- *IH-Prozesse*
  Prozesse der Instandhaltung
  Schnittstellen zu anderen Unternehmensbereichen
  Gespräche zwischen der Instandhaltung und anderen Abteilungen im Unternehmen
  Zusammenarbeit der Mitarbeiter der Instandhaltung mit Mitarbeitern anderer Abteilungen

Inhaltliche Verständigungsschwierigkeiten zwischen Instandhaltung und anderen Abteilungen (z.B. Was ist eine Wartung – was eine Inspektion?)

- *IH-Ressourcenauslastung*
  IT-Programm zur Planung von Instandhaltungsaktivitäten
  Unterstützung der Mitarbeiter der Instandhaltung im operativen Bereich durch IT
  Informationen über die Lagerbestände von Ersatzteilen
  Personaleinsatzplan für die Mitarbeiter der Instandhaltung
  Technische Ausstattung der Instandhaltung
  Kommunikationssystem für die Instandhalter (z.B. Funk, Telefon)
  Spezielle Inspektionstechniken angewendet (z.B. Thermografie)
  Spezielle Techniken zum Monitoring (z.B. Sensorik)
  Einsatz zukunftsorientierter Technologien für die Instandhaltung (z.B. RFID)
- *Qualifizierung Mitarbeiter*
  Qualifikationsmatrix für die Mitarbeiter der Instandhaltung
  Qualifizierungsmaßnahmen
  Informationen über die Qualifikation der Anlagenbediener
  Spezielle Einsatzpläne für die Mitarbeiter der Instandhaltung (z.B. „Notfallteams" für spezielle Anlagen)
  Spezielle Formen der Zusammenarbeit für die Mitarbeiter der Instandhaltung (z.B. Teams)
- *Ersatzteilverfügbarkeit*
  Analysen des Lagerbestands
  Lagersystem
  Ersatzteile
- *IH-Leistung*
  Instandhaltungsaufwand
  Vorhandene Wartungspläne und deren optimales Kosten-Leistungs-Verhältnis
  Detaillierte Strukturierungen und Funktionsbeschreibungen bezüglich der einzelnen Baugruppen/-teile der wichtigste Anlagen
- *Make or Buy*
  Produktionsnahe IH-Leistungen als Kernkompetenz
  IH-Leistungen von Externen
- *IH-Kosten*
  Leistungsorientierte Entlohnungsmodelle
  Gesamte Kosten
  Direkte Instandhaltungskosten
  Indirekte Instandhaltungskosten
  Instandhaltungskosten verursachungsgerecht
  Kostencontrolling in der Instandhaltung
  Instandhaltungsbudget
  Investitionsmaßnahmen
- *IH-Aufbau*
  Organigramm

Verfahrens- und/oder Arbeitsanweisungen
Spezielle Organisationsformen (z.B. TPM)
Auftragsplanung/Auftragssteuerung

- *Verantwortlichkeiten*
  Führungsspanne
  Verantwortlichkeiten
  Aufgaben/Verantwortlichkeiten/Kompetenzen der Mitarbeiter
- *Dokumentation*
  Dokumentationen über Reserveteillager
  Dokumentationen über die Werkzeuge und Hilfsmittel für die Instandhaltung (z.B. Spezialwerkzeuge, Stapler, Schweißgeräte, Messgeräte etc.)
  Dokumentationen bezüglich des Anlagenbestandes
  Dokumentationen zu jeder Anlage (Handbücher, Bedienungsanleitungen, Schaltpläne etc.)
  Dokumentationen über Roh-, Hilfs- oder Betriebsstoffe (z.B. Öl, Kühlflüssigkeit, Schmiermittel etc.)
  Dokumentationen über Anschlüsse und den Verlauf von Versorgungsleitungen für Wasser, Strom, Druckluft etc.
  Dokumentationen über umweltrelevante Aspekte (z.B. Entsorgungshinweise, Emissionswerte, Energieeinsparung)
  Dokumentationen über sicherheitstechnische Aspekte (z.B. Betriebsanweisungen, Fluchtwege)
- *Stärken/Schwächenprofil der Instandhaltung*
  Laufende Projekte, Projektziele
  Optimierungsansätze

Unterlagen

- Tages-, Monatsberichte
- Wartungsplan
- Kostenbogen
- Prioritätenliste für Instandhaltungsmaßnahmen
- Instandhaltungsstrategie
- Organigramm
- Arbeitsanweisungen
- Ersatzteilbestand
- Leistungsnachweise

6.1.6 Materialmanagement

Interviews zu diesem Themenkomplex haben die Versorgung des Unternehmens mit Zulieferteilen oder zugekauften Dienstleistungen im Fokus. Es gibt wohl kaum ein Unternehmen, das alle Teile selbst herstellt oder alle Dienstleistungen selbst durchführt. In vielen Unternehmen verantwortet die Beschaffung den größten Teil der Herstellkosten. Ebenso sind die Lieferzeiten der eigenen Produkte von der Verfügbarkeit der zugekauften Materialien abhängig. Die vertrauensvolle Partnerschaft zwischen dem Unternehmen und seinen Lieferanten festigt die eigene Position im Markt.

Ansprechpartner: Beschaffungsleitung
Gesprächsdauer: ca. 1,5 h

Themenkatalog

- *Materialbedarfsplanung, Materialdisposition*
  Ausgangsbasis (Kunden-, Planaufträge)
  Materialbedarfsanforderungen (Stücklistenauflösung)
  Dispositionsverfahren (deterministische, verbrauchsbezogene Materialdisposition)
  Ablauforganisation der Disposition
  Verantwortlichkeit für RHB-Bestände
- *Einkauf*
  Marktanalyse und -beobachtung
  Hauptlieferanten, Lieferantenstruktur
  Zusammenarbeit mit Lieferanten
  Lieferantenbewertung
  Bestellabwicklung
  Terminüberwachung
  Beschaffungslogistik
- *Wareneingang*
  Wareneingangsabwicklung
  Wareneingangsprüfung
  Reklamationsabwicklung
- *Lagerwirtschaft (RHB, Kaufteile, Zwischenlager)*
  Art, Struktur der Lagerorte
  Lager-/Fördertechnik
  Lagerorganisation
  Lagerzugangsabwicklung
  Kommissionierung
  Bereitstellung
  Inventurverfahren
- *Materialfluss*
  Materialflussstruktur in den Werken (Materialflussdiagramm)
  Innerbetriebliche Transporte (Technik, Organisation)
  Transporte zwischen den Werken
- *Fremdleistungen*
  Art/Umfang von Fremdleistungen
- *Kostenstrukturen*
  Kostenübersicht

Kostenentwicklung der letzten drei Jahre

- *Stukturorganisation der Materialwirtschaft*
  Abteilungsgliederung, Aufgaben
  Personalkapazitäten
- *Stärken/Schwächenprofil der Materialwirtschaft*
  Laufende Projekte, Projektziele
  Optimierungsansätze

Unterlagen

- Anzahl Lieferantenanfragen p. a.
- Anzahl Bestellungen, Bestellpositionen p. a.
- Einkaufsvolumen p. a.
- Anzahl Wareneingänge, WE-Positionen p. a.
- Anzahl WE-Prüfungen p. a.
- Bestände, Bestandsentwicklung (RHB, Zwischenprodukte)
- Anzahl Lagerzugänge und -abgänge in Ladeeinheiten je Zeiteinheit (Tag, Schicht o. Ä.)
- Anzahl innerbetrieblicher Transporte in Ladeeinheiten je Zeiteinheit
- Vorhandene Leistungskennzahlen
- Organigramm der Materialwirtschaft/Logistik mit Personalzahlen

6.1.7 Distribution

Interviews zu diesem Themenkomplex haben die Verteilung der produzierten Waren im Fokus. Was nützen die besten Produkte, wenn sie nicht oder zu spät zum Kunden kommen? Die hohe Lieferbereitschaft aus dem Fertigwarenlager oder der schnelle Transport von Gütern spielt eine nicht zu vernachlässigende Rolle. Internetunternehmen wie Amazon zeigen, wie sehr die Kunden dieses Angebot annehmen. Allerdings ist die Bereitstellung und Lieferung der Waren für den Kunden nur interessant, wenn sich diese Leistung auf höchstem Niveau befindet.

Ansprechpartner: Logistikleitung
Gesprächsdauer: ca. 1,5 h

Themenkatalog

- *Übersicht Distributionsstruktur*
  Art/Größe der Fertigwarenlager
  Distributionsstufen
- *Fertigwarenlager*
  Art, Struktur der Lagerorte
  Lager-, Fördertechnik

Lagerorganisation
- *Kommissionierabwicklung*
  Bildung von Kommissionen
  Kommissionierstufen
- *Versandabwicklung*
  Tourenplanung
  Speditionsabwicklung
  Transportabwicklung
- *Strukturorganisation der Distribution*
  Abteilungsgliederung, Aufgaben
  Personalkapazitäten
- *Stärken-/Schwächenprofil der Distribution*
  Laufende Projekte, Projektziele
  Optimierungsansätze

Unterlagen
- (Schematisches) Fertigwarenlagerlayout für alle Fertigwarenläger (FWL)
- Anzahl Lagerzugänge FWL in Ladeeinheiten (LE) je Zeiteinheit
- Anzahl Kommissionen, Kommissionierposition, Versand-LE je Zeiteinheit
- Anzahl Touren je Zeiteinheit
- Bestandsentwicklung je FWL
- Vorhandene Leistungskennzahlen
- Organigramm der Distribution mit Personalzahlen

6.1.8 Informationstechnik

Interviews zu diesem Themenkomplex haben die betriebliche Informationstechnologie im Fokus. Heute kann kein Unternehmen ohne den Einsatz dieser Technologie auskommen. Innerbetriebliche Informationsverarbeitung war schon immer ein wichtiges Handlungsfeld. In den letzten Jahren sind aber die Verknüpfung der internen Informationsflüsse mit den Lieferanten und den Kunden immer mehr zum Feld des Handelns geworden. Eine durchgehende Informationskette begleitet die Supply Chain des Unternehmens und stellt somit für alle Beteiligten einen wichtigen Aspekt ihres erfolgreichen Handelns dar.

Ansprechpartner: IT-Leitung
Gesprächsdauer: ca. 1,5 h

Themenkatalog
- *Rechenzentrum*
  Struktur

Hardware
- *Softwaresysteme*
  Anwendungssysteme mit Hauptfunktionen
- *Laufende Projekte*
  Art, Umfang der IT-Projekte
  Speziell: IT-Projekte mit Auswirkungen auf die Projektzielsetzung
  Projektorganisation, Ecktermine
- *Strukturorganisation der IT*
  Abteilungsgliederung, Aufgaben
  Personalkapazitäten
- *Stärken-/Schwächenprofil der IT*
  Optimierungsansätze

Unterlagen
- Liste der IT-Projekte
- Organigramm der IT mit Personalzahlen

6.1.9 Betriebswirtschaft und Controlling

Interviews zu diesem Themenkomplex haben die Transparenz der unternehmerischen Leistungserstellung im Fokus. Diese unternehmerischen Bereiche liefern wichtige Informationen, um den Leistungsprozess transparent zu machen und Abweichungen von der Planung aufzuzeigen. Unternehmen, die in diesen Bereichen unzureichend aufgestellt sind, erkennen häufig zu spät, dass beispielsweise die Kosten viel zu hoch sind, um wirtschaftlich zu agieren.

Ansprechpartner: Betriebswirtschaftsleitung
Gesprächsdauer: ca. 1,5 h

Themenkatalog
- *Struktur der Kosten- und Ergebnisrechnung*
  Kostenstellen
  Kostenträger
  Gemeinkostenstruktur
  Verrechnung von Gemeinkosten

Unterlagen
- GuV der letzten drei Jahre
- Kostenstellenverzeichnis
- BAB der Kostenstellen (letztes Geschäftsjahr)
- Kostenplanung für das abgelaufene und das laufende Geschäftsjahr

6.2 Das Bewertungstool – Maßnahmen priorisieren

DAS SOLLTEN SIE WISSEN

▶
- Das Bewertungstool hilft Ihnen bei der Priorisierung einer größeren Anzahl von auszuwertenden Daten.
- Das Tool wird mit projektrelevanten Daten gefüllt (Ideen, Maßnahmen).
- Durch die Bewertung von projektspezifischen Kriterien (Realisierungschance, Euro, Termin) können Handlungsoptionen (Reihenfolge der Bearbeitung) ermittelt werden.
- Das Tool ist einfach zu erstellen und zweckorientiert aufgebaut.

ZIEL DES TOOLS Für den Fall, dass die Bearbeitungskapazität im Projektteam nicht für die gleichzeitige Bearbeitung aller Maßnahmen ausreicht, ist es sinnvoll, Prioritäten zu setzen. Beginnen Sie mit der Bearbeitung der Maßnahmen, deren Realisierungschance möglichst groß ist. Diese Vorgehensweise führt schnell zu Erfolgen und somit zur Steigerung der Motivation im Projektteam.

VERWENDUNG DES TOOLS Dieses Tool ist sehr vielfältig einsetzbar. Überall dort, wo Sie aus einer Vielzahl von Maßnahmen, Ideen und Vorschlägen eine Reihenfolge und Priorisierung vornehmen müssen, bietet sich der Einsatz des Tools an. Sie können natürlich auch andere Kriterien zur Entscheidung heranziehen. Statt „Realisierungschance" können Sie „Euro" wählen oder andere Größen. Die Wahl ist von der Projektart und von der Zielrichtung der Priorisierung abhängig.

SCHRITT FÜR SCHRITT ZUM TOOL Das Tool umfasst zwei Tabellenblätter und ist ähnlich aufgebaut wie das Interviewtool (Kapitel 6.1). Für die Programmierung benötigen Sie nur Grundkenntnisse von MS Excel. Makros werden bei diesem Tool nicht verwendet.

Schritt 1 Erstellen Sie das Tabellenblatt „Handlungsoption". Dieses Tabellenblatt ist die Basis des Bewertungstools. Zu jedem Teilziel werden Maßnahmen generiert oder diese liegen bereits vor. In Abbildung 6.10 sind beispielsweise zu dem Teilziel „Frachtkosten reduzieren" insgesamt sieben Maßnahmen vorhanden. Jede Maßnahme wird nun bewertet.

Erläuterung zu Abbildung 6.10: Sie bewerten den Einfluss „Bedeutung" der Maßnahme für das Projektziel/Teilziel mit einem Wert zwischen 0 und 4. Sie bewerten weiterhin die „Realisierungschance" der Maßnahme im Untersuchungsbereich mit einem Wert zwischen 0 und 10. Nach Eingabe der Bewertungswerte errechnet das Tool die „Handlungsoption" (zwischen 0 und max. 40 Punkten). Maßnahmen mit einem hohen Wert für die „Handlungsoption" zeigen, dass sie wichtig für das Projektziel sind und auch schneller umsetzbar als andere Maßnahmen mit einem niedrigen Wert für die „Handlungsoption".

TOOL **BEWERTUNG** Handlungsoptionen

Nr.	Teilziel	Maßnahme	Realisierungschance [0 - 10]	Bedeutung [0-4]	Handlungsoption
1	Frachtkosten reduzieren	Neu-Ausschreibung der Frachten	8	4	32
2	Frachtkosten reduzieren	Frachtzuschläge bei Sonder-lieferungen an Kunden	6	4	22,3
3	Frachtkosten reduzieren	Frachtkosten-zuschläge reduzieren	4	4	14,3
4	Frachtkosten reduzieren	Eigene Fahrzeuge reduzieren	4	3	12
5	Frachtkosten reduzieren	Frachtzuschläge bei Sonder-lieferungen an Kunden	3	3	9,9
6	Frachtkosten reduzieren	Umstellung auf next day delivery	2	3	6,6

Abb. 6.10 Ermittlung der Handlungsoptionen (Praxisbeispiel Chemie)

Mit diesen Maßnahmen zu beginnen, fördert die Motivation des Projektteams. Die Maßnahme 1 „Neuausschreibung der Frachten" hat einen sehr hohen Wert für die „Handlungsoption" und sollte als Erstes umgesetzt werden. Die Maßnahme 6 „Umstellung auf Next Day Delivery" ist zwar auch hoch in ihrer Bedeutung, aber die „Realisierungschance" innerhalb des Untersuchungsbereichs wird doch schlecht eingeschätzt. Dennoch wird auch diese Maßnahme weiterbearbeitet, aber eben nicht zuerst. Abbildung 6.10 zeigt einen Auszug des Tabellenblatts.

DAS ERGEBNIS So könnten die mit dem Bewertungstool ermittelten Handlungsoptionen für verschiedene Maßnahmen aussehen (Abbildung 6.11):

6.3 Das Projektcontrolling-Tool – Transparenz ist alles

DAS SOLLTEN SIE WISSEN

- Die Transparenz der Maßnahmenumsetzung ist erfolgsentscheidend.
- Die Transparenz des Maßnahmenfortschritts wird mit einem einfach strukturierten Tool hergestellt.
- Allen wichtigen und notwendigen Informationen zu einer Maßnahme werden mithilfe des Projektcontrolling-Tools verwaltet.
- Das Projektcontrolling-Tool ist die Basis für das Projektreporting.

ZIEL DES TOOLS Das Ziel des Projektcontrolling-Tools ist die Erfassung aller Projektmaßnahmen, die Verfolgung des Status quo jeder Maßnahme sowie die Erstellung von

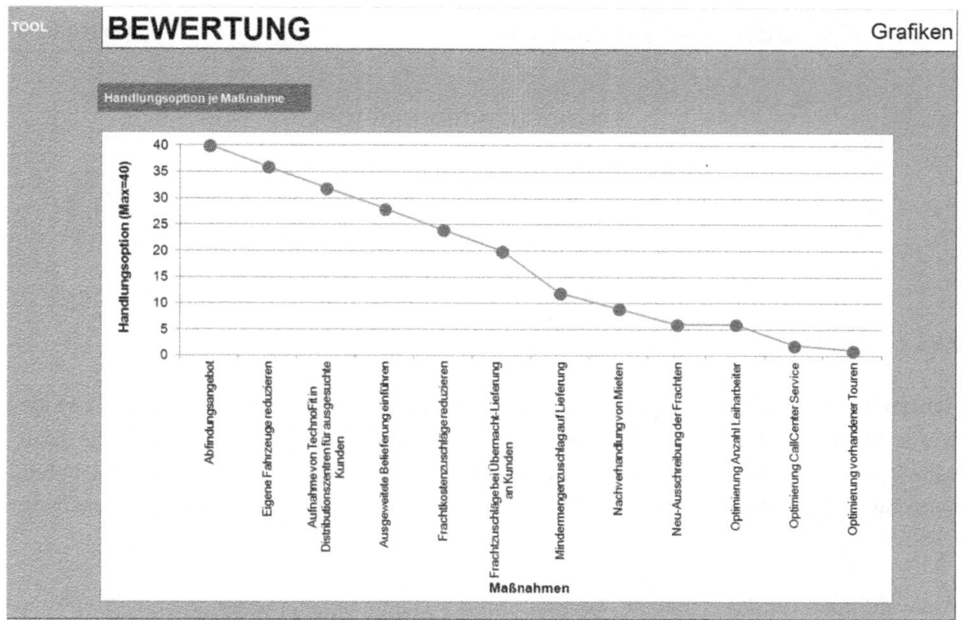

Abb. 6.11 Ergebnisdarstellung im Bewertungstool (Praxisbeispiel Chemie)

Projektstatusberichten. Mithilfe dieses Tools wird eine umfassende Transparenz des Projektverlaufs während der Projektphase 2 (Umsetzung) gewährleistet.

VERWENDUNG DES TOOLS Das Tool kann in jedem Projekt eingesetzt werden, das umzusetzende Maßnahmen beinhaltet. Es spielt keine Rolle, ob es sich beispielsweise um ein Innovationsprojekt oder ein Kostensenkungsprojekt handelt. All diese Projektarten sind durch Maßnahmen, die aus einer Zielsetzung und einem Anfangs- und Endtermin bestehen, definiert.

SCHRITT FÜR SCHRITT ZUM TOOL Das Tool ist bewusst einfach aufgebaut. Es beschränkt sich auf das Wesentliche bei der Maßnahmenumsetzung, auf die Beschreibung der Maßnahme und die Einhaltung von Terminen. Das Tool ist im vorliegenden Fall in MS Excel programmiert und enthält Makros. Das Tool besteht aus einzelnen Tabellenblättern. Es kann jederzeit um weitere Tabellenblätter erweitert werden.

Schritt 1 Erstellen Sie das Tabellenblatt „Hauptmenü". Im einfachsten Fall benötigen Sie einen Button für die Dateneingabe und zwei weitere für die automatische Erstellung von Berichten (Abbildung 6.12). Werden diese Buttons angeklickt, dann wird die gewünschte Bildschirmmaske aufgerufen.

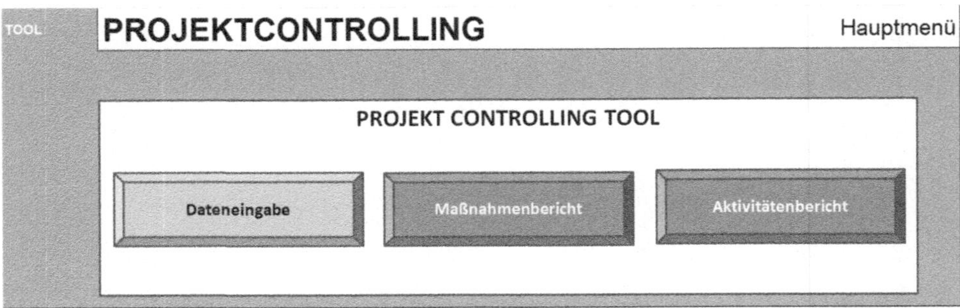

Abb. 6.12 Bildschirmmaske „Hauptmenü“ des Projektcontrolling-Tools

Schritt 2 Erstellen Sie das Tabellenblatt „Maßnahmenblatt“. Die Beschreibung der Felder wurde bereits im Kapitel 3.3.5 vorgenommen. Wenn Sie die Daten für Ihre erste Maßnahme mit allen benötigten Informationen eingegeben und „ENTER“ gedrückt haben, dann sind alle Informationen gespeichert. Eine neue, leere Bildschirmmaske erscheint (Abbildung 6.13).

Auswahlmenü für das effiziente Arbeiten mit der Dateneingabemaske (Tabelle 6.1):

Schritt 3 Erstellen Sie das Tabellenblatt „Aktivitätenplan“. Zu jeder Maßnahme ist ein Aktivitätenplan notwendig (Kapitel 3.3.3). Die Maßnahme wird in einzelne Aktivitäten

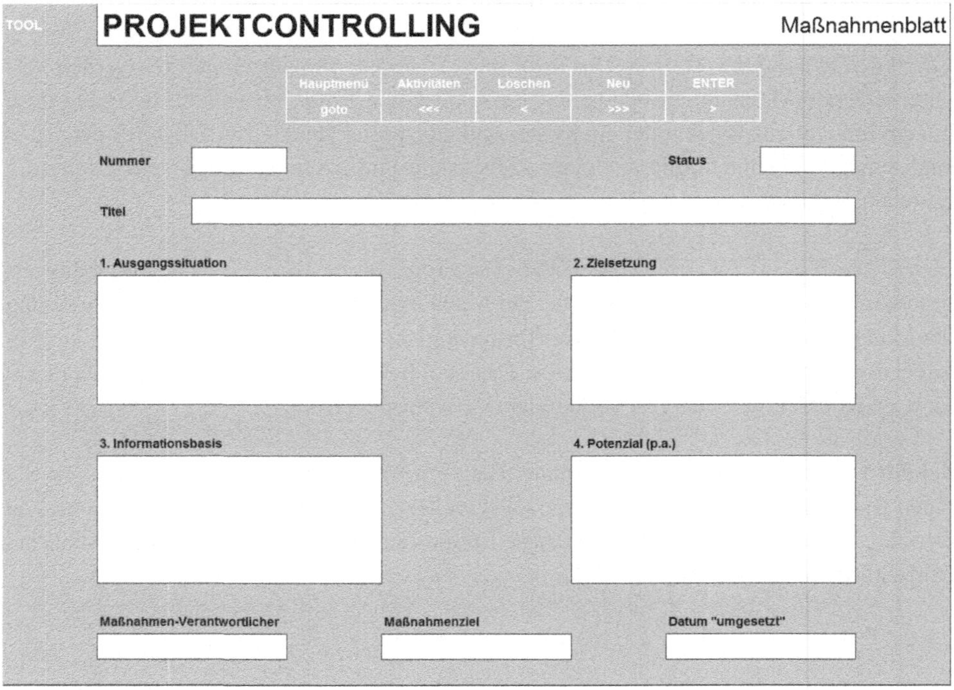

TOOL
PROJEKTCONTROLLING
Maßnahmenblatt
Hauptmenü | Aktivitäten | Loschen | Neu | ENTER
goto | <<< | < | >>> | >
Nummer
Status
Titel
1. Ausgangssituation
2. Zielsetzung
3. Informationsbasis
4. Potenzial (p.a.)
Maßnahmen-Verantwortlicher
Maßnahmenziel
Datum "umgesetzt"

Abb. 6.13 Dateneingabemaske „Maßnahmenblatt“ des Projektcontrolling-Tools

Tab. 6.1 Programmbuttons der Bildschirmmaske „Maßnahmenblatt"

Menüpunkt	Aufgabe
Hauptmenü	Aufrufen des Hauptmenüs
Aktivitäten	Aufrufen der Dateneingabemaske für den Aktivitätenplan
Löschen	Die Inhalte der aktuellen Bildschirmseite werden gelöscht
Neu	Eine neue, leere Eingabemaske wird generiert
ENTER	Bestätigung (Speicherung) der Daten
Go to	Direktaufruf der gewünschten Maßnahme
<<<	Sprung zur ersten Maßnahme
<	Sprung zur vorhergehenden Maßnahme
>>>	Sprung zur letzten Maßnahme
>	Sprung zur nächsten Maßnahme

unterteilt und diese werden terminiert (Abbildung 6.14). Mit dem Button „zurück" springen Sie wieder in die Dateneingabemaske „Maßnahmenblatt" (Abbildung 6.13) zurück. Dort müssen Sie auch die Eingaben des Aktivitätenplans mit „ENTER" bestätigen.

Die Dateneingabe für den Aktivitätenplan beinhaltet mindestens folgende Informationen (Tabelle 6.2):

Schritt 4 Erstellen Sie das Tabellenblatt „Maßnahmenbericht". Sie können sich den Maßnahmenbericht auf dem Bildschirm anzeigen lassen oder ausdrucken (Button „Druck") (Abbildung 6.15). Bitte denken Sie daran: Falls Sie Daten in der Maske „Maßnahmenblatt" geändert haben und Sie wollen sich den Report anzeigen lassen, dann werden die geänderten Daten erst übernommen, wenn Sie den Button „Aktualisieren" gedrückt haben.

Es werden folgende Informationen angezeigt (Tabelle 6.3):

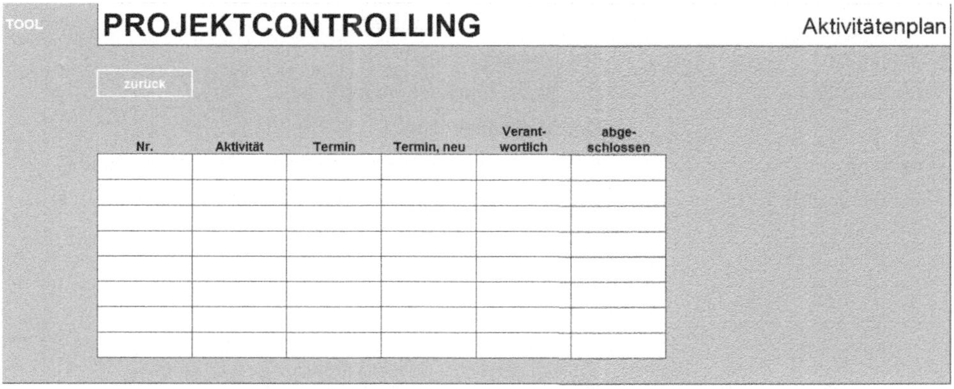

Abb. 6.14 Dateneingabemaske „Aktivitätenplan" des Projektcontrolling-Tools

Tab. 6.2 Datenfelder des Tabellenblatts „Aktivitätenplan“

Feld	Aufgabe
Nr.	Die laufende Nummer der Aktivität
Aktivität	Die Bezeichnung der Aktivität
Termin	Der Fertigstellungstermin der Aktivität
Termin, neu	Ausweichtermin
Verantwortlich	Der Verantwortliche der Aktivität
Abgeschlossen	Termin, bei dem die Aktivität tatsächlich fertiggestellt wurde

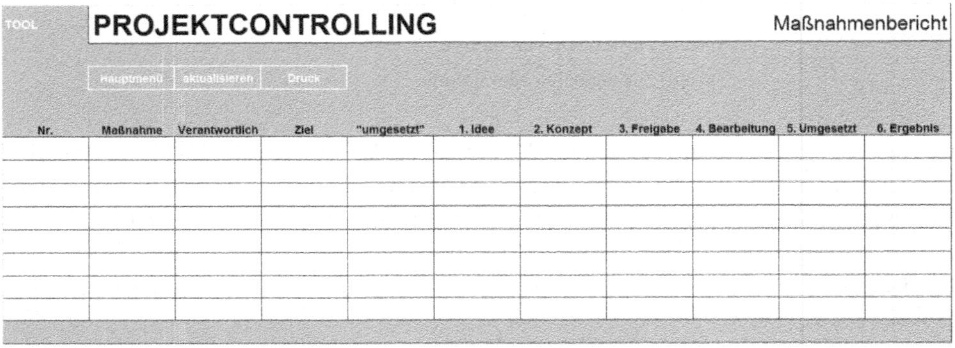

Abb. 6.15 Report „Maßnahmenbericht“ des Projektcontrolling-Tools

Schritt 5 Erstellen Sie das Tabellenblatt „Aktivitätenbericht“. Sie können sich den Aktivitätenbericht auf dem Bildschirm anzeigen lassen oder ausdrucken (Button „Druck“) (Abbildung 6.16). Bitte denken Sie daran: Falls Sie Daten in der Maske „Aktivitätenplan“

Tab. 6.3 Datenfelder des Tabellenblatts „Maßnahmenbericht“

Feld	Aufgabe
Nr.	Die Maßnahmennummer
Maßnahme	Der Maßnahmentitel
Verantwortlich	Der Maßnahmenverantwortliche
Ziel	Das Maßnahmenziel
Umgesetzt	Der geplante Termin der Fertigstellung der Maßnahme
Maßnahmenstufe 1–6	Die einzelnen Statusstufen der Maßnahme (Kapitel 3.3.1)

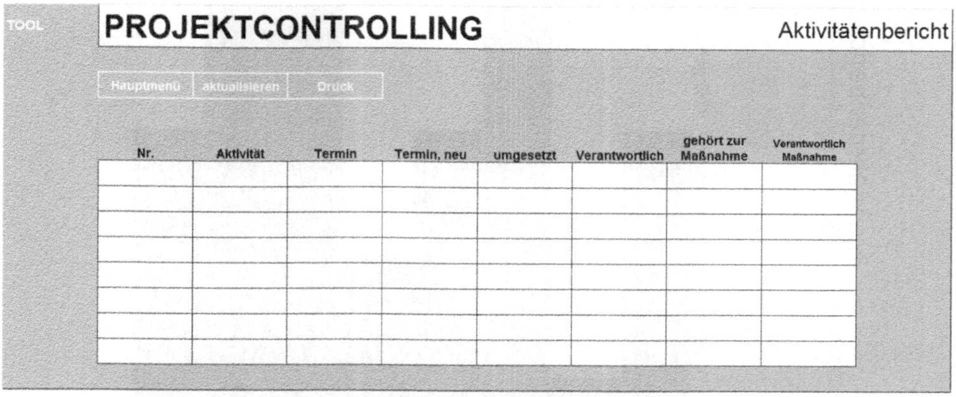

Abb. 6.16 Report „Aktivitätenbericht" des Projektcontrolling-Tools

geändert haben und Sie wollen sich den Report anzeigen lassen, dann werden die geänderten Daten erst übernommen, wenn Sie den Button „Aktualisieren" gedrückt haben.

Es werden folgende Informationen angezeigt (Tabelle 6.4):

DAS ERGEBNIS So könnte ein Ergebnis Ihres Projektcontrolling-Tools aussehen (Abbildung 6.17):

Tab. 6.4 Datenfelder des Tabellenblatts „Aktivitätenbericht"

Feld	Aufgabe
Nr.	Die Aktivitätennummer
Aktivität	Die Bezeichnung der Aktivität
Termin	Der geplante Fertigstellungstermin der Aktivität
Termin, neu	Der Ausweichtermin
Umgesetzt	Der tatsächliche Fertigstellungstermin
Verantwortlich	Der Aktivitätenverantwortliche
Gehört zur Maßnahme	Die Bezeichnung der Maßnahme, zu der die Aktivität gehört
Verantwortlich Maßnahme	Der Verantwortliche der Maßnahme

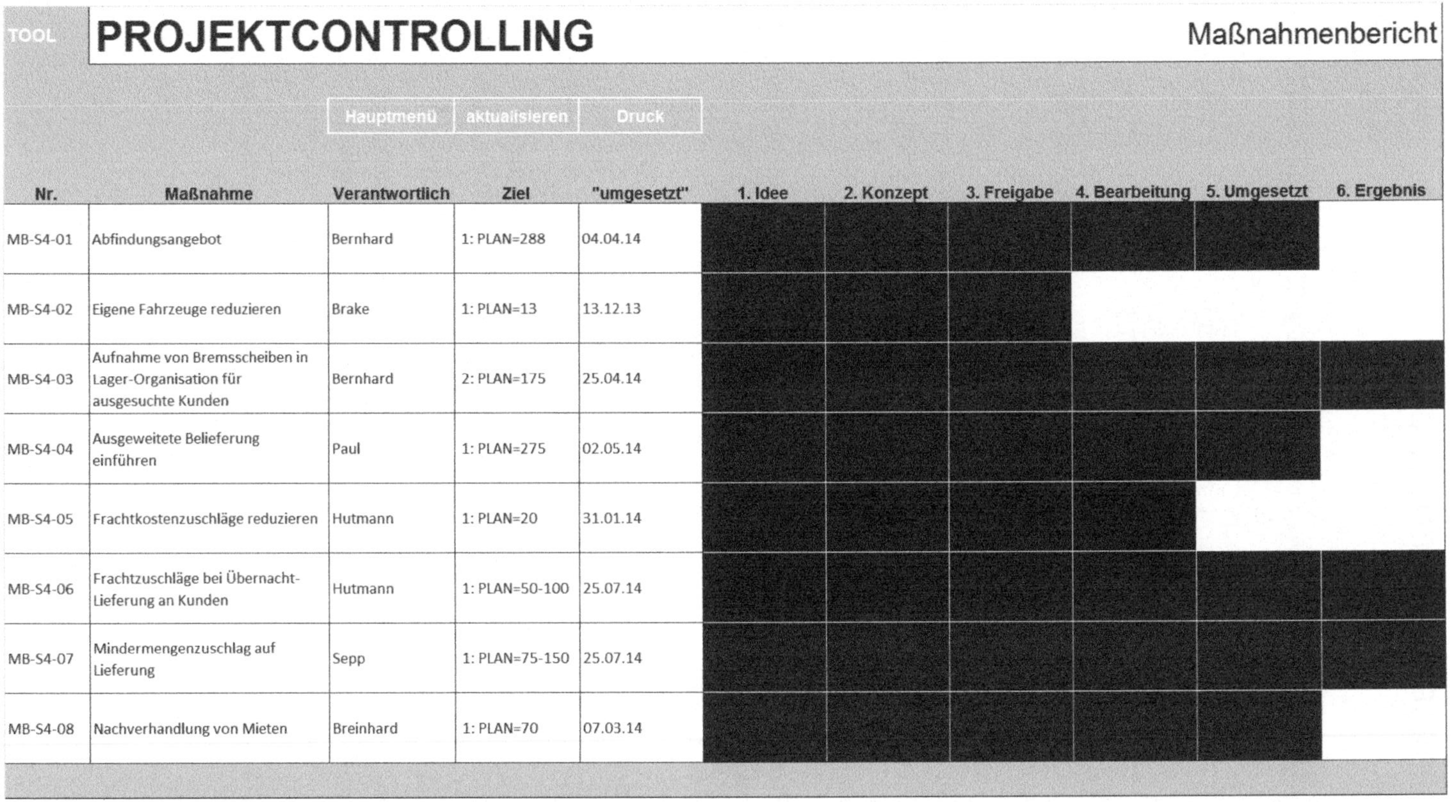

TOOL **PROJEKTCONTROLLING** Maßnahmenbericht

Hauptmenü | aktualisieren | Druck

Nr.	Maßnahme	Verantwortlich	Ziel	"umgesetzt"	1. Idee	2. Konzept	3. Freigabe	4. Bearbeitung	5. Umgesetzt	6. Ergebnis
MB-S4-01	Abfindungsangebot	Bernhard	1: PLAN=288	04.04.14						
MB-S4-02	Eigene Fahrzeuge reduzieren	Brake	1: PLAN=13	13.12.13						
MB-S4-03	Aufnahme von Bremsscheiben in Lager-Organisation für ausgesuchte Kunden	Bernhard	2: PLAN=175	25.04.14						
MB-S4-04	Ausgeweitete Belieferung einführen	Paul	1: PLAN=275	02.05.14						
MB-S4-05	Frachtkostenzuschläge reduzieren	Hutmann	1: PLAN=20	31.01.14						
MB-S4-06	Frachtzuschläge bei Übernacht-Lieferung an Kunden	Hutmann	1: PLAN=50-100	25.07.14						
MB-S4-07	Mindermengenzuschlag auf Lieferung	Sepp	1: PLAN=75-150	25.07.14						
MB-S4-08	Nachverhandlung von Mieten	Breinhard	1: PLAN=70	07.03.14						

Abb. 6.17 Projektcontrolling-Tool (Report „Maßnahmenbericht", Auszug)

Glossar

Aktivitätenplan Der Aktivitätenplan kommt in der Projektphase „Umsetzung" (meist die Projektphase 2) zur Anwendung. Der Aktivitätenplan ist Bestandteil des Maßnahmenblattes. Jede Maßnahme wird in mehrere Aktivitäten unterteilt, die durch mehrere Kriterien definiert sind (Bezeichnung, Anfangs- und Endtermine, Verantwortlichkeit). Aktivitäten sind sinnvoll, um eine Maßnahme detailliert zu planen. Somit wird sichergestellt, dass durch das Controlling der Anfangs- und Endtermin einer Aktivität rechtzeitig Abweichungen für die ganze Maßnahme erkannt werden. Diese können dann zeitnah behoben werden, ohne dass es zu einer Zeitverzögerung der gesamten Maßnahme kommt.

Beratungsmodell Das Beratungsmodell gibt Auskunft darüber, welche grundsätzliche Dienstleistung dem Kunden angeboten und mit welcher Vorgehensweise diese Leistung realisiert wird. Es gibt vier grundsätzlich verschiedene Beratungsmodelle, wobei das vierte Modell der „Internen Projektmanager" neu ist und in diesem Buch beschrieben wird. Die Modelle unterscheiden sich fundamental. Zum einen, ob die Leistung durch externe oder interne Spezialisten erbracht wird, und zum anderen, ob es sich um eine reine Beratungsleistung (Konzept oder Studie) oder eine Realisierungsleistung (Konzept und Umsetzung) handelt.

Bewertungsmatrix Mithilfe einer Bewertungsmatrix werden Alternativen nach den gleichen Kriterien bewertet. Eine Bewertungsmatrix besteht in der Regel aus Bewertungskriterien, Bewertungsparametern, Bewertungspunkten und einer Gewichtung je Bewertungskriterium.

Commitment Das Commitment („Versprechen") ist der Höhepunkt eines Projektes und liegt am Ende der Konzeptionsphase (meist die Projektphase 1). Das Projektteam gibt gegenüber dem Projektauftraggeber ein Commitment zur Erreichung des Projektzieles ab.

Exposé zum Projektdrehbuch Das Exposé zum Projektdrehbuch ist die Zusammenfassung der „Story" eines Projektes. Es ist analog zu einem Filmdrehbuch aufgebaut und beinhaltet die grundsätzliche Beschreibung des Projektes, die inhaltliche und struktu-

W. Mensing, *Erfolgreiches Projektmanagement ohne externe Berater in KMUs*,
DOI 10.1007/978-3-658-06663-5

relle Durchdringung der Aufgabenstellung und es ist darüber hinaus eine Handlungsanweisung zur Umsetzung des Projektes.

Grobanalyse Die Grobanalyse ermöglicht in einem kurzen Zeitraum einen Überblick über den Status quo in dem Untersuchungsbereich. Die Grobanalyse wird vor Projektstart (meist im Vorprojekt) durchgeführt. Sie beinhaltet die Abgrenzung des Untersuchungsbereichs, die Analyse der Einflussfaktoren auf den Untersuchungsbereich und die Festlegung von Potenzialfeldern.

Ideenmatrix Die Ideenmatrix führt in einem möglichst kurzen Zeitraum zu vielen Ideen. Ideen werden mit Kreativtechniken generiert. Ideen sind keine Maßnahmen und erst recht keine ausgearbeiteten Lösungskonzepte. Aus der gewonnenen Vielzahl von Ideen werden die ausgewählt, die für das Projektziel den größten Beitrag liefern. Die Ideenmatrix ist unabhängig von der Projektart.

Inhouse Consulting Inhouse Consulting ist eine innerbetriebliche, feste Unternehmenseinheit, die andere Unternehmensbereiche bei Bedarf berät. Diese Art von interner Beratung existiert nur bei einigen großen Konzernen.

Innovation Innovationen sind für jedes Unternehmen überlebenswichtig. Innovationen können Produkt,- Geschäftsmodell- oder Prozessinnovationen sein. Innovationen sind Neuerungen und umfassen den Prozess von der Idee bis zum marktreifen Produkt oder zur Dienstleistung.

Innovationskraft Die Innovationskraft eines Unternehmens gibt an, wie viele neue Produkte/Dienstleistungen ein Unternehmen im Vergleich zum Wettbewerb hervorbringt. Dabei spielt das Innovationsmanagement eine zentrale Rolle.

Interim Manager Interim Manager sind Manager auf Zeit. Sie haben vor der Tätigkeit als Interim Manager in den allermeisten Fällen in operativen Funktionen gearbeitet und kennen daher Unternehmensabläufe aus der eigenen Praxis. Sie werden eingesetzt bei Vakanzen in einem Unternehmen (zeitlich befristete Aufgabe, bis die Funktion wieder besetzt ist) oder bei Projekten. Für den Projekteinsatz bringen diese Manager auf Zeit gute Voraussetzungen mit, da sie neben der Konzepterstellung auch die Umsetzung des Konzeptes mit begleiten (im Gegensatz zu den Beratern).

Interne Projektmanager Interne Projektmanager sind etwas Neues. Im Gegensatz zu konventionellen externen Unternehmensberatern, ist der Einsatz dieser Projektmanager ein eigenständiger, innerbetrieblicher Ansatz zur Lösung komplexer betriebswirtschaftlicher Aufgaben in kleinen und mittleren Unternehmen. Der Einsatz ist zeitlich befristet und wird durch eigene Mitarbeiter durchgeführt. Der Nutzen für das Unternehmen ist dabei sehr groß. Denn durch diese Form der Aufgabenbearbeitung werden die wichtigsten Kriterien eines jeden Projektes in vielen Fällen positiv beeinflusst. Dies gilt insbesondere für die Motivation der eigenen Mitarbeiter, die Kosten des Projektes, die inhaltlichen Lösungen, die Zeit bis zur Zielerreichung und die Nachhaltigkeit der Ergebnisse.

Kreativitätstechniken Kreativitätstechniken dienen der Ideenfindung. In diesem Prozess wird ein Problem präzisiert und möglichst in einem Team bearbeitet. Dabei ist allen Techniken gemeinsam, dass Ideen, auch unkonventionelle Ideen aus anderen

Bereichen, zur Lösungsfindung generiert werden. Es gibt eine Vielzahl von Kreativtechniken, die sich in die intuitiven und die diskursiven Methoden unterteilen lassen. Mischformen sind auch möglich. Die intuitive Kreativtechnik spricht beim Menschen das Unterbewusstsein an. Sie kann in kurzer Zeit sehr viele Ideen erzeugen. Wichtige Techniken sind hier das „Brainstorming" oder die „Methode 635". Die diskursive Kreativitätsmethode versucht über einzelne, aufeinander aufbauende Schritte zu Lösungen zu kommen. Zwar werden nicht so viele Lösungen erzeugt wie bei den intuitiven Techniken, aber die Problemlösung wird in der Regel vollständiger beschrieben. Für die diskursiven Kreativitätsmethoden stehen beispielsweise der „morphologische Kasten" oder das „Ursache-Wirkungs-Diagramm".

Lieferantenaudit Das Lieferantenaudit ist Bestandteil des Lieferantenmanagements. In dem Audit wird festgestellt, ob der Lieferant den Anforderungen des Kunden gerecht wird oder werden kann. Das Audit wird mithilfe eines Auditkatalogs, in dem alle zu bewertenden Themen aufgeführt sind, durchgeführt. Das Audit findet beim Kunden statt.

Lieferantenmanagement Das Lieferantenmanagement ist in den Beschaffungsprozess integriert. Es besteht aus den Aufgaben Lieferantenauswahl, Lieferantenbewertung, Lieferantenportfolio und Lieferantenentwicklung.

Maßnahmenblatt Das Maßnahmenblatt ist ein zentrales Projekthilfsmittel. In ihm wird eine Vielzahl von Informationen zu einer Maßnahme beschrieben, wie beispielsweise die Ausgangslage und die Zielsetzung der Maßnahme. Das Maßnahmenblatt ist kein detailliert ausgearbeitetes Lösungskonzept, sondern eine Kurzbeschreibung der Lösung. Es wird in der Projektphase „Konzept" (meist die Projektphase 1) erstellt.

Meilenstein Meilensteine sind Zeitpunkte in einem Projekt, an denen überprüft wird, ob die bis zu diesem Zeitpunkt geplanten Ergebnisse erfüllt sind. Im Gegensatz zu Quality Gates, an denen die Überprüfung von Qualitätskriterien die zentrale Rolle spielt, steht bei Meilensteinen der zeitliche Aspekt im Vordergrund. Meilensteine können zu frei wählbaren Zeitabschnitten gesetzt werden.

Projekt „Ein Projekt ist ein einmaliges Vorhaben, das aus einem Satz von abgestimmten, gelenkten Tätigkeiten mit Anfangs- und Endtermin besteht und durchgeführt wird, um unter Berücksichtigung von Zwängen bezüglich Zeit, Kosten und Ressourcen ein Ziel zu erreichen" [12].

Projektablauforganisation Projekte in der Industrie werden in der Regel in mindestens drei Projektphasen unterteilt. Dies hat den Vorteil, dass dadurch sowohl die inhaltlichen Aufgaben klarer sind als auch die Verwendung von Meilensteinen gewährleistet wird. Die meisten Projekte werden in eine Analysephase, oft auch Vorprojekt genannt, eine Konzeptionsphase und eine Umsetzungsphase unterteilt. Zwischen den Phasen werden Meilensteine, oft auch „stop-or-go"-Punkte genannt, gesetzt.

Projektart Die Projektart stellt den Lösungsansatz zur Erreichung der Projektziele dar und legt die Struktur des Projektes fest. Projektarten können beispielsweise sein: Kostensenkungsprojekte, Effizienzsteigerungsprojekte, Innovationsprojekte oder Geschäftsaktivierungsprojekte. Klassifizierungskriterien zur Einteilung von Projektarten helfen, die für die Aufgabenstellung passende Projektart zu wählen.

Projektaufbauorganisation Die Projektaufbauorganisation ist wichtig, da Projekte nicht mit den bewährten Organisationsstrukturen des routinierten Tagesgeschäfts begleitet werden. Die projektrelevante Organisationsform minimiert die Projektrisiken. In einem Projekt sind mindestens der Projektauftraggeber, der Projektleiter und das Projektteam Bestandteil der Projektaufbauorganisation.

Projektdrehbuch Das Projektdrehbuch dient der grundsätzlichen Beschreibung des Projektes. Es ermöglicht die inhaltliche und strukturelle Durchdringung der Aufgabenstellung und ist eine Handlungsanweisung. Dramaturgische Elemente bilden das Rückgrat des Projektes (Meilensteine, Commitment).

Projektidee Ein neuartiges Problem in einem Unternehmen kann mit einem Projekt gelöst werden und wird mit einer Projektidee beschreiben. Eine Projektidee wird selten spontan gefunden, in der Regel werden Ideen mithilfe eines Kreativteams erarbeitet. Dabei helfen Kreativitätstechniken. Mehrere Projektideen werden mithilfe von Bewertungskriterien bewertet. Die beste Projektidee bildet die Basis für den Projektsteckbrief.

Projektleiter Der Projektleiter ist die zentrale Person in einem Projekt. Er muss möglichst umfangreiche persönliche Kompetenzen/Fähigkeiten haben und das Projekt in seinem gesamten Umfang managen.

Projektmanagement „Gesamtheit von Führungsaufgaben, -organisation, -techniken und -mitteln für die Initiierung, Definition, Planung, Steuerung und den Abschluss von Projekten“ [13].

Projektphase Projekte in der Industrie werden in der Regel in mindestens drei Projektphasen unterteilt: Analyse-, Konzeptions- und Umsetzungsphase.

Projektsteckbrief Der Projektsteckbrief ist die Basis für das Projekt und enthält mindestens sechs Elemente (Auftraggeber, Ausgangslage und Zielsetzung, Fertigstellungstermin, Projektaufgaben, Team und Projektorganisation und Projektzeitdauer). Der Projektsteckbrief wird vom Projektauftraggeber formuliert.

Projektteam Das Projektteam ist die Keimzelle des Projektes. Es bearbeitet die geplanten Projektaufgaben und sorgt mit dafür, dass die Projektziele erreicht werden. Dies setzt voraus, dass die Teammitglieder über das notwendige Wissen für die projektrelevanten Aufgaben verfügen, bereit sind, in einem Team zu arbeiten und ein hohes Engagement für das Projekt zeigen.

Projektumfeldanalyse Die Projektumfeldanalyse befasst sich mit den externen Einflüssen und innerbetrieblichen Kräften, die auf das Projekt wirken. Die Analyse der Projektumgebung ist von großer Bedeutung für den Projekterfolg. Besonderes Augenmerk ist auf die Schnittstellen zu projektrelevanten anderen Unternehmensbereichen zu legen. Die Haltung (Einstellung) anderer Personen oder Interessengruppen ist für den Erfolg des Projektes entscheidend und muss vorab bewertet werden.

Projektziel Vom Projektauftraggeber vorgegebenes Ziel für das Projekt, das im Rahmen des Projektsteckbriefes festgeschrieben ist. Im Bedarfsfall wird das Projektziel in weitere Teilziele unterteilt.

Quality Gates Ein Quality Gate unterscheidet sich von den häufig in Unternehmen angewandten Meilensteinen. Während Meilensteine den zeitlichen Status quo anzeigen, spiegelt der Quality Gate die Reife eines Prozesses wider. Innerhalb eines Prozesses werden an ausgewählten Beurteilungspunkten alle relevanten Tätigkeiten überprüft, ob sie die inhaltlichen Vorgaben erfüllt haben. Erst wenn alle Tätigkeiten den vorgegebenen Inhalten entsprechen, wird das Quality Gate geöffnet und der nächste Prozessschritt wird freigegeben. Somit wird die notwendige Synchronisation paralleler Prozessschritte gewährleistet. Das Zurückbleiben einzelner Tätigkeiten wird verhindert. Es wird der geplante Gleichschritt der Tätigkeiten erzwungen.

Return on Investment (ROI) Die Wirtschaftlichkeit eines Projektes wird über den Return on Investment (ROI) berechnet: ROI = Einsparung durch die Investition (das Projekt) pro Jahr/Investitionskosten (Projektkosten).

Unternehmensberatung „Unternehmensberatung“ ist ein Oberbegriff, der vier sehr unterschiedliche Beratungsmodelle beinhaltet. Diese unterscheiden sich in der Praxis gravierend und sind sauber zu trennen. Erstens die „Berater“ , die in der Regel Konzepte und Studien erstellen. Dem Kunden obliegt die Umsetzung von Maßnahmen. Zweitens die Manager auf Zeit, die aufgrund ihres beruflichen Werdegangs neben den Konzepten auch die Umsetzung begleiten können. Drittens die Internen Berater (Inhouse Consulting), die feste Unternehmenseinheiten in Großunternehmen sind und dort unternehmensintern beraten. Die Umsetzung obliegt den internen Kunden. Viertens, und dieses Beratungsmodell ist neu, die Internen Projektmanager, die aus den eigenen Mitarbeitern des Unternehmens bestehen und neben dem Konzept auch die Umsetzung im Rahmen eines Projektes mit begleiten. Sie als Kunde müssen entscheiden, was Sie benötigen: Berater oder Manager, Konzept oder Konzept plus Umsetzungsbegleitung. Die Entscheidung führt zu fundamental anderen Ergebnissen.

Untersuchungsbereich Das ist der Unternehmensbereich, indem das Projekt stattfindet. Mindestens zwei Merkmale beschreiben den Untersuchungsbereich: erstens die organisatorische Abgrenzung mittels Organigramm und zweitens die quantifizierbare Abgrenzung, beispielsweise mittels Kostenbogen oder Personalstruktur.

Vorprojekt Das Vorprojekt ist von zentraler Bedeutung, da es innerhalb kurzer Zeit die wichtigsten Fragen eines Projektes im Grundsatz beantwortet. Mithilfe der Grobanalyse wird der Status quo des Untersuchungsbereichs ermittelt. Aus den Ergebnissen der Grobanalyse werden detaillierte Projektziele (Teilziele) definiert. Danach wird das Projektumfeld untersucht und aus den Ergebnissen werden Schlussfolgerungen für die Projektorganisation gezogen. Anschließend wird die Projektablauforganisation strukturiert und die Projektaufbauorganisation festgelegt. Da das Projekt eine Investition ist, muss die Wirtschaftlichkeit nachgewiesen werden. Das Ergebnis des Vorprojektes wird dem Projektauftraggeber zur Entscheidung vorgelegt. Er entscheidet über stop-or-go des Projektes.

Literatur

[1] Friedrich-Ebert-Stiftung. http://library.fes.de/fulltext/fo-wirtschaft/00347009.htm. Zugegriffen: 03. Juli 2014.

[2] „Magisches Dreieck in der Projektsteuerung" (Zeit, Kosten, Umfang), nach Thor Möller, Florian Dörrenberg, Projektmanagement, Oldenbourg, München, 2003, S. 22. In: http://de.wikipedia.org/wiki/Projekt. Zugegriffen: 03. Juli 2014.

[3] Wikipedia. http://de.wikipedia.org/wiki/Idee. Zugegriffen: 03. Juli 2014.

[4] Okidoki Media. http://www.okidoki-media.com/drehbuch_werkzeugkoffer/drehbuch_dialoge_zitate.php. Zugegriffen: 03. Juli 2014.

[5] http://www.marius-janz.com/files/filmanalyse. (S.9) Zugegriffen: 03. Juli 2014.

[6] Universität Magdeburg. http://www-e.uni-magdeburg.de/ybecher/die_physiker/Narration/narrationsstruktur.html. Zugegriffen: 03. Juli 2014.

[7] Philipp Hauer. www.philipphauer.de. Zugegriffen: 03. Juli 2014.

[8] KfW. https://www.kfw.de/KfW-Konzern/Newsroom/Aktuelles/Pressemitteilungen/Pressemitteilungen-Details_11033.html. Zugegriffen: 03. Juli 2014.

[9] Prof. Dr. Manfred König. Verbesserung der Innovationseffizienz im Mittelstand, RKW Rheinland-Pfalz in Kooperation mit der Steuerberatungskammer Rheinland-Pfalz, Vortrag Beratertagung 2005, 15. Juli 2005– Bad Dürkheim.

[10] Sun Tsu (2011). *Ü ber die Kriegskunst* (S. 44). Wiesbaden: Marix.

[11] Maas, M. (2006). *Praxiswissen Vertrieb: Berufseinstieg, Tagesgeschäft und Erfolgsstrategien* (S. 178). Wiesbaden: Gabler.

[12] Wikipedia. http://de.wikipedia.org/wiki/Projekt. Zugegriffen: 03. Juli 2014.

[13] DIN-Norm (DIN 69901-5:2009-01). http://de.wikipedia.org/wiki/Projektmanagement. Zugegriffen: 03. Juli 2014.

W. Mensing, *Erfolgreiches Projektmanagement ohne externe Berater in KMUs*,
DOI 10.1007/978-3-658-06663-5

Sachverzeichnis

W. Mensing, *Erfolgreiches Projektmanagement ohne externe Berater in KMUs*,
DOI 10.1007/978-3-658-06663-5

The manufacturer's authorised representative in the EU is Springer Nature Customer Service Centre GmbH, Europaplatz 3, 69115 Heidelberg, Germany. If you have any concerns regarding our products, please contact ProductSafety@springernature.com

Printed and bound by CPI Group (UK) Ltd, Croydon, CR0 4YY
27/04/2026
02097646-0006